VILCABAMBA
olvidada

VILCABAMBA
olvidada

Último bastión de los incas

Por Vincent R. Lee

SIXPAC
MANCO
PUBLICATIONS

Para más información, visite la página web del autor en vince-lee.com

ISBN 978-1-969030-02-4 (Impreso)

ISBN 978-1-969030-03-1 (Libro electrónico)

Traducción y edición (versión en español) por Jaime Paredes

Ilustraciones y fotos de Vincent R. Lee

Diseño de portada y libro por Sixpac Manco Publishing

Producción del libro por Sixpac Manco Publishing

sixpac
manco:
travels among the
INCAS

Para

TUPAC AMARU INCA

A quien le es una promesa cumplida

Índice

Agradecimientos

Esta es la historia de una escape que se convirtió en una búsqueda que se convirtió en una obsesión y que ha resultado, creo, en la solución a un rompecabezas muy antiguo. Lo que comenzó como una simple aventura, pronto cobró vida propia y se convirtió con el tiempo en una odisea de aprendizaje y descubrimiento. Aquellos que piensan que todas las fronteras de la exploración han descendido a las profundidades del océano o han volado más allá de los anillos de Saturno, anímense y sigan leyendo. Nuestro encuentro con los incas del Perú no fue tan diferente del de Stevens y Catherwood con los mayas de México, hace un siglo y medio. El equipo de alta tecnología y las grandes subvenciones de las fundaciónes no valen en absoluto. Lo que hicimos, cualquiera con un machete fuerte y una mente decidida también podría haberlo hecho, y aún puede hacerlo. Así como los escritos de otros nos llevaron a las aventuras contadas aquí, espero que este libro te anime a perseguir sueños similares a los tuyos, ahora, mientras hay tiempo.

Nuestro viaje, y como este libro, fue inspirado por algunos, ayudado por otros e impedido por unos pocos. Todos merecen mención aquí. De no haber sido por los escritos de Gene Savoy, es posible que nunca me hubiera aventurado a Perú en primer lugar y, una vez allí, los beneficios de sus consejos y experiencia de campo fueron invaluables. De no haber sido por el entusiasmo y el estímulo posteriores de los doctores John Howland Rowe y Patricia J. Lyon, los resultados de mis primeras expediciones podrían haber terminado enterrados en una carpeta de archivos y tal vez nunca hubiera regresado. Una vez hecho esto, sin embargo, las ideas y el apoyo del

Dr. John Hemming, que culminaron en su generosa contribución del prólogo a este libro, fueron fundamentales para dar sentido a todo lo que encontramos. A estos cuatro, especialmente, les debo una gran deuda de gratitud, porque sin ellos, este libro no habría sido escrito.

Una vez que comencé a escribir, mi agente, Jonathan Lazear, y los editores Bob Weil y Leigh Haber fueron aliados invaluables en la larga campaña para convertir mis primeros borradores en un manuscrito terminado.

Muchos otros ayudaron significativamente en el camino. Prudence Rice reavivó mi interés por la arqueología y me inició en un programa tardío de estudio en casa. El Club de Exploradores Andinos de Savoy copatrocinó nuestra segunda expedición. Stuart White, Lynn Hirschkind, Bernard Bell, Richard Robinson, Edmundo Guillén y Robert von Kaupp compartieron conmigo con entusiasmo los resultados de sus respectivas exploraciones y a von Kaupp en particular hay que atribuirle el mérito de haberme arrastrado pataleando y gritando al enrarecido mundo del erudito. Alfred M. Bingham y Adriana von Hagen me permitieron el acceso completo a los registros inéditos de la obra de sus respectivos padres, y Adriana logró encontrarme una copia rara del mapa original de Christian Bües de Vilcabamba. Paula Dimmler, Richard Robinson y Manuel Menéndez proporcionaron excelentes traducciones de varios documentos extensos en español, y al hacerlo, me ahorré muchas horas de hojear mi confiable diccionario Valesquez. Renzo Francescutti y Rubén Orellana me dieron mapas actualizados de Vilcabamba que resultaron muy útiles cuando llegó el momento de transferir los nombres de lugares a los mapas basados en imágenes satelitales incluidos aquí. Finalmente, varios amigos leyeron partes del manuscrito y/o ofrecieron comentarios y críticas que han encontrado su camino en el trabajo terminado. Entre ellos destacan Bob Weil, John Hemming, Dennis Emory, Jean Pierre Protzen, Stuart White, Bob von Kaupp, Johan Reinhard, Doug Sharon, Jim Little, Ort Steele, Susan Niles, John Hyslop, Nancy Lee, Bernard Bell, Greg Deyermenjian, Margaret Mac Lean y Judy Eddy. A ellos y a todos los demás colaboradores mencionados anteriormente, les ofrezco mi más profundo agradecimiento.

Atención especial merecen a los que realmente participaron en el trabajo de campo, un grupo incondicional sin el cual no habría habido expediciones ni libro. Estaban lo suficientemente locos como para irse conmigo, lo suficientemente buenos como para hacer bien un trabajo duro y siempre tenian el buen humor para encontrar algo de qué reírse. Los saludo a todos: Curtis May y Brooke Tannehill en 1982; Jim Barefoot, Jill Baumler, Paul Burghard, Nancy Lee, Dr. Jim Little, Martha Little y Chris Mattair en 1984; Susan Akers, Bruce Davis, Ben Giles y Nancy Lee en 1986; y Nancy Lee en 1987. Nadie puso más en los viajes que ellos, a menos que fueran nuestros anfitriones y guías, Juvenal Cobos, José Salas Cobos y Pancho Quispicusi. Cortaron los senderos, empacaron los caballos y allanaron el camino para que siempre fuéramos bienvenidos entre sus muchos amigos y vecinos. Estaría orgulloso de compartir un campamento con cualquiera de ellos, en cualquier momento y en cualquier lugar. Afortunadamente, el suyo es un mundo mucho más feliz ahora de lo que era durante gran parte del período descrito aquí y les deseo buena suerte, la mejor de las suertes. Si alguien se lo merece, ellos lo merecen. Sin embargo, más que nadie, mi esposa Nancy merece el título de "Sra. Sixpac Manco". Ha vivido con Vilcabamba día y noche, verano e invierno durante doce años y ha sido una inspiración todo ese tiempo. Bendita seas, Nancy.

Vince Lee,

Jackson Hole, Wyoming

Prefacio

Cuando estudié la conquista de los incas hace muchos años, me fascinaron cada vez más los neo-incas, un pequeño remanente liderado por Manco Inca, que trató de sobrevivir a la conquista española de su gran imperio. Manco era un hermano menor de Atahualpa, el Inca que fue capturado, rescatado y ejecutado por Francisco Pizarro en 1532. Fue Manco quien dirigió a su pueblo en un heroico intento de expulsar a los odiados conquistadores del Perú. Cuando su gran rebelión finalmente fracasó, en 1537, Manco huyó hacia el noroeste de Cuzco hacia las montañas salvajes de la selva de "Vilcapampa" (hoy llamado Vilcabamba). A pesar de las continuas hostilidades con los españoles en Cusco, Manco y sus hijos continuaron gobernando en Vilcabamba durante 35 años más. El suyo era un pequeño fragmento de lo que había sido uno de los imperios más grandes del mundo, pero al menos estaba libre del dominio colonial extranjero.

Un cronista español contemporáneo escribió que los pocos seguidores de Manco Inca hicieron todo lo posible para embellecer este enclave remoto al borde de las selvas tropicales amazónicas. Al principio, se asentaron en una montaña llamada Vitcos, fundada casi un siglo antes por el bisabuelo de Manco, el Inca Pachacuti.

Luego, ante la creciente presión de los europeos, Manco trasladó su capital a las profundidades de la selvas baja. Al igual que la provincia circundante, los incas llamaron a su nueva ciudad Vilcabamba. Con el tiempo, se convirtió en una metrópolis en el exilio, pero estaba destinada a la destrucción. En 1572, una invasión española masiva terminó para siempre con el sueño del reino independiente y la orgullosa capital de los incas fue abandonada a la selva.

Los españoles llegaron a llamar a la ciudad Vilcabamba la Vieja, pero nadie regresó allí y finalmente pasó al reino de la leyenda. Solo en este siglo los exploradores comenzaron a buscar sus ruinas, pero ninguno tenía una idea real de dónde buscar. Cada nuevo hallazgo se identificaba brevemente con la ciudad perdida de Manco hasta que aparecía un candidato mejor. Durante muchos años, se pensó erróneamente que las famosas ruinas de Machu Picchu eran las de Vilcabamba la Vieja. Casi completamente eclipsado durante ese tiempo había un sitio oscuro en lo profundo de la selva varios días al norte de Vitcos, en un lugar llamado Espíritu Pampa. Fue vislumbrado en 1911 por el descubridor de Machu Picchu, Hiram Bingham, y luego revisitado en 1964 por Gene Savoy. Los restos estaban tan cubiertos de maleza que los exploradores no estaban seguros ni siquiera de la extensión de las ruinas. La única característica notable en la que todos parecían estar de acuerdo era la presencia de tejas de arcilla carbonizada esparcidas entre edificios de diseño inca.

En mi investigación, reconstruí la geografía de Vilcabamba a partir de los relatos de los pocos españoles a los que se les permitió entrar en ella en el siglo XVI. Todas las pruebas documentales apuntaban a que la capital de Manco estaba en las tierras bajas más allá de Vitcos que, era un lugar que se ajustaba mejor a Espíritu Pampa que los otras candidatas, pero no era concluyente. Entonces me encontré con la crónica de Martín de Murúa, que contiene el despacho desaparecido del comandante español de la exitosa campaña de 1572. Contó cómo sus hombres ocuparon la capital inca, que se encontraba en un amplio valle lleno de productos tropicales, una buena descripción de Espíritu Pampa, pero, de nuevo, una evidencia menos que contundente. Finalmente, aunque había sido incendiada por los nativos que huían, describió el palacio del Inca como un hermoso edificio "en diferentes niveles y cubierto de tejas", en lugar del techo de paja habitual de los incas. Encontrar esa referencia fue un momento emocionante para un investigador. Era mi eureka personal. Esto, para mí, fue una prueba absoluta de que Espíritu Pampa es el sitio de la ciudad de Vilcabamba de Manco Inca. Es la única ruina inca conocida en los Andes donde se encontraron tejas quemadas de estilo español esparcidas entre los restos.

Aunque visité una pequeña parte de la región de Vilcabamba, mi investigación fue totalmente histórica. Encontré las pocas narraciones sobrevivientes en busca de cualquier pista que pudiera encontrar. Mis conclusiones aún necesitaban ser corroboradas sobre el terreno, una tarea formidable que esperaba la llegada del explorador de Wyoming, Vincent Lee. Finalmente él ha revelado los secretos y resuelto los misterios del Vilcabamba de Manco Inca en una serie de espléndidas expediciones. Sus viajes fueron arduos pero eruditos. Siempre iba en busca de restos incas, pero conocía las fuentes escritas tan a fondo que era capaz de identificar positivamente todo lo que encontraba. Su trabajo detectivesco y sus conclusiones son totalmente convincentes.

Lo mejor de todo es que, como arquitecto profesional, Lee examinó todo lo que encontró y produjo excelentes mapas y planos de todos los sitios arqueológicos conocidos de la región. Los dibujos resultantes, publicados aquí por primera vez, constituyen un tesoro de nueva información sobre Ila Vilcabamba Inca. Afortunadamente para mí, lo que Lee y sus intrépidos compañeros encontraron confirma lo que yo había adivinado a partir del registro escrito. Este libro, "VILCABAMBA OLVIDADA - Último Bastión de los Incas", es la historia de esa prueba física.

John Hemming, Londres

Prólogo

Por fin había dejado de llover. Por primera vez en días, las nubes se abrieron y revelaron un sorprendente panorama de belleza primitiva. Los gigantescos picos cubiertos de hielo de la remota Cordillera de Vilcabamba en Perú marchaban a través del horizonte sur, brillando dorado a la luz de la mañana. Hacia el norte y el oeste, oculto y ominoso bajo un inmenso mar de nubes ondulantes, el alto Amazonas se extendía hasta el horizonte y más allá. Un raro halcón de collar negro voló desde un peñasco cercano, con la intención de observar un vuelo graznante de loros de color verde eléctrico que volaban sobre las copas de los árboles muy por debajo. Más cerca, el sol del noreste brillaba en las losas de roca humeantes que caían verticalmente desde nuestra pequeña percha a cientos de metros en el bosque nuboso envuelto en niebla. Según algunos, la última capital del otrora gran Imperio Inca yacía asfixiada y en ruinas en algún lugar bajo todo ese crecimiento enmarañado.

Era el 21 de junio de 1982 y, junto con dos compañeros montañeros, Curtis May y Brooke Tannehill, contemplé desde lo alto un increíble peñasco de granito, con la forma de una gigantesca cabeza humana. Para los incas, había sido un hito sagrado. Los indios locales la llamaban Icma Coya, la "Reina Viuda". Nos habíamos enterado de su cumbre aparentemente no escalada por los escritos de un misterioso explorador estadounidense llamado Gene Savoy. Veinte años antes, Saboya había llegado a la selva en busca de Vilcabamba, el legendario bastión selvático del último de los incas. Seguía los pasos de otro estadounidense, Hiram Bingham, el famoso descubridor de Machu Picchu. En 1911, Bingham había encontrado lo que él creía ruinas insignificantes en un valle aislado a unos doce kilómetros al norte de Icma Coya. El lugar se llamaba Espíritu Pampa, la "Llanura de los Fantasmas", y le parecían los restos de un pequeño asentamiento incaico. Casi tres cuartos de siglo después, Saboya había demostrado que el sitio era, de hecho, una vasta metrópolis forestal que encajaba, según él, con las *descripciones de los coquistadores* españoles del reducto final de los incas. El Antisuyo, su libro sobre el hallazgo, había mencionado a Icma Coya sólo de pasada, pero esa breve visión del extraño, inexplorado y sagrado pico de los incas había encendido mi imaginación de alpinista.

Las energías de los últimos días y semanas se habían centrado miopemente en lograr ese objetivo, pero ahora, mirando hacia abajo desde nuestro premio ganado con tanto esfuerzo, me di cuenta de que había estado igualmente intrigado por las exploraciones de Bingham y Savoy. Gran parte de mi infancia la había pasado vagando por la finca abandonada del río Hudson de un notable explorador, John Charles Frémont, el controvertido "Explorador del Oeste". Desde entonces, como guía alpino a tiempo parcial, me había especializado en expediciones de escalada a los lugares más salvajes y menos transitados del mundo, lugares como Icma Coya. Incluso mi trabajo como arquitecto en ejercicio en Jackson Hole, Wyoming, encaja incongruentemente en el panorama. La técnica de construcción de piedra y paja de los incas de las tierras altas no era diferente a la arquitectura de troncos y cabañas de piedra que mis clientes preferían en las Montañas Rocosas. La tierra misma proporcionó los materiales para ambos y cada uno, a su manera, fue moldeado por las fuerzas de la naturaleza y un respeto permanente por la Tierra.

Una súbita ráfaga de aire frío y húmedo interrumpió mis pensamientos. El tiempo empeoraba y las nubes comenzaban a hervir desde la selva. Es hora de irse. No habría posibilidad de buscar la ciudad perdida de Saboya en este viaje, pensé. Puse mi viejo anillo de plata en una lata de plástico, garabateé una nota ofreciéndolo a los incas, lo metí dentro y escondí la lata debajo de una roca mientras los demás se preparaban para el descenso. Fueron tres largos días, exactamente el tiempo restante en nuestro permiso del gobierno, de regreso a través de un paso nevado de 13,000 pies hasta el comienzo del sendero. Juvenal Cobos, nuestro nuevo *amigo campesino* allí, había dicho que la *policía* podría causar problemas si llegábamos tarde. Estaban cada vez más nerviosos por los extraños en el campo, recelosos de las sombras cada vez más oscuras proyectadas por la próxima década de terrorismo revolucionario en el Perú.

Ajenos a todo eso, nos pusimos en marcha, menos temerosos de la policía que de una larga y miserable noche en la selva húmeda y empapada por la lluvia que nos separaba del campamento. Tres días después, nos desplomamos en el porche delantero de la casa de campo de Cobos, cerca del pueblo rústico de Huancacalle. Después de servirnos una cerveza bien merecida, Juvenal nos dio la bienvenida, pero nos confió que nunca pensó que lo lograríamos. Un camión bajaba a la vía férrea la tarde siguiente, dijo, pero primero quería que nos uniéramos a él para una *fiesta local* en unas ruinas cercanas. Estaban encaramados en lo alto de una alta cresta al otro lado del río desde su granja. La colina se llamaba Rosaspata, el "lugar de las rosas", y las ruinas eran los restos de Vitcos, un famoso asentamiento inca reportado por primera vez por Bingham en 1911, durante la misma expedición que lo había llevado a Machu Picchu y Espíritu Pampa.

La celebración resultó ser el Inti Raymi, una observancia del solsticio de invierno que data de la época inca. Todo hecho con traje, se representaba en el patio escénico de lo que los lugareños llamaban "Palacio de Manco". Manco Inca era el líder rebelde que había gobernado desde Vitcos durante un tiempo antes de fundar su última capital en Vilcapampa, la ciudad en expansión que aún se esconde en algún lugar profundo de los bosques de las tierras bajas. En contraste con las atracciones turísticas reconstruidas y cuidadas que habíamos visto en otros lugares, las ruinas de Vitcos estaban derrumbadas y cubiertas de maleza. Fuera del palacio, edificios dispersos y hileras de terrazas de piedra bien conservadas se extendían por toda la cresta de Rosaspata y hacia el valle aislado más allá. Nadie parecía saber cuánto había y cómo había encajado una vez. En todos los años transcurridos desde la visita de Bingham, nadie había inspeccionado el sitio ni se había molestado en hacer un mapa. Mientras observaba a los coloridos bailarines giratorios, cantando oraciones ancestrales con un telón de fondo de ruinas no estudiadas, valles inexplorados y picos andinos escarpados, vi que Icma Coya era solo el comienzo. Ya estaba ansioso por regresar a Perú con tiempo suficiente para explorar realmente Vitcos y encontrar la ciudad de Saboya. Vería por mí mismo si era el Vilacamba perdido de Manco. ¿Qué más yacía oculto y olvidado en el bosque?, me pregunté. No tenía idea en ese momento, pero la respuesta fue cambiar mi vida.

KEY TO SYMBOLS

small scale	large scale	
		river, bridge, waterfall
		range, peak, ridge, pass
		lake, stream, spring, canal
		approximate contour line
	4273 m. (eters)	icefield, glacier, elevation
		auto road, railroad
		bluff, boulders, carved
		modern footpath, trail
		inca road, stairway
		retained terrace, wall
		ruin, village, settlement cemetary, church, mine
		ancient building, modern
		forest, jungle, brush
		swamp, floodplain

Parte I

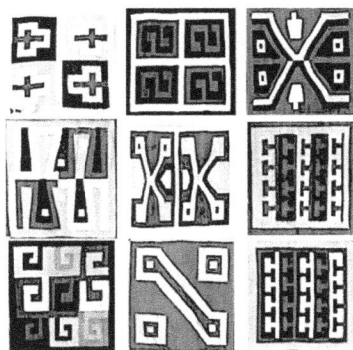

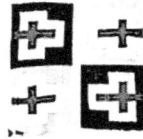

1

El mundo al revés

De regreso a Estados Unidos, me puse inmediatamente a trabajar. Todo lo que sabía sobre los Incas era lo poco que había leído en Bingham y en Savoy. Ambos se habían enfocado principalmente en el periodo después de la conquista y ninguno había dado muchos detalles. Ahora yo quería saber todo lo posible acerca de los ilustres ancestros de Manco, especialmente sobre las décadas anteriores a la llegada de los españoles cuando estaban en su poderoso apogeo. A diferencia de los Mayas, los Incas no dejaron escritos aún descifrables, y la mayoría de lo que sabemos sobre sus orígenes está lleno de leyendas. La historia comienza en la oscuridad de un pasado tribal anónimo, y luego sigue las historias de las hazañas de una línea de reyes semi-míticos. Me sorprendí al aprender que el breve pero espectacular periodo de grandeza floreciente del Imperio Inca es acreditada principalmente a la inspiración y liderazgo de un solo hombre. Aunque algunos revisionistas actualmente disputan la extensión de su influencia[1], casi todos los expertos sobre los Andes están de acuerdo que él fue una de las figuras excepcionales de la historia.

La tradición mantiene que él era Ramses II, Alejandro Magno y Tomas Jefferson, todo en una sola persona. Un déspota divino, conquistador, hombre político, constructor: el fue el primer genio del nuevo mundo de quien tenemos record. El sujeto, unió y civilizó a todo el mundo andino. Y junto con su hijo casi lo lograron por completo en medio siglo. El logró transformar el caos de su tiempo en un orden social tan dominante y generalizado que aún hoy sobreviven sus vestigios a pesar de los cinco siglos que han trascurrido.

Él dejó su marca en las piedras enigmáticas de Machu Picchu y en cientos de maravillas menos conocidas de arquitectura Inca. Todo conectado por una de las mejores y más grandes redes de caminos jamás construidas por el hombre en el mundo pre-industrial. Una versión temprana del sistema de carreteras, fue construido por muchas de las mismas razones - movimiento rápido de armamento y materiales - y era tan largo, que casi hubiera podido ir alrededor del planeta. El hombre detrás de estas hazañas se llamaba Inca Yupanqui, pero su pueblo lo llamaba Pachacuti, "el que le da vuelta al mundo".

Pachacuti Încă armado para la conquista, hacia 1440; de Guaman Poma de Ayala, 1613

Sus ancestros habían sacado a su pequeña tribu de la oscuridad doscientos cincuenta años antes, alrededor del año 1200 D.C. Después de un viaje épico hacia el norte desde un lugar mítico y aún desconocido, se asentaron en las fértiles y bien bañadas aguas del valle del río Huatanay, en los Andes peruanos. Allí, construyeron una modesta capital a la cual llamaron Cusco, "el ombligo del mundo," y fundaron a una naciente pero ambiciosa dinastía. Creían haber sido escogidos por el "Inti," el sol, para traer orden a sus hijos, y pronto salieron a cumplir su destino. De acuerdo a los relatos, eran orgullosos, industriosos, y astutos, humildes ante nadie excepto a sus dioses y a la "Pachamama", la Madre Tierra. Vivían bajo la siempre regla de: "No mentirás, no robarás, y no serás ocioso." Y a la última de estas tres reglas era verdaderamente fiel. Con el tiempo, su influencia se extendió por toda la región y lograron dominar a sus vecinos como los Incas del Tahuantinsuyo, los hijos del sol.

Pachacuti era el noveno de los Incas. Él llegó al poder después de inspirar a su pueblo a una victoria grandiosa e inesperada contra los Chancas, un pueblo rival cuyas ambiciones expansionistas habían amenazado al Cusco y al gran plan de los Incas para el futuro. Para consolidar su nueva posición dominante, Pachacuti rápidamente subyuga a otras tribus vecinas que se habían aliado vagamente con los Chancas. Entre estos estaban los nativos de Vitcos y Vilca Pampa (que ahora se llama Vilcabamba), otras dos remotas pero poderosas tribus en la ceja de selva, a varios días de marcha desde el Cusco. Era una región que pronto se convirtió en la Provincia de Vilcabamba, una conquista temprana de lo que eventualmente sería un poderoso imperio.

Según la crónica de 1653 del padre Bernabé Cobo, hacia el año 1440 se reunió un gran ejército para la invasión de Vilcabamba y partió bajo el mando personal de Pachacuti **(2)**. Al principio, la columna tuvo buen progreso por los valles planos de los ríos Huatanay y Vilcanota, un país hospitalario y abierto que fue fácil y rápidamente absorbido por el Tahuantinsuyo. Pronto, sin embargo, el cañón del Vilcanota se estrechó entre enormes precipicios que caían verticalmente de los campos de hielo y glaciares que coronaban un laberinto de picos circundantes, algunos de los cuales se elevaban más de 6,000 metros en el cielo azul andino. El río Vilcanota, hoy llamado Urubamba en su curso inferior, comenzó a descender hacia la espesura casi impenetrable de la montaña andina, la *Ceja de Selva*. Era la franja superior de la gran selva amazónica, que entonces se pensaba que estaba habitada por una raza de hombres que vivían como bestias y comían la carne de sus enemigos. Un líder menos capaz podría haber sido disuadido por la abrumadora variedad de obstáculos, pero Pachacuti siguió adelante.

Justo donde el terreno parecía intransitable, sus exploradores de avanzada encontraron un desvío a través de una brecha alta en los peñascos al norte del río por el que se podía evitar lo peor del cañón. Hasta el día de hoy, un camino rocoso y de tierra a través de este, el paso de más de 4,000 mil metros de altura de Panticalla, proporciona la única ruta para automóviles en la región, excepto cuando está cerrada por las frecuentes nevadas. Descendiendo por un valle empinado pero transitable en el otro lado del paso, los incas reencontraron el cañón del Urubamba exactamente donde un profundo corte en las montañas al otro lado del río invitaba a entrar en la fortaleza de Vilcabamba. Pero había un problema. El Urubamba, para entonces un torrente furioso de unos cien metros de ancho, bloqueaba el paso. Los nativos de Vitcos y Vilcabamba habían destruido el único puente en kilómetros en ambas direcciones, asumiendo que nadie podría reconstruirlo excepto en condiciones de agua inusualmente baja. Pero para consternación de su objetivo, las tropas de Pachacuti erigieron rápidamente un largo puente colgante de pesadas cuerdas, muy por encima de las aguas rápidas. A pesar de la resistencia simbólica, los invasores avanzaron seguidos por trenes de llamas cargados de alimentos, armas y suministros para una larga campaña. El cruce se llamaba Chuquichaca o, de otras formas, Choquechaca -el puente de las lanzas o, tal vez, de oro-, nombres proféticos de cualquier manera, según se darían las cosas. No sería la última vez que los hombres se abrirían paso a través del río, ansiosos por poseer las riquezas minerales que yacían bajo los picos más allá.

Una vez establecido en el otro lado y con los nativos en plena retirada, Pachacuti ascendió por el empinado y estrecho valle del río Vilcabamba hacia el oeste hasta el corazón de la provincia, mejorando los caminos y construyendo otros puentes a medida que avanzaba. Poco se sabe acerca de sus oponentes, excepto que probablemente eran lo que conocían como antis o chunchos, nativos nativos de la selva asombrados por la sofisticación de los incas. Estaban tan intimidados por la facilidad con la que los montañeses penetraban en su tierra natal, que creían que solo los elegidos del Sol podían lograr tales hazañas. Temiendo el resultado de un enfrentamiento directo con un enemigo tan poderoso, conspiraron para salvarse a través del engaño.

Al campamento del Inca, enviaron emisarios aconsejándole que no avanzara más. El camino, decían, era accidentado y el país pobre e insalubre. Si enviaba un mensaje con sus demandas, le dijeron, los *curacas* o jefes de Vitcos y Vilcabamba accederían gustosamente. Para su angustia, Pachacuti no quería saber nada de eso. Su respuesta fue característicamente inequívoca. "¡Despejen los caminos y prepárense para la llegada del Hijo del Sol!", les dijeron, o el Inca pronto bebería sangre de sus cráneos y haría tambores con las pieles de sus jefes. Las palabras fuertes, y el hecho de que Pachacuti claramente tenía el poder de respaldarlas, no pasó desapercibido para los mensajeros. Nerviosos, hicieron un balance de su hueste de guerreros antes de regresar corriendo a la selva para ser recibidos inesperada e injustamente entre su propia gente.

No sabríamos nada de los pueblos a los que regresaron, si no fuera por una oscura y pasajera referencia en el tratado de 1639 de un sacerdote agustino llamado Antonio de la Calancha. El Padre describe un lugar en la selva más allá de la cabecera del río Vilcabamba llamado Yanacachi, que:

"... En la antigüedad fue una gran pueblo y la Corte de aquella comarca [y] la universidad de la idolatria y el deposito de los hechizeros; [con el tiempo] vino a [tener] menos población."(**3**)

La crónica de Calancha continúa contando dónde estaba el pueblo en una confusa referencia a varios otros lugares, la mayoría de los cuales ya no se conocen, pero la pista más importante sobre el paradero de Yanacachi fue su nombre, que significa "sal negra".

Mientras tanto, los incas habían presentado *a los curacas* una elección difícil. Fue una técnica que Pachacuti y todos sus sucesores utilizarían repetidamente y con buen provecho durante casi un siglo a partir de entonces. Gran parte de su enorme dominio fue finalmente anexionado sin disparar un tiro, por así decirlo, ya que una y otra vez ofrecían a su presa una elección sencilla: capitular y unirse al imperio como ciudadanos bienvenidos o ser aniquilados sumariamente por la fuerza abrumadora del ejército que esperaba solo una orden del Inca para cumplir con la amenaza.

Los mensajeros nativos regresaron a sus líderes con informes tan contundentes de las proezas de Pachacuti que los *curacas* se aterrorizaron. En un ejemplo especialmente injusto de desquitarse con sus portadores del mensaje, los jefes cortaron rápidamente las cabezas de sus fieles emisarios y los enviaron de vuelta al Inca con lo que equivalía a una historia de encubrimiento de la verdad. Los jefes habían planeado rendirse pacíficamente todo el tiempo, dijeron, pero sus enviados los habían traicionado y pagaron el precio cuando se descubrió su grosera conducta. Las cabezas fueron enviadas como muestra de la sinceridad de los jefes.

Ya sea que el Inca creyera la historia o no, funcionó. Pachacuti continuó sin oposición por el río Vilcabamba hasta su cabecera y cruzó el Kolpacasa, o "Paso Salado", tal como Brooke, Curtis y yo lo habíamos hecho en nuestro camino a Icma Coya. El ejército del Inca pronto se encontró con un grupo de chozas en un lugar que todavía se llama Pampaconas. La aldea ocupaba el último gran espacio abierto antes de que el terreno se hundiera en la espesa selva nubosa que se extendía más allá. Prefiriendo permanecer en campo abierto, donde su ejército tenía la ventaja, Pachacuti eligió el sitio para su campamento y estableció su corte. Aquí, los asustados nativos salieron poco a poco de su escondite y lo recibieron con todo tipo de regalos exóticos. Notable entre ellos era una montaña entera, que según ellos, estaba cubierta de ricas venas de oro y plata. Parecía casi demasiado bueno para ser verdad, pero cuando se examinaron las minas, resultaron ser aún más ricas de lo que se había prometido.

Para Pachacuti, todo esto fue una bonanza increíble. Si su primera campaña era una indicación, la conquista parecía un buen negocio. No solo había sometido a varias grandes tribus de posibles enemigos sin luchar, sino que había añadido una provincia entera a su dominio y se había hecho muy rico en el trato. Cobo dice que el

Inca permaneció en Vilcabamba el tiempo suficiente para acumular *"muchos cargamentos"* de llama con oro y plata, con los que regresó triunfalmente al Cusco por el mismo camino por el que había venido **(4).**

El éxito de la expedición y las nuevas riquezas de Pachacuti se celebraron con una fiesta pública que duró dos meses. El Imperio Inca estaba en enrumbado en su camino.

¿Quién hubiera imaginado entonces que en menos de un siglo otro ejército incaico descendería desde el Paso de Panticalla hasta el estratégico puente de Chuquichaca, pero esta vez en plena retirada ante un enemigo aún más terrible que Pachacuti? Los 97 años transcurridos habían visto el cumplimiento virtual del sueño de Pachacuti de conquistar el mundo. Estimulado en parte por el sentido de destino de los incas y en parte, también, por su peculiar costumbre de pasar a los sucesores el poder del trono, pero no sus riquezas, el hijo y nieto de Pachacuti habían expandido la supremacía de Cusco por todo el mundo andino. Cada uno, a su vez, había acumulado enormes fortunas. Desde el Pacífico hasta el Amazonas, desde lo que hoy es el sur de Colombia hasta el centro de Chile, millones de personas obedecieron y rindieron tributo a los Hijos del Sol.

El suyo era el imperio más grande que el hemisferio occidental había visto jamás, de hecho, era uno de los más grandes y magníficos del mundo preindustrial. Para la mente moderna, el logro de los incas es aún más asombroso cuando se entiende como el de una sociedad que usaba armas de bronce y que sobrevivió en aislamiento hasta bien entrado el Renacimiento. Sin caballos, ruedas, hierro o un lenguaje escrito, administraban un dominio casi tan grande y complejo como el de los romanos, y lo administraban bien. Incluso los hombres que destruyeron el Tawantinsuyu, como los incas llamaban a su extenso mundo, se maravillaron de que la vida allí se comparara favorablemente con muchos aspectos de la sociedad europea de la época.

Sin embargo, por inmutable que pareciera, la estructura de poder de los incas era fatalmente vulnerable. Como una inmensa pirámide en equilibrio sobre su cúspide – en la persona del Inca- era inherentemente inestable y, al final, una extraña coincidencia de desgracias la hizo derrumbarse con una finalidad cataclísmica. En la tercera década del siglo XVI, el nieto de Pachacuti, el Inca Huayna Cápac, era de forma manifiesta el hombre más poderoso de lo que una extraña raza de viajeros barbudos y de piel blanca que venían del otro lado de Mama Cocha, el océano, llamaban el Nuevo Mundo. Huayna Capac probablemente nunca vio a estas personas, pero recibió la noticia de su llegada en su corte del norte, en lo que hoy es Ecuador. Su muerte repentina y prematura alrededor de 1526 probablemente de viruela, en medio de la aniquilación de una aterradora epidemia de enfermedades desconocidas hasta entonces, confirma que, a pesar de todo, recibió la tarjeta de visita de los extraños. Avanzando inexorablemente hacia el sur desde el recién conquistado México, la peste europea había comenzado a allanar el camino para la destrucción del Imperio Inca.

En algunos lugares, la población campesina fue reducida a la mitad de la noche a la mañana. A las filas de la burocracia y la nobleza incaica no les fue mejor. Nadie tenía inmunidad, e incluso un resfriado común cobraba un precio mortal. La producción de alimentos y los asuntos cotidianos del Estado se detuvieron. Justo cuando más se necesitaba un liderazgo fuerte y decisivo desde arriba, no llegó ninguno, ya que no solo el Inca, sino también su heredero legítimo se encontraban entre las víctimas. Rápidamente surgió una disputa entre dos posibles sucesores al trono, que pronto estalló en una guerra civil. Era una crisis hasta entonces impensable para un rígido imperio centralizado y ahora gravemente debilitado no estaba preparado en absoluto. Como todos los conflictos de este tipo, era un asunto especialmente desagradable, con una familia enfrentada y muchas matanzas en ambos lados. Ninguno de los contendientes a la corona parece haber estado a la altura de los notables estándares de sus antepasados, y durante cinco largos y destructivos años, cada uno fingió gobernar mientras la estructura de su reino continuaba desmoronándose. Los pueblos sometidos a lo largo de los Andes percibieron rápidamente el creciente vacío en Cusco y se volvieron cada vez más inquietos. Difícilmente se podría haber imaginado un tiempo más crucial para la llegada de un conquistador del extranjero.

Como si se tratara de una señal, en mayo de 1532 un español llamado Francisco Pizarro, navegando hacia el sur desde Panamá, tocó tierra en la costa norte de un lugar que erróneamente llamó Perú. Inspirado por las ya legendarias hazañas de Cortés en México, él y su grupo de aventureros habían estado buscando oro, hasta ahora sin éxito. En el Perú, su suerte iba a cambiar drásticamente -y con ellos, la del mundo entero-, ya que pronto se encontraron con una riqueza más grande incluso que lo que su enloquecida imaginación les permitía concebir. El tesoro de los incas se había multiplicado en las nueve décadas transcurridas desde la muy exitosa campaña de Vilcabamba de Pachacuti, y los europeos sospechaban que habían tropezado con el pueblo más rico de la tierra.

La saga épica de la trágica Conquista que siguió ha sido contada una y otra vez. Menos de un año después del contacto con sus insaciables y codiciosos visitantes, los dos Incas en guerra estaban muertos y la destrucción de su mundo estaba en marcha. Los españoles utilizaron la relativa autocracia benévola del antiguo régimen a su favor, simplemente reemplazándola con su propia versión, menos benigna. De este modo, el poder secular se obtuvo con sorprendente facilidad. Sin embargo, el control sobre los "corazones y mentes" de sus nuevos súbditos era otro asunto, ya que la divinidad del antiguo emperador inca era algo que los europeos no podían duplicar fácilmente.

Dieron con una solución que al principio parecía bastante inofensiva, pero terminó casi con su perdición. De entre los sobrevivientes de la corte del Cusco, eligieron a un heredero para el trono inca aún vacío. En diciembre de 1533, lo erigieron como un gobernante títere para pacificar a los nativos mientras implementaban las políticas de Pizarro y añadían la ilusión de legitimidad a su dominio extranjero. El nombre del nuevo emperador era Manco Inca y era un nombre que los europeos con el tiempo aprenderían a respetar.

Joven e inexperto, Manco se sintió halagado al principio por las atenciones de Pizarro y sus compañeros conquistadores, pero lo que confundió con su admiración y confianza pronto se reveló como condescendencia y desprecio. No le prestaron la deferencia ni la cortesía que siempre le habían enseñado que se le debía a un Inca, ni se le dio ninguna autoridad real. En cambio, trataron de apaciguarlo con las meras trampas del poder mientras se dedicaban a esclavizar a su propio pueblo en su nombre. Podría haber funcionado si no fuera por el hecho de que, como muchos de sus antepasados reales, Manco Inca resultó ser un hombre orgulloso y capaz.

Durante casi dos años, soportó los insultos e injusticias de sus nuevos amos, fingiendo lealtad mientras aprendía todo lo que podía sobre sus extrañas, pero evidentemente efectivas formas. Estudió sus tácticas y armas, aprendió a montar caballo y disparar armas y tomó nota de la disposición de sus fuerzas. Llegó a reconocer la enfermedad inherente a su insaciable codicia de oro y poder, y se educó en las sutilezas de su diplomacia corrupta y engañosa. Sus compatriotas, mientras tanto, se quejaban ante él de las humillaciones que sufrían a diario y le instaban a que se sacudiera del yugo español y restaurara la integridad del imperio. A finales de 1535, finalmente aceptó, pero fue capturado en un intento fallido de escapar al campo y comenzar a reunir sus fuerzas. Los españoles lo pusieron en cadenas y lo arrastraron de vuelta al Cusco como a un delincuente común. Sus carceleros le escupían y orinaban encima y violaban a sus esposas mientras lo hacían mirar. Para la población esta fue la gota que colmó el vaso. Levantamientos esporádicos y aislados comenzaron a plagar a los europeos a lo largo de los antiguos Cuatro Suyos. Lo único que impedía una rebelión nativa a gran escala era la falta de un líder carismático con la estatura y habilidad para hacerla realidad. A principios de 1536, un deshonrado pero nada humillado Manco Inca salió de la cárcel para convertirse en ese hombre que los peruanos necesitaban.

Para entonces, Cusco estaba rodeado por varios cientos de miles de indígenas, o "indios" como los españoles habían llegado a llamarlos, y que estaban listo para vengarse. Manco, que fingía jugar bajo las reglas de sus nuevos señores, juró falsamente fidelidad a los españoles, se aventuró a salir de la ciudad con un pretexto aparentemente inocente y tomó el mando de un enorme ejército. En mayo de 1536 puso sitio a Cusco e incendió los pesados techos de paja de sus palacios, salones y templos profanados en un esfuerzo por expulsar a los europeos al campo abierto, donde su abrumadora superioridad numérica podría ser ejercida. En cambio, afortunadamente para los españoles, se escondieron en el único complejo que, por razones desconocidas, no se quemó.

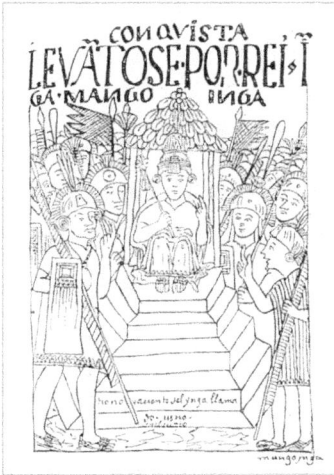

Manco Inca se hace cargo de la rebelión indígena y prende fuego al Cusco, 1536; de Guaman Poma de Ayala, c. 1613.

Fue un respiro temporal. La situación de los españoles era desesperada y no era probable que llegaran refuerzos desde fuera que ayudaran a levantar el asedio de la ciudad. La rebelión de Manco, cada vez mejor orquestada, había aniquilado virtualmente los focos de fuerza europea en otras partes del Perú (que incluían a los actuales Bolivia y Ecuador en ese momento). Los sobrevivientes aislados quedaron completamente inmovilizados. Hacía falta un golpe audaz para que los invasores no perdieran toda la Conquista. Y sea lo que fuera lo que se diga sobre los españoles, la audacia era su fuerte. Contraatacaron.

El cuartel general de los incas dominaba a los asediados europeos desde Sacsawaman, una enorme ciudadela inca que coronaba las alturas al norte de la ciudad. La construcción original había sido concebida e iniciada por Pachacuti a mediados del siglo XV. Durante tres generaciones, la obra fue continuada por su hijo y su nieto hasta ser abandonada, sin terminar, a la llegada de los españoles. En todos esos años, nunca había sido atacada. Algunos eruditos dudan de que fuera una fortaleza, pero todos los cronistas de la época coinciden en que fue una maravilla de la arquitectura y construcción inca. Un escritor incluso sugirió que pertenecía a una de las Maravillas del Mundo. Se refería a los tres muros exteriores de la terraza que protegían el aspecto septentrional más vulnerable del

Las fuerzas de Manco incendiaron el Cusco, 1536; de Guaman Poma de Ayala, 1613.

fuerte. Juntos, estos tienen más de quince metros de altura y están colocados en un patrón en zig-zag para que cada aproximación pueda ser defendida desde al menos dos direcciones diferentes. Son casi verticales, prácticamente inescalables y prácticamente indestructibles, y están formados por enormes rocas perfectamente ajustadas, algunas de las cuales pesan más de cien toneladas. Hasta el día de hoy, Sacsawaman inspira el asombro silencioso de todos los que se paran frente a él y fue este obstáculo, plagado de defensores enfurecidos, lo que los hermanos Pizarro tuvieron que superar si su contraataque quería tener éxito.

La batalla se prolongó durante varios días, con mucho valor y grandes pérdidas en ambos bandos. Entre estos últimos se encontraba el hermano menor de los Pizarro, Juan, quien murió por una piedra arrojada desde las alturas. Superados en número por centenares por cada uno, uno podría preguntarse cómo los españoles tenían alguna esperanza de prevalecer. Tres factores tendían a igualar las probabilidades: sus caballos, sus armaduras y espadas de acero y la pura audacia que invariablemente mostraban. Un espadachín blindado montado en un caballo blindado era el equivalente a un tanque pesado entre la infantería ligera. Usado agresivamente, era un arma contra la cual los nativos no tenían ni un ataque adecuado ni ninguna defensa real y fueron abatidos y pisoteados por cientos mientras intentaban rodear a los jinetes y sacarlos de sus monturas.

Ante las terribles pérdidas, los nativos fueron finalmente expulsados de Sacsawaman. La rebelión perdió rápidamente la iniciativa y se rompió el sitio del Cusco. Aunque la marea de la batalla por el Perú se volvió inexorablemente en su contra, un resultado completamente inesperado del levantamiento fue trabajar a favor de los nativos durante casi una década a partir de entonces. Los celos y la competencia entre Pizarro y su socio *conquistador*, Diego de Almagro, habían ido en aumento durante algún tiempo. Almagro, que se había embarcado en una difícil e infructuosa expedición a lo que hoy es Chile, regresó al Perú para encontrar a su adversario seriamente debilitado por su guerra con los nativos y listo para ser derrocado. Incluso coqueteó con la idea de una alianza con Manco, pero el Inca se negó, sospechando correctamente que solo sería cuestión de tiempo hasta que Almagro también se volviera contra él.

Al final, Manco se vio obligado a retirarse al interior, dejando tras de sí miles de muertos y moribundos. Los incas volvieron a ser parias en su propia tierra. Siguiendo la ruta de Pachacuti un siglo antes que ellos, se retiraron primero al valle del río Vilcanota, donde lucharon una breve, pero exitosa acción de contención contra sus perseguidores españoles en la gran ciudad fortificada llamada Ollantaytambo. Sin embargo, dándose cuenta de que los refuerzos enemigos tarde o temprano harían insostenible su posición allí, Manco reunió a sus fuerzas, sus familias, rebaños y posesiones y continuó por el paso de Panticalla y hasta el puente de Chuquichaca. Más allá se elevaban los barrancos de Vilcabamba, asfixiados por la selva, el lugar perfecto, pensó, para hacer su última resistencia contra los odiados europeos.

En un giro irónico de la historia, una de las primeras provincias conquistadas por los incas en su marcha centenaria hacia el imperio del Tahuantinsuyo resultó ser su último refugio cuando su mundo se desmoronó. Manco consideró brevemente sitios alternativos para lo que pensó que sería su exilio temporal. Pensó en las fortalezas en el laberinto selvático de Chachapoyas, en el norte de Perú, y en la cima de los escarpados acantilados de mil metros de Oroncota, en lo que hoy es el sureste de Bolivia. Pero para llegar a cualquiera de ellos tendría que atravesar mil kilómetros de terreno que, aunque no estaba todavía ocupado por los españoles, era fácilmente accesible para su caballería casi invencible. Vilcabamba resolvió ese problema, al menos. Había y sigue habiendo sólo dos o tres vías de entrada a la provincia. Todas eran casi intransitables para las tropas montadas y, por lo tanto, favorecían fuertemente el tipo de defensa guerrillera que Manco podía proporcionar mejor. Más importante aún, el Inca todavía albergaba el sueño de algún día arrojar a los invasores de vuelta al mar y eso significaba vigilar sus actividades en las cercanías en Cusco. A Vilcabamba le iría bien, al parecer, hasta que estuviera listo para retomar la ciudad y limpiar los Cuatro Suyos de intrusos extranjeros de una vez por todas.

Por el momento, sin embargo, necesitaba un lugar seguro en el que asentar a su gente y establecer una base de operaciones segura. Su destino fue una fortaleza de piedra llamada Vitcos, construida casi un siglo antes por Pachacuti en una colina alta y empinada a unos treinta kilómetros río arriba del río Vilcabamba. Había sido ampliada y fortalecida por todos los incas desde entonces. La ciudadela dominaba la confluencia de varios valles glaciares fértiles y extensamente cultivados en las alturas de los Andes, pero a no más de un día de caminata de las divisiones circundantes del territorio salvaje y selvatico de los feroces Chunchos y Antis, leales aliados de los incas desde su subyugación por Pachacuti. Lo mejor de todo es que ningún europeo había puesto un pie en Vilcabamba y la intención de Manco era que ninguno lo hiciera.

2

No confíes en nadie

Mi curso intensivo sobre los incas continuó durante todo el otoño de 1982 y hasta el invierno. Cuanto más me adentraba en su historia, más convincente se volvía esta: un drama arrollador convertido en tragedia, ambientado en un entorno exótico con un elenco de miles de personas. ¿Por qué Cecil B. De Mille no había hecho la película hace décadas? Más concretamente, ¿cómo había pasado yo diecinueve años de colegio sin aprender más sobre esta historia? La respuesta a eso fue fácil. Por curiosidad, busqué sobre los incas en un viejo libro de Historia Mundial que uno de mis hijos nunca había devuelto a clase. Toda la Conquista había sido cubierta en dos páginas y media. A los otrora poderosos Hijos del Sol se les habían dado tres párrafos enteros.

La decisión de Manco de establecer su corte en el exilio en Vitcos trasladó el escenario de la acción a un terreno familiar para mi. Continuamente recordaba los lugares que habíamos visto y los lugares por los que habíamos pasado en el camino hacia y desde Icma Coya. Todo ello adquirió un nuevo y emocionante significado a medida que leía sobre quién le había hecho qué a quién allá y por qué. Vi todo tipo de proyectos interesantes que pedían a gritos atención. Y para mi alivio, lo que había que hacer no parecía ser ciencia espacial. Era una combinación del mismo tipo de trabajo de campo riguroso que yo había estado haciendo durante años con un simple mapeo de bocetos, no muy diferente de lo que a menudo hacía para mis clientes como arquitecto. Durante semanas, no podía pensar en otra cosa que no fuera Vilcabamba, y anhelaba estar de vuelta allí, explorando de nuevo.

Afortunadamente, mi amiga más importante, Nancy Goodman, sintió lo mismo. Ex voluntaria del Peace Corps, ella había vivido en Perú durante dos años a principios de los años 60. Curiosa por ver qué cambios se habían producido en veinte años, voló a Cusco y pasó unos días conmigo allí después de mi regreso de Icma Coya. El viaje le había traído una avalancha de buenos recuerdos y le recordaba cuánto extrañaba los Andes y el Perú. Durante todo el otoño y el invierno, hablamos de volver. El momento obvio para ir era la siguiente estación seca de 1983, los meses del verano en el hemisferio norte e invierno en el Perú, pero habíamos decidido casarnos ese junio. La idea de una luna de miel en la selva podía parecer romántica, pero ambos sabíamos que no sería así. La expedición que teníamos en mente sería difícil y exigente. Para hacer un buen trabajo de campo, necesitaríamos mucho tiempo una vez que llegáramos allí, y eso significaría partir justo después del matrimonio. Prepararnos para nuestra boda y una gran expedición, todo al mismo tiempo, no parecía una buena idea, como tampoco lo era dejar muchos asuntos en casa sin terminar hasta que volviéramos semanas después. Todo el asunto nos pareció a los dos una fórmula para un divorcio temprano, en lugar de una felicidad conyugal.

También estaban mis clientes de arquitectura. Todas buenas personas, varias de ellos estaban tan entusiasmados como yo con mis planes de ir a explorar Perú, pero con una diferencia. Querían sus casas antes, no después, de mi gran aventura. Cuando comenzamos sus proyectos, no se había mencionado ningún retraso prolongado a mitad de camino. En las montañas de los Rockies de Jackson Hole, el verano es, con mucho, la mejor temporada de construcción y para cuando regresaría, mis clientes habrían perdido un año entero. No podía pedirles que hicieran eso. Así que, dejando a un lado el entusiasmo, accedimos necesariamente a esperar hasta el verano de

1984. Para entonces, podríamos pasar dos meses completos en Vilcabamba, mientras aprovechamos el año intermedio para poner en orden nuestros asuntos en casa y prepararnos para el viaje.

Tomada la decisión, envié una nota a Juvenal, agradeciéndole sus muchas bondades y contándole nuestros nuevos planes. Desde entonces he aprendido que los pueblos andinos remotos bien podrían estar en Marte, en lo que respecta al servicio postal peruano, y que mi carta no tenía casi ninguna posibilidad de llegar. Entonces, no debería haberme sorprendido, que Cobos nunca respondiera. Las noticias del Perú durante todo 1983 no fueron buenas. El movimiento terrorista, llamado Sendero Luminoso, estaba cobrando impulso. Un grupo de fanáticos maoístas, comenzaban a causar destrucción en todo el país, pero especialmente en remotas poblaciones andinas como Huancacalle. El silencio de Juvenal nos hizo temer aún más por su seguridad.

Nuestra siguiente prioridad era encontrar a Gene Savoy y tratar de establecer comunicación con él. Su libro, Antisuyo, había hecho que me interesara en el Perú inicialmente, y él parecía la fuente más probable de ayuda para preparar nuestra nueva expedición. Había intentado ponerme en contacto con él antes del viaje a Icma Coya, pero solo logré enterarme de que en los años transcurridos desde sus exploraciones, había regresado a los Estados Unidos y se había convertido en predicador en Reno, Nevada. David Vhay, un compañero candidato de mis años de estudiante de maestría en la universidad de Princeton y nativo de Nevada, había regresado a Reno después de la universidad para practicar arquitectura. Ambos habíamos resistido sin éxito cuando el gigante movimiento manierista del posmodernismo arrasó primero con la facultad de Princeton y, más tarde, con toda la profesión arquitectónica. Savoy nos proporcionó una buena excusa para volver a ponernos en contacto y descubrimos que todavía sentíamos el vínculo de ser los injustamente derrotados. Dave verificó que el explorador no solo vivía en Reno, sino que era el líder de un grupo religioso local allí, la Comunidad Internacional de Cristo, con sede en un impresionante templo en el centro de la ciudad. Varias cartas a Savoy enviadas a la iglesia no obtuvieron respuesta, así que Nancy y yo tomamos un vuelo a Reno con la esperanza de localizarlo.

Una visita a la oficina de su iglesia confirmó que habíamos llegado al lugar correcto, pero una mujer de un aire espiritual de otro mundo nos informó que el reverendo Savoy estaba "en retiro" y, por lo tanto, no estaba disponible para recibir visitas. Decepcionados, decidimos conducir a través de la ciudad hasta la zona residencial donde Dave me dijo que vivía el explorador. No era posible no encontrar la casa, era una gran casa al estilo de Frank Lloyd en una colina rodeada de casas residenciales convencionales. En caso de que uno aún no supiera dónde en el vecindario vivía el explorador, dos altos mástiles de un gran barco velero se elevaban sobre el cerco de un patio trasero, como si hubiera quedado varado allí durante algún cataclismo oceánico pasado. Mientras pasábamos por la casa, un hombre con jeans y una camisa de vaquero estaba en el patio del frente, lavando su auto. Inmediatamente lo reconocí como Gene Savoy por su foto en <u>Antisuyo</u> y nos detuvimos. Una vez que nos identificamos, él nos invitó apresuradamente a tomar una taza de café.

Él sabía de nosotros, dijo, por nuestras cartas y se disculpó por su silencio. Sus exploraciones en el Perú habían tenido lugar hacía mucho tiempo y no habían tenido un final del todo feliz. A pesar de las muchas preguntas como la mía que habían sido estimuladas por su libro <u>Antisuyo</u>, dijo, había tratado de dejar atrás toda la experiencia. Sin embargo, estaba interesado en oírnos hablar sobre nuestro reciente viaje y parecía entusiasmado por la perspectiva de nuestro regreso a Vilcabamba en 1984. Enfatizó que "nunca más" regresaría al Perú, pero nos deseó lo mejor y pidió que lo mantuviéramos informado de nuestros planes. Acordamos mantenernos en contacto, le agradecimos su hospitalidad y nos fuimos.

Una hora después de nuestro regreso a casa en Jackson Hole, sonó el teléfono. Era Savoy. "¿Había visto las ruinas cerca de Icma Coya?", preguntó. Cuando le aseguré que no habíamos encontrado ninguna ruina, cambió rápidamente de tono y estuvo de acuerdo, después de haberse convencido de que éramos quienes decíamos ser y de que realmente habíamos estado en Icma Coya. ¿Quiénes había pensado que éramos, agentes del Servicio de Impuestos Internos (I.R.S.) vigilando su iglesia? Nunca antes había tratado con alguien como Savoy. La sospecha parecía ser permanente en su forma de ser, como si fuéramos jugadores en un juego de alto riesgo. Yo no tenía ni idea de lo que podría estar en juego exactamente, pero el juego era a la vez emocionante y un poco inquietante. En los meses que siguieron a esa primera llamada con artimaña, poco a poco nos fuimos conociendo mejor. Lo mantuve al tanto de nuestros preparativos y le envié copias de lo que mi investigación arrojó. Comunicándonos siempre por teléfono, llamaba de vez en cuando con consejos y aliento. Por mi parte, después de años de entusiasmar a la gente al introducirlas a los placeres del montañismo, me complació en especial ver crecer su entusiasmo por el proyecto. Parecía que habíamos reavivado su fuerte sentido de la aventura y, al retomar la exploración de Vilcabamba donde él la había dejado, estábamos persiguiendo algún asunto pendiente allí. ¿Qué asunto, me pregunté, había dejado él inconcluso?

Habiendo finalmente conectado con Savoy, quedaba la pregunta de qué era exactamente lo que esperábamos lograr una vez que regresáramos a Vilcabamba. Además de pasar más tiempo en Vitcos, quería bajar a Espíritu Pampa y conocer la ciudad visitada por Savoy. Mis lecturas durante el invierno confirmaron lo que Cobos había dicho: que cada vez más expediciones pasaban por Huancacalle en ruta hacia y desde las ruinas y que no todas creían que allí se había encontrado la Vilcabamba de Manco Inca. Algunos decían que el sitio era demasiado pequeño. Otros sentían que la calidad de la arquitectura era demasiado mala. Muchos se preguntaban por qué las ruinas de tres monumentos reportados por los españoles, dos fuertes incas en los que se habían luchado batallas y un populoso pueblo nativo llamado Marcanay, aún no se habían encontrado a lo largo de la única ruta conocida hacia la ciudad. A Savoy se le había ocurrido un sitio controvertido para la ubicación de Marcanay, pero si tenía razón, entonces el antiguo acceso a la capital no era el que se usa hoy. Según sus cálculos, el viejo camino se había perdido sin dejar rastro en las montañas de la ceja de selva al suroeste de la ciudad. No todos estaban de acuerdo, pero incluso si Espíritu Pampa era la capital perdida de Manco y el rompecabezas realmente se había resuelto, aún faltaban piezas importantes. Yo quería encontrar el viejo camino, dondequiera que estuviera, y los fuertes que faltaban, y cualquier otra cosa que pudiera estar escondida en la selva alrededor de Icma Coya.

Todo el problema dependía de confirmar la ruta realmente utilizada por los invasores españoles durante sus dos expediciones a la ciudad. Sin un mapa decente, encontrar un camino perdido en medio de todo esa selva nuboso sería prácticamente imposible. Ya había verificado que no había mapas de contorno utilizables de la zona. El gobierno peruano estaba reuniendo lentamente una excelente serie de hojas a escala 1:200.000 utilizando fotografía aérea para cubrir todo el país, pero Vilcabamba era demasiado remota para recibir a un tratamiento tan costoso todavía. Al norte del paralelo trece, la zona en cuestión, las hojas de mapas estaban todas en blanco. En mi desesperación, recurrí al tratamiento más caro de todos: las imágenes satelitales de la NASA (1). Estos se pueden pedir para cualquier lugar de la tierra, pero solo si se conocen la latitud y longitud deseadas, un problema en un país no mapeado completamente. Afortunadamente, el croquis de mapa de Gene Savoy en el Antisuyo mostraba Espíritu Pampa un poco menos de 13 grados al sur y a unos 73-1/2 grados oeste (2), así que pedí una imagen centrada lo más cerca posible de esas coordenadas. El negativo cuadrado de 8 pulgadas que llegó varias semanas después mostraba un enorme revoltijo de montañas y cañones sin una sola característica identificativa. A primera vista, incluso la escala y la dirección del norte parecían faltar, y aunque finalmente vi que ambas cosas se podían deducir de las marcas de la cuadrícula a lo largo de los márgenes del negativo, todavía estaba decepcionado. No parecía haber ninguna característica que lo identificara y, por lo tanto, no había forma de saber lo que estaba mirando.

Mi desaliento inicial resultó ser precipitado. Un estudio cuidadoso de una impresión fotografica ampliada finalmente mostró el patrón distintivo en forma de hojas de trébol del río Urubamba en Machu Picchu en la esquina inferior derecha de la imagen. Con eso como referencia, fue posible rastrear la cima del cerro en forma de momia de Rosaspata cerca del mismo centro de la imagen, y finalmente, las montañas de Markacocha ligeramente cubiertas de nieve, incluido el pico dentado de Icma Coya, cerca de la esquina superior izquierda. A unos diez kilómetros al norte de esta última, el único valle grande y llano de varios kilómetros en cualquier dirección desembocaba en la selva baja. Tenía que ser Espíritu Pampa. Sin quererlo, la cámara del LANDSAT II había capturado toda la Zona de Vilcabamba, como se llama hoy la provincia, en una sola toma desde 920 kilómetros en el espacio. Era una clara violación del adagio militar consagrado por el tiempo de que los objetivos importantes se encuentran invariablemente en la intersección de cuatro mapas, pero ahí estaba. La resolución del negativo era tan detallada que una porción del tamaño de una estampilla postal producía impresiones nítidas de 28 x 36 centímetros cuando se ampliaba. No se podía ver ninguna evidencia del hombre, pero la disposición de la tierra nunca volvería a ser un misterio. Todas las características del terreno que habíamos notado durante nuestro viaje a Icma Coya ahora se destacaban en un relieve marcado, y ya se podían ver algunas piezas del rompecabezas encajando perfectamente en su lugar.

Para empezar, cualquier camino perdido que se acerque a Espíritu Pampa a través del sitio que Gene Savoy identificó como Marcanay necesariamente habría cruzado la división principal de Markacocha o una larga cresta que corre hacia el norte desde Icma Coya. Recordando que ambos eran campo abierto y fáciles de cruzar cuando hacía buen tiempo, se me ocurrió que una travesía cuidadosa de ambas crestas interceptaría casi con toda seguridad un viejo camino allí, si es que existía. Una vez encontrado ese camino, podríamos seguirlo cuesta abajo hasta Espíritu Pampa y explorar los sitios intermedios que encontraramos en el camino.

Sería un reto serio, que involucraría diez u once kilómetros de selva virgen, previamente inexplorada. No parece mucho, pero sabía por dolorosa experiencia en Icma Coya que diez kilómetros es mucha selva. Al menos, pensé, iríamos río abajo, una gran ventaja sobre los intentos cuesta arriba de Savoy de visitar el mismo país en los años

60. Había aprendido esa lección años antes en los cañones desérticos de Utah. Las cuencas de drenaje a menudo están bloqueadas desde abajo por acantilados y cascadas que sobresalen, pero se puede descender fácilmente desde arriba atando los puntos malos. Como una especie de cereza sobre el pastel, la foto satelital parecía mostrar varias cimas extranas de cerros de aspecto no natural a lo largo de las crestas por las que viajaríamos en busca del camino perdido. En mi imaginación todos eran Machu Picchus por descubrir, por lo que nuestro plan de ataque se hizo obvio. Comenzaríamos por buscar a fondo las tierras altas de Markacocha. Luego, con o sin el camino perdido, descenderíamos a través de la selva hasta la ciudad de Savoy, la explorariamos y regresaríamos a través del paso hasta Huancacalle para ver más de cerca Vitcos antes de regresar a casa. Eso conectaría todo lo que quería ver a lo largo de un gran circuito, como en un collar gigante.

Decidido nuestro itinerario, era hora de comenzar a planificar el equipamiento que cargariamos y organizar los suministros. Si la idea era encontrar algo nuevo, estaba claro que teníamos que salirnos de los senderos e ir a donde nadie más había estado. Eso significaba no estar atado a una gran carabana de caballos, por lo que tendríamos que ir con cosas pequeñas y baratas, y viajar ligeros. A excepción de viajes en la selva, había estado haciendo eso mismo durante años y ya tenía la mayor parte de la comida y el equipamiento que necesitaríamos. Lo siguiente fue armar el equipo. Al igual que en el 82, quería que fuera un grupo autosuficiente y de movimiento rápido. Nancy y yo seríamos los únicos que regresaríamos del viaje de 1982, ya que Brooke y Curtis se mantenían en la universidad y no podían pasar dos meses fuera del trabajo. Nancy planeaba ir conmigo a las montañas, pero no estaba muy entusiasmada con la idea de andar por la selva, así que necesitaba algunos compañeros nuevos. Corrí la voz para ver si alguno de mis antiguos compañeros de escalada quería ir y me encantó la respuesta que recibí, aunque no estaba demasiado soreprendido, que varios quisieran hicerlo tambien. Para cualquiera con un espíritu aventurero, era un viaje difícil de resistir.

El primero en enrolarse fue Jim Little, un viejo amigo y vecino de Jackson Hole. Desde sus días en la universidad de Dartmouth, había sido esquiador, escalador y muy hábil en las montañas. El hecho de que también fuera médico era especialmente reconfortante, ya que estaríamos a días, o incluso semanas, de distancia de cualquier centro médico. Su esposa Martha decidió unirse a nosotros y seguir el mismo itinerario que Nancy. Jim y Martha habían hecho excursionismo de montana en Nepal varios años antes y ambos estaban emocionados de comparar los Andes con lo que habían visto en los Himalayas.

El siguiente en unirse fue Paul Burghard, analista de inversiones de Merrill Lynch en San Antonio. Paul había estado conmigo en una escalada del Monte Moran en las montanas Tetons la primavera anterior. Habíamos estado atrapados en una tormenta de nieve por una semana, y el rendimiento de Paul bajo presión en malas condiciones había sido impresionante. Me alegré de tenerlo de vuelta. Chris Mattair, un estudiante universitario, también de Texas, decidió venir a pesar de las objeciones de su familia. Aprobaban que escalara conmigo en la cordillera del río Wind de Wyoming, pero sentían que la situación política en el Perú era potencialmente más peligrosa que cualquier pico. No pude evitar preguntarme si no tenían razón, pero tanto Chris como yo nos encogimos de hombros ante sus preocupaciones como si estuvieramos seguros de lo contrario.

Inesperadamente, una vieja amiga de Nancy, Jill Baumler, regresó de un viaje a Nueva Zelanda justo a tiempo para inscribirse. Ella también pensó en unirse a Nancy y Martha en el regreso a la ciudad después de la fase de montaña del viaje. Como una viajera del mundo, estaba tan emocionada por ver Cusco como por explorar los altos Andes. Para Jill, el viaje iba a ser solo el comienzo de una aventura de un tipo diferente que la llevaría a Europa y eventualmente de regreso. El último en unirse fue Jim Barefoot. Jim y yo habíamos escalado juntos muchas veces en las Montañas Rocosas de Estados Unidos, a pesar de que él era un estudiante universitario a tiempo completo en Carolina del Norte. Un viaje que él, Nancy y yo habíamos planeado unos meses antes en Nepal había fracasado y Perú parecía el lugar perfecto para compensarlo.

Era un buen grupo y, una vez en la montaña, resultó incluso mejor de lo que esperaba. Todos eran fuertes, competentes y experimentados en la naturaleza, pero no había hombres (o mujeres) machistas, egoistas o cazadores de fortunas. Todos estaban en esto por la diversión y la aventura del viaje, y cada uno parecía dispuesto a trabajar duro para llevarlo a cabo con éxito. Los eventos proporcionaron muchas oportunidades para el trabajo duro y, con el tiempo, cada individuo encontró un nicho, convirtiéndose en el experto del equipo en esto o aquello. Los campesinos se sorprendieron al ver lo bien que nos cuidábamos a nosotros mismos y la poca ayuda que necesitábamos, su experiencia con *los gringos* era generalmente todo lo contrario, o eso decían. Lo más importante de todo, como sabrá cualquiera que haya hecho una excursión difícil, es que nos llevabamos bien y nos reímos mucho.

Quedaba un último punto. Curtis, Brooke y yo habíamos llamado como en juego a nuestra escalada del pico Icma Coya la expedición "Sixpac Manco". El inca rebelde y sus tres hijos y sucesores habían sido grandes bebedores de *chicha*, la bebida nativa hecha de maíz fermentado. El hijo menor de Manco, Túpac Amaru, fue la figura trágica que finalmente perdió Vilcapampa a manos de los invasores españoles en 1572. Con el paso de los años, su nombre se había convertido en sinónimo del último de los incas. Siendo nosotros mismos bebedores entusiastas de cerveza, decidimos honrar a ambos hombres y su aparente pasión por la buena chicha con un nombre apropiado y un logo que muestra al Inca portando un sixpac, con una lata levantada en el saludo final. El nuevo equipo adoptó rápidamente ambos simbolos y, desde el principio, se llamó a sí mismo la expedicion de Sixpac Manco II.

Poco antes de partir hacia Miami, punto de encuentro de la expedición para nuestro vuelo a Lima, Nancy y yo volamos a Reno para una segunda visita con Gene Savoy. Estaba relajado y era amable, un hombre diferente del anfitrión reservado y cauteloso de nuestra primera visita. Era evidente que los meses de llamadas telefónicas y correspondencia lo habían atraído de vuelta a Vilcabamba. Para recordar los viejos tiempos, nos mostró los diarios de sus exploraciones en los años 60, varios volúmenes grandes llenos de páginas de notas, mapas y bocetos. Luego, entrando en negocios, me entregó un memorándum de siete páginas en el que exponía sus pensamientos sobre nuestro próximo viaje, hasta el día de hoy la única comunicación escrita que he recibido directamente de la mano de Gene Savoy **(3)**. Finalmente nos ofreció el copatrocinio del Club de Exploradores Andinos, grupo que había fundado en Lima durante sus años de exploración, y, con cierta formalidad, incluso nos regaló una bandera del Club para que ondeara sobre nuestros campamentos.

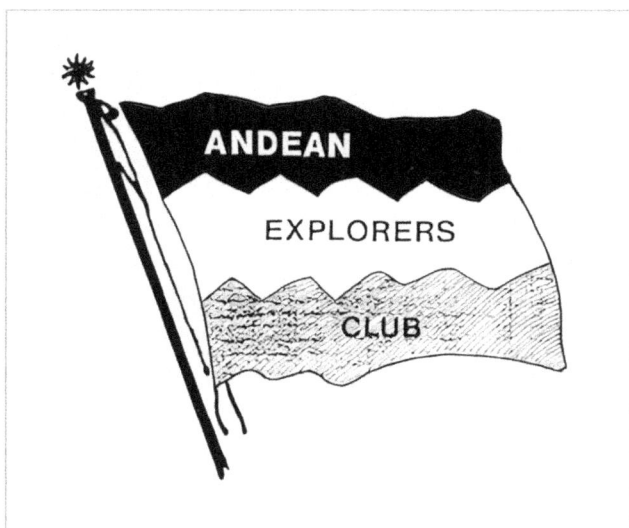

Bandera del Club de Exploradores Andinos

Toda la reunión fue un poco abrumadora. Comenzamos a sentir que estábamos entrando en una amplia historia de la exploración a gran escala en Vilcabamba, y continuamos los pasos de Savoy y Bingham. Por primera vez, me sentí un poco nervioso. ¿Y si no encontrabamos nada? Casi peor, ¿qué pasaría si encontrábamos algo realmente importante? ¿En qué nos estábamos metiendo? Gene Savoy hizo poco para tranquilizarnos.

"Explorar en Sudamérica es un asunto serio y a veces desagradable", dijo. "Pero si tienes cuidado y mantienes un perfil bajo, saldrás bien. Sin embargo, una cosa: no confíes en nadie".

Nancy y yo intercambiamos miradas. ¿Salir bien? ¿No confiar en nadie? ¿De qué demonios estaba hablando?

No pienses que puedes andar a ciegas en la selva y encontrar cualquier cosa", continuó. "No puedes. Escuchen a los *campesinos*. Ellos saben dónde está todo. Presta atención a sus consejos y busca caminos antiguos. Síguelos, todos te llevan a alguna parte". Y, finalmente, "Se supone que hay un hermoso edificio de dos pisos hecho de piedra caliza blanca en algún lugar de las montañas de Puncuyoc. Si yo volvería, ahí es donde iría". Fueron los mejores 30 segundos de consejos que podría habernos dado.

3

El Regreso a Vitcos

El primero de lo que iban a ser muchos cambios en nuestros planes cuidadosamente trazados ocurrió el 9 de junio, incluso antes de que saliéramos de los Estados Unidos. Todos, excepto Chris, llegaron a Miami según lo programado, solo para descubrir que todos los vuelos a Perú desde los EE. UU. habían sido cancelados indefinidamente debido a algún problema que involucraba a los dos gobiernos. Habíamos comprado nuestros boletos con semanas de anticipación, por lo que cambiar de vuelo estaba fuera de discusión. "*No hay problema*", dijo un compañero de Aero Perú, que finalmente llegó dos horas después de la hora de salida del vuelo. Parecía que Air Jamaica estaba honrando nuestros boletos y nos conectaría con un vuelo a Lima desde Kingston. Efectivamente, pronto nos encontramos bebiendo ron collins en el aeropuerto, preguntándonos que le habría pasado a Chris. Tal vez se había enterado de las cancelaciones de vuelos con anticipación, de alguna manera, y asumió que el viaje estaba cancelado. Lo extrañaríamos, todos estabamos de acuerdo en eso, y entonces solo dirigimos nuestros pensamientos al Perú. Después de pasar la noche en el salón de cócteles del aeropuerto de Lima, partimos al Cusco. A medida que el piloto descendia sobre Machu Picchu en la aproximación final, los picos de la Cordillera de Vilcanota atrajeron a todos a las ventanas del lado izquierdo del avion momentos antes de que el Salcantay de 6,271 metros de altura y los otros gigantes de hielo de la Cordillera de Vilcabamba se asomaran por las ventanas de la derecha. En una dia claro, es el mejor espectáculo que se puede ver en cualquier lugar, y el 10 de junio fue un dia despejado.

Nuestro cuartel general en Cusco estaba en la casa de Alicia Valle, la anfitriona de Nancy antes de que yo saliera de la selva en 1982. Nunca casada, Alicia la matriarca indiscutible de un encantador hogar de siete damas peruanas que abarcan tres generaciones. En poco tiempo, ella también se convirtió en nuestra madre en Peru. Sus habitaciones se agrupaban alrededor del perímetro de una terraza en la azotea con una magnífica vista de la ciudad. El entusiasmo era tan alto mientras nos reuníamos allí que Alicia nos pidió que nos calmáramos un poco. Parecía que otro huésped estaba durmiendo en una habitación cercana. A pesar de los esfuerzos por respetar su privacidad, lo despertamos y salió. Todos aplaudieron. Era Chris.

Así reunidos, Sixpac Manco II se dispuso a ver los lugares de interes y divertirse. La rutina debía ser muy parecida a la del primer viaje, comenzando con varios días de exploración de la ciudad y el campo circundante, mientras se aclimataba y se preparaba para un recorrido por el Camino Inca a Machu Picchu. Habiendo yo hecho todo eso en 1982, me tomé el tiempo para organizar la comida y el equipo, comprar las provisiones y negociar un permiso con el Instituto Nacional de Cultura o INC. Como no esperaba problemas con el permiso, lo dejé para el día antes de que planeáramos ir río abajo. Fue casi un error. La gente del INC. había estado tan cooperativa la primera vez, que yo no estaba preparado para la fría recepción que recibí en sus oficinas de la calle San Andrés. La sola mención de Vilcabamba pareció levantar las miradas.

En los dos años transcurridos desde nuestra última visita, Sendero Luminoso había cobrado fuerza y se había vuelto cada vez más activo. Después de leer mi solicitud, uno de los funcionarios advirtió que Vilcabamba se había convertido en un lugar muy peligroso. Otra, una mujer que sabía inglés pero rara vez hablaba, dijo que había habido muchos *campesinos* asesinados allí, y que el incidente más reciente había sido solo un mes antes. Después de algunas discusiones, se acordó que podía irme si estaba dispuesto a firmar un acuerdo, absolviendo al gobierno de antemano de la responsabilidad por cualquier problema en el que pudiéramos metiéramos. Sin la menor idea de lo que estaba haciendo, pero sin una alternativa real, firmé el comunicado y obtuve permiso para seis semanas en lo que comenzó a parecer una zona de guerra. Cuando me levanté para irme, el hombre me agarró la mano con lo que parecía una cierta finalidad.

—*Vaya con Dios, señor* —dijo, esquivando mi mirada—. Incluso con mi español oxidado, sabía lo que eso significaba. La señora me acompaño a la salida, susurrando una advertencia adicional en inglés, solo para asegurarse de que entendí el punto. Debiamos tener especial cuidado con el Ejército y la policía, dijo. Estaban arrogantes y nerviosos y disparaban sin provocación a cualquier cosa o a alguien sospechoso. Le agradecí el consejo, pero me alejé con la incómoda sensación de que ella sabía algo que yo no sabía.

Más tarde esa noche, nuestra última en la ciudad, estábamos todos reunidos en el Café Roma, bebiendo ronda tras ronda de *pisco* sours, la bebida nacional del Perú, y repasando los eventos del día. Se me ocurrió que uno de los funcionarios del INC había mencionado otra expedición a Vilcabamba, dirigida por un arqueólogo italiano y que debía salir en cualquier momento. No se sabía nada de ellos desde hace más de un mes y había cierta preocupación por su seguridad. Tal vez, pensé, nos cruzaríamos en su camino en algún momento y averiguaríamos más sobre la situación. Nuestra conversación fue interrumpida por un hombre de la mesa de al lado que dijo que acababa de regresar de Espíritu Pampa. Junto con su compañero mayor, parecía que había ido y regresado del infierno. Habían escuchado nuestras especulaciones sobre hacia dónde nos dirigíamos y nos ofrecieron el beneficio de sus propias experiencias. Era una historia extraña, con serpientes, espíritus, un guía poco fiable y un médico desaparecido. Lo más extraño de todo, sin embargo, era el hecho de que en una ciudad de casi 300.000 habitantes, los únicos dos que habían estado recientemente en el lugar al que íbamos estaban sentados en la mesa de al lado.

No habían visto a ningún terrorista, dijeron, pero hicieron eco de la advertencia de la señora sobre la policía. Había unidades armadas patrullando la zona, y había que evitar viajar de noche y acercarse a las aldeas con mucho cuidado. Le pregunté sobre las ruinas de Espíritu Pampa, y el hombre mayor dijo que el sitio era el lugar más "poderoso" en el que había estado. Todos lo escuchamos con una mezcla de escepticismo y fascinación mientras relataba la extraña historia de sus experiencias allí. Finalmente, el otro hombre me llevó a un lado. Era, dijo, un hipnoterapeuta de California y afirmaba tener algún don de vidente. Me dijo que debía seguir mis instintos y que todo estaría bien, que la nuestra sería una expedicion muy exitosa. Había, sin embargo, un hombre de quien debía cuidarme. No sabía quién era, pero dijo que lo sabría cuando lo conociera.

—*Buena suerte* —añadió, y con su amigo salió a la plaza llena de gente. Primero Savoy, luego la señora del INC. y ahora este tipo, todos parecían pensar que íbamos hacia el peligro. ¿Éramos un grupo de gringos ingenuos por pensar que podíamos caminar por los Andes sin que nos pasara algo, asi como si estuviéramos en casa en las Montañas Rocosas? Nuestro grupo se puso pensativo mientras caminábamos tranquilamente de regreso a casa por la Avenida Sol esa noche.

A la mañana siguiente, el 14 de junio, nos levantamos a las 4:30 y nos fuimos en el tren local por el río Urubamba hacia Machu Picchu. El resto del grupo se bajó en el kilómetro 88, punto de partida para realizar el famoso Camino Inca. Como yo ya había hecho esa ruta en el camino a escalar Icma Coya, mi trabajo consistía en llevar la montaña de comida y equipamiento para la expedición de Vilcabamba a Aguas Calientes, un pequeño y activo pueblo ferroviario en el cañón debajo de Machu Picchu donde Curtis, Brooke y yo habíamos pasado una noche memorable al salir en 1982. Burghard, que había desarrollado una tos desagradable en Cusco, decidió unirse a mí con la esperanza de que se sintiera mejor para cuando el resto del grupo llegara a Machu Picchu. Fue un momento difícil para él, pero me alegré de tener su ayuda y compañía. Mientras arrojábamos la última de nuestras maletines a la plataforma del tren que tambien hace las veces de calle principal de Aguas Calientes, un *gringo* salió de la multitud de rostros y se identificó como William Kaiser, un estadounidense expatriado dueño de un hostal cercano. Por 3.000 *soles*, o unos 95 centavos de dolar la noche, dijo, nos alojaba y nos daba tambien el desayuno. Era un buen trato. El precio, y para el caso la ciudad, había cambiado poco en dos años. Kaiser resultó ser el "guía poco confiable" del que nos habían hablado los dos hombres en Cusco, pero su versión de la historia era bastante diferente a la suya y, para nosotros, fue de gran ayuda.

Aguas Calientes era entonces un lugar encantador. Poco más que una pequena aldea, se aferraba con esfuerzo a una meseta rocosa junto al Urubamba a unos tres kilómetros río arriba de la parada de la estación de Machu Picchu. La escarpada jungla y los empinados acantilados de granito llenos de bromelias en flor se elevan sobre la ciudad en todas las direcciones. Dos cañones laterales desembocan en el río y alivian lo que de otro modo podría ser una claustrofobia terminal. Una antigua fuente termal inca a poca distancia de uno de ellos da nombre al lugar. Al no haber un sitio alternativo en ningún lugar cercano, un pueblo animado creció allí para albergar a los equipos que limpiaban y cuidaban las ruinas en Machu Picchu. A lo largo de los años, a estos lugareños se les ha unido un creciente ejército de turistas, que están allí para aprovechar su trabajo y, más recientemente, un ejército aún mayor de gente de la ciudad, que está allí para aprovechar de los turistas. El resultado es un punto multinacional cada vez más bullicioso en un entorno absurdamente primitivo y aislado, como un vestigio tropical de la fiebre del oro de Alaska. El resultado del pueblo no es mucho para mirar, pero le aseguré a Paul que lo pasaríamos bien y no se decepcionó.

Durante el día, caminamos hasta Machu Picchu. Aunque yo había estado allí brevemente con Curtis y Brooke en 1982, siempre había querido tener tiempo suficiente para explorar realmente el lugar, y esta era mi oportunidad. Nos levantábamos temprano y caminábamos por las vías de tren y luego subímos por el sendero hasta las ruinas, a mas de 600 metros por encima. A excepción de nosotros y algunos otros excursionistas, las ruinas estaban prácticamente desiertas hasta que llegó el expreso turístico de media mañana desde Cusco. Luego, nos escabullíamos a algún rincón remoto del sitio hasta que la multitud disminuía a eso de las tres de la tarde, a tiempo para tomar el último tren de regreso a la ciudad. Una vez más, podíamos deambular solos por las ruinas hasta que oscureciera. Fue maravilloso y también nos puso en buena forma. La tos de Paul incluso mejoró, probablemente debido a la altitud más amigable, casi mil metros más bajo que Cusco.

En algun momento, estábamos abriendonos paso por un viejo camino cubierto de maleza detrás del pico del Huayna Picchu, el pico afilado que aparece en el fondo de todas las mejores fotos de las ruinas. Era un trabajo en un ambiente empinado y caluroso, y nos detuvimos en un punto para descansar en el único terreno plano que habíamos encontrado, una especie de cornisa de roca cubierta de selva. Esa tarde, mientras volviamos en nuestro camino hacia casa, nos detuvimos allí nuevamente para almorzar. Mirando a nuestro alrededor con más atención, nos sorprendió descubrir que la cornisa era, de hecho, uno de los varios andenes con fachada de piedra bellamente construidos, terrazas que flanqueaban una amplia escalera de piedra que conducía a la espesa jungla hacia arriba. Por primera vez, entendí algo que Gene Savoy había dicho sobre la dificultad de reconocer ruinas en la selva. Seis años más tarde, arqueólogos peruanos que trabajaban para el INC. descubrirían un gran complejo de hermosos edificios, previamente desconocidos, en la parte superior de esas mismas escaleras, a menos de treinta metros de nuestro lugar de picnic.

El día 17, nos levantamos temprano y nos encontramos con el grupo del Camino Inca justo cuando llegaron a las ruinas cercanas de Wiñay Wana, mi favorita en todo el Perú. El nombre, que significa "siempre joven", transmite perfectamente el exquisito arte de la arquitectura y la belleza romántica de su entorno. Nuestros amigos quedaron deslumbrados por su caminata de cuatro días en el camino inca y por las nubes. Jim y Martha dijeron que no habían hecho nada parecido desde Nepal. Todos estaban fascinados por las ruinas que habían visto en el camino, y Wiñay Wana no fue la excepción. Después de un recorrido rápido, nos unimos a ellos mientras se dirigían emocionados hacia el final del camino y la ruina inca más famosa de todas. Fue el comienzo perfecto para la expedición, ya que todos estábamos de buen humor, en forma y sanos: la tos de Paul había desaparecido casi por completo. Después de un día y medio de descanso haciendo turismo en Machu Picchu, comiendo panqueques de plátano y nadando en las aguas termales cerca de Aguas Calientes, Sixpac Manco II estaba listo para Vilcabamba.

El 19 de junio nos encontró de nuevo en el tren, esta vez en camino al final de las vías en la capital provincial de Quillabamba. Más allá, el Urubamba se sumerge a través del desfiladero del Pongo de Mainique y se adentra en la cuenca del Amazonas. A pesar de que ahora estábamos a solo un día de viaje en camioneta desde nuestro campamento base en la casa de Juvenal en Huancacalle, nadie en Quillabamba quería siquiera hablar sobre el Vilcabamba, y mucho menos llevarnos allí. Los terroristas eran malos, nos dijeron, pero el Ejército era peor. Nos dijeron que mejor deberíamos hacer los rápidos del Pongo e irnos a casa, como todos los demás gringos que venían a Quillabamba. Sin embargo, sacamos unos soles de más y al mediodía del día siguiente, estábamos en camino por el Río Vilca-bamba, los ocho acomodados sobre nuestro equipamiento en la parte trasera de una pequeña camioneta Toyota.

El clima estaba despejado y la naturaleza aún más hermosa de lo que recordaba. La única señal ominosa era la abundancia de eslóganes políticos pintados en rocas, paredes y edificios por todas partes. Faltaba solo un año para las elecciones presidenciales y un joven que se asomaba como al estilo de John F. Kennedy en su tiempo llamado Alan García amenazaba con derribar el viejo orden y llevar al poder a su partido popular el APRA. Tales transiciones casi nunca ocurren sin problemas en América Latina y había tropas del Ejército en cada pequeño pueblo, la mayoría de los cuales ni siquiera habían tenido una estación de policía dos años antes. En Pucyura, nos detuvimos para presentar nuestro permiso al viejo policía que nos había hecho señas para que pasáramos no más en

1982, pero esta vez lo que encontramos fue a una compañía entera de soldados jugando fútbol en el patio de la iglesia. La tensión se alivió un poco cuando el jefe, un joven teniente muy entendido, apareció con sus shorts y su camiseta de la banda de musica Grateful Dead. Nuestras credenciales estaban en orden, dijo, mientras nuestra presencia era debidamente registrada por uno de sus soldados, pero nuestra expedición le pareció "*muy peligrosa*". Aun así, los gringos locos no eran su preocupación y nos despidió con un movimiento de cabeza. Mientras nos alejábamos, nos hizo una señal con el dedo y nos gritó: "¡*Con cuidado!* ". Media hora después, estábamos descargando nuestro equipo en Huancacalle.

Don Juvenal -un título en acorde con su aparente rango en la comunidad- se alegró de vernos. Me dio las gracias por mi carta, que de alguna manera había llegado, y nos ofreció un buen lugar para acampar no lejos de su casa. No creía que estuviéramos en peligro de los terroristas, dijo, pero pensó que lo mejor era que acampáramos cerca. Después de armar nuestras carpas y organizarnos, subimos a su casa a tomar café y comer choclo y conocimos a su esposa y a su hermano, Flavio, uno de los guías de Savoy en los años 60. Benjamín, otro hermano que también había trabajado con Savoy, estaba trabajando en una chacra varios días hacia el norte. En un ritual universal en los Andes, Juvenal cubrió apresuradamente el banco de madera en la entrada de su casa bajo con pieles de animales y mantas antes de insistir en que todos tomáramos asiento. A continuación, su esposa sirvió la comida tradicional mientras yo repartía los regalos igualmente habituales. Savoy había enviado algunas cosas para los Cobos, «los chicos», como él los llamaba, y Nancy y yo habíamos traído algunos regalos, tanto para ellos como para sus esposas. Todo esto paso con mucho deleite para todos. Sorprendentemente, un ejemplar del libro <u>Antisuyo</u> en inglés, autografiado por Savoy, causó el mayor interes. Ninguno de las personas podía leerlo en ingles, pero reconocían con orgullo sus propios nombres aquí y allá en el texto. Era una tarde festiva y todos los que conocimos nos recibieron como invitados de honor.

El Inti Raymi se iba a celebrar en cuatro días más y Juvenal quería nuevamente que fuéramos sus invitados. Preferí irme, pero tales invitaciones no se rechazan cortésmente y decidimos retrasar nuestra partida hasta el día 25. Pensé que podríamos explorar las ruinas locales, organizarnos para la expedicion y, si quedaba tiempo, tal vez escalar un poco. Con nuestras cargas pesadas, sería un largo y duro recorrido hasta la cordillera de Markacocha, nuestro primer objetivo. Con eso en mente, nos acostamos esa noche contentos de que los próximos días serían fáciles y agradables después de todo, un poco de descanso y relajo antes de que comenzara el trabajo serio.

Alrededor de la medianoche, Nancy y yo fuimos despertados por una mujer muy exaltada y su hijo pequeño. Al parecer, el marido de la mujer estaba desesperadamente enfermo y necesitaba nuestra ayuda. Despertamos a Jim Little, que cogió su botiquín, y los tres subimos la colina en la oscuridad hasta la casa de la mujer. En el interior, un grupo de lugareños estaba reunido alrededor de un anciano, que se retorcía de dolor en una cama sudorosa y apenas visible a la luz de las velas. Un colico, lo llamaban, pero Jim no tenía ni idea de lo que le pasaba al pobre hombre. Todo lo que su familia pudo decirnos fue que, aparentemente, había sufrido los mismos calambres abdominales agudos en el pasado, y siempre se recuperaba. Las personas que no están acostumbradas a los medicamentos de venta libre que son muy accesibles en los Estados Unidos a menudo responden fuertemente a dosis aisladas. Con la esperanza de que el anciano no fuera una excepción, Jim le dio algunas pastillas para el dolor leve y volvimos a la cama alrededor de las dos de la madrugada. Mientras estábamos acostados tratando de dormir, todo lo que yo podía pensar era en el desafortunado misionero agustino, el Padre Diego Ortiz. Fue precisamente en ese lugar, en 1571, donde se le pidió que tratara al gravemente enfermo Titu Cusi Inca, quien había muerto de todos modos. Ortiz había pagado caro su fracaso de revivirlo cuando los nativos angustiados y vengativos lo habían torturado hasta una muerte lenta y horrible. ¿Qué nos pasaría, me pregunté, si el viejo señor empeorára después de tomar las inofensivas pastillas para el dolor de Jim?

Con las primeras luces del día, Nancy y yo caminamos inquietos de regreso a la colina para acompañar a Jim en su segunda visita medica al enfermo. Jim terminaria luego por hacer muchas más visitas entre los campesinos, pero ninguna vista más aterradora que esta. El joven corrió a recibirnos en la puerta, su amplia sonrisa demostraba que no teníamos por qué preocuparnos. El hombre no solo se sentía mucho mejor, sino que la velocidad de su recuperación fue vista como una clara seña de la destreza médica del Doctor Jim. A pesar de todo lo que le dijimos, la esposa del hombre insistió en pagarle por sus servicios y, al no tener dinero, nos ofreció las dos manos llenas de huevos. Afortunadamente, regresamos al campamento justo cuando los demás se estaban levantando y cocinando un pequeño desayuno de panqueques de arándanos secos y tocino enlatado de nuestras provisiones. Con un placer inesperado, añadimos una gran tortilla de huevo fresca al desayuno.

A pesar de lo rica que estaba la comida, yo estaba ansioso por ponerme a trabajar. El sol acababa de salir sobre el cerro de Rosaspata, asomándose sobre nuestro campamento desde el este. Sabía que la cima y el valle más allá estaban llenos de las extensas e históricas ruinas del Vitcos de Manco. Al no haber tenido casi ninguna oportunidad de hacerlo en el 82, no podía esperar para llegar allí y echarles un vistazo. Mientras los demás conversaban sobre esto y aquello, disfrutando de la comida y del sol de la mañana, yo me senté a un lado a comer rapidamente mi comida y tratar de recordar todo lo que había leído sobre el sitio desde mi primera y rápida visita allí con Curtis y Brooke, dos años antes.

En su llegada a Vitcos a mediados de 1537, Manco y sus seguidores estaban seguros de que finalmente habían encontrado un refugio, un lugar a salvo de los españoles sangrientos y su caballería casi invencible. En esto, pronto se desilusionaron. Aunque Manco había destruido el camino detrás de él antes de descender del paso de Panticalla y había cortado parcialmente el puente en Chuquichaca antes de avanzar por el cañón de Vilcapampa hacia Vitcos, Manco había subestimado la determinación de los españoles. No dejó ningun ejercito de retaguardia que bloqueara el camino o diera aviso de la persecución enemiga. Era el tipo de error táctico que nunca volvería a cometer, y afortunadamente lo comprendió así, ya que estuvo a punto de costarle su nuevo reino a los pocos días de su llegada a Vitcos.

Según Pedro de Cieza de León, uno de los principales cronistas españoles del Perú del siglo XVI, la exitosa huida de los incas del Cusco y su victoria en Ollantaytambo habían dado a muchos de sus nobles, llamados *orejones* debido a los grandes adornos en las orejas que usaban, el coraje para seguirlo a la supuesta seguridad de Vilcabamba. Al igual que Manco, habían traído consigo sus casas enteras, incluyendo una cantidad no pequeña de lo que los europeos llamaban tesoro. Por lo tanto, Vilcabamba no solo fue un centro de resistencia nativa y almas paganas, sino también una fuente inexplorada de botín. Esto último, los españoles no pudieron resistirlo por mucho tiempo.

Mientras Manco se había ido retirando de Ollantaytambo, ajeno a todo lo que no fuera el camino que tenía por delante, sus enemigos a la retaguardia no habían permanecido ociosos. Tan pronto como los incas abandonaron el sitio del Cusco, estalló una guerra civil entre los españoles. Al regresar de Chile a la cabeza de una fuerte columna, el retador, Diego de Almagro, había ganado y Pizarros, severamente debilitados, quedaron momentáneamente fuera del poder. Después de consolidar su control sobre los sobrevivientes dispersos de la guerra con Manco, Almagro envió una fuerza bajo el mando de Rodrigo Orgoñez, un partidario de su confianza y comandante veterano, para capturar al Inca. La idea era apoderarse del botín que se pudiera encontrar y poner fin, de una vez por todas, al sueño de soberanía nativa que la libertad de Manco había llegado a simbolizar. Con cierta dificultad, las tropas de Orgoñez reconstruyeron el camino de Panticalla, repararon el puente de Chuquichaca y marcharon a la fuerza por el río Vilcabamba hacia Vitcos, llegando allí casi pisándole los talones a su presa. Los incas, que habían elegido el momento para celebrar su aparente buena fortuna, fueron tomados totalmente por sorpresa y, al carecer de armas ni de ninguna defensa organizada, fueron casi exterminados. Un gran número de hombres, mujeres y niños fueron asesinados o capturados, Vitcos fue saqueada de sus riquezas y los vastos rebaños de llamas y alpacas de los nativos fueron tomados. Aunque su hijo ilegítimo, pero más cercano, Titu Cusi, estaba entre los capturados, el propio Manco logró escapar a la selva y, como los españoles pronto se dieron cuenta para su consternación, vivió para luchar otro día.

Orgoñez regresó a Cusco creyendo con la seguridad erronea seguro de que habia quebrado por completo la resistencia de los incas. Ni él ni sus superiores comprendían aún la mentalidad nativa. Mientras la persona del Inca sobrevivia, el imperio continuaba existiendo. Manco no sólo volvió al poder, sino que rápidamente restableció su bastión en Vitcos. Las mermadas filas de sus defensores pronto se llenaron con la avalancha de refugiados nativos que comenzaron a llegar desde todas partes del Perú. En cuestión de meses, las fuerzas de Manco estaban atacando con éxito las columnas e instalaciones españolas en lugares tan lejanos como Lima. Utilizando una vasta red de caminos selváticos desconocidos por los europeos, Manco viajó arriba y abajo de los Andes, intentando fomentar la rebelión entre las muchas tribus nativas que una vez habían formado los Cuatro Suyos. Una poderosa fuerza española enviada para interceptar una de estas fuerzas nativas en un lugar llamado Oncoy fue aniquilada en noviembre de 1538, justo antes del inicio de la larga temporada de lluvias andinas. La noticia de la derrota causó un alboroto en el Cusco, y se decidió que se enviaría otra expedición contra Vitcos tan pronto como cesaran las lluvias.

Consciente de la facilidad con la que Orgoñez había llegado a Vitcos en 1537 y esperando un ataque de represalia de este tipo, Manco había establecido mientras tanto un refugio alternativo en lo profundo de la selva más allá de las altas montanas de los andes. Al igual que la provincia misma, su nueva capital se llamaba Vilcabamba, y para llegar a ella los españoles tendrían que abandonar sus caballos y marchar en fila a través de kilómetros de selva, repletas de las tribus aliadas de los incas.

Cazadores primitivos y algunos a veces hasta caníbales, tenían la costumbre de enviar flechas y dardos envenenados desde posiciones camufladas detrás de la cubierta opaca de árboles, raíces y enredaderas que presionaban claustrofóbicamente desde todos lados. Rara vez, si es que alguna vez, los miembros de esta tribu se enfrentaban abiertamente a un enemigo a la manera europea y, si eran atacados, simplemente se fundían invisiblemente en la maleza. A estas tácticas, los incas planearon agregar uno de sus trucos favoritos. Después de haber atraído a un adversario a una posición confinada en un terreno abierto y empinado, harían rodar enormes rocas hacia sus filas aterrorizadas desde la seguridad de las alturas de arriba. Tal era la sorpresa que Manco esperaba dar a los europeos cuando llegara el momento. Un paso particularmente estrecho y traicionero a lo largo del camino a Vilcabamba favoreció especialmente su plan, y fue allí donde tendió su trampa cuando llegó la noticia del inminente avance español.

En Cusco, los Pizarros habían vuelto a tomar el control y lograron capturar y ejecutar a su rival, Almagro. Fue así como la invasión de 1539 fue dirigida por el hermanastro de Francisco Pizarro, Gonzalo, un capitán experimentado con trescientos de los mejores hombres de los españoles bajo su mando. Marcharon sin oposición por el río Vilcabamba y ocuparon Vitcos sin luchar. Empezó a parecer una nueva derrota para los nativos y bromearon con que Manco y sus rebeldes pronto estarían encadenados.

Por los prisioneros que capturaron, se enteraron de que el Inca los esperaba en una posición fortificada a varios días de marcha más allá de Vitcos e inmediatamente se pusieron en marcha para encontrar y destruir su ejército de una vez por todas. Después de marchar hacia arriba y sobre del Paso Salado, descendieron a Pampaconas, dejaron sus caballos y se adentraron en la selva a pie. Entre los presentes se encontraba Pedro Pizarro, un joven primo del *Marqués*, como se llamaba el resurgido Francisco Pizarro. En un relato detallado escrito treinta y dos años después de los hechos, Pedro describió el desastre que siguió:

Ibamos ya cerca de donde Manco Inca tenía su fuerte, Gonzalo Pizarro tomó la delantera, y Pedro Pizarro junto a él a sus espaldas, y detras [de] Pedro Pizarro [estaba] Pedro del Barco, y así siguientes todos, porque por ser el camino angosto no podíamos ir más de uno a uno; [llegando] ya junto al fuerte aconteció que con las grandes montañas espesas que hay en aquella tierra no lo habíamos visto. Pues llendo así caminando como digo, a Gonzalo Pizarro se le metió una piedrezuela entre el alpargate y el pié. Pues descalzándose para sacarla, mandó detener la gente, y como llegaban todos unos tras de otros, mandó a Pedro del Barco tomase la delantera y fuese poco a poco con la gente, mientras él se sacaba la piedra y [se] calzaba. Pues llendo Pedro del Barco y toda la gente tras él, hallaron dos puentes hechos nuevos para pasar dos rios pequeños que atravesaban el camino, y [no se dieron cuenta que estaban hechos a proposito] para que pasasen los españoles y entrasen en una emboscada que los indios tenían hecha, y Pedro del Barco tuvo aquí gran culpa y poco saber en no entender que pues los enemigos hacían puentes para que pasásemos... [con] ... engaño, como lo fué, pues sin parar el Pedro del Barco y toda la demás gente con él pasó, y luego adelante ... [llegaron a] ... una media ladera rasa, sin monte, que bajaba de una sierra muy alta."[...]

"... no viendo ningún indio (porque todos estaban emboscados y escondidos), en empezando a entrar [...] por esta ladera [...] ya que habían pasado como treinta o quarenta españoles, echaron por esta ladera abajo desde lo alto de la sierra muchas ... piedras grandes que dejan rodar de lo alto, que vienen con gran furia, y todo lo que toman por delante hacen pedazos... Pues ... arrebataron cinco españoles y los hizieron pedazos, echándolos en el río, pues los que habían pasado adelante y entrado en el monte hallaron muchos flecheros que los empezaron a flechar y a herir, y si no hallaran una senda angosta por donde se echaron al río, los mataban a todos" (**1**)

Tambaleándose por esta debacle, los invasores se replegaron a sus caballos en Pampaconas, se reagruparon y pidieron al Cusco refuerzos que finalmente terminaron la campaña. Una vez más, sin embargo, Manco escapó con la mayor parte de su ejército y, aunque los españoles penetraron hasta su bastión oculto en Vilcabamba, su victoria logró poco. El hijo de Manco, Titu Cusi, el único de los incas que dictó sus memorias, recuerda la segunda y última lucha:

"y mi padre los salió a rescivir tres leguas de aquí (como 14 o 15 kilometros de Vilcapampa) a una fortaleza que allí tenía para en ella defenderse de ellos y no se dejar ganar aquella [aquel Fuerte]- Llegado que fué allí se encontró con no se quántos españoles, que por ser montes espesos no se podían contar, a donde peleó fuertemente con ellos a la orilla de un rio unos de una parte y otros de otra, que en diez días no se acabó la pelea [... Y finalmente,]... viendo que no se podía escapar, tomó por remedio echarse al agua y pasar el río [nadando...]; y [cuando]...

se vió de la otra parte comenzó a dar voces diciendo: «yo soy Manco Inca; yo soy Manco Inca" **(2)**

La Vilcabamba del Inca no sería desafiada seriamente hasta pasados treinta y tres años, pero Manco estaba destinado a morir a manos de sus enemigos. Después de todo, la guerra civil entre los Pizarro y los Almagristas no había terminado con la muerte de Almagro. Su hijo, Almagro el Mozo, había continuado la lucha hasta su propia captura y ejecución en 1542, pero no antes de que el antiguo enemigo de su padre, Francisco Pizarro, fuera asesinado en el Palacio del Gobernador de Lima a mediados de 1541. Para escapar de la ira del hermano de Pizarro, Gonzalo, siete de los capitanes de Almagro el Mozo huyeron a Vilcabamba y se refugiaron con Manco en Vitcos. Muy en contra de los consejos de sus propios capitanes, el Inca creyó que los almagristas eran sus únicos aliados contra el odiado Gonzalo y los recibió como tales. Desde la fallida invasión española de 1539, los nativos habían intensificado sus incursiones en el campo circundante y, a cambio de la protección de Manco, los siete tránsfugas ofrecían información valiosa sobre los movimientos, tácticas y armamento de Pizarro.

Desafortunadamente para todos los interesados, resultó que el rey de España envió a su propio representante a Lima en mayo de 1544 para ser el primer virrey oficial del Perú. Gonzalo Pizarro, quien había estado tratando de recuperar el control desde la muerte de su hermano, se enfrentó a un nuevo rival y los dos se enfrentaron de inmediato. Cuando las noticias de la lucha por el poder en el Cusco llegaron a Vilcabamba, los siete visitantes de Manco vieron rápidamente la oportunidad de ganarse el favor del nuevo virrey y tal vez poner fin a su exilio en el desierto. Su plan era simple. Decidieron asesinar a su desprevenido anfitrión y atribuirse el mérito de haber puesto fin a lo que se había dado en llamar el "problema de los incas". Titu Cusi, el joven favorito que había sido robado por Orgoñez durante la incursión española de 1537, regresó trágicamente a casa de su cautiverio en Cusco justo a tiempo para presenciar el brutal asesinato de su padre. Según su relato, escrito en 1570:

"Después ya de algunos días y años, estos españoles arriba dichos estuvieron en compañía de mi padre en el dicho pueblo de Vítcos, en la misma casa de mi padre. Estaban un día con mucho regocijo jugando al herrón solos mi padre y ellos y yo, que entonces era muchacho [... Y entonces...] llendo [...] mi padre a levantar el herrón para [..] jugar, descargaron todos sobre él con puñales y cuchillos y algunas espadas [...] al fin.... [cayo]... al suelo con muchas heridas, le dejaron por muerto. Y como [yo] era pequeño y [... quise ayudarlo...]; y volviéronse contra mí muy enojados, arrojándome [una] lanza con la misma lanza de mi padre [...] Yo, de miedo, como espantado de aquello, huí [...] por unos montes abajo" **(3)**

Así murió el César de Vilcabamba, aunque a diferencia de Bruto y sus compatriotas, los asesinos de Manco pronto fueron acorralados por los nativos y ejecutados horriblemente. Irónicamente, todo fue en vano, ya que el virrey cuyas atenciones habían tratado de ganar fue asesinado por las fuerzas de Gonzalo Pizarro poco después. La muerte de Manco tampoco provocó el colapso de la resistencia incaica. El trono de Vilcabamba pasó naturalmente al joven heredero aparente, Sayri Tupac, quien gobernaría el enclave de resistencia, sin ser molestado, durante otros trece años. El resultado más visible de la traición de los siete almagristas fue la espeluznante visión de sus propias cabezas cortadas, que todavía se exhibían con orgullo en lo alto de lanzas en Vitcos en una fecha tan tardía como 1565.

La guerra con los españoles estaba lejos de terminar, pero la importancia de Vitcos disminuyó en las décadas posteriores a la muerte de Manco. Al igual que la ruta planeada para nuestra expedición, el escenario de la acción se desplazó hacia el oeste, hacia las selvas más allá de las montañas. En 1572, los nativos sufrieron una desastrosa derrota allí y el destino de la Vilcabamba Inca quedó finalmente sellado. El último de los Incas rebeldes fue capturado, arrastrado al Cusco y despachado según la justicia española. Los Hijos del Sol dejaron de existir y su refugio final se convirtió en un lugar del pasado, rebautizado como Vilcabamba la Vieja.

Había costado 40 años y miles de vidas, incluidas las de todos los principales actores de ambos bandos, pero después de la caída de Vilcabamba, los europeos eran los dueños indiscutibles del Perú. Vitcos yacía cubierto de maleza y en ruinas. Vilcabamba la Vieja fue abandonada a la selva y olvidada por todos, excepto por los miembros de las tribus de la selva, cuyos descendientes, los nómadas Machiguenga, todavía se ven allí hoy en día. Durante un tiempo, las minas de oro y plata encima de Pampaconas, tan ricas en la época de Pachacuti, continuaron produciendo, y los españoles las explotaron para su beneficio. Todos los nativos locales que se pudieron encontrar fueron obligados a trabajar y se les obligó a vivir en el asentamiento español recién fundado de Vilcabamba la Nueva, muy por encima de Vitcos, cerca de las minas. A los pocos años, incluso estas se agotaron y los españoles perdieron el interés y regresaron a las comodidades del Cusco. La pobre provincia de Vilcabamba quedó a merced de los pocos lugareños capaces de ganarse la vida en su terreno accidentado e difícil. Y así permaneció durante los siguientes trescientos años.

Impaciente por ponerme en marcha, terminé lo último de mi comida y comencé a reunir el equipo que calculé que necesitaría para mi primer día de trabajo de campo real. Al no tener formación ni experiencia en arqueología, había traído el mismo equipo que usaba en casa para hacer mapas de sitios para mis clientes de arquitectura: mis pies para medir distancias, una brújula para medir direcciones, un altímetro para elevaciones y un cuaderno y lápiz para anotarlo todo. Metí los tres últimos en mis bolsillos, donde estarían a mano. En un canguro, metí una cinta adhesiva de cincuenta pies, un nivel optipo de mano para comparar alturas, dos naranjas, un poco de agua y un poncho de lluvia. Una cámara alrededor de mi cuello y un *machete* en mi cinturón completaban el atuendo.

Desde entonces, algunos me han insistido en aprovechar más las video-cámaras y los dispositivos de topografía y posicionamiento global de alta tecnología que han salido al mercado en los últimos años. Tal vez debería. En teoría, es una buena idea. El problema es que, en la práctica, algo siempre sale mal. Justo cuando más se necesita, cualquier cosa con partes que se mueven se congela en la altura, se moja al cruzar un arroyo o se enciende accidentalmente dentro de una mochila y muere su batería. Tarde o temprano, siempre termino haciendo las cosas a la antigua, así que las hago de esa manera todo el tiempo. Hasta el día de hoy, nunca he mejorado el kit barato, simple y liviano que preparé esa primera mañana, aunque en ese momento parecía un principiante. Hiram Bingham, pensé, probablemente tenía mejor equipo tres cuartos de siglo antes.

Todo empacado y listo para partir, vi que los demás estaban descansando al sol y tomándose su tiempo con el desayuno. ¡Rayos! ¿No entendian que nos esperaban aventuras increíbles en las sombras, aunque heladas y poco atractivas, al otro lado del río? Tal vez sea así, pero las aventuras seguirían allí después de que las sombras se fueran. Silenciosamente exasperado y con tiempo para matar, pensé en Bingham y en el redescubrimiento de Vitcos en los tiempos modernos.

No fue sino hasta mediados del siglo XIX que los hombres estudiosos comenzaron a interesarse por la vasta e inexplorada *montaña*, como llamaban a la ladera oriental de los Andes cubierta de selva. Era, y sigue siendo, una de las últimas zonas de Terra Incognita. El gran cartógrafo y naturalista peruano, Antonio Raimondi, fue el primero de estos científicos pioneros en visitar el alto río Vilcabamba, ascendiendo hacia 1865 hasta Vilcabamba la Nueva. Al igual que otros eruditos de la época, Raimondi conocía vagamente la historia de la Vilcapampa Inca, pero en ese momento se creía erróneamente que los españoles nunca habían encontrado su capital final, y que un tesoro incalculable esperaba a quien lo hiciera. Así que todos, incluido Raimondi, buscaban a Vilcabamba la Vieja. A nadie le importaba Vitcos. Era de suponer que los españoles se habían llevado de allí cualquier cosa de valor hace siglos.

Raimondi no encontró ni se le informó de ninguna ruina durante su expedición, y comprensiblemente concluyó que la legendaria "ciudad perdida" de Manco estaba en otro lugar. El candidato más probable, pensó, estaba en Choquequirau, una gran ruina inca que dominaba el cañón del río Apurímac varios días hacia el sur. Reportado algunos años antes por un francés llamado Sartiges **(4)**, Choquequirau era el único sitio arqueológico importante conocido entonces en la región llamada Vilcabamba. La opinión mayoritaria de la época coincidió con Raimondi y el asunto se consideró cerrado durante más de cuatro décadas.

Irónicamente, el hombre que demostraría que Raimondi estaba equivocado estaba destinado a pasar gran parte de su vida promoviendo a un lugar igualmente incorrecto para el sitio de Vilcabamba la Vieja. En 1909, un joven y desconocido profesor de la Universidad de Yale llamado Hiram Bingham hizo la ardua subida a Choquequirau en compañía de un grupo de buscadores de tesoros peruanos. Aunque estaba impresionado por la grandeza del entorno, el estadounidense se mostró escéptico sobre la opinión predominante sobre la identidad de las ruinas:

"Raimondi puede estar en lo cierto, pero, hasta que alguien haya explorado el actual pueblo de Vilcabamba (la Nueva) y sus alrededores, me inclino a la opinión de que Choquequirau no era más que una fortaleza". **(5)**

Por el momento, nadie prestó mucha atención a las dudas de un gringo desconosido, que no tenía formación en arqueología y era nuevo en el Perú. Su desafío quedó sin respuesta. El propio Bingham fue el destinado a explorar el corazón de Vilcabamba y el resto de su vida continuaría a estar dominado por lo que encontró allí. A su regreso a New Haven, en Estados Unidos, después de aquel primer viaje a Choquequirau, organizó la Expedición Peruana de Yale y regresó a los Andes dos años después, en 1911. A diferencia de los cazadores de tesoros de la época, la motivación de Bingham era principalmente científica. Entre otras cosas, estaba decidido a localizar tanto a Vitcos como a Vilcabamba la Vieja, y había examinado las crónicas en busca de cualquier indicio de su paradero. Una vez en el campo, se dirigió directamente por el río Urubamba, encontrando varias ruinas menores en el camino. Ninguna parecía ser la que estaba buscando y siguió adelante. Mientras descendía por la nuevamente despejada vía del ferrocarril a través de la parte más peligrosa del desfiladero, a Bingham se le mostraron extensas ruinas en un lugar remoto llamado Machu

Picchu. A pesar de la densa vegetacion de la selva, rápidamente comprendió la magnitud del hallazgo e hizo planes para regresar. A pesar de lo impresionantes que eran estas nuevas ruinas, tampoco se comparaban en nada con lo que los españoles habían descrito. Estando aun a varios días de su destino planeado en la parte alta del río Vilcabamba, Bingham continuó río abajo.

Su siguiente parada fue en la *hacienda* de Huadquiña, entonces el único enclave de la civilización en esa parte del Perú. Nadie allí sabía nada de Vitcos o de Vilcabamba la Vieja, pero afirmaban que existían "grandes" ruinas cerca. Después de ser llevado a varios sitios menores y decepcionantes, el estadounidense se despidió cortésmente y siguió adelante. Luego llegó su primera oportunidad. Le presentaron al anciano alcalde de una pequeña aldea llamada Lucma, muy arriba en el río Vilcabamba. Por las crónicas, Bingham sabía que los Vitcos de Manco habían estado cerca de un lugar llamado Pucyura, en lo alto del mismo valle. Al ser preguntado al respecto, el anciano confirmó que todavía existía una aldea con ese nombre a poca distancia de Lucma río arriba, aunque no sabía de ruinas allí. En compañía del gobernador, Bingham volvió a tomar el camino, deteniéndose solo para ver las ruinas que se rumoreaban en el camino. Breves investigaciones en Collumayu y en el lugar llamado Inca Huaracana, en las alturas sobre Lucma, revelaron sólo escasos restos y la expedición llegó, finalmente, a Pucyura. A diferencia de Raimondi antes que él, los lugareños pronto le dijeron a Bingham que se podían encontrar impresionantes ruinas en la cima de la colina llamada Rosaspata, que domina el pueblo desde el sur. El estadounidense contrató rápidamente a guías locales y, por segunda vez en otras tantas semanas, subió para encontrar un importante sitio de ruinas incas, previamente desconocido para la ciencia. Excepto por las depredaciones del tiempo y el pastoreo del ganado, había permanecido inalterado y olvidado durante más de tres siglos. Por lo general, las descripcións de Bingham eran precisas.

"Pasando por unas ruinas muy cubiertas de maleza y de carácter primitivo, me encontré en una agradable plaza abierta, limitada en su lado norte por las ruinas de un gran palacio. La vista desde la plaza es particularmente extensa por todos

lados. Al norte y al sur hay montañas nevadas, y al este y al oeste hermosos valles".

"El palacio largo, del que hicimos un plano con medidas cuidadosas, (tiene) 15 puertas por delante y 15 puertas por detrás. Está dividido por salas en tres divisiones. La entrada principal a cada sala es una puerta particularmente bien hecha, y contienen un ángulo de reentrada. Estas tres puertas principales y las otras puertas menores son todas de granito blanco, cuidadosamente escuadradas y acabadas. Los dinteles de las puertas son bloques sólidos de granito blanco, de seis a ocho pies de largo". **(6)** **(Figura 19)**

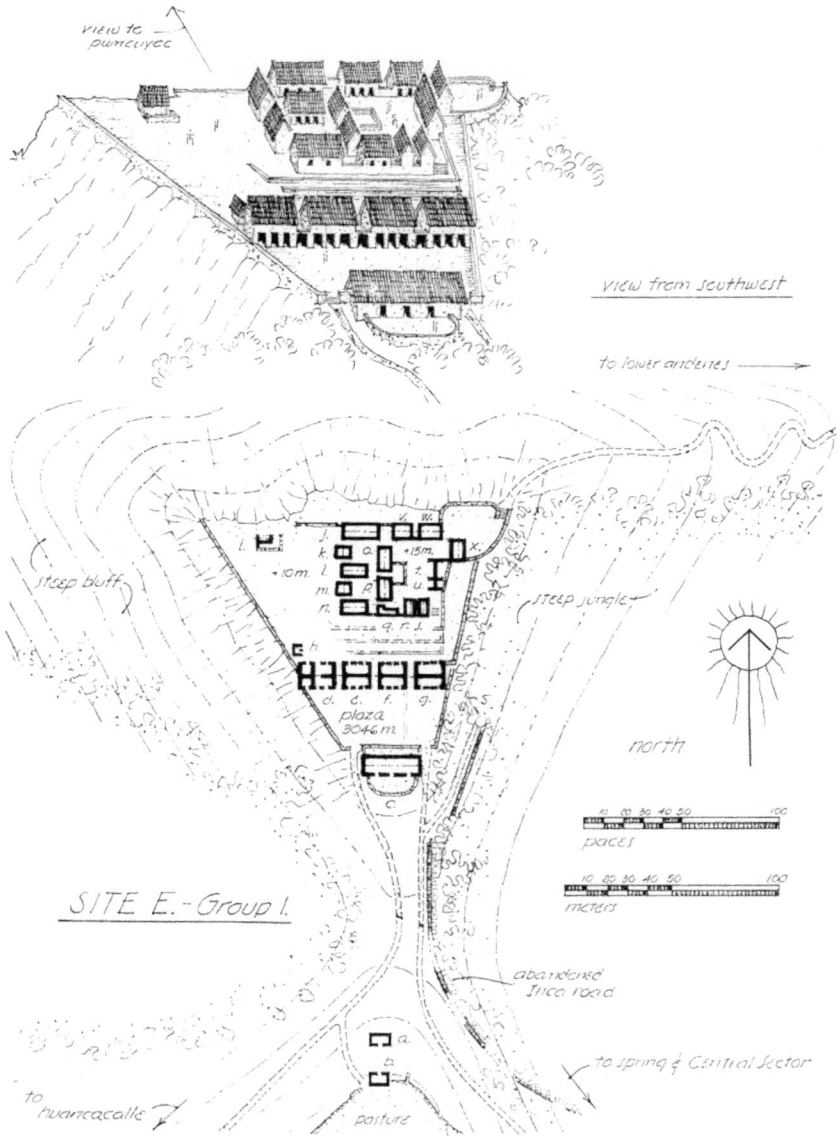

Figura 19 - Plano del "palacio" de Vitcos

La descripción del explorador de lo que había encontrado era casi una repetición palabra por palabra del informe escrito por Baltasar de Ocampo en 1610 sobre la apariencia de Vitcos. Bingham nos dice:

Estaba ubicado "*...en una montaña muy alta, desde donde la vista dominaba gran parte de la provincia de Vilcapampa. Aquí, había un extenso espacio nivelado con edificios muy suntuosos y majestuosos*". Todos estaban "*... erigidos con gran habilidad y arte, y todos los dinteles (vigas de arriba) de las puertas, tanto las principales como las ordinarias, eran de mármol, elaboradamente talladas*". **(7)**

Pero había más. Bingham también recordó el informe de 1639 del padre Antonio de la Calancha de que no lejos de Vitcos había un templo del sol llamado Chuquipalta, construido alrededor de una gran roca sobre un manantial de agua. Concluyó acertadamente que si se podía encontrar un lugar así cerca, las ruinas de Rosaspata tenían que ser las de el Vitcos de Manco. Efectivamente, sus guías le dijeron que a una corta caminata por el valle hacia el este del "palacio" había un lugar al que llamaban Ñusta "Ispana", **(26)** un nombre que el explorador tradujo como Ñusta "España" - princesa española - en algunos de sus escritos posteriores. Allí, agregaron los lugareños, había una enorme roca tallada sobre un pequeño estanque que era alimentado por un manantial. Resultó ser exactamente lo que el estadounidense estaba buscando.

"*Llamada en los primeros tiempos de la colonia española Yurak Rumi (en quechua significa "roca blanca"), es una roca de granito blanco de 52 pies de largo, 30 pies de ancho y 25 pies de alto, sobre el nivel del agua y el pantano que la rodean en los lados este y sur. De este modo, alrededor de una cuarta parte de la roca sobresale de un manantial de agua clara. A su alrededor están las ruinas de casas, probablemente el Templo del Sol.* **(8) (Figuras 25 y 26)**

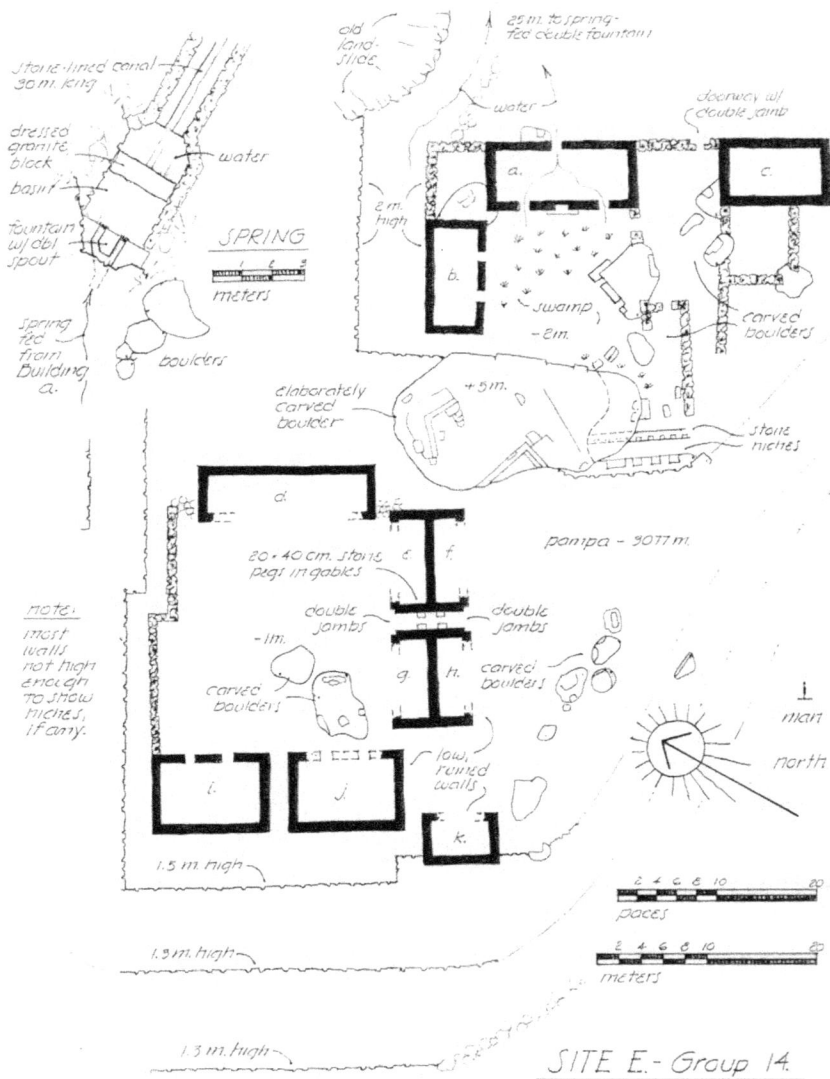

Figura 25 - Planos del templo del sol y el manantial (Chuquipalta de Bingham)

Figura 26 - Vista del complejo del templo del sol

Aunque a Bingham le mostraron otras ruinas en los alrededores, fue la roca, laboriosamente tallada a mano en todo tipo de formas geométricas fantásticas y rodeada de paredes derruidas, puertas y el fluyente manantial, lo que, según creyó, aseguró su caso para Vitcos. A pesar de las quejas ocasionales en los años posteriores de otros exploradores decididos a encontrar otros Vitcos, Bingham tenía razón. Irónicamente, sin embargo, el descubrimiento de Vitcos no resolvió el rompecabezas de Vilcabamba la Vieja. Casi todo lo que se sabía en ese momento sobre la relación entre los dos lugares era que la última estaba en algún lugar de la selva a dos o tres días de caminata de Vitcos. Desafortunadamente, el Choquequirau de Raimondi se ajustaba bastante bien a esa descripción y, si se lo considera bien, también coincidía el nuevo hallazgo de Bingham en Machu Picchu, y las cosas estaban a punto de complicarse aún más.

Una vez terminado el desayuno, Jill se ofreció a lavar los platos. No se sentía bien y pensó que lo mejor era quedarse en el campamento y descansar. El resto de nosotros cruzamos el río y subimos la colina de Rosaspata. El día era glorioso y todos estábamos emocionados cuando llegamos a la vista de las ruinas. Me parecieron aún más interesantes de lo que recordaba. En parte, supuse, era mi nuevo conocimiento del lugar y su historia turbulenta, pero había algo más. Por primera vez, experimenté la emoción de la arqueología de campo. Ya no era solo un turista curioso, tenía un propósito. Los Blues Brothers lo habrían llamado una misión. A partir de entonces, estuve obsesionado con las ruinas. Para Nancy y los demás también fue un punto cuando todo empezo a cambiar. Puede que yo estaba en el cielo rodeado de piedras, pero en las siguientes semanas, mi obsesión por las rocas empezaría a desgastar un poco a todos los demás.

Sin embargo, todo eso estaba en el futuro, y el grupo pronto se dividió en grupos de dos y deambuló felizmente por todo el sitio. A la hora del almuerzo, yo había elaborado un buen plano del complejo que Bingham y todos los demás llamaban "el palacio de Manco", la impresionante plaza rodeada de edificios con hermosas puertas. (**Figura 19**) Justo a tiempo para unirme a los demás en el camino de regreso a casa por la tarde, terminé mi primer estudio del valle de terrazas más allá con el templo del sol de Chuquipalta en su cabecera. (**Figura 24**) Había sido un gran día. Si se trataba de explorar en los Andes, todos estabamos de acuerdo en esto, la pasariamos fabuloso.

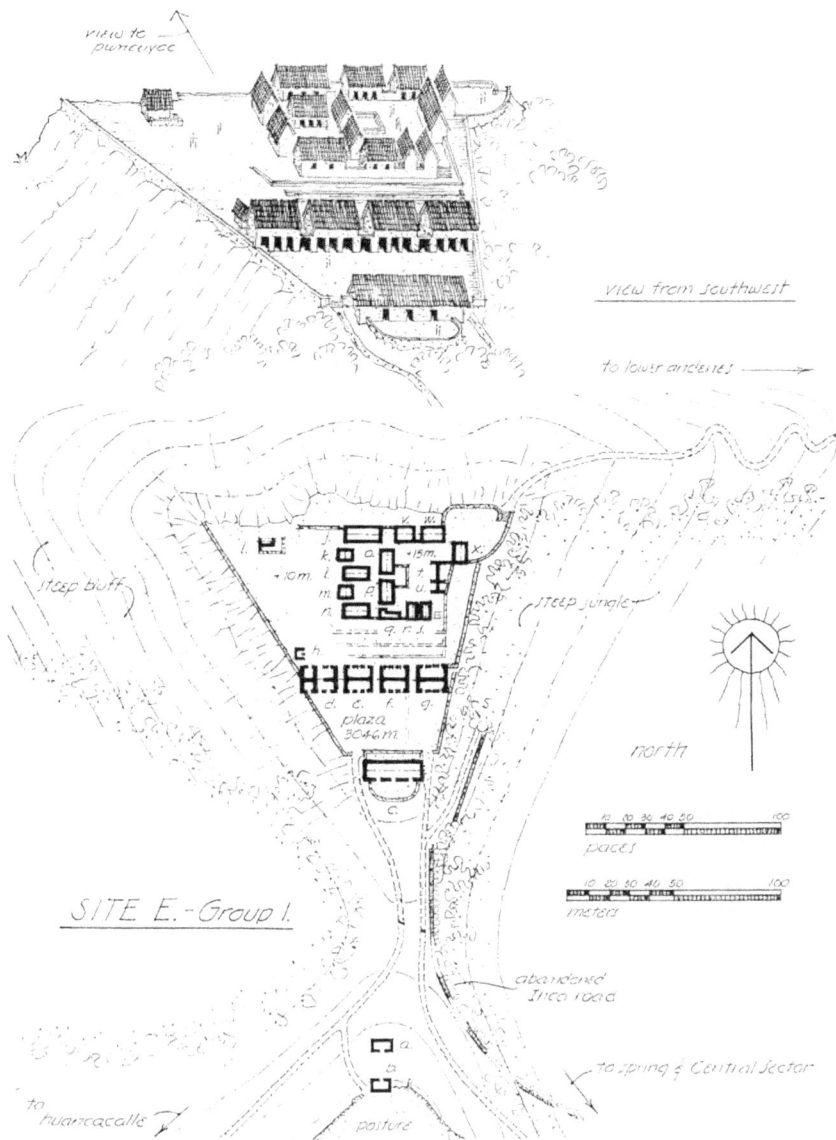

Figura 19 - Plano del "palacio" de Vitcos

61

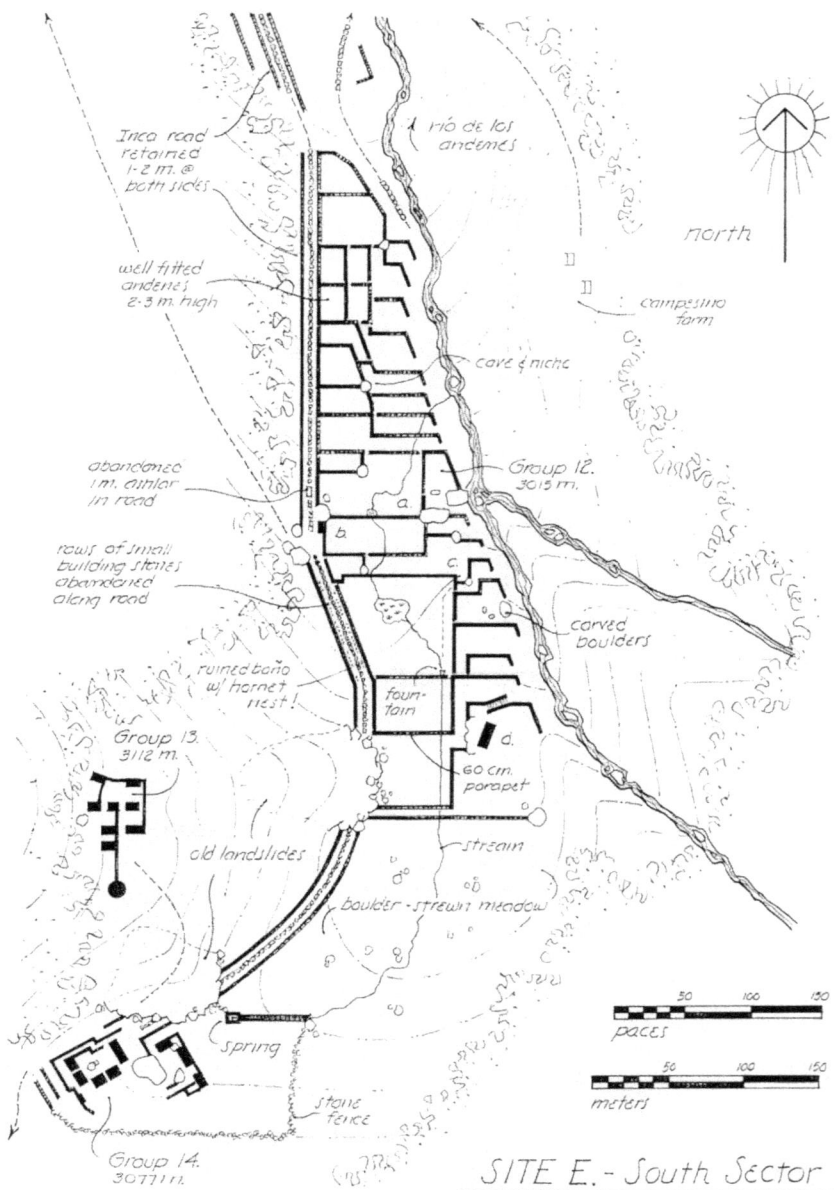

Inca road retained 1-2 m. @ both sides

río de los andenes

north

well fitted andenes, 2-3 m. high

campesino farm

cave & niche

Group 12. 3015 m.

abandoned 1 m. ashlar in road

a.

b.

rows of small building stones abandoned along road

c.

carved boulders

ruined baño w/ hornet nest!

Group 13. 3112 m.

foun- tain

d.

60 cm. parapet

old landslides

stream

boulder-strewn meadow

spring

50   100   150
paces

stone fence

50   100   150
meters

Group 14. 3077 m.

SITE E. - South Sector

Figura 24 - Sector "Templo" en Vitcos

62

4

Explorador Ten Cuidado

A medida que el sol del norte se ponía extrañamente hacia la izquierda, hacia las montañas del oeste, andamos por el viejo camino inca desde Vitcos hasta el valle con gran entusiasmo. Sin embargo, cuando llegamos a la vista del campamento, nuestra euforia se hizo trizas. Otra expedición, recién llegada, se estaba instalando en las cercanías. La imagen que teníamos de nosotros mismos como exploradores experimentados, cruzando las fronteras de la ciencia más allá de los límites de la civilización, se desmoronó. ¿Qué estaban haciendo allí? ¿Habíamos regresado a Vilcabamba solo para ser perseguidos por un grupo de turistas tontos? Parecía que sí, hasta que Jill subió emocionada por el sendero para encontrarnos. El arqueólogo italiano del que nos habían hablado en Cusco acababa de regresar de cinco semanas en la selva, dijo, y quería verme. Dos campesinos, del Cusco por su vestimenta, estaban esperando en el campamento y dijeron que su líder, "El Doctore", tenía algo que mostrarme. Con la curiosidad ya completamente despertada, seguí a los dos de vuelta a sus tiendas y encontré a un hombre amable y bien parecido de unos cuarenta años esperando cerca de la tienda más grande. Se presentó formalmente como Renzo Francescutti, estudioso de la antigüedad peruana desde hace mucho tiempo y residente en Trieste. Mirando a mi alrededor, vi que era el líder de una elaborada expedición al estilo clásico y, elegantemente vestido con una camisa de safari de color caqui y una corvata tipo ascot, ciertamente se veía como jugando su rol.

De una mesa dentro de la tienda, sacó un contenedor de un rollo de fotos y me lo entregó sin decir una palabra. Como yo no tenía idea de lo que estaba pasando, lo abrí con cautela. Adentro estaba la nota que habíamos dejado en la cumbre de pico de Icma Coya dos años antes, casi a la fecha de día. Después de una ronda de risas de sorpresa, ambos quedamos impresionados por la casi increíble coincidencia de nuestro encuentro a las pocas horas de la recuperación de la pequeña reliquia abandonada hace tiempo. La historia de su hallazgo por dos de los campesinos que trabajan para Renzo era un cuento clásico de pequeños delitos y castigos. Habían sido enviados a la cumbre de Icma Coya para ver si existían evidencias de los incas allí y, en cambio, habían encontrado mi contenedor de rollo de fotos. Al abrirlo, habían sacado el anillo lo habian guardado en el bolsillo de uno, pero habían vuelto a colocar la nota sin leer, ya que ninguno de los dos podía entender el inglés. Más tarde le presentaron el contenedor a Renzo, esperando una recompensa por su hallazgo, él les había exigido el anillo, ya que su pequeño robo había sido traicionado por la nota. "¡*Gringos!* —murmuraron, escabulléndose con las manos vacías—. El anillo, mientras tanto, sería devuelto a su lugar legítimo en la cima de Icma Coya "y lo filmarian", me aseguraron, cuando el italiano regresara allí en varias semanas.

Renzo había estado en Espíritu Pampa preparándose para hacer una película de las ruinas para la televisión europea. El rodaje iba a ser "la primera vez", afirmó, aparentemente sin saberlo igual que yo en ese momento, que un médico estadounidense llamado Franklin Paddock le había ganado en ese honor por más de una década. En el camino de regreso río arriba, se había desviado hacia las tierras altas de Markacocha para explorar durante diecisiete días. No habían visto nada de los terroristas, dijo, pero la expedición había estado bajo la llovia la mayor parte del tiempo. Me estremecí al recordar cómo era aquello. A pesar del clima, dijo, habían buscado a fondo las alturas y encontraron un "bonito mirador", o torre de vigilancia, pero no había caminos. Cuando se enteró de que yo tambien planeaba subir allí, me dijo que no me molestara, asegurándome que no había "nada más que encontrar".

Renzo estaba seguro, dijo, de que Vilcabamba la Vieja no estaba en Espíritu Pampa. Según él, las ruinas eran demasiado pequeñas y no lo suficientemente finas como para haber sido un sitio inca importante, y mucho menos una capital imperial. Al parecer, estaba convencido de que la ciudad estaba al otro lado de la cordillera de Vilcabamba, en el drenaje del río Apurímac. Saco su propio mapa, en el que mostraba una ruina allí etiquetada como "Espíritu Pampa", a unas cuarenta kilometros de avión, pero a más de una semana de viaje a pie, desde su famoso homónimo. No estaba claro por qué el sitio alternativo de Renzo tenía que tener el mismo nombre que el lugar propuesto por Savoy. Sabía por mi propia investigación que pocos mapas impresos, si es que había alguno, mostraban en ese momento a Espíritu Pampa cerca de su ubicación real. Sin estudios aéreos ni GPS, incluso las pocas personas que habían estado allí no sabían exactamente dónde estaba. Supuse que el italiano se estaba dejando llevar erradamente por uno de los muchos mapas mal impresos que se habían producido. Nunca supe si alguna vez se fue al Apurímac en busca de la capital de Manco. Si es así, no la encontró. Dos años más tarde, estaría buscando en otra parte.

A medida que hablábamos, comencé a sentir una creciente sensación de competencia entre nosotros. Nuestros estilos expedicionarios dificilmente podrían haber sido más diferentes, sin embargo, estábamos allí por la misma razón. Si había algo más que encontrar en Vilcabamba, ambos nos proponiamos encontrarlo. Cuando se enteró de mi relación con Gene Savoy, hubo un cambio notable en su actitud, como si yo tuviera el beneficio de algún tipo de información privilegiada y, por lo tanto, tal vez una ventaja competitiva. Hasta entonces, no yo había pensado mucho en la idea de encontrar algo especialmente importante o valioso, pero Renzo parecía tomarse todo el asunto muy en serio. ¿Por qué estaba él allí, gastando en un día el dinero que nosotros gastabamos en un mes?

Tal vez era él quíen que tenía conocimientos especiales. Cada vez más cauteloso, me pregunté si no estaba tratando de sacarme lo que fuera que él pensara que Savoy podría haberme dicho. Rechacé su oferta de compartir información y más tarde fui reprendido por mi propio grupo por ser tan sospechoso. Puede que ellos tuvieran razón. Estaba actuando un poco paranoico, recordando el consejo de Savoy sobre no confiar en nadie y la advertencia del hipnoterapeuta sobre un hombre desconocido del que debía tener cuidado. Renzo parecía sacado directamente del casting para ambos roles.

Más tarde esa misma noche, lo invité a él y a su socio peruano, Justo Torres, a unirse a nosotros para tomarnos unos piscos y les presenté a los otros miembros de Sixpac Manco II. Ambos hombres claramente disfrutaron de la conversación después de más de un mes en las montañas, y todos pasamos un buen rato. Renzo tenía que regresar a Cusco al día siguiente, pero dijo que volvería con su equipo de televisión a la hora en que planeábamos regresar río arriba. Con suerte, pensó, nos volveríamos a encontrar entonces. Mientras tanto, mencionó, de pasada, las ruinas de las que le habían hablado sus guías cerca de un lugar llamado Tambo. No había ido allí, dijo, y no sabía exactamente dónde estaba, pero al parecer habían dos campesinos viviendo cerca, uno justo frente al otro atravéz del camino. Según Renzo, uno de ellos se llamaba Díaz y supuestamente conocía la ubicación de las ruinas. Concluyó que probablemente no eran importantes, pero tal vez queriamos comprobarlo. Finalmente, agregó de forma un poco condescendiente que sería "nuestro" hallazgo.

Después de dos días lluviosos andando arriba en la Cordillera, regresamos a Huancacalle solo para descubrir que el Ejército había cancelado el Inti Raymi debido a posibles problemas con los terroristas. Frustrados por la demora inútil, nos preparamos rápidamente para partir a la mañana siguiente, el 25 de junio. Siguiendo el consejo de Renzo, decidimos olvidarnos de Markacocha y dirigirnos directamente a la selva. Después de revisar la comida y el equipo y volver a empacar para el nuevo itinerario, descubrimos que necesitaríamos dos caballos para llevar todo a Espíritu Pampa, y cada uno de nosotros también llevaría una mochila de buen tamaño. Una vez río abajo, estaríamos bien por nuestra cuenta. Para el momento del viaje de regreso, la comida se habría casi agotado y pensamos que podríamos continuar por lo que quedaba sin ayuda.

Don Juvenal estaba ocupado con otros compromisos, pero prometió que nos proporcionaría los caballos y nos encontraría un buen arriero. —El mejor —dijo. Cerca de la hora de la cena, vino a nuestro campamento con uno de sus familiares, José Salas Cobos. Al principio, un hombre de los andes típicamente poco sonriente, tal vez en sus treinta, José era un hombre de pocas palabras y, de hecho, no decía nada. Dio la impresión de estar atrapado en un trabajo no deseado de cuidar a un grupo de gringos incapaces, y confieso que me desanimó la impresión que me dio su aparente actitud. Sin embargo, Juvenal insistió: José era el mejor hombre para el trabajo. Firmamos duplicados de contratos escritos a mano que garabateamos en páginas arrancadas de mi cuaderno de notas, le pagé la mitad por adelantado y nos dimos la mano. Por unos setenta y cinco dólares, teníamos un guía y dos bestias de carga durante dos semanas. Pronto nos dimos cuenta de que teníamos mucho más que eso. Teníamos un verdadero compañero.

El 25 de junio amaneció cristalino y después de cargar los caballos, despedirnos del clan Cobos reunido y tomar fotos de todos frente a la bandera del Club de Exploradores Andinos de Gene Savoy, nos pusimos en marcha. Con buen clima, la caminata por el cañón del río Vilcabamba era una alegría. Gran parte de la ruta estaba pavimentado con el camino inca, tan hermoso como impresionante. A media tarde, llegamos a San Francisco de la Vitoria de Vilcabamba, el último pueblo de verdad en el camino. Su nombre, casi tan largo como su única calle, fue acortado por los lugareños hace años a Vilcabamba la Nueva, para distinguirla de la ya desaparecida capital de los incas. Un lugar desolado, es casi un pueblo fantasma en comparación con los concurridos pueblitos de abajo, pero a diferencia de ellos, es maravillosamente pintoresco. La iglesia abandonada, con su campanario español de 400 años de antigüedad y su enorme techo de paja, es una joya arquitectónica. Todos quedaron tan impresionados con la belleza del lugar, que acampamos temprano y pasamos la tarde visitando a los campesinos y tomando fotos del lugar. **(Figura 4)**

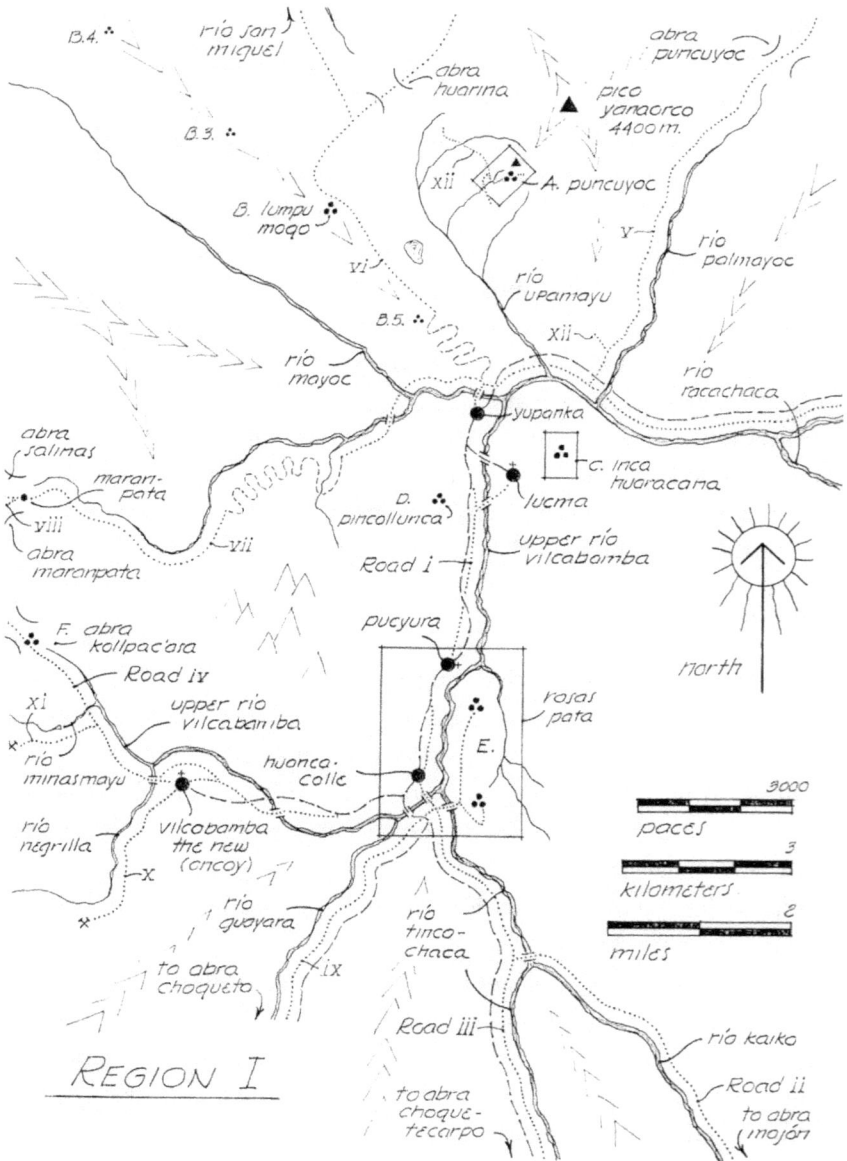

B.4.
río san miguel
abra puncuyoc
abra huarina
pico yanaorco 4400 m.
B.3.
xii
A. puncuyoc
B. lumpu moqo
vi
y
río palmayoc
río upamayu
B.5.
xii
río mayoc
río racachaca
abra salinas
yupanka
maran-pata
C. Inca huaracana
viii
lucma
abra maranpata
vii
upper río vilcabamba
Road i
pucyura
F. abra kollpac'asa
Road iv
north
upper río vilcabamba
xi
rosas pata
E.
río minasmayu
huonca-colle
río negrilla
3000
x
vilcabamba the new (oncoy)
paces
3
kilometers
río guayara
ix
río tinco-chaca
miles
2
to abra choqueto
REGION I
Road iii
río kaiko
to abra choque-tecarpo
Road ii
to abra imojón

Figura 4 - Mapa del alto Río Vilcabamba

El día siguiente volvió amanecer con buen clima, y nos llevó por el Kolpacasa, el Paso Salado de Pachacuti en la cabecera del Río Vilcabamba.

Era la misma brecha brumosa por la que Curtis, Brooke y yo habíamos caminado penosamente en nuestro camino hacia y desde Icma Coya, pero ahora nos tomamos el tiempo para mirar un poco a nuestro alrededor. Justo al este del paso había una plaza nivelada hecha por el hombre del tamaño y la forma de un campo de fútbol. Una rústica capilla española se encontraba en el lado oeste y un santuario en ruinas cerca de la esquina noreste, pero las terrazas de piedra cubiertas de maleza y los escalones a lo largo del borde oeste sugerían fuertemente orígenes incas. No había indicios de que uso podrían haber hecho del lugar, pero la vista de la cordillera cubierta de nieve era fabulosa, y el amanecer visto desde la plaza tendría que haber sido todo un espectáculo. **(Figura 31)**

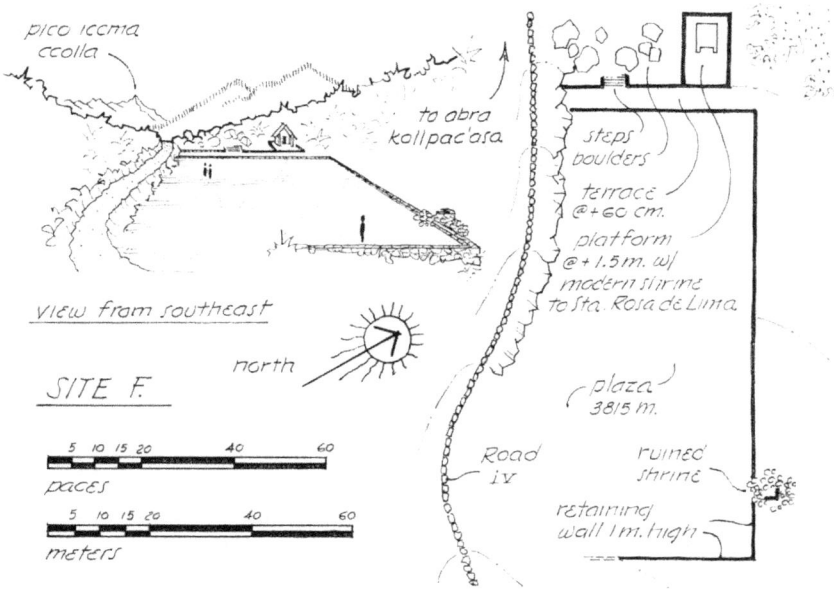

Figura 31 - Plano y vista de Kollpac'asa

Más allá del paso, descendimos hacia la cabecera del Río Pampaconas, el cauce que conduce hasta Espíritu Pampa. De nuevo, gran parte del camino era inca. En un lugar llamado Mollepunku, una empinada sección de caminos zigzageantes justo encima del río estaba pavimentada en una escalera de varios cientos de metros. Su complicada intersección con otros tres caminos incas a mitad de camino sugería un intercambio de vial de caminos. **(Figura 33)** No muy lejos, un disperso grupo de pequeñas casas sombrías encaramadas en la última pampa abierta antes del inicio de la selva resultó ser el histórico asentamiento de Pampaconas. Debido a la neblina, no lo habíamos visto dos años antes. Mirando a mi alrededor, era difícil creer que algo importante hubiera sucedido allí, pero sabía que esa impresión era falsa.

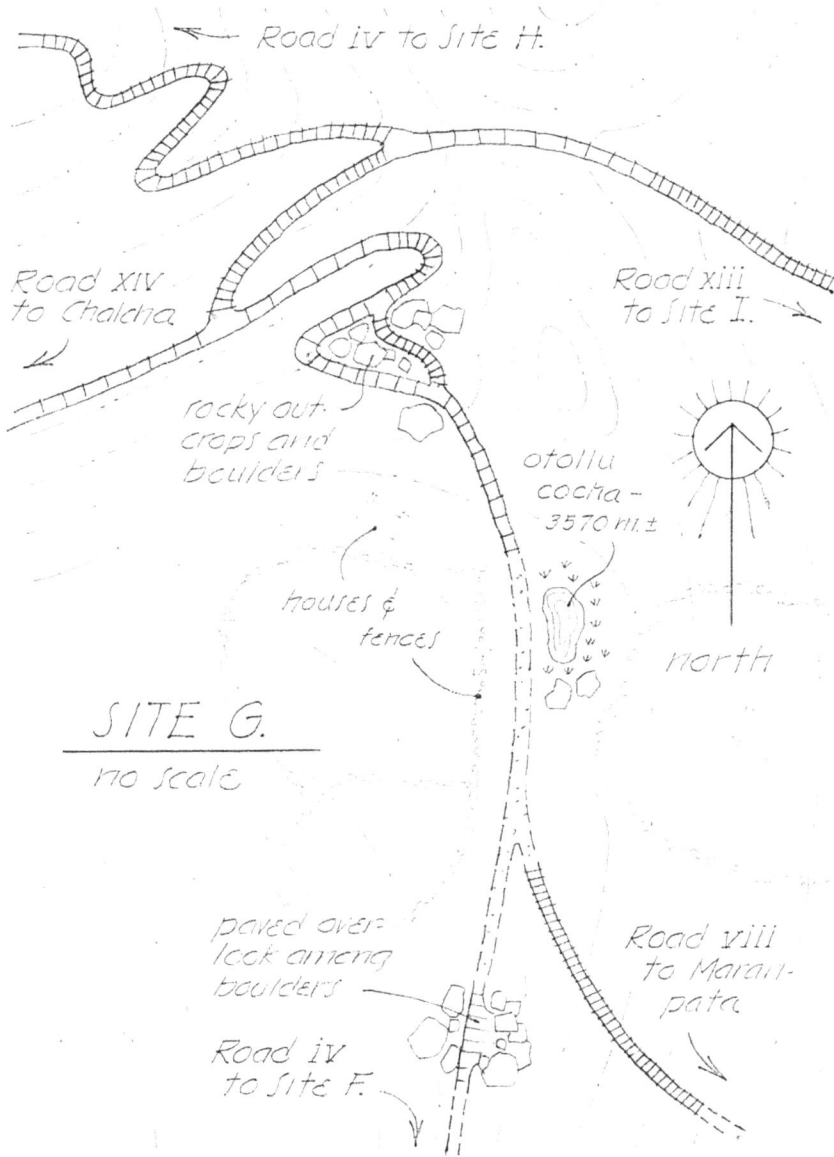

Figura 33 - Mapa de Mollipunku

Empezando con el informe de Bernabé Cobo de 1653 de que fue el sitio donde el gran Inca Pachacuti se apoderó por primera vez de la provincia en el siglo XV, el nombre de Pampaconas había surgido una y otra vez en mi investigación. Sin embargo, aparte del hecho de que era un lugar frío en las alturas por el que pasaban todos los viajeros río abajo justo antes de entrar a la selva, las crónicas no tenían mucho que decir sobre el lugar en sí, o lo que sucedió allí en la época inca. Una excepción notable fue la narración de Diego Rodríguez de Figueroa, un emisario español enviado a Vilcapampa por el virrey para negociar con los rebeldes en 1565. Vio la fortaleza nativa en su apogeo de poder, y el esplendor que describió había sido la culminación de dos décadas de paz y prosperidad.

Tras el asesinato de Manco a mediados de 1544, su hijo legítimo mayor, Sayri Tupac, ascendió al trono. Tenía cinco años en ese momento y parece que los consejeros más tradicionales de su padre tomaron el mando de la provincia. No está claro si eran excepcionalmente inteligentes o notoriamente débiles, ya que sabemos relativamente poco del reinado de Sayri Tupac, excepto que fue largo y sin incidentes. A diferencia de su padre, Sayri Tupac y sus mayores no continuaron con la política de hostilidad incesante hacia los españoles y, aunque no rindieron Vilcabamba, parecen haberse llevado bastante bien con el Cusco. El joven inca recibió fuerte influencia del hermano de Manco, Paullu Inca, que había permanecido en la antigua capital, leal a la autoridad española durante todo el mandato de Manco. Ahora, con el apoyo de Paullu, Sayri Tupac favoreció la negociación en lugar de la confrontación con los enemigos de su padre e intercambió varias delegaciones con los europeos. Paullu le instó a salir del exilio y aceptar las grandes propiedades, riquezas y honores ceremoniales que los españoles estaban dispuestos a ofrecer a cambio de su capitulación pacífica ante su dominio. Finalmente, al llegar a la mayoría de edad en 1557, aceptó. Muchos de sus capitanes se mostraron escépticos de las intenciones de los españoles y le aconsejaron en contra de la decisión que finalmente tomó el Inca. Sabiamente, le sugirieron que dejara atrás a su medio hermano, Titu Cusi, y a un hermano más joven y menos experimentado, Tupac Amaru, para que cuidaran de Vilcabamba en su ausencia. Para su credito, Sayri Tupac siguió sus consejo antes de retirarse a una existencia bucólica en el exuberante valle del río Vilcanota. Al principio, las cosas fueron bastante bien.

Tomó una hermosa niña como prometida y estableció una elaborada hacienda en la actual Yucay. Su retiro, sin embargo, estaba destinado a ser breve. En menos de tres años, murió misteriosamente y el control de sus propiedades y riquezas retornó una vez más al virrey. Se sospechó mucho de un envenenamiento, pero nunca se probó eso.

Todas las peores sospechas de los incas de Vilcabamba de que no se podía confiar en los españoles se confirmaron y se reavivó el apoyo generalizado al reinicio de la política de hostilidad de Manco. El heredero más legítimo al trono de Sayri Tupac era el hijo menor de Manco, Tupac Amaru, pero era políticamente ingenuo e inexperto en la guerra, limitaciones que su medio hermano mayor, Titu Cusi, no compartía y que creía que los incas no podían permitirse. De este modo, Tupac Amaru fue enviado a una vida monástica entre las Vírgenes del Sol, mientras Titu Cusi tomaba el mando. Al igual que Sayri Tupac, continuó negociando con los españoles, pero a diferencia de su predecesor, no tenía intención de entregarse a si mismo, a su gente o a su bastión selvático a los invasores.

En muchos sentidos, el reinado de Titu Cusi fue un regreso a los buenos tiempos de su ilustre padre. Ambos favorecían los valores sociales, políticos y religiosos tradicionales de sus antepasados y ninguno tenía miedo de desafiar a los españoles cuando sentían que tenían que hacerlo. Desde que Manco escapó por poco del ejército de Gonzalo Pizarro en 1539, Vilcabamba había disfrutado de más de una generación de libertad frente a intrusiones extranjeras. Tanto los incas como sus aliados de la selva habían aumentado su número y fortalecido su control sobre una provincia que ya no era solo un refugio. Su capital, Vilcabamba, se había convertido en una especie de metrópolis selvática y ahora se proclamaban formalmente como un estado nativo independiente, con Titu Cusi como su legítimo soberano. En ocasiones, incluso recibían embajadas diplomaticas del Cusco. La misión de Figueroa a Pampaconas en 1565 fue quizás la más elaborada de ellas, y su relato de primera mano de lo que vio capta bien el gran espíritu de independencia de la Inca Vilcabamba en su cenit. La siguiente version del relato esta adaptada al lenguaje de hoy pero es correcta en los hechos:

"De pronto, la escolta del Inca comenzó a aparecer. El propio Inca se presentó delante de todos, llevando un tocado con penachos de muchos colores, una placa de plata en el pecho, un escudo de oro en una mano y en la otra una lanza toda de oro. Llevaba ligas de plumas y a ellas había pequeñas campanillas de madera. En su frente tenía una corona de flecos y otra alrededor de su cuello. Tenía una daga dorada y llevaba una máscara de varios colores. Al llegar a la meseta donde se había reunido su pueblo y se había establecido su trono, miró al sol, haciendo una especie de reverencia con la mano como si lanzara un beso, que llaman un 'muchay', y luego se fue a su asiento".

"Luego, dos nobles con alabardas se acercaron al Inca, luciendo coronas de plumas y vestidos con abundantes adornos de oro y plata. Estos dos también lanzaron besos, primero al sol y luego al Inca, mientras los demás permanecían cerca del trono del soberano, rodeándolo en orden. Poco después llegó el gobernador provincial con sesenta o setenta acompañantes, todos con sus platos de plata, lanzas, cinturones de oro y plata y vestimentas similares a las de quienes acompañaban al Inca. Finalmente llegó el Maestro de Campamento con su séquito igualmente ataviado. Todos hicieron un muchay, primero al sol y luego al Inca, diciendo: «Hijo del Sol, hijo del día». (1)

El propósito de Figueroa era continuar las negociaciones ya iniciadas por otros con el objetivo de lograr la rendición pacífica de Vilcabamba a la autoridad española. No está claro si Titu Cusi alguna vez tuvo la intención de llevar a cabo un acuerdo de este tipo, pero era lo suficientemente astuto como para saber que las conversaciones eran baratas y ciertamente preferibles a la guerra. Para desalentar aún más a esto último, aprovechó la oportunidad de la visita de los españoles para enviar un mensaje sutil al Cusco: si eran invadidos, los incas lucharían y tenían muchos hombres de armas con los que hacerlo. Esta sugerencia no pasó desapercibida para Figueroa, cuyo informe continuó describiendo la guardia personal de Titu Cusi:

"A continuación, entró otro capitán llamado Cusi Puma con unos 50 arqueros, que son indios antis y caníbales. Al poco tiempo, todos estos guerreros se quitaron sus penachos de plumas y dejaron sus lanzas. Con sus puñales de bronce y sus escudos de plata, o de cuero, o de plumas, cada uno venía a hacer reverencia al

Inca. Luego marcharon unos 600 o 700 antis más, todos con arcos y flechas, garrotes y hachas. Todos estos indios hicieron entonces una oferta al Inca de que, si lo deseaba, me comerían crudo. Le dijeron: '¿Qué haces con este barbudo de aquí, que está tratando de engañarte? Es mejor que nos lo comamos de una vez. Entonces dos renegados orejones incas se acercaron a mí con lanzas en las manos, blandiendo sus armas y diciendo: '¡Los barbudos! ¡Nuestros enemigos!' Me reí de esto, pero al mismo tiempo me encomendé a Dios". **(2)**

A pesar del tono amenazante del trato que Figueroa recibía por parte de los seguidores del Inca, las negociaciones salieron bien. Nuevos ataques de los nativos fueron evitados por un tratado de paz, firmado formalmente un año más tarde en un asentamiento inca llamado Acobamba, al otro lado de la *cordillera*, varios días al suroeste de Vitcos. De este modo, Titu Cusi continuó previniendo cualquier invasión de sus dominios por parte de los españoles, e incluso se permitió ser bautizado como cristiano en 1568. Uno de los sacerdotes que ofició la ceremonia, un agustino llamado Fray Marcos García, permaneció después en Vilcabamba y se le permitió establecer una misión en la aldea nativa de Pucyura, cerca de la atenta mirada del Inca, en lo alto de su fortaleza cercana en Vitcos. A García se le unió pronto otro agustino, Fray Diego Ortiz. Una vez más, parece poco probable que Titu Cusi tuviera algún interés serio en el cristianismo, pero permitir que dos europeos desarmados e inofensivos entraran en su reino probablemente le pareció lo suficientemente inofensivo en ese momento. Valía la pena probar cualquier cosa que prometiera mantener a raya por un tiempo las intenciones decididamente más agresivas y amenazadoras del despiadado nuevo virrey, Francisco de Toledo.

Era difícil imaginar grandes acontecimientos o algo parecido al espectáculo que Figueroa presenció cuando nos apresuramos a acampar a la luz del día. Incluso la amenaza inmediata del terrorismo, tan vívida entre los burócratas del Cusco, parecía inconcebible en medio del silencio vacío de Pampacanas. Esa impresión era completamente falsa, por supuesto, ya que ahora estábamos completamente solos y más allá de cualquier tipo de ayuda en caso de problemas. Las fronteras de Ayacucho, corazón de las actividades de Sendero Luminoso, estaban a no más de un día de caminata, y nada más que un cruce de río y la selva se interponían entre ellos y nosotros.

Felices e ignorantes de todo eso, nos acabábamos de poner a preparar la cena cuando apareció un niño campesino y preguntó tímidamente si teníamos alguna medicina que pudiera ayudar a su madre. Tenía, dijo, "mucho dolor de cabeza". Jim tomó su botiquín de primeros auxilios y corrió por el sendero con Nancy, cuyos poco conociemiento del quechua y su útil español le habían valido el importantísimo trabajo de intérprete de la expedición. Podía no estar muy fascinada con las rocas de las ruinas, pero disfrutaba del trato de a diario con la gente, el resultado de, o tal vez la razón de, sus días de voluntaria con el Cuerpo de Paz en los Andes. Ella y Jim regresaron justo cuando estábamos preparando la cena y agregaron al guiso un puñado de papas que habían traído. Jim dijo que la mujer parecía sufrir de migrañas y, como de costumbre, no podía hacer mucho excepto aliviar parte de su dolor. Sin embargo, ella y toda su familia estuvieron presentes a la mañana siguiente para despedirnos, esta vez con un saco lleno de patatas frescas.

Mirando hacia el valle debajo de Pampaconas, el pico de Icma Coya domina un enredo de cimas de cerros llenos de selva y de barrancos. La única ruta razonable a través de este laberinto es la que toma el propio río, a lo largo del cual serpentea el sendero que siguen todos los visitantes modernos de Espíritu Pampa. Pero, ¿había otro camino en la época incaica, ya perdido, como parecían pensar Savoy y algunos otros? De ser así, habría tenido que cruzar la alta cima de picos detrás de Pampaconas, hacia el suroeste. De acuerdo con la foto satelital **(Figura 2),** el cañón más allá era el del Río Zapateroyoc, a su vez un afluente del Pampaconas. Lo más probable es que un camino allí se reuniera con el sendero moderno a unas kilometros río abajo, claramente sin proporcionar ninguna ruta alternativa hacia Espíritu Pampa. Más allá del Zapateroyoc, todo iba hacia el oeste, hacia el lejano río Apurímac y desembocaba en la dirección equivocada.

Figura 2 - Foto satelital de la provincia

Cuando salimos de Pampaconas y caminamos por una larga serie de escalones incas de piedra mientras nos adentravamos en el principio de la selva, me sentí seguro de que los españoles debían haber seguido el mismo camino en 1572. La confirmación se encontraba en la parte inferior de la escalinata, donde el sendero se abría a varios campos abiertos grandes a lo largo del río. Según José, el lugar se llamaba Ututo, un topónimo que recordé de inmediato de uno de los relatos españoles de la invasión final de Vilcabamba. Más allá de los campos, el sendero cruzaba el Pampaconas a través de un largo puente de doble vano y desaparecía en la espesa selva en la otra orilla. Recordé el mismo puente de nuestras andanzas en la niebla dos años antes, y me di cuenta de que estaba de vuelta en un terreno familiar.

Antes de cruzar, Nancy, Jill y Martha decidieron regresar a Cusco, para entonces a casi una semana de distancia. Lo habían planeado todo el tiempo, por supuesto, pero no obstante fue un momento de emociones. No teníamos dudas sobre sus habilidades en el camino, pero la amenaza terrorista era preocupante, especialmente para tres hermosas gringas que viajaban solas por el interior del Perú. Aun así, después de abrazos y besos por todos lados, emprendieron el ascenso por un camino junto al río que pasaba por Pampaconas y prometía un atajo de regreso al Kolpacasa. Dirigimos nuestra atención río abajo mientras ellas desaparecían por el camino. Momentos después, y sin que lo supiéramos, Jill se deslizó desagradablemente hacia la corriente helada mientras intentaba cruzar una brecha deshecha en el camino, muy por encima del río. Otras aventuras más serias les esperaban en los días siguientes, pero pasaría casi un mes antes de que supiéramos de ellas. Mientras tanto, Chris, Jim, Paul, Barefoot, José y yo cruzamos el puente y nos adentramos en la selva, ansiosos por explorar de verdad. Luego resultó que nuestra primera aventura no estaba muy lejos.

5

Suerte de Principiante

Nos dirigíamos a Espíritu Pampa, pero nuestro primer objetivo era encontrar el sitio de Huayna Pucara, el primero de dos fuertes incas más abajo de Pampaconas. Allí, en junio de 1572, los españoles habían dado el golpe final a la defensa de los nativos de su capital. El sitio de este llamado "Fuerte Nuevo" nunca se había encontrado, ni que yo sepa, nadie lo había buscado hasta ahora. La opinión predominante parecía situar la línea de marcha española en otro lugar, perdida en la selva, por lo que se pensaba que las batallas que se habían librado en el camino también estaban en otro lugar. Eso, ahora yo lo creía improbable. Supuse que todos los lugares mencionados por los españoles deberían estar en algún lugar por debajo de Ututo a lo largo del camino que estábamos siguiendo. Aparte de eso, todas las pistas que teníamos sobre la ubicación del fuerte estaban enterradas en las descripciones de cuatrocientos años de antigüedad de la campaña de que había yo encontrado en las crónicas.

Visto en retrospectiva, la decisión de Titu Cusi de permitir que los dos agustinos, García y Ortiz, ingresaran a la provincia después de su reunión con Rodríguez de Figueroa en 1565 fue un gran error. Lo que vino fueron seis largos años de creciente tensión y malestar entre los nativos y sus huéspedes europeos, que finalmente condujeron a la muerte violenta de ambos padres y a la del propio inca. A pesar de lo trágica que fue la historia para todos los interesados, esto arrojaba poca luz sobre mi proyecto. En mis primeras investigaciones, había revisado todo, pero imprudentemente había pasado este último acto, el episodio que resultó en la cataclísmica invasión de 1572.

Titu Cusi murió en mayo de 1571, aparentemente víctima de una enfermedad repentina después de una noche descontrolada en Vitcos. Su sucesor fue Tupac Amaru, el hermanastro menor al que había suprimido en su propio ascenso al trono once años antes. La vida aislada de Tupac Amaru entre las Vírgenes del Sol no lo había preparado para el mando, y el control de la provincia comenzó a disiparse de inmediato entre sus capitanes. En marzo de 1572, poco después de la muerte de Titu Cusi, uno de esos capitanes cometió un error fatal que selló el destino tanto del nuevo Inca como de su imperio en el exilio.

Desconociendo que algo excepcional había ocurrido en Vilcabamba y creyendo que Titu Cusi aún reinaba, el Virrey eligió ese momento inoportuno para continuar las negociaciones para la rendición pacífica de la provincia. Envió a un prominente ciudadano cusqueño y buen amigo de confianza, llamado Atilano de Anaya, con mensajes de saludo para el Inca. Poco después de cruzar el puente de Chuquichaca, Anaya fue recibido por un grupo formado por dos capitanes incas y una treintena de nativos, todos con intenciones aparentemente pacíficas.

Aunque primero recibieron al español calurosamente, temían que si se le permitía continuar, Anaya eventualmente regresaría al Cusco con noticias de la muerte de Titu Cusi y, lo que es peor, del fallecimiento de García y Ortiz. Asumiendo que esto debía evitarse a toda costa, y actuando sin la autoridad de Tupac Amaru, rodearon la tienda de Anaya, lo arrastraron y lo apuñalaron hasta la muerte con sus lanzas antes de arrojar su cuerpo por un barranco al río. También trataron de matar a todos los asistentes que estaban en el grupo de Anaya, pero uno, un negro, escapó fatídicamente y regresó al Cusco con noticias de la masacre. Toledo convocó inmediatamente un consejo de guerra. Había llegado el momento de poner fin de una vez por todas a los rebeldes. Se trazaron planes para una invasión masiva de la provincia y se ofreció una rica recompensa a quien pudiera capturar al propio Inca.

Tenemos varios relatos detallados de la histórica campaña que siguió. Los mejores son los de Martín Hurtado de Arbieto, comandante de las fuerzas españolas, Pedro Sarmiento de Gamboa, soldado que participó en la acción y Martín de Murúa, historiador que describió los hechos de segunda mano, más de veinte años después. Tomados en conjunto, estos tres presentan una descripción vívida, aunque provocadoramente ambigua, tanto del conflicto en sí como del país en el que nos adentrábamos por debajo de Pampaconas, donde ocurrió la mayor parte de los hechos.

En preparación para la invasión, Toledo ordenó que dos fuerzas salieran al campo. La primera, un contingente relativamente pequeño de 70 hombres, fue enviado por el cañón casi intransitable del río Apurímac para asegurar el único cruce por el cual los incas podrían escapar a la selva al oeste de la provincia. Mientras tanto, la fuerza principal, al igual que sus predecesoras en 1537 y 1539, siguió la antigua ruta de Pachacuti por el Urubamba y sobre el paso de Panticalla hasta el cruce estratégico de Chuquichaca. Tanto Murúa como Sarmiento coinciden en que fue necesario reconstruir el puente, pero que el ejército no encontró oposición real y lo cruzó en buen orden.

A la cabeza de una columna que incluía a 250 de los "gallardos y valientes residentes y soldados" del Cusco, "todos muy bien equipados y armados", Hurtado de Arbieto cruzó el río y comenzó a subir el cañón hacia Vitcos. Con 2.000 auxiliares nativos en la retaguardia como apoyo, era ciertamente la fuerza más formidable que los españoles habían enviado contra Vilcabamba. Estaban seguros de que los incas huirían despavoridos una vez que se dieran cuenta de a qué se enfrentaban. Confiados en el éxito, los invasores procedieron seguros a la primera de varias emboscadas que los nativos habían preparado hábilmente a lo largo del estrecho camino, donde el terreno neutralizaba eficazmente los caballos y el armamento superior de los europeos. Esta batalla inicial probablemente tuvo lugar en el barranco de Chuquillusca, aunque, como veremos, Murúa aplicó erróneamente ese nombre a un enfrentamiento posterior, muchos kilometros al oeste. Dondequiera que ocurrió, todo el mundo parece estar de acuerdo en que fue una lucha dura y casi detuvo la expedición en seco. Sin embargo, los españoles lograron prevalecer y, a pesar de varios enfrentamientos similares río arriba, mantuvieron su ímpetu . Poco a poco, los nativos fueron expulsados a las colinas.

Al llegar finalmente a Vitcos, Arbieto lo encontró a este y al cercano pueblo de Pucyura abandonados y los campos y rebaños circundantes intactos. Los incas se habían retirado con sus fuerzas, probablemente utilizando un atajo a través del paso de Salinas al oeste del río Vilcabamba (**Figura 4**) para dirigirse a la columna española para un enfrentamiento final en las selvas más allá de la división. Mientras tanto, Arbieto hizo una breve parada en Vitcos para descansar y curar a los heridos, para recoger alimentos adicionales para la campaña y para buscar botín. Hecho esto con considerable éxito, continuó sin oposición a través de campo alto y abierto sobre el Kolpacasa hasta Pampaconas. Allí, sin embargo, la expedición recién refortalecida fue golpeada por una epidemia de sarampión y se quedo inmovilizada en el campamento durante trece días mientras la enfermedad seguía su curso.

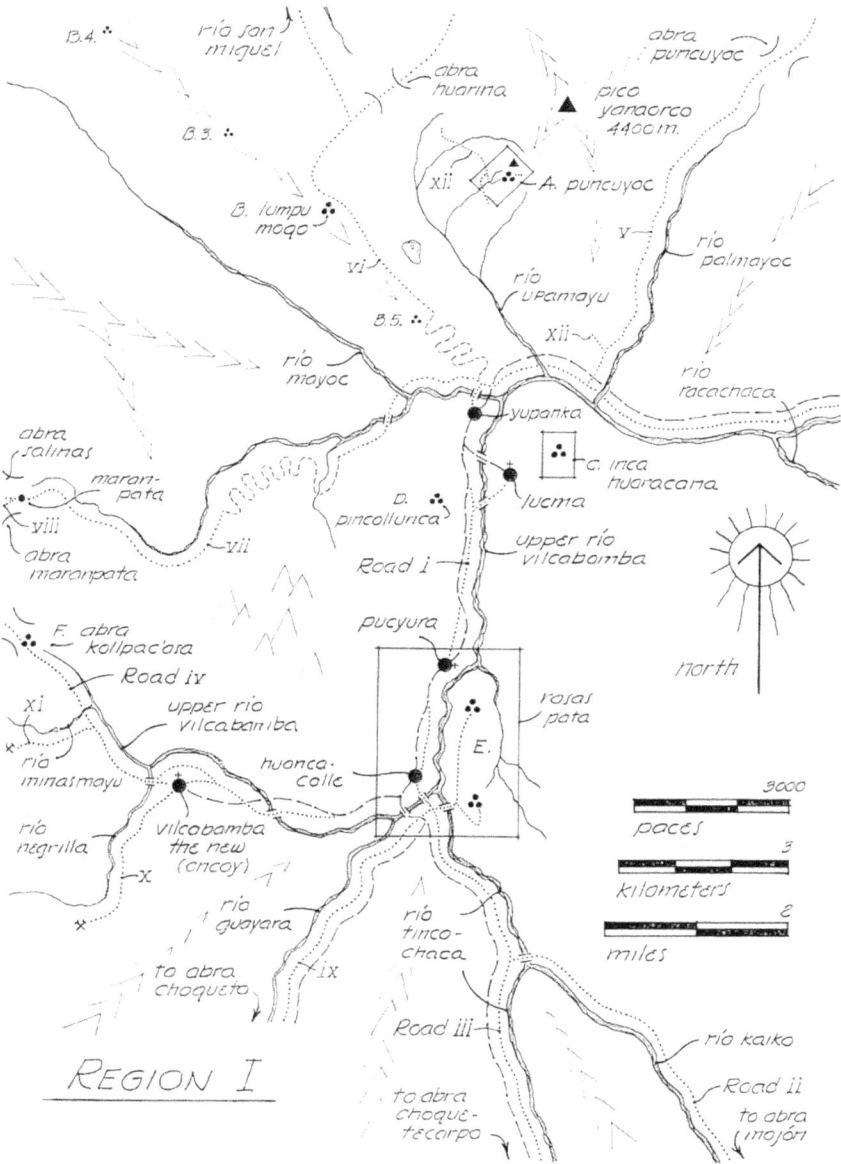

Figura 4 - Mapa del alto Río Vilcabamba

Arbieto aprovechó la demora lo mejor que pudo para reorganizarse y determinar la mejor manera de proceder. Sus primeras pérdidas fueron más que compensadas por el inesperado regreso del contingente del Apurímac. Exhaustos, pero aún con 70 hombres, entraron en el campamento justo a tiempo para quedarse atrás como retaguardia. Arbieto informó que salió de Pampaconas con provisiones para diez días el lunes 16 de junio de 1572. No muy lejos de Pampaconas, el camino del principal cuerpo de la expedición necesariamente volvía a entrar en la selva donde los nativos una vez más tenían la ventaja. Según Sarmiento, había dos rutas posibles, el camino inca principal río abajo y otro, que conducía a los fuertes nativos destinados a bloquear la entrada a la capital inca en Vilcapampa. Después de acaloradas discusiones entre sus capitanes sobre qué camino seguir, Arbieto decidió atacar directamente los fuertes. Al escuchar esto, un prisionero nativo llamado Canchari trató de escapar y advertir a los incas, pero fue capturado y ahorcado en un lugar llamado "Hotuto", casi con certeza el actual Ututo. **(1)**

Según José, seguíamos río abajo desde Ututo por el único sendero que él conocía. Aun así, no se sabía si se trataba de alguno de los mencionados por Sarmiento, ya que ninguno de los antiguos topónimos a lo largo de la línea de marcha española por debajo de Ututo permanece en uso. Solo tendríamos que comparar nuestro entorno con las descripciones de las crónicas y esperar que coincidan. Por suerte para nosotros, los invasores dejaron un registro bastante bueno de su progreso. Una vez que se dirigieron por el camino hacia los fuertes, dice Murúa, las cosas se pusieron difíciles rápidamente:

"Partió el [campamento…] y fue por montañas y quebradas con excesivo trabajo de todos [...]. Llegado a un paso dicho Chuquillusca, que es una peña rajada en un trecho largo, a la vereda de un río caudaloso, que apenas se podía caminar por él y era necesario que los soldados e indios de guerra amigos lo pasasen gateando y asidos de las manos unos de otros. Viendo esto un soldado portugués [...] se echó un bersete de bronce al hombre (un cañón) y con él pasó este paso tan aspero, que cincuenta indios no lo pasaran [...] y se despeñaron muchos de los que en el campo iban y lo vieron. [...] porque aunque los cañaris sean tan diestros en el ejercicio de las lanzas como se sabe, los enemigos estaban más usados [...] y sabian donde se podían aprovechar [...] y asi hacian daño por momentos." **(2)**

84

Las descripciones de Murúa apenas se comparaban al territorio por el que pasábamos. Nuestro camino se había convertido en un camino inca pavimentado poco después de cruzar el río Pampaconas. A pesar de que la espesa selva, cubierta de musgo y llena de enredaderas e insectos, se abría paso desde más allá de la orilla del río, no había "montañas y quebradas" ni "peñas rajadas en un trecho largo" para sortear. De hecho, no había nada muy difícil en la ruta. En cambio, estábamos paseando suavemente cuesta abajo a través de un cañón tropical fresco y agradable. Los demás se estaban divirtiendo mucho, pero yo sabía que todo estaba mal. En el mejor de los casos, estábamos en el camino "inca" de Sarmiento, no en el que conducía directamente a los fuertes. Mi ánimo se hundió. Menos de una hora en nuestra primera verdadera búsqueda y ya estábamos en el camino equivocado.

Mirando a mi alrededor, preguntándome qué hacer al respecto, vi que el terreno al otro lado del río era exactamente como Murúa describió la ruta de los españoles. Si nos hubiéramos quedado allí, debajo de Ututo, nosotros también estaríamos en medio de un largo pasaje a través de acantilados empinados y rocosos y barrancos cubiertos de selva. Puede que el lugar llamado Chuquillusca esté a kilómetros de distancia, en la parte baja del río Vilcabamba, pero todo lo demás en la descripción de Murúa encaja perfectamente. Sin mencionar a Chuquillusca, Arbieto estaba de acuerdo en que el terreno más allá de Ututo era difícil y pasó a describir las emboscadas que los nativos habían preparado allí, confirmando la sustancia del relato de Murúa. Antonio de la Calancha, describiendo hechos diferentes en conjunto, llamó al mismo territorio el del país de "Chuquiago". (3) Tal vez Murúa, pensé, escribiendo mucho tiempo después de los hechos sobre eventos en los que no había participado, simplemente se equivocó de nombre. Nadie lo sabe, pero es un ejemplo clásico del tipo de problema al que se enfrentan a menudo los exploradores.

Para cuando terminé de resolver todas estas dudas, ya era demasiado tarde para regresar, así que hize una nota mental de que tenia que revisar el otro lado del río en busca de viejos caminos en nuestro ruta de regreso río arriba. Mientras tanto, me consolaba con la improbable idea de que los caminos podrían converger en algún lugar más abajo y volver a encarrilarnos. De una forma u otra, estábamos tratando de encontrar Huayna Pucara, el Fuerte Nuevo. Arbieto afirmó que tardó cuatro días en llegar allí desde Pampaconas. (**28**, 146) Eso era un problema porque yo sabía por mi propia experiencia en 1982 que un excursionista fuerte casi podía llegar a Espíritu Pampa en dos o tres días. ¿Qué podría explicar una diferencia tan grande? Renzo lo tomó como prueba de que la capital perdida de Manco estaba en otro lugar, mucho más profundo en las montañas, y Juvenal dijo que el italiano no era el único que pensaba así. Por otro lado, según todos los indicios, el avance de los españoles por debajo de Pampaconas fue mucho más lento que el nuestro. Tenían que lidiar con más de dos mil personas y todo su equipamiento, y tuvieron que luchar cada pie del camino. Además de eso, Arbieto informó que "se cortaron las lenguas" de varios guías que "tomaron los pasos equivocados" (**28**, 148)**,** lo que sugiere que se perdió el tiempo siguiendo rutas falsas. Como resultado, no está claro qué tan lejos viajó la expedición hasta la siguiente parada mencionada en el relato de Murúa, un lugar al que llamó Anonay:

"Otros dia siguiente … salió un capitan de los incas, llamado Puma Inca, a los españoles … diciendo que los Incas pedían paz … El día que salió de paz este capitan Puma Inca, ya dicho, llegó el campo con el general y demas capitanes al lugar de Anonay, y allí hizo alto y noche, alojándose con mucho cuidado y prevención … porque hallaron muchas púas de palmas hincadas en el suelo y yerba ponzoñosa en las puntas, para que, en pisando, del veneno que tenían muriesen la gente sin remedio … [El capitan Puma Inca decía] … que ellos no habían tenido la culpa ninguna en la muerte de Atilano de Anaya […] y los otros capitanes orejones de su autoridad, lo habían hecho […] Este Puma Inca dio noticia como habían hecho […] un fuerte y lo tenían muy aderezado y fortificado, que se llamaba Huayna Pucara […] y dio la traza y modo cómo se podría ganar sin que peligrasen los españoles…" (**4**)

Sarmiento está de acuerdo en que la siguiente parada fue en Anonay, pero afirma que allí se libró una batalla durante la cual fue capturado Puma Inca. Arbieto no menciona el incidente, por lo que nunca se sabrá qué versión es la correcta. Ni Sarmiento ni Murúa dan pistas sobre dónde estaba Anonay. El único lugar con un nombre similar hoy en día es la pampa de Ayunay. Cerca de un pequeño asentamiento llamado Vista Alegre, muchos kilómetros río abajo donde el cañón del Pampaconas hace una enorme curva en ángulo recto hacia el norte. **(Figuras 2 y 44)** Murúa continúa:

"Otro día siguiente se levanto el campo y en buen orden marchó dos leguas hacia Huayna Pucara, donde los enemigos estaban fortalecidos, [...] en un lugar dicho Panti Pampa [...] el campo español hizo alto, para tratar cómo se había de embestir el fuerte [... El fuerte...] era un sitio muy largo de legua y media [...] y de distancia como una media luna el camino por donde se había de marchar, muy angosto, de gran pedregal y montaña y un río ancho y caudaloso, que corre a la vereda del camino, que todo era de más peligro y temeridad [...] Tenían los indios hecho un fuerte de piedra y lodo, muy ancho, donde estaba la fotaleza con muchísimos montones de piedra para tirar a mano y con hondas, y encima del fuerte, por toda la la cuchilla (la cresta afilada de la montaña) estaban montones de [piedras grandes] y, encima o detrás de los montones, piedras muy grandes con sus palancas [...] estando metido en aquella media luna el campo español, con los indios amigos de guerra y todo el bagaje [...] de suerte que si los enemigos [...] permitiendolo Dios, pusieran por obra lo que tenían trazado y aparejado, no quedara de todo el campo alma viva [de españoles porque las piedras] los mataran a todos y los llevaren por delante rodando y el que de ellas escapara con vida [hubiera tenido que...] echarse al río donde se ahogaran [...] y si alguno escapara [de las piedras y el río] tambien pereciera, porque había de la otra parte quinietos indios chucos de los Andes, flecheros que no dejaban nadie a vida, que a flechazos no los acabaran." (5)

Figura 2 - Foto satelital de la provincia

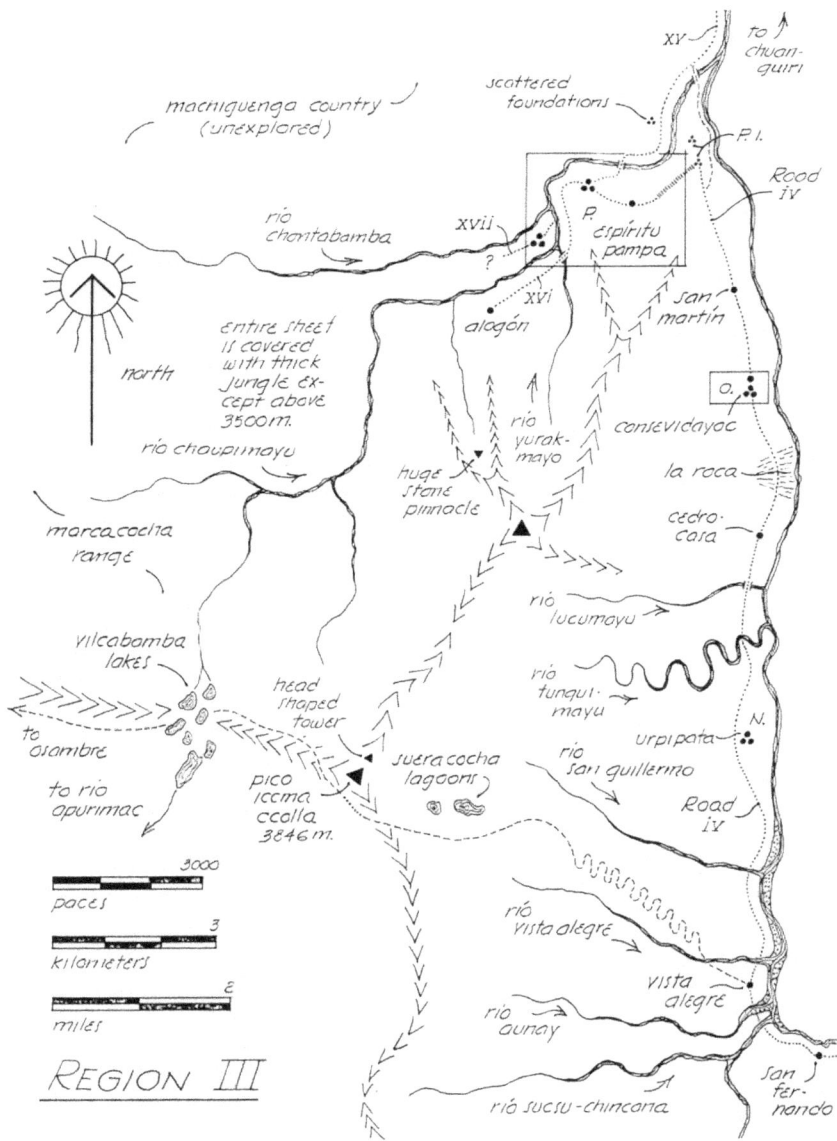

Figura 44 - Mapa del bajo Río Pampaconas

El nombre de Panti Pampa ya no existe y solo aparece en el relato de Murúa como el lugar desde el cual los españoles vieron por primera vez el Huayna Pucara. Una vez más, no hay forma de saber dónde estaba. Las "dos ligas" entre Anonay y Panti Pampa no son tan útiles como podría parecer. En aquellos días, una legua náutica era 1/20 de un grado de latitud, o unas tres millas inglesas. En tierra, donde la latitud no servia mucho, una legua era como una hora de caminata, también unas tres millas. Debido a que los nativos caminaban más rápido, una "legua inca" era más larga, unas cuatro millas. Así, una legua terrestre terminó siendo más una cuestión de tiempo que de distancia y las "dos leguas" de Murúa pueden significar solo dos horas de caminata. Dondequiera que estuviera el fuerte, hay pocas dudas sobre su diseño. La descripción de Arbieto se hace eco de gran parte de la de Murúa, pero añade detalles arquitectónicos. El siguiente parrafo sigue en forma resumida los hechos descritos:

"Los indios del Inca habían fortificado tres cuartos de legua (aproximadamente la mitad de la estimación de Murúa) en unos pasos muy estrechos con muchas rocas. Al final, en una muy delgada cresta como cuchilla, habían construido un fuerte con una muralla de 200 pasos de largo y dos de ancho, con una sola puerta estrecha por la que sólo podía entrar un hombre a la vez. Estaba coronada con almenas para defenderse del fuego de los arcabuces (cañones) y tenía cuatro pequeñas torres y una gran cantidad de piedras para arrojar a mano sobre el camino, que corría a lo largo de un arroyo. Y a una distancia de tiro de arcabuz frente al fuerte, habían colocado muchas estacas de palma frotadas con hierbas".
(6)

Beneficiándose de los consejos de Puma Inca y de su propio reconocimiento desde Panti Pampa, los españoles presionaron el ataque la mañana del sábado 21 de junio de 1572. Iba a ser la batalla decisiva de la guerra, y Arbieto se volcó con todas sus fuerzas en la acción. Aunque el fuerte estaba en un terreno elevado, dominando el camino que pasaba por debajo, aparentemente había una cresta aún más alta desde la cual se podía dirigir el fuego hacia las posiciones incas. Con las primeras luces del día, pasadas las seis de la mañana, se envió una fuerza de asalto a esta cresta. Después de siete horas de una escalada sin oposición pero dificil a través de una empinada y espesa selva nubosa , gateando, unos agarrando a otros, según Murúa, los españoles llegaron a la cima y se mostraron al enemigo de abajo. Al darse cuenta rápidamente de su vulnerabilidad, los nativos comenzaron una retirada ordenada a lo largo de la angusta cima hacia Huayna Pucara, abandonando en su lugar las numerosas rocas y montones de rocas que habían amenazado a la fuerza principal española, que esperaba en la ladera de abajo. Al ver esto, Arbieto comenzó a avanzar hacia la ladera, disparando cañonazos a su paso. Así, atrapados en un fuego cruzado desde arriba y desde abajo, los capitanes incas abandonaron el fuerte y se retiraron río abajo. Tupac Amaru ya se había ido, habiéndose retirado a Vilcapampa el día anterior. Con sorprendente facilidad, los invasores habían triunfado donde, de no haber sido por la ayuda del desertor, Puma Inca, podrían haber sufrido el desastre. Fue un golpe mortal del que los nativos nunca se recuperaron.

Después de un par de horas, nuestro sendero cruzó otro puente de regreso al lado de Pampaconas del rio y comenzó una larga travesía por la pared del cañón. Se me ocurrió que la única razón por la que nuestro camino fácil y pavimentado se había desviado a través del río era para evitar el tramo de 8 kilometros y medio de acantilados y barrancos, ahora detrás de nosotros. Que los incas pudieran haber ocultado este desvío a sus enemigos y conducirlos a una emboscada en terreno agreste parecía totalmente probable, pensaba, tratando de mantener mi mente alejada del camino mismo. Cada vez más molesto por el hecho de que estábamos subiendo penosamente para ir río abajo, me sentí aliviado cuando una hora más tarde rodeamos una cima expuesta a varios cientos de metros sobre el agua y nos encontramos con una brisa fresca y refrescante.

Un enorme panorama se abría ante nosotros. El sendero comenzaba entonces una larga travesía descendente a lo largo de una amplia curva a la derecha en el cañón. El resultado fue varios kilómetros de camino visibles delante de nosotros y que corrían a lo largo del río en forma de una media luna gigante, exactamente la palabra que Murúa había utilizado para describir el camino que pasaba por debajo de Huayna Pucara. Aproximadamente a la mitad de la colina había dos granjas, una a cada lado del sendero. (**Figura 40**) Debe ser Tambo, pensé, recordando el consejo de Renzo sobre las ruinas. Las busqué por todas partes, pero no había nada. Entonces, la vi: no una ruina, sino una cima de una colina que dominaba el camino, empinada por todos lados excepto uno, donde una larga cima muy estrecha la conectaba con un terreno más fácil. El terreno que se elevaba sobre Tambo era exactamente como los españoles habían descrito el sitio del Fuerte Nuevo. **(Figura 39)** De una campaña en el este en mis tiempos en la infantería muchos años antes, sabía un poco sobre el uso defensivo del terreno, y la cima de la colina era una posición muy fuerte, bien elegida para controlar el camino. Un vistazo a la foto satelital mostró que el río Zapateroyoc fluía por debajo del otro lado, por lo que todas las rutas posibles rio abajo de Pampaconas estaban cubiertas.

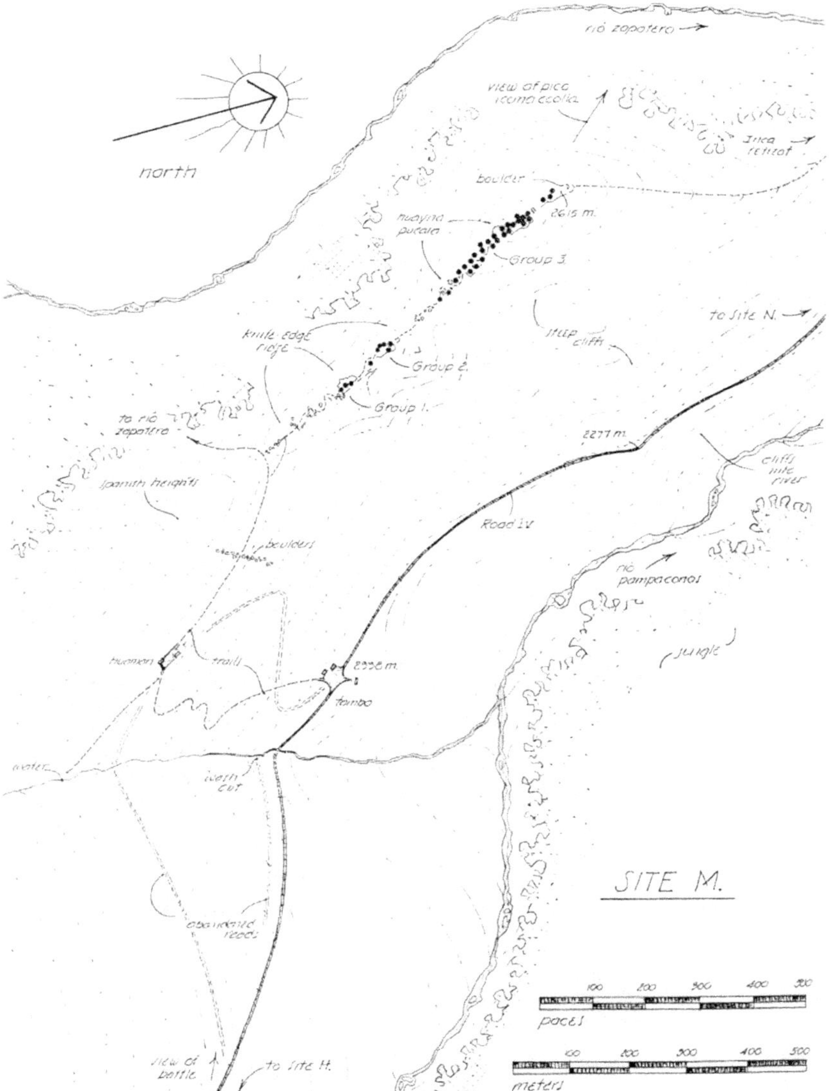

north

rió zapatero →

view of pico icoma ecola

Inca retreat

boulder

huayna pucara

2615 m.

Group 3

knife edge ridge

Group 2

trap cliffs

to Site N.

to rió zapatero

Group 1.

2277 m.

cliff into river

ipanith height?

boulders

Road IV

rió pampaconas

jungle

human

trail

2226 m.

tambo

water

wash cut

SITE M.

abandoned road

| | 100 | 200 | 300 | 400 | 500 |
paces

| | 100 | 200 | 300 | 400 | 500 |
meters

view of battle

to site H.

Figura 40 - Mapa de Tambo y alrededores

93

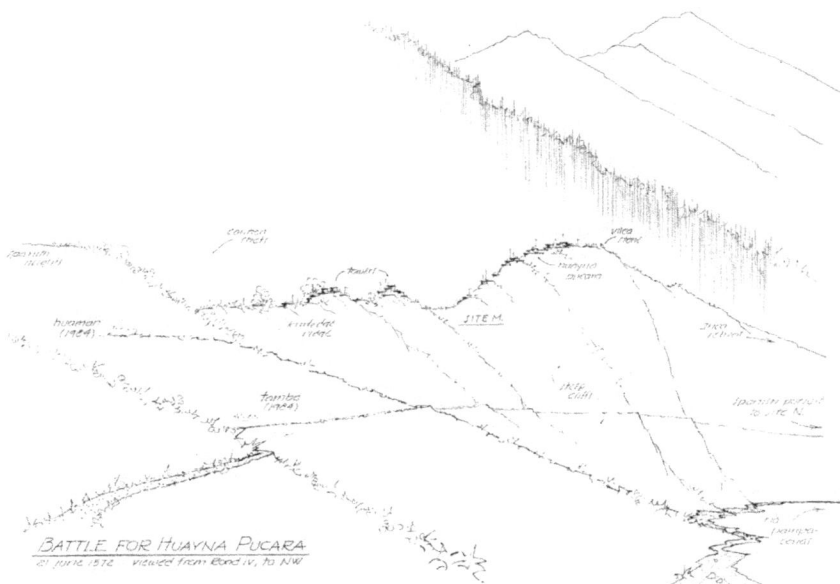

Figura 39 - Vista de Tambo y alrededores

Prácticamente corrimos hacia las casas, ansiosos por encontrar al señor Díaz y conocer la ubicación de las ruinas. Estaba seguro de que encontraríamos el fuerte en la cima de esa colina, pero la selva parecía espesa y Díaz sabría mejor cómo llegar allí. Varios niños de una de las casas nos contaron que sus padres estaban río abajo. Al ser interrogados más, dijeron que no conocían a nadie llamado Díaz y que nunca habían visto ruinas en esa zona. ¿Cómo podía ser eso?, me pregunté. El lugar coincidía palabra por palabra con las descripciones de los españoles. Desanimados, nos tomamos un descanso y conversamos sobre qué hacer. Eran al menos a 150 metros de altura hasta la cima, pero parecía que había un rastro de un camino cortado a través de la maleza. José me miró y me dijo: "¿*Vamos arriba?* ".

Pensé por un momento. A pesar de que era pleno invierno en Perú, el sol ecuatorial parecía estar casi directamente sobre nuestras cabeza y a la interperie hacía un calor abrasador. La ladera de arriba era empinada y estaba cubierta de "bosque", como los nativos llamaban a la maleza especialmente desagradable, lo suficientemente espesa como para hacer que el viaje fuera tedioso, pero demasiado baja para no ofrecer sombra. Seguramente, los niños habrían sabido si había habido algo allí arriba. Para José, todo era igual en un día de trabajo de cualquier manera. Como todos los *campesinos*, no veía la diferencia entre subir y bajar, toda una vida en los Andes le había enseñado que ambas cosas eran las dos caras de la misma moneda. Con la tentación de evitar la subida, por alguna razón me escuché a mí mismo decir: "¡*Sí, vamos!* "Y subimos.

El camino conducía a una tercera casa de campo, sostenida en una pequeña meseta muy lejos del comienzo del filo de la delgada y angosta cima e invisible desde abajo. Todo el mundo estaba trabajando, pero el camino parecía continuar más allá de la casa hacia una escalinata que conducía al Zapateroyoc. Fue solo una corta escalada por rocas empinadas desde la muesca hasta la cresta y angosta cima. José iba a la cabeza mientras subíamos por las plataformas cubiertas de musgo. Cerca de la cima, se detuvo para limpiar algo de musgo y enredaderas. "¡Construido!" —gritó y continuó emocionado hasta la cresta—. Cuando llegué al lugar abierto, lo entendí. Era un muro de piedra cuidadosamente construido.

Al llegar a la parte alta de la estrecha cresta y comenzar a caminar hacia la cima de la colina, encontramos más muros, escaleras y plataformas, todos enterrados bajo 412 años de humeda vegetación. A ambos lados, el suelo se hundía tan abruptamente que la cresta presentaba la única aproximación factible a la colina. Emocionado, busqué las fortificaciones que los españoles habían notado a lo largo de la cresta y, una por una, aparecieron. Las rocas que los defensores habían planeado hacer rodar sobre la columna española todavía estaban allí, decenas de ellas del tamaño de refrigeradores. (**Figura 43**) A unos 200 metros de distancia, una larga escalera ascendía a una cumbre secundaria cubierta de terrazas y muros. Estos últimos parecían ser los restos de edificios circulares. (**Figura 41**) Me pregunté si serían las torres que Arbieto había reportado a lo largo de la cresta. Un centenar de metros más adelante había un segundo pico, aún más elaboradamente fortificado y coronado por más construcciones circulares

(Figura 42). A donde fuera que mirábamos, encontrábamos ruinas.

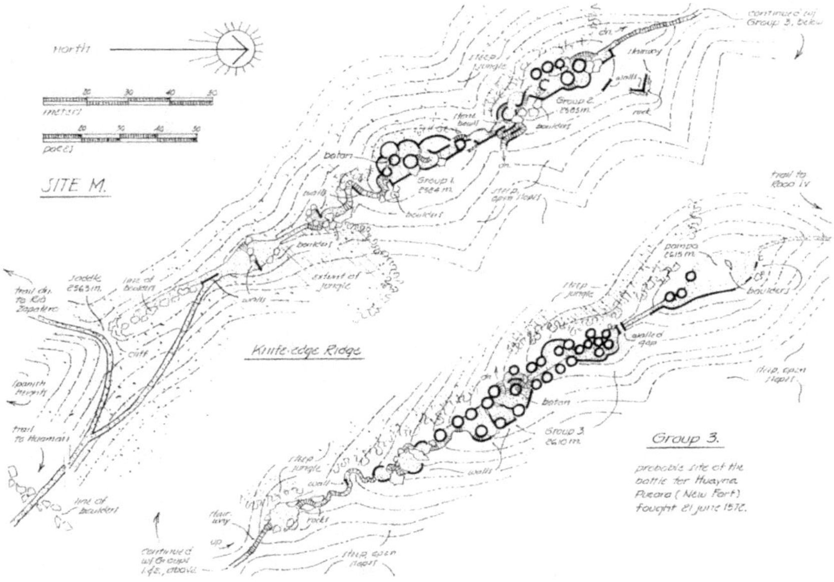

Figura 43 - Plano del sitio de Tambo (sitio probable de Huayna Pucara)

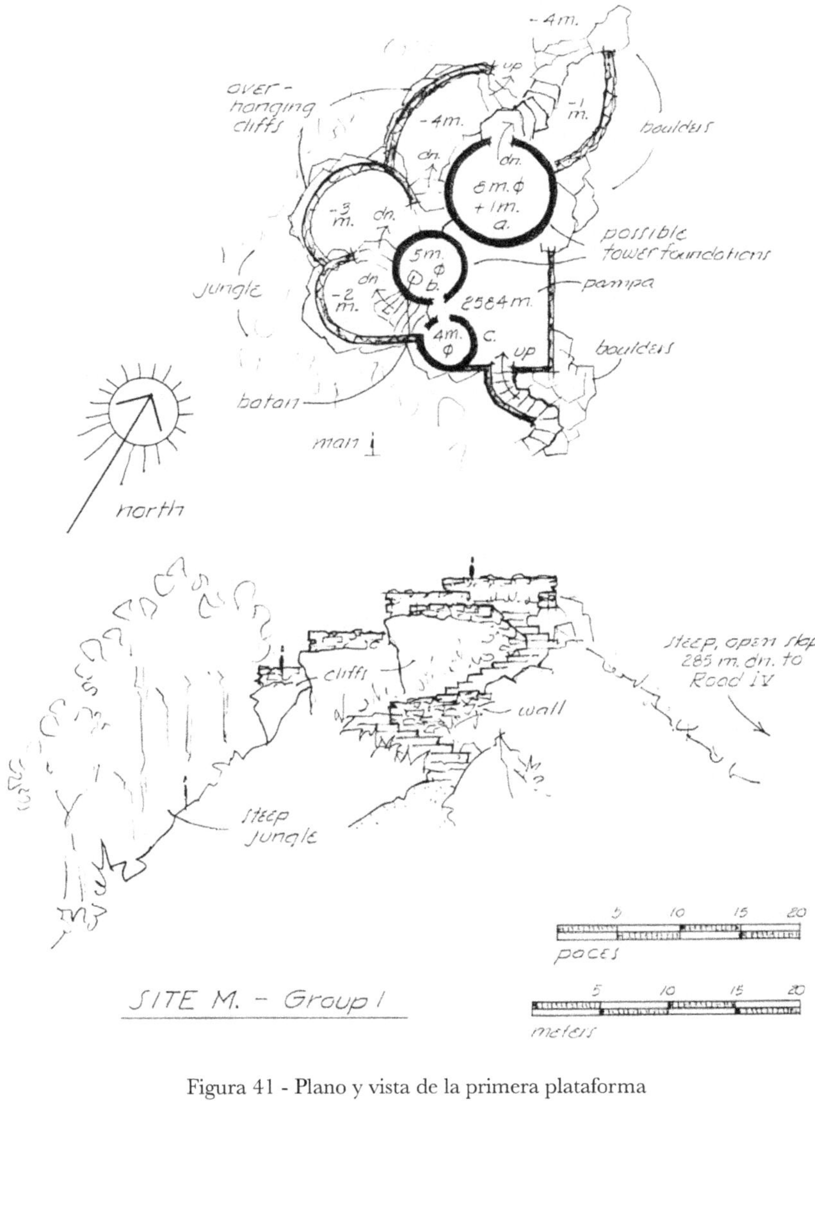
-4m.
up
over-
hanging
cliffs
-4m.
-1
m.
boulders
dn.
dn.
6m.φ
+1m.
a.
-3
m.
dn.
possible
tower foundations
5m.
φ
b.
pampa
jungle
dn
-2
m.
2584m.
4m.
φ
c.
up
boulders
batan
man
north
cliffs
wall
steep, open slope
285 m. dn. to
Road IV
steep
jungle
5 10 15 20
paces
SITE M. - Group I
5 10 15 20
meters

Figura 41 - Plano y vista de la primera plataforma

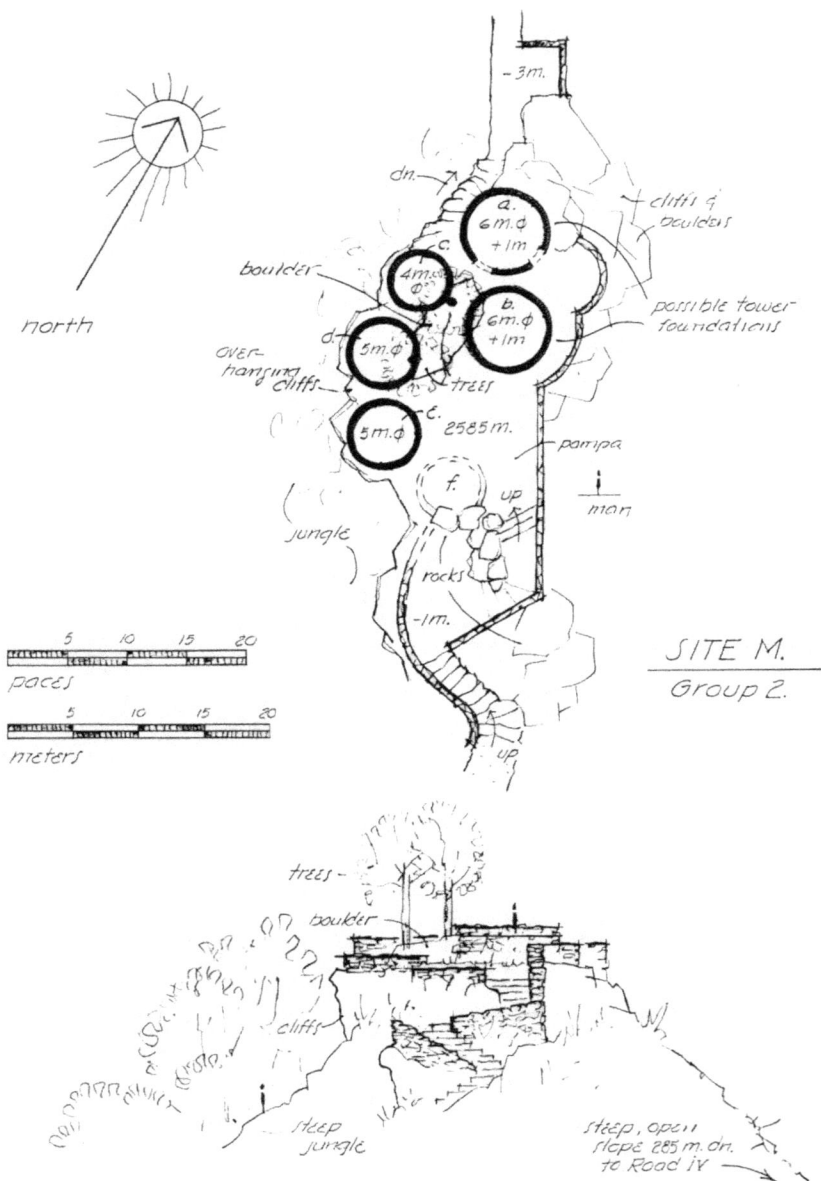

Figura 42 - Plano y vista de la segunda plataforma

Barefoot y Jim Little continuaron hasta una brecha rocosa que separaba el filo de la angosta cima de la colina principal más allá, y desaparecieron en la espesa selva. José, Chris y yo exploramos las dos plataformas ya encontradas. En un momento dado, José estuvo a punto de pisar una pequeña serpiente amarilla. Se voltió a vernos con una sonrisa y dijo: "Cuidado, amigos, es muy peligroso". A partir de entonces, todos pusimos bien los ojos en la selva, imaginando colmillos venenosos escondidos debajo de cada piedra, aunque José, imperturbable y con las piernas desnudas, seguía buscando en la espesura de la selva sin inquietarse. La forma de la construccion era tosca y ya estaba en escombros, aparentemente las piedras de la construccion habian sido levantadas con barro para unirlas y en su mayor parte había ya el lodo habia sido arrastrado por la lluvia. No había mucho sobre el nivel del suelo y muchos de los muros de contención se habían derrumbado. Hice dibujos de la obra mejor conservada y decidí dedicar varios días a limpiar y cartografiar todo el sitio en nuestro camino de regreso río arriba.

Barefoot gritó desde la cima de la colina que habían encontrado más ruinas y que debíamos subir a echar un vistazo. La cresta se extendía alrededor de cien metros más allá de la segunda plataforma y estaba coronada con más de las rocas circulares, pero casi sin ningún ninguna construcción. Luego, a medida que la subida se empinaba por la pendiente final, encontramos escaleras casi continuas, muros, terrazas y piedras redondas. Al llegar a la cima, cimientos circulares de construcciones -28 en total- flanqueaban la cresta a ambos lados. (**Figura 43**, Grupo 3) A diferencia de las que habíamos encontrado más abajo, estas estaban muy juntas. La bajada que decendia hasta el camino principal era empinada, rocosa y abierta, por lo que los defensores tenían una gran ventaja sobre cualquiera que intentara pasar por debajo. La otra ladera, hacia el Zapateroyoc, era igualmente empinada, pero cubierta de una espesa selva nubosa. En la cima de la colina había una pequeña campo plano, bordeado por un muro de contención bajo e interrumpido solo por tres construcciones circulares más y una gran roca sin tallar. Esta última roca parecía ser una huaca, un objeto de culto.

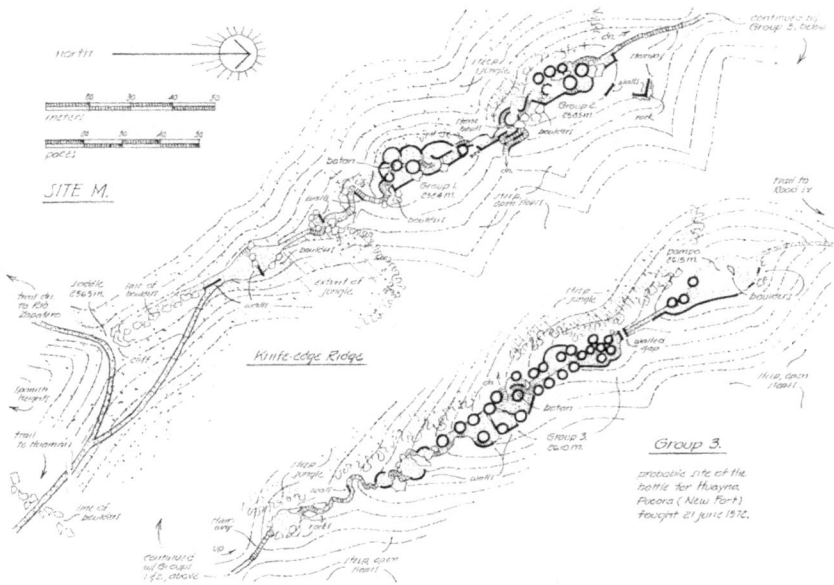

Figura 43 - Plano del sitio de Tambo (sitio probable de Huayna Pucara)

Era tarde y planeábamos pasar la noche en Vista Alegre, así que a regañadientes retrocedimos hacia el camino que bajaba a la camino principal. En el camino, noté una serie de utensilios de piedra tallada y José encontró varios pedazos de platos de piedra rotos y algunos fragmentos de vasijas primitivas construidos en un muro de contención desmoronado. Comenzó a parecer que el sitio era anterior a los incas, pero había sido reconstruido y fortificado por ellos frente a la invasión española. Eso podría explicar por qué se le había llamado el "Nuevo" Fuerte. Cuando llegamos al final del filo de la angosta cresta y bajamos hacia el camino, vi que el terreno elevado a través de la muesca habría sido una amenaza para los incas si hubiera sido ocupado por armas de largo alcance. Los disparos de cañón disparados desde allí habrían rastrillado el filo de la anhgosta cresta a lo largo de su eje hasta las torres, una maniobra favorita de los artilleros navales del siglo XVI llamada "cruzar la T", y difícilmente podrían haber dejado de encontrar objetivos. Era la última pista que sugería la identidad de las ruinas. Según uno de sus capitanes, Arbieto había sorprendido a los nativos y había ganado el día colocando 50 arcabuceros y uno de sus cañones en las alturas que dominaban la llegada al fuerte.

De vuelta en el camino principal, nos apresuramos a bajar a la creciente oscuridad con la esperanza de encontrar un buen sitio para acampar junto al río antes del anochecer. Al pasar por debajo de la cima de la colina fortificada, el sendero cruzaba laderas tan empinadas que cualquier cosa que cayera del fuerte nos habría arrastrado consigo hasta el río, unos trienta metros más abajo. A José le había impresionado que yo había podido saber dónde buscar las ruinas sin la ayuda de Díaz. Le expliqué que los españoles habían escrito sobre el lugar y que había reconocido muchas de las características mencionadas en sus chronicas sobre la batalla. A partir de ese momento, hubo un cambio sutil en nuestra relación, como si José empezara a darse cuenta de que no éramos solo un grupo de turistas indefensos después de todo.

A última hora del día, el sendero cruzaba el río Zapateroyoc, si uno venía desde el sur. Una casa al otro lado del arroyo resultó ser la del señor Díaz. Él no estaba allí, pero cuando preguntamos sobre las ruinas, sus hijos niños señalaron un camino que subía en línea recta por la cresta que separa el Pampaconas del Zapateroyoc. (**Figura 32**) Seguirlo, sin duda, habría conducido a lo largo de la columna vertebral de la cresta divisoria hasta la pequeña pradera con la roca en el punto más alto del fuerte. Visto desde el punto de vista de los defensores, esta había proporcionado una ruta de escape preparada cuando la batalla se volvía contra ellos, algo muy necesario de cualquier buena posición defensiva.

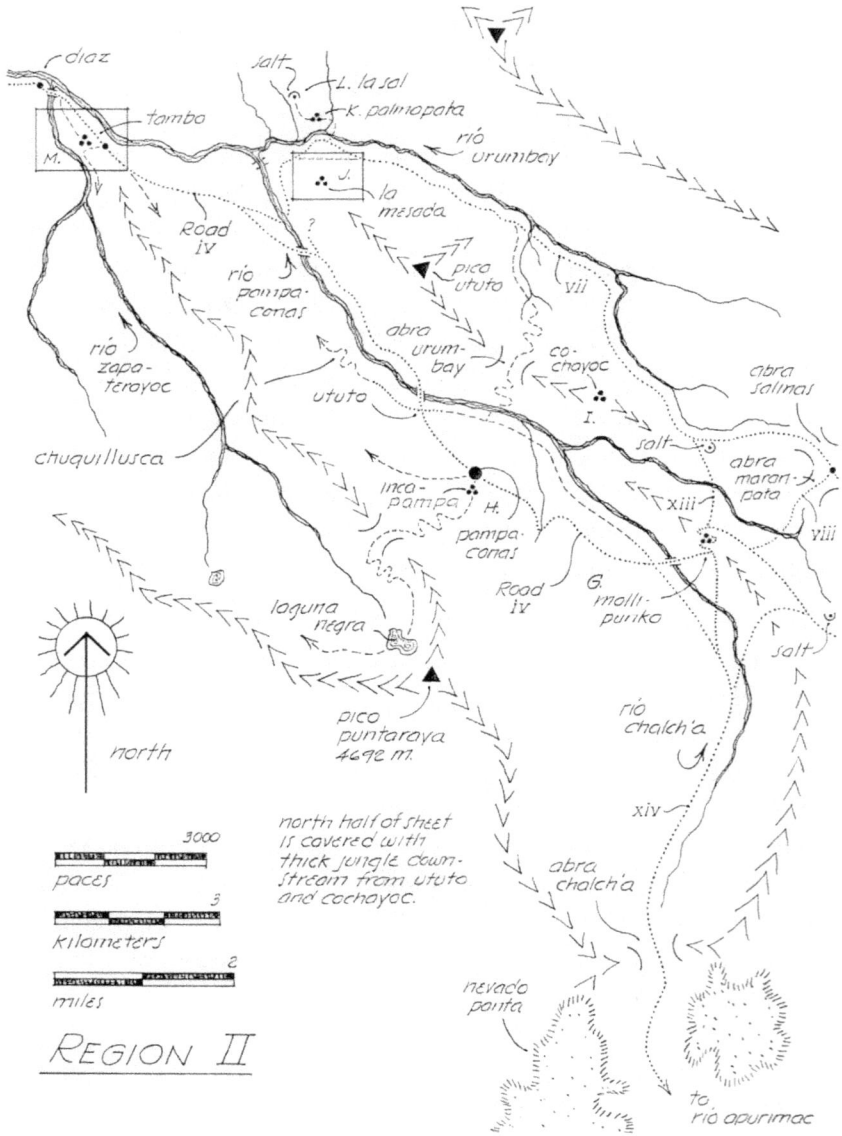

Figura 32 - Mapa del alto Río Pampaconas

Justo al anochecer, pasamos por un grupo de chozas llamado San Fernando. **(Figura 44)** Una extraña bandera ondeaba cerca y un grupo de hombres con armas hablaba en voz alta en uno de los patios. No nos hicieron caso, pero cuando le pregunté a José quiénes eran, solo dijo: "Vamos." Lo hicimos. Estando de nuevo junto al río, acampamos en el primer buen lugar, una gran seccion de grava cerca del gran recodo del Pampaconas cerca de Vista Alegre. Mi barómetro marcaba casi 2000 metros y el aire era cálido, pesado y húmedo. Habíamos perdido más de una milla de elevación desde que cruzamos el Kolpacasa, y los sonidos y olores de la selva nos envolvían. La noche tropical se cerró con sorprendente rapidez. Reflexionando alrededor del fuego, apenas podíamos creer nuestra suerte. Allí estábamos, un grupo de principiantes que aún no habían cumplido un día entero de exploración en nuestro viaje, y ya habíamos encontrado algo importante, una gran ruina que había eludido a todos nuestros predecesores. Huayna Pucara, el Fuerte Nuevo perdido hace mucho tiempo, estaba de vuelta en el mapa.

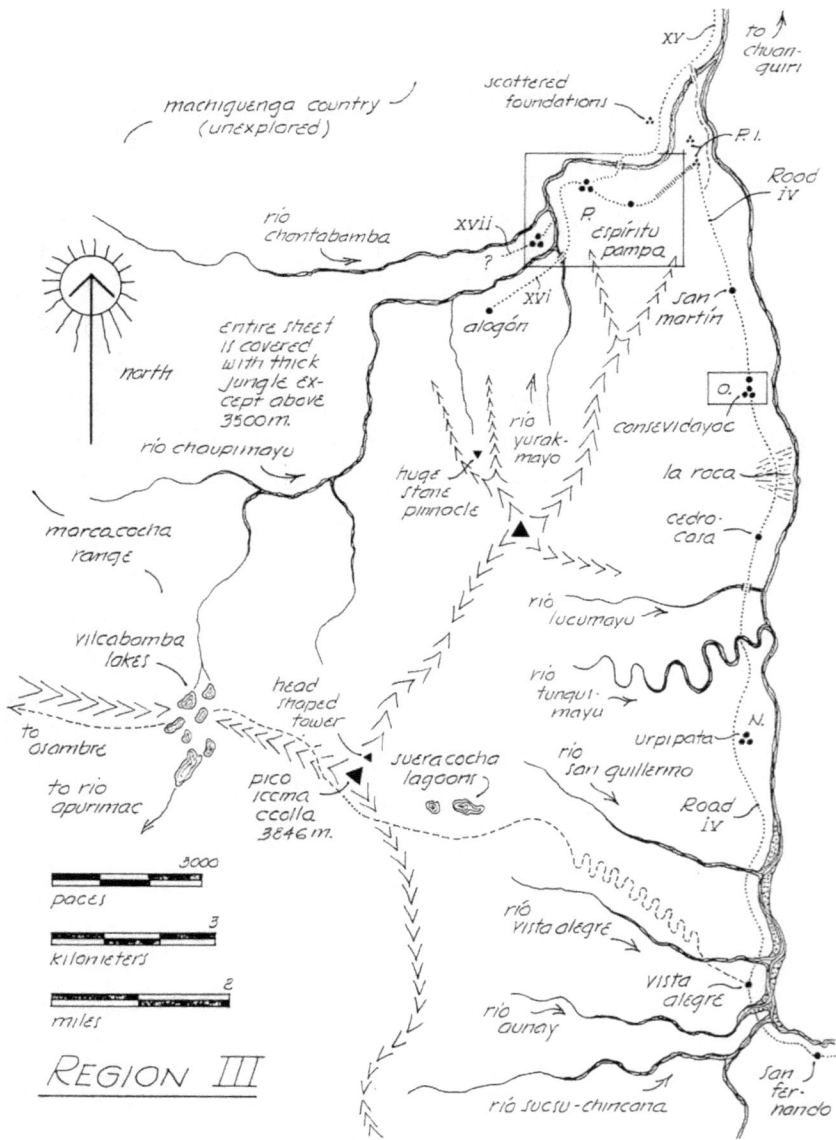

Figura 44 - Mapa del bajo Río Pampaconas

6

Espíritu Pampa

Por la mañana, nos detuvimos en Vista Alegre para ver a Zacarías Luque, un viejo amigo de Juvenal que nos había mostrado a Curtis, Brooke y a mí un camino cercano que llevaba hasta la Markacocha, pero él estaba río abajo. Su esposa pensó que podríamos encontrarnos con él en el camino, como sucedio más tarde. Con nuestro descubrimiento del Fuerte Nuevo, ahora estaba seguro de que estábamos de vuelta en el camino seguido por los españoles en 1572. Eso significaba que la próxima parada en su ruta a Vilcabamba también era nuestro próximo objetivo. El problema es que no se sabe mucho sobre el lugar y lo poco que si se sabe está lejos de estar claro.

Debido a su retirada ordenada después de la caída del Fuerte Nuevo, las fuerzas del Inca permanecieron más o menos intactas, pero estaban completamente desmoralizadas. Sarmiento informa que la columna avanzó al día siguiente a un fuerte llamado Samaua y al día siguiente a "Hatun Pucara", el Fuerte Grande, pero no señala ninguna acción en ninguno de los dos lugares. Ninguno de los otros cronistas menciona siquiera a Samaua, pero Arbieto está de acuerdo en que avanzaron sin oposición a lo que él llama solo el "segundo fuerte" y lo encontraron abandonado. Murúa, por su parte, afirma que avanzaron hasta "Machu Pucara", el Fuerte Viejo, donde Manco Inca había derrotado a Gonzalo Pizarro (en 1539, por la piedra en el zapato de Pizarro) y encontró a los nativos esperando allí con fuerza. (1)

La mayoría de los investigadores han aceptado el relato de Murúa, ignoraron Samaua y coincidieron en que el segundo fuerte de Arbieto estaba en Hatún o Machu Pucara. Sobre la base de la teoría de que las palabras "grande" y "viejo" tenían posiblemente connotaciones similares entre los incas, se supone que ambos nombres se refieren al mismo lugar, siendo el "Viejo" Fuerte el nombre preferido, probablemente, porque contrasta muy bien con el "Nuevo" Fuerte, justo aguas arriba. Suponiendo que la afirmación de Murúa de que Machu Pucara fue el escenario de la acción en 1539 es correcta, entonces, de acuerdo con la descripción de Titu Cusi de esa batalla (2), habría sido en un denso bosque, a unas "tres leguas" (¿3 horas? ¿9 millas? ¿12 millas?) río arriba de la capital en Vilcabamba. Además, se encontraría cerca de un río, ya que Manco escapó de la captura allí nadando hacia un lugar seguro mientrasla batalla se volvía en su contra. El último punto se ve reforzado por el relato de Murúa de que en 1572 uno de los españoles tuvo que tirarse a un río para evitar ser quemado cuando su armadura acolchada se incendió durante la escaramuza que allí se encontraba. (3) De la fortaleza en sí, no sabemos nada, excepto que Arbieto pensó que sus defensas eran "buenas". (4)

Mientras nos *despedíamos de* la señora Luque y continuábamos río abajo, la foto satelital de referencia mostrába que solo unos pocos lugares cumplían con todos esos requisitos y todos estaban en los próximos dos o tres kilometros del cañón. Confiados por nuestro éxito instantáneo del día anterior, bajamos muy ergidos por el sendero desde Vista Alegre confiados en que estaríamos almorzando en las ruinas de Machu Pucara. Varios lugares en el camino parecían prometedores, pero pasamos toda la mañana dando vueltas en la selva sin éxito. José nunca había oído hablar de ruinas en esa parte del cañón, pero se alejaba a explorar alegremente con su *machete* cada vez que yo pensaba que el terreno parecía el indicado para encontrar algo. Más búsquedas después del almuerzo no encontraron nada. A media tarde, teníamos calor, estábamos cansados y muy deshidratados. Nadie había visto a José por un tiempo, así que descansamos y esperamos a que nos alcanzara. Mientras descansábamos a lo largo del sendero, apareció una carabana de carga, que se dirigía río arriba. Resultó ser Zacarías Luque, como su esposa había predicho. Él y varios de sus hijos traían granos de café desde las tierras más cálidas río abajo para transportarlos llevarlos eventualmente a través de las montañas hasta Cusco. Nos advirtió que el clima hacia el que nos dirigíamos podía ser agradable, pero la situación no lo era. Con el aspecto de un cazador y comerciente de pieles de las Montañas Rocosas de Estados Unidos, Luque llevaba una enorme escopeta en su silla de montar. Su cañón estaba tan oxidado que lo había envuelto con alambre de cobre para evitar que estallara al descargarse. —*Por los diablos* —dijo, acariciando el arma y espoleando a su caballo por el sendero— supusimos que se refería a los terroristas, mientras mirábamos nerviosos hacia la selva cada vez más oscura.

Finalmente, José apareció con su manta, una especie de mochila hecha con una manta doblada atada alrededor de un hombro. Estaba llena hasta el tope de su capacidad. No podíamos imaginar lo que había recogido. Cuando llegó a nosotros, desplegó la manta e hizo rodar treinta toronjas enormes. Nos las comimos todas, cinco cada uno, en ese mismo momento. Una vez que nuestra sed se apagó, nuestras mentes se despejaron para concentrarse en molestias menores y nos dimos cuenta de lo sucios y llenos de picaduras que estábamos por el día en que anduvimos en la selva. Así que terminamos el día de trabajo con un rápido chapuzón en el Río Tunquimayo, un extraño arroyo serpenteante que fluye desde muy arriba, de las laderas envueltas en niebla de Icma Coya, hacia el Pampaconas. (**Figura 44**)

machiguenga country
(unexplored)

scattered foundations

XV

to chuanquiri

P. 1.

Road iv

río chontabamba

xvii

P. espíritu pampa

?

entire sheet is covered with thick jungle except above 3500m.

north

xvi alagón

san martín

O.

río chaupimayu

río yurak-mayo

consevidayoc

huge stone pinnacle

la roca

marcacocha range

cedro casa

vilcabamba lakes

río lucumayu

head shaped tower

río tunqui-mayu

N.

to osambre

urpipata

to río apurimac

pico iccma ccolla 3846 m.

suera cocha lagoons

río san guillermo

Road iv

3000

paces

3

kilometers

2

miles

río vista alegré

REGION III

vista alegré

río aunay

san fernando

río sucsu-chincana

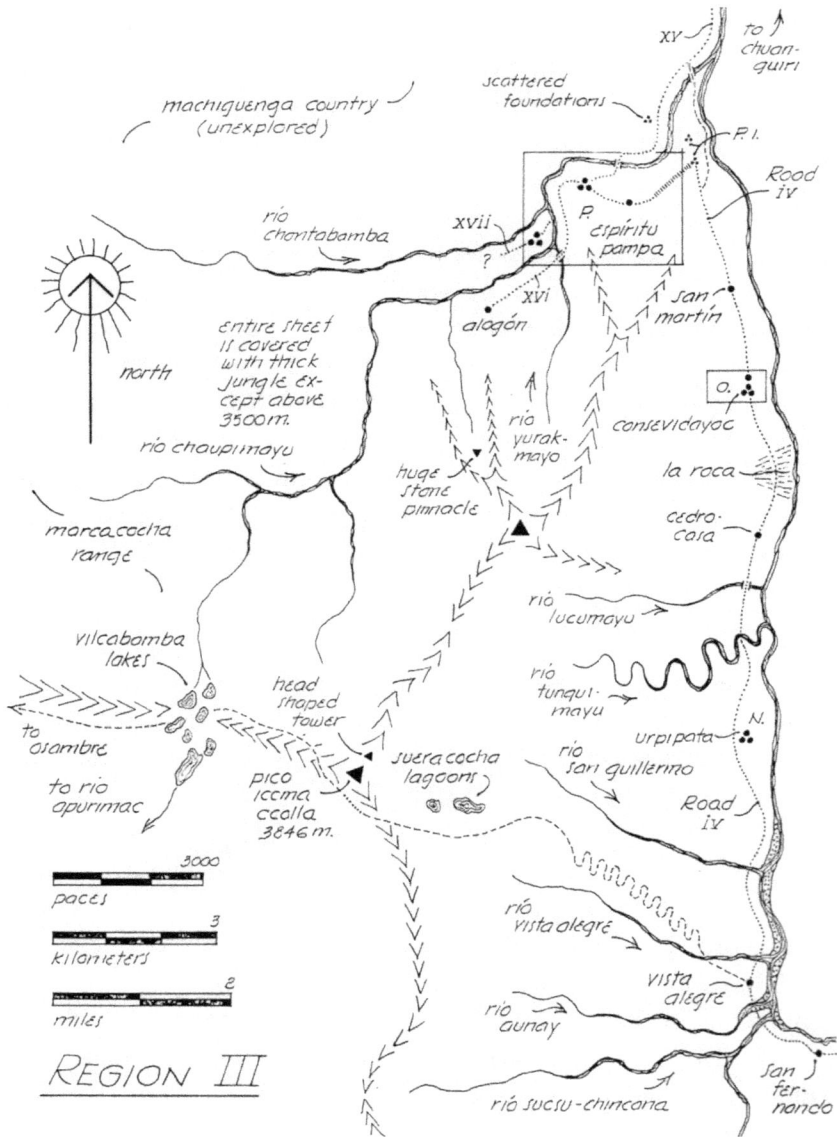

Figura 44 - Mapa del bajo Río Pampaconas

Al anochecer, estábamos demasiado cerca de Espíritu Pampa como para esperar encontrar el fuerte. Debimos haberlo pasado en algún lugar durante el día, pero con tan pocas pistas, no se sabía dónde estaba. Tendríamos que volver a buscarlo en nuestro camino río arriba. José descargó los caballos en Cedrocasa, un pequeño claro aislado en medio de la ahora impenetrable selva. La densa vegetación nos rodeaba abrumadoramente desde todos los lados y convertía a nuestro campamento en algo sombrío y claustrofóbico. Nuestro objetivo por la mañana sería el sitio de Marcanay, el pueblo por el que todos los visitantes de Vilcabamba la Vieja pasaban poco antes de llegar a la ciudad. Gene Savoy había pensado que estaba arriba hacia en el salvaje río Chaupimayo, por encima de Espíritu Pampa, más allá de las montañas al oeste **(Figura 44),** pero eso no cuadraba con nuestro descubrimiento del Fuerte Nuevo. Estaba claro que nos estábamos acercando a la ciudad desde la dirección correcta, y Marcanay tenía que estar a lo largo de nuestra ruta en algún lugar. Sin embargo, al igual que con Machu Pucará, las cronicas españolas tenían muy poco que decir sobre el lugar.

A pesar de lo que Murúa llama "mucha perturbación" a la llegada de la columna al Fuerte Viejo, los nativos pronto se retiraron ante la embestida española y afirma que los invasores avanzaron hacia la ciudad de Marcanay el mismo día. Sarmiento dice que llegaron a Marcanay al día siguiente, el lunes 23 de junio, y Arbieto parece estar de acuerdo. En este punto, otro cronista entra en escena; Antonio de la Calancha, el sacerdote agustino cuyo tomo de 1639 fue la principal fuente de información de Bingham sobre Vilcabamba. En mi apresurada investigación, había prestado poca atención a lo que erróneamente descarté como su largo, tedioso e irrelevante relato del martirio de Diego Ortiz. Sin embargo, conocía el esquema básico de la historia. Antes de su ejecución, los nativos habían arrastrado al desventurado padre ante Túpac Amaru, el sucesor de Titu Cusi y el último de los incas, para ser sentenciado en el pueblo llamado Marcanay. Como todos los demás, Calancha lo ubicó a "dos leguas" de Vilcabamba, o como a una hora de caminata por debajo de Machu Pucará. Al pasar por Marcanay río abajo, según Murúa, los españoles aún no se habían enterado del destino de Ortiz, ni del papel que supuestamente había desempeñado el pueblo en su muerte. Unos días más tarde se enterarían de ambas cosas por los cautivos y descargarían su rabia arrasando por completo el pueblo en su camino de regreso río arriba. Aparte de esto, todo lo que sabemos del lugar es lo que Murúa dijo sobre los invasores. *"Este día marchando llego el campo a Marcanay, a donde se hallo mucho maiz sembrado en mazorca que aun no se había cogido, y platanales y ajiales, mucho numero de yucas algodonales y guayabas [...que los soldados comieron..] porque andabn hambrientos y necesitados de mantenimientos. El maese de campo [... tuvo que] reprimir las ordenes de los demas soldados que se iban esparciendo y guardaban poco disciplina militar [...]Porque pudieran estar los indios en alguna emboscada"* (5) Sea lo que sea el aspecto de la ciudad, era claramente una prospera comunidad agrícola, tropical y productiva.

La noche en Cedrocasa fue larga, húmeda y fría, pero la mañana amaneció despejada, sumando cinco jornadas seguidas de buen clima. José se asombró, notando que, para ser gringos, estábamos teniendo extrañamente buena suerte con el clima. Desde el campamento, el camino subía constantemente hasta que estuvimos a casi mil pies sobre el río. La selva era espesa y el suelo escarpado y rocoso, no había lugar para una ciudad, pensé. Finalmente, el sendero atravesó un enorme acantilado llamado La Roca y una vista espectacular se abrió por el cañón. De repente, la escena se convirtió en una de belleza pastoral. El terreno que se extendía por debajo era suave y cultivado en todo tipo de alimentos. A lo lejos, podíamos ver el grupo de edificios que los nativos llamaban Conservidayoc. Un pequeño asentamiento, coronaba una cresta aplanada entre dos ríos, el Pumachaca y el Sarahuasi. Ambos descendían hacia el este en el profundo cañón del río Consevidayoc, como hoy se llama al Pampaconas por debajo de La Roca.

José dijo que estábamos a solo un par de horas de Espíritu Pampa, por lo que deberíamos haber estado muy cerca del sitio de Marcanay. La respuesta obvia era que Consevidayoc era Marcanay. ¿Podría ser así de simple? La ubicación era la correcta. Los españoles dijeron que los campos alrededor de Marcanay eran ricos en cultivos, incluyendo caña de azúcar y maíz. Consevidayoc era sin duda el único lugar al que habíamos llegado que cumplía con esa descripción. Los invasores habían terminado destruyendo por completo el pueblo cuando se enteraron de lo sucedido con Ortiz. ¿Significaba eso que no quedaba absolutamente nada de los edificios originales, ni ruinas de ningún tipo? José dijo que los lugareños estaban bastante seguros de que no había ninguna en el área, pero quede intrigado sobre eso.

Hiram Bingham había escrito que un hombre llamado Saavedra, el campesino que encontró viviendo en Consevidayoc en 1911, tenía numerosos artefactos incas dentro y cerca de su casa. ¿De dónde habían salido?, me pregunté. Cuando finalmente llegamos entre las edificaciones del pueblo, noté una roca grande y plana que yacía desechada por el sendero. Un agujero de mas de diez centimetros había sido laboriosamente perforado a mano a través de su centro. Mucho trabajo para solamente tirarlo, a menos que, por supuesto, fuera un artefacto de algún tipo. Entonces me di cuenta. Era la misma piedra que Bingham había reportado 71 años antes. Saavedra le dijo que lo había encontrado encima de una vieja tumba con una placa de plata maciza que cubría el agujero. **(6)**

Finalmente, llenamos nuestras cantimploras en un canal que corría por el medio de la cresta a través de las varias casas hasta una cuenca de piedra tosca, no muy diferente de las que había visto en sitios incas menores en otros lugares. Aunque había sido remendado con cemento en los últimos tiempos, no se sabía la antigüedad de la mampostería. Todo el sistema de agua parecía extrañamente muy bien elaborado para un lugar tan pobre, especialmente porque había un arroyo natural a no más de un minuto a pie. Decidí examinar todo el lugar con más detenimiento a nuestro regreso río arriba.

Continuando por debajo de Consevidayoc, la ladera orientada al este atravesada por el camino se volvió cada vez más seca y abierta, recordándonos a Wyoming en Estados Unidos. Era difícil creer que pronto estaríamos en la espesa selva tropical descrita tan opresivamente por Bingham y Savoy. El único indicio de que todavía estábamos en los trópicos era el pequeño asentamiento de San Martín, donde el agua de un pequeño arroyo alimentado por un manantial sostenía una pequeña pero exuberante parcela de crecimiento y cultivos. Consevidayoc, al parecer, era el único lugar en el valle inferior lo suficientemente hospitalario como para albergar una población de cualquier tamaño. Aguas arriba estaba La roca y el bosque escarpado y denso y ahora, río abajo, encontramos tierras demasiado secas para cultivar.

Al otro lado del río, había más humedad y vimos algunas casas pequeñas, pero las laderas eran más empinadas y no recibían sol hasta el mediodía. Sabíamos por nuestra propia experiencia al elegir campamentos que la mejor exposición era el noreste en este país de noches frías y días cálidos. El sol de la mañana corta rápidamente el frío de la tierra, excepto en las laderas sombreadas orientadas al oeste. Que los incas estaban deacuerdo con esto parecía evidente. Todos los sitios conocidos, desde Machu Picchu hasta Vilcabamba la Vieja, estaban situados para recibir el sol de la mañana, probablemente por razones espirituales y prácticas.

Al llegar nuestro camino a la cima de la cresta que separa la quebrada del Conservidayoc del valle de Espíritu Pampa hacia el oeste, vimos que justo encima de la cima, el bosque volvía a imponerse. A menudo había notado lo mismo en las Montañas Rocosas de Estados Unidos: el lado sombreado de una cresta retenía su humedad y apoyaba más crecimiento. En la brecha por donde cruzaba el sendero y comenzaba su descenso hacia el valle, había una pequeña plataforma rectangular con escalones de piedra que conducía a lo que parecían ser los cimientos de un edificio en ruinas aún más pequeño, posiblemente una antigua estación de guardia de algún tipo. (**Figura 48**) Siendo esas las primeras ruinas que habíamos visto desde que salimos de Tambo, nos dirigimos emocionados a un mirador cercano, ansiosos por ver qué había más allá. Era el 29 de Junio.

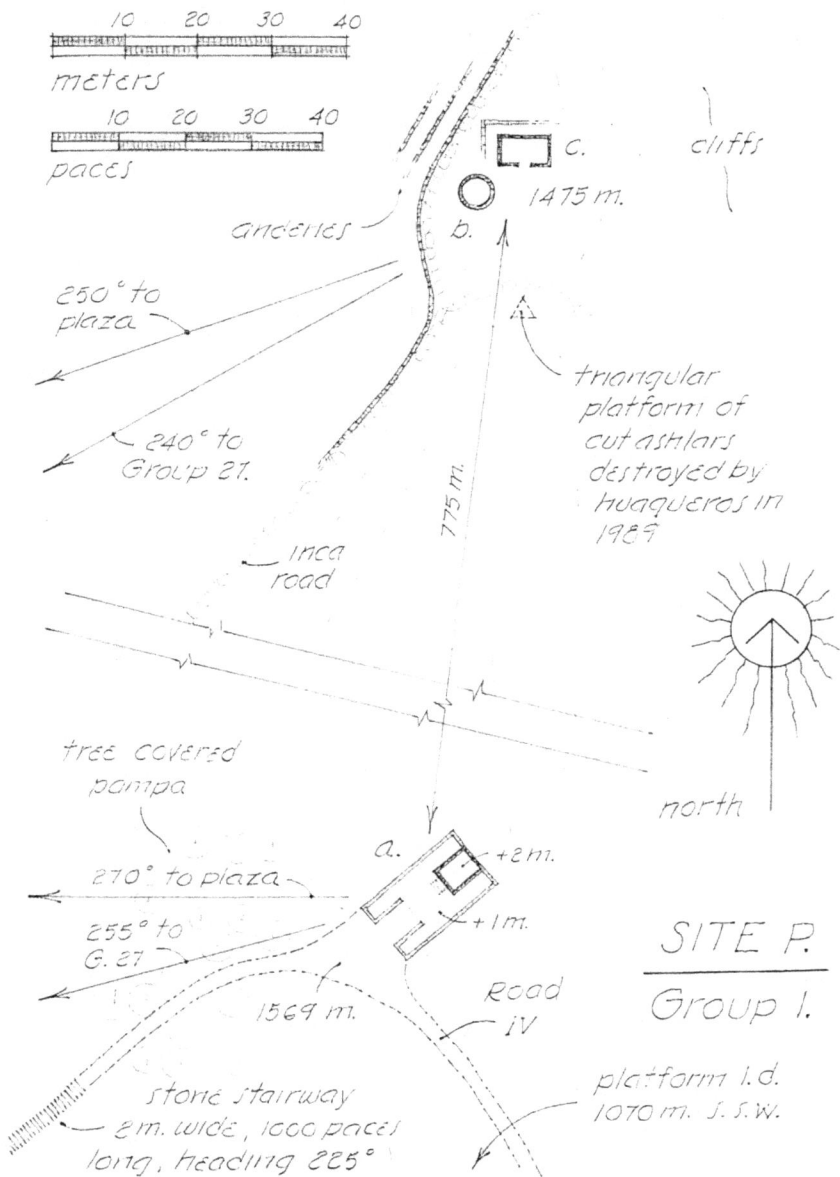

Figura 48 - Grupo en la parte superior de la escalera de piedra

Cuatrocientos doce años antes, casi hasta el mismo día, los españoles se habían parado exactamente en el mismo lugar, contem-

plando su premio largamente buscado: la legendaria fortaleza selvática de los incas. Era el 24 de junio de 1572, "día de San Juan Bautista", según Murúa. Los europeos habían marchado sin parar desde Marcanay después de un vivac sin incidentes durante el cual ningún nativo se había presentado. Continuando hacia la ciudad debajo de nuestro punto de vista, la encontraron abandonada y saqueada. El techo de paja de sus edificios más importantes aún humeaba, la ciudad había sido incendiada por los nativos que huían. Calancha señaló más tarde que la ciudad había sido la "más grande de la provincia" y Arbieto contó al menos 400 casas entre las ruinas. Fue Murúa, sin embargo, el que nos dejó la mejor descripción del lugar. Sus palabras son todo lo que los futuros exploradores tendrían que seguir en sus últimos intentos por identificar el sitio:

"Tiene el pueblo, o p[or mejor decir tenía, de sitio media legua de ancho a la traza del Cuzco y grandisimo trecho de largo, y en él se crían papagayos, gallinas, patos, conejos de la tienna, pavos, faisanes, grasnadera, pavoncillos, guacamayas y otros mil géneros de pájaros de diversos colores pintados, y muy hermosos a la vista, las casas y buhíos cubiertos de buena paja. Hay gran número de guayabas, pacaes, maní, lucmas, papayas, piñas, paitas y otros diversos arboles frutales y silvestres…"

"Tenía la casa del Inca con altos y bajos cubierta de tejas y todo el palacio pintado con gran diferencia de pinturas a su usanza que era cosa muy de ver. Tenía una plaza capaz de número de gente, donde ellos se regocijaban, y aun corrían caballos. Las puertas de la casa eran de muy oloroso cedro, que lo hay en aquella tierra en suma […] de suerte que casi no echaban [de] menos los Incas en aquella tierra apartada, o por mejor decir desterradero, los regalos, grandeza y suntuosidad del Cuzco" (7)

Nada de eso era evidente desde nuestro mirador. En cambio, por debajo se extendía un gran valle de suave pendiente rodeado de montañas rocosas y boscosas. Dos o tres chozas salpicaban un mosaico de campos despejados hacia el extremo inferior, pero más allá de éstas, los tramos superiores de la quebrada estaban cubiertos por un manto oscuro e ininterrumpido de selva tropical. No había ningún indicio de que debajo de todos esos árboles se extendieran las ruinas de lo que alguna vez fue una gran metrópolis, una especie de paraíso selvático perdido hace mucho tiempo, en el que toda una generación de nativos había vivido en paz y abundancia, lejos de los insultos de sus supuestos amos de otro mundo. Había una tristeza abrumadora en la idea, especialmente en vista de las secuelas de la caída de su última capital.

Los incas, habiendo huido con todo lo que podían llevar, parecian haber dejado poco de valor para compensar la victoria de los invasores. Sin embargo, los españoles establecieron su cuartel general en la "misma casa del Inca" (la de diferentes niveles con techos de teja), según Murúa, y comenzaron a peinar la ciudad y las colinas circundantes en busca de fugitivos y botín. Entre estos últimos se encontraban los restos momificados de Manco Inca y Titu Cusi, quienes habían evitado ser capturados en vida solo para ser humillados en la muerte. Siguiendo pistas extraídas de los prisioneros, Arbieto envió destacamentos a lo profundo de la selva circundante para reunir a los incas sobrevivientes. Especialmente importantes fueron Túpac Amaru y el único heredero legítimo a su trono, el hijo de Titu Cusi, Quispe Titu. El general español estaba decidido a no repetir el error de sus predecesores de una generación antes, que habían ganado todas las batallas, pero no lograron capturar a los incas y, por lo tanto, perdieron la guerra.

Quispe Titu fue capturado primero, luego de un calvario de seis días en el que sus perseguidores treparon sin comida ni agua a través de empinados bosques nubosos infestados de serpientes. Otro grupo, enviado a cazar a Tupac Amaru, se encontró con un tesoro de oro, plata y esmeraldas que había sido escondido con algunos chunchos, en lo profundo de la selva. En el hallazgo se incluyó una imagen dorada del sol, un objeto particularmente sagrado que Murúa consideró digno de algún respeto. Sin embargo, el ídolo y todo el resto del botín fueron inmediata e indiscriminadamente embolsados por los soldados, para su disgusto. La descripción de Murúa de la fatídica captura del Inca, también, muestra un cierto respeto por los nativos que era compartido por muy pocos de sus compatriotas.

"…el general Arbieto, que deseaba mucho prender a Tupac Amaru Inca, porque le parecía que la guerra no estaba concluida hasta cogerlo, […] y así mando que fuese el general Martí García de Loyola en su busca […] y fueron caminando y cuarenta leguas de Vilcabamba (¡Más de 190 kilometros!) … y tuvieron tan buena ventura que dieron de repente con siete indios chunchos […] y cogieron los cinco, y dos se les escaparon… [y estos atemorizados les dijeron que] cinco dias había que partiera de aquel lugar (el Inca) para entrarse en la mar en canoas…. Que su mujer de Tupac Amaru iba temerosa y triste por ir en días de parir, y que él mismo, como la quería tanto, le ayudaba a llevar su hato (ropas), y le aguardaba, caminando poco a poco."

"Caminó Martín García de Loyola quince leguas hasta donde dio con Tupac Amaru, que se había desviado del camino, y junto a un brazo de mar, que así se puede llamar aquel río grande [Y si ellos se hubieran metido en la canao y continuando escapando…] Pero ella se temió grandemente de meterse en aquel [rio…] y así fue la causa de su prision y muerte…. Era Tupac Amaru Inca muy afable, bien acondicionado y discreto y de muy buenas palabras y razones., grave y de pecho que no se le dio cosa ninguna, ni mostró hacer estima ni caudal por todo cuanto allí perdió…" **(8)**

Los españoles ocuparon Vilcabamba durante algunos meses, fortificando las ruinas del templo del sol en un paso por encima de la ciudad como defensa contra las incursiones de las tribus hostiles de la selva que aún dominaban la interminable selva río abajo. Una nueva voz, la de Gabriel de Oviedo, un prominente clérigo del Cusco, informó que la expedición finalmente regresó a esa ciudad en septiembre de 1572. Junto con las momias de Manco y Titu Cusi, los incas cautivos y sus familias y criados fueron paseados triunfalmente por las calles encadenados. Todos fueron encarcelados y divididos entre los monjes para que se les enseñara la santa fe católica. Oviedo se maravilló *"de que los paganos mostraran tanta inteligencia para entenderla"*. **(9)** Tupac Amaru, especialmente, era aparentemente un estudiante rápido y estaba listo para el bautismo después de solo tres días de instrucción. Así catequizado, fue juzgado apresuradamente y declarado falsamente culpable de una larga lista de delitos capitales inventados. Con el veredicto predeterminado así establecido, y a pesar de las enérgicas objeciones de no pocos de sus consejeros más cercanos, Toledo condenó sumariamente al Inca a muerte. El virrey decretó que debía ser decapitado sin demora.

Túpac Amaru Inca condujo a través del Cusco encadenado, 1572; de Guaman Poma de Ayala, c. 1613.

La ejecución fue fijada para el 24 de septiembre, exactamente tres meses después de la caída de Vilcabamba. Para los incas guerreros, exaltados Hijos del Sol y constructores del imperio más grande que el Nuevo Mundo había visto jamás, iba a ser el último día de la historia. El rugido de la enorme multitud era ensordecedor mientras decenas de miles de nativos coreaban su conmoción, incredulidad, ira y tristeza por lo que estaban a punto de presenciar. Incluso los inquietos y fuertemente armados españoles y sus aliados nativos, superados en número, eran muy conscientes de que algo terrible estaba a punto de suceder. A pesar de cuatro décadas de dominio con mano de hierro en la extensa y todavía magnífica capital inca que subía las laderas a su alrededor, los *conquistadores* pronto recordarían quién aún gobernaba los corazones y las mentes del Cusco.

Una gran tarima había sido erigida en medio de la antigua plaza inca de Haucaypata y sobre esta subió Túpac Amaru, junto con sus guardias y varios sacerdotes. Con solo levantar la mano, ordenó un silencio tan profundo que Oviedo dijo que todos los presentes "*se quedaron como si fueran piedra*". (**10**) A continuación, se despidió brevemente, ensalzando inesperadamente las virtudes del cristianismo y denunciando las costumbres paganas de sus antepasados. Probablemente, simplemente estaba abrazando la vieja idea de que la religión del ganador en un choque de culturas era, por definición, superior a la del perdedor. Aunque los atónitos europeos estaban encantados, le cortaron la cabeza rápidamente cuando terminó y pegaron el espeluznante trofeo con orgullo en un poste para que todos lo vieran. Oviedo señaló que miles de nativos revolotearon alrededor de ese poste durante toda esa noche, "*lamentando la pérdida de su Inca*". (**11**) Por la mañana, Toledo ordenó que se retirara, ya que no había otro medio de dispersar a la multitud.

Los españoles abandonaron las ruinas de Vilcabamba en la selva, donde permanecieron olvidadas e inalterados durante los siguientes tres siglos. El sitio desapareció, literalmente, bajo un denso manto verde de vegetación. Habiendo establecido su propia capital provincial en las tierras altas, en Vilcabamba la Nueva, llegaron a llamar a la antigua ciudad inca Vilcabamba la Vieja, pero nadie fue allí, excepto los nómadas, los miembros de las tribus del bosque en busca de caza. Con el tiempo, la perdida Vilcapampa desapareció del mapa y, al igual que la Atlántida, Camelot y El Dorado, siguió viviendo sólo en la leyenda. Fue esta leyenda la que capturó la imaginación del joven Hiram Bingham durante su primera experiencia con los incas, en Choquequirau, en 1909, y la llevó dos años más tarde a sus descubrimientos de Machu Picchu y Vitcos. A pesar de tales éxitos estelares, cuando Bingham escuchó rumores en Vitcos de ruinas aún más espectaculares, en lo más profundo de la selva, se fue de inmediato a verlas. Desde su campamento en Rosaspata, el norteamericano se dirigió a Vilcabamba la Nueva y allí se enteró de una gran ciudad inca, muy abajo en la parte baja del río Pampaconas, dos días más al noroeste. La expedición cruzó el Kolpacasa y, pasando por Pampaconas en el camino, se sumergió en los cañones densos de vegetacion que se extendían más allá. Donde hoy en día un buen sendero continúa río abajo, entonces no había casi nada más que barro y selva. Fue una caminata horrenda, pero Bingham finalmente llegó a su destino.

"Al final de un viaje difícil en un país donde hay muy poca tierra plana, encontramos, a una altura de 3.300 pies, una pequeña llanura aluvial. Se llama Espíritu Pampa, o Pampa de los Fantasmas, y estaba cubierta de densos bosques y selvas. En un lugar llamado Eromboni Pampa, hay varias terrazas y un largo edificio rectangular con doce puertas delante y doce detrás. Cerca de aquí había una fuente con tres caños. A unos 200 metros de distancia estaba el grupo más importante. Los indios actuales llaman a este grupo de casas Tendi Pampa, y evidentemente eran las casas de los principales pobladores del lugar". **(12)** **(Figuras 52, 55 y 56)**

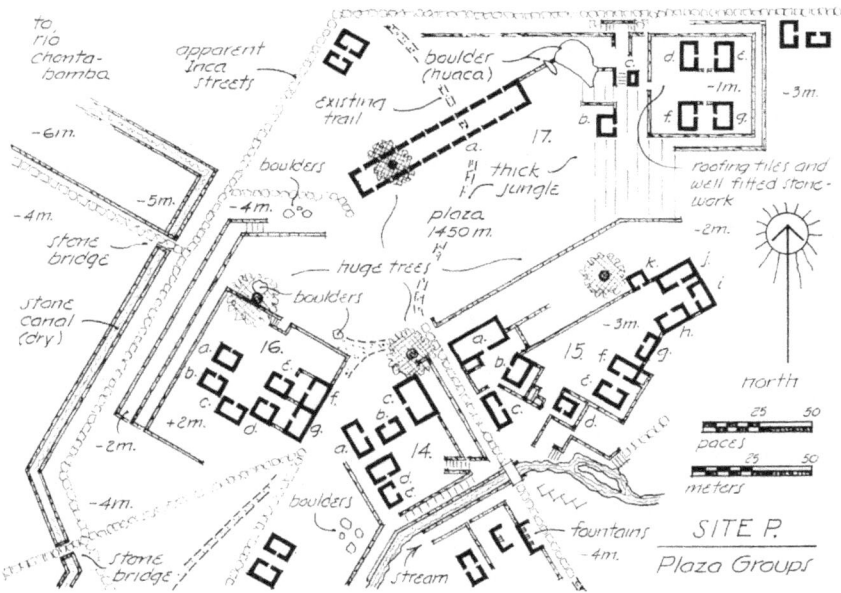

Figura 52 - Plano de la plaza principal (Eromboni Pampa de Bingham)

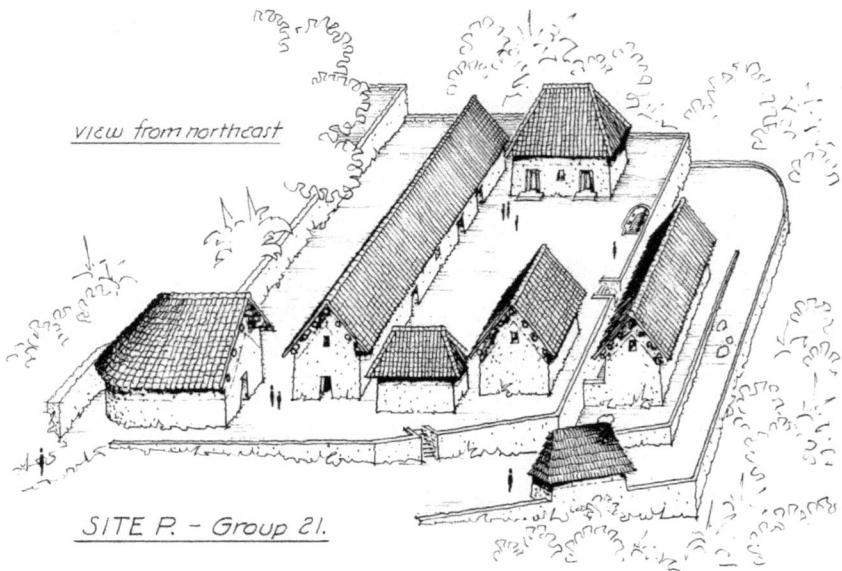

view from northeast

SITE P. - Group 21.

Figura 55 - Vista de un grupo de dos pisos (Bingham's Tendi Pampa)

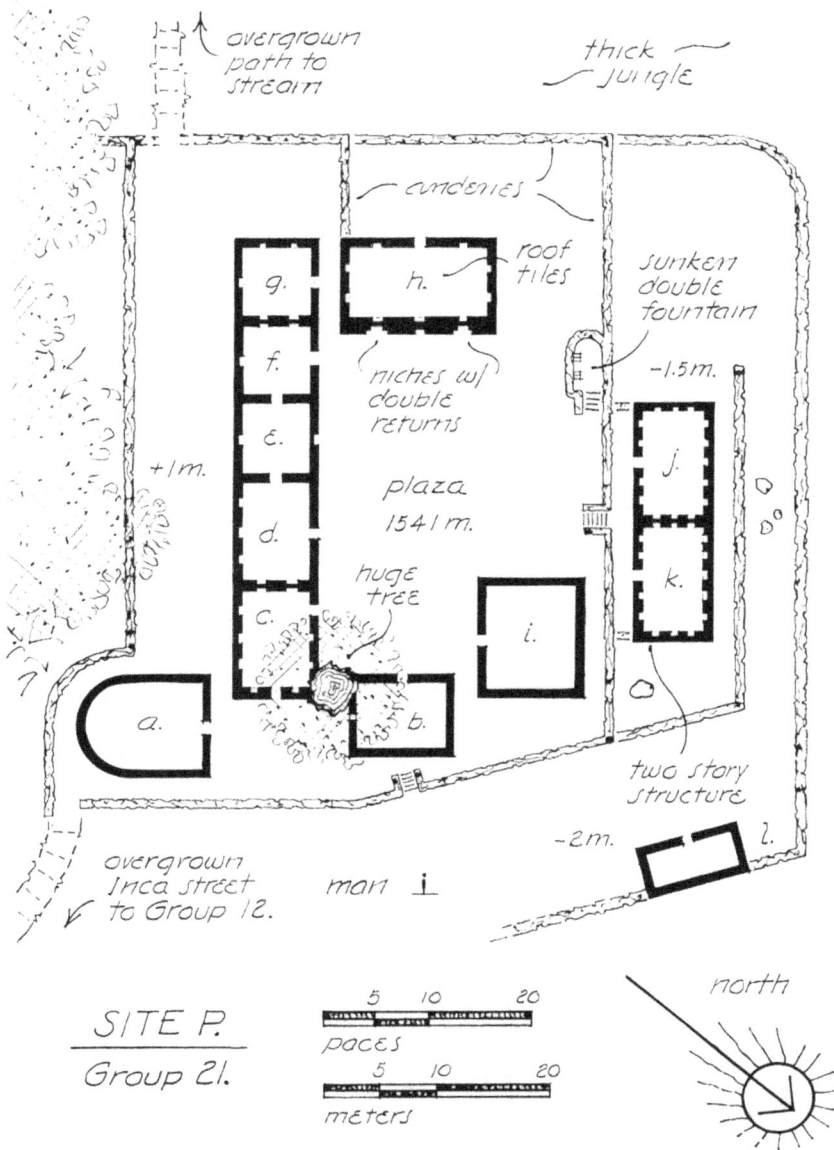

Figura 56 - Plano de un grupo de dos pisos

Increíblemente, Bingham había caminado en medio de más de trescientos edificios en ruinas, pero sólo había visto una veintena debido
a la espesa y enmarañada vegetación bajo la que yacían ocultos.

Incluso los nativos que vivían allí no sabían nada más. Los pocos edificios que vio estaban muy derrumbados y no habían sido de la mejor condicion cuando estaban de pie. Declaró que el sitio era indudablemente inca, pero lo desestimó como no importante. Posiblemente, pensó, había sido una de las varias residencias de Titu Cusi. Solo un detalle inusual llamó su atención.

"Esta excepción fue la presencia de una docena o quince tejas españolas toscamente hechas de diferentes tamaños. Los indios no pudieron ofrecer ninguna explicación del misterio. Aparentemente, ninguna de las casas tenía techos de tejas, ya que el número de fragmentos no era suficiente para cubrir más de unos pocos pies cuadrados y casi todas estaban fuera de los edificios". **(13)**

La fuente primaria de Bingham era la crónica del Padre Calancha, por lo que desconocía el informe de Martín de Murúa de que los españoles habían encontrado Vilcabamba la Vieja en un valle tropical, largo y bajo y que se habían sorprendido al descubrir algunos de los edificios techados con tejas. De lo contrario, hubiera prestado más atención a la nota, garabateada de su puño y letra en la página 100 del diario de la expedición **(14),** de que los nativos campas locales también llamaban a Espíritu Pampa "Vilcapampa", y podría haberse quedado el tiempo suficiente para descubrir la verdad del asunto. Pero no lo hizo. Acosado por sus guías de las tierras altas, que se sentían miserables y temerosos en las selvas húmedas e intimidantes, abandonó Espíritu Pampa, para no volver jamás.

La expedición regresó a Machu Picchu, sin duda el más espectacular de los muchos sitios que había descubierto. En comparación, Espíritu Pampa debe haber parecido un mal hallazgo. Incluso si se la incluía entre las tres posibles candidatas a la "ciudad perdida" que Bingham se había propuesto encontrar -Choquequirau y Machu Picchu eran las otras dos-, Espíritu Pampa era, con mucho, la menos impresionante. A pesar de cierta ambivalencia inicial, el explorador finalmente concluyó que, de las tres, Machu Picchu era de hecho Vilcabamba la Vieja, y suprimió cualquier reserva persistente durante el resto de su vida. Era, hasta donde él sabía, la "ciudad más grande" de la provincia, tal como Calancha había descrito a la última capital del Inca, y estaba a la distancia correcta de Vitcos. Pocos sabían, y menos aún les importaba, que estaba exactamente en la dirección equivocada.

Dejando a un lado los detalles problemáticos, los argumentos de Bingham resultaron convincentes para casi todos, incluidas varias generaciones de escritores populares, guías, turistas y políticos peruanos interesados en promover los viajes a su ciertamente magnífica "ciudad perdida". Pasarían décadas antes de que alguien volviera sobre los pasos del explorador, revisara las crónicas pertinentes o estuviera en condiciones de reevaluar críticamente su análisis. Incluso entonces, el prestigio de Bingham y el impulso del pasado serían difíciles de superar. A pesar de la enorme evidencia de lo contrario en el monumental libro de John Hemming La Conquista de los Incas, publicado en 1970, y la revelación de Alfred M. Bingham de las propias dudas de su padre en su biografía de 1989, Retrato de un Explorador, la confusión persiste todavía. La nota debajo de una fotografía de Machu Picchu en el recientemente terminado Salón de los Indios Sudamericanos en el Museo de Historia Natural de Denver indica que la ciudad era una "fortaleza" abandonada por los incas en 1572, una referencia cautelosa, pero clara en su identificación errónea con Vilcabamba la Vieja.

A excepción de las andanzas de Christian Bües, un ingeniero agrónomo suizo retirado y cartógrafo aficionado que recorrió la provincia entre 1915 y 1920, las ruinas de Vilcabamba permanecieron olvidadas e inalteradas durante más de 40 años después de la partida de Bingham en 1911. Aunque Bües finalmente compiló el primer y, durante muchos años, único mapa de la región, incluía un poco del terreno al oeste de Rosaspata, omitía por completo a Espíritu Pampa y, por lo tanto, no arrojaba ni luces ni sombras sobre la afirmación cada vez más aceptada de Bingham de que Vilcabamba la Vieja y Machu Picchu eran uno solo.

Mientras tanto, el desmonte, la excavación y la restauración de lo que había llegado a llamarse la "Ciudad Perdida de los Incas" avanzaban a buen ritmo con un considerable apoyo financiero de la prestigiosa National Geographic Society. No había duda de que Machu Picchu fue uno de los mejores hallazgos arqueológicos de todos los tiempos y la historia de su descubrimiento se convirtió en un clásico perdurable de la exploración. **(15)** Las primeras conjeturas de Bingham de que la ubicación empinada de la ciudad había sido elegida para la defensa y sus relativamente amigables accesos al sureste bloqueados por un "foso seco" y una muralla encajan muy bien con la idea de que había sido la última "fortaleza" de Manco. Del mismo modo, la ausencia de artefactos españoles en cualquiera de las diversas excavaciones realizadas allí sugirió que el sitio había eludido el descubrimiento por parte de los *conquistadores*, entonces un mito ampliamente aceptado sobre Vilcabamba, ya que aún no había salido a la luz ningún documento que demostrara lo contrario. Con el tiempo, ambas ideas serían desacreditadas, pero por el momento, las viejas ideas de Raimondi sobre Choquequirau fueron eclipsadas. El último reducto de los incas se había encontrado en Machu Picchu y, por segunda vez, el asunto se consideró erróneamente cerrado.

Uno de los primeros en dudar de la identificación de Bingham de Machu Picchu como la última capital de Manco en forma impresa fue Victor Wolfgang von Hagen, un explorador y escritor estadounidense expatriado que se convertiría en un personaje muy conocido en los círculos arqueológicos latinoamericanos. Durante una visita a Machu Picchu en el curso de su expedición "Highway of the Sun," o *Carretera del Sol* en 1953, observó que el sitio no era adecuado para una población residente de "más de cien personas" y era demasiado pequeño para haber sido la capital inca. Vilcabamba la Vieja, concluyó, debe estar todavía por ahí, aún sin descubrir. **(16)**

En julio de ese año, visitó Pucyura y, al igual que Bingham antes que él, le mostraron las ruinas de Rosaspata. Sus notas no registran nada nuevo sobre el sitio, sino que reflejan su preocupación por la red de caminos incas que él y su grupo estaban decididos a explorar. Julio Cobos, padre de Juvenal y residente de la zona desde hace mucho tiempo, le contó a von Hagen sobre los viejos caminos que conducen a Machu Picchu, Choquequirau y Espíritu Pampa. Cobos dijo que tenía una *hacienda* en esta última, y que había ruinas en la selva cercana de las que los machiguengas habían tomado aretes y mordalinas de oro. Al lugar le llamaban "Orinbone" (El Eromboni de Bingham), Hatun Vilcapampa o Vilcabamba la Grande. Los dos últimos nombres, que significan Vilcabamba la Grande en quechua y español, deberían haber sido muy sugestivos de la perdida capital de Manco.

A pesar de esas pistas tentadoras y de la oferta de Cobos de llevarlo a Espíritu Pampa, von Hagen no fue allí. En cambio, sus documentos indican que envió ayudantes al campo circundante en busca de los caminos incas que Cobos había prometido. Estando yo, en ese momento, no interesado en el tema de los caminos, cambié prematuramente mi atención al siguiente jugador, quíen como Bingham, era un gigante en la búsqueda de Vilcabamba la Vieja. Si hubiera seguido leyendo, me habría enterado de un descubrimiento aparentemente insignificante de uno de los equipos de von Hagen que iba a ocupar un lugar importante en nuestras propias exploraciones de la misma zona, treinta y un años después.

Sin embargo, pasaron menos de once años hasta que un explorador llegó a la chacra de Julio Cobos cerca de Rosaspata dispuesto a volver a visitar las ruinas de Bingham en Espíritu Pampa y verificar las historias de Cobos sobre una gran ciudad de piedra en la selva custodiada por miembros de la tribu Machiguenga que lucían joyas incas. Entra Gene Savoy, un extravagante estadounidense que entonces vivía en Perú; un hombre con mucho dinero, aún más energía y una debilidad por la publicidad; un prototipo de Indiana Jones. Al igual que Bingham antes que él, la principal fuente de Savoy era Calancha (el trabajo de Murúa recién comenzaba a estar disponible), pero pensaba que el viejo explorador estaba equivocado sobre Machu Picchu. Sabía que los españoles habían pasado por Vitcos y continuaron rumbo noroeste hacia las selvas más allá de Pampaconas en busca de Vilcabamba la Vieja durante sus dos invasiones exitosas de la provincia, tal como lo había hecho Bingham en 1911. Machu Picchu estaba a casi50 kilometros al sureste de Vitcos, exactamente en la dirección equivocada, y por lo tanto varios días *más cerca* de Cusco. Simplemente no encajaba, y Savoy estaba seguro de que Espíritu Pampa tenía que ser el sitio de la capital perdida. Bingham, pensó Savoy, sólo debía haber visto las afueras de las grandes ruinas rumoreadas por Cobos y los Machiguengas.

Solo había una manera de saberlo con certeza, por supuesto, y en julio de 1964, Savoy, su asistente canadiense Doug Sharon y dos socios peruanos, el arqueólogo cuzqueño Antonio Santander y Víctor Ardilles, partieron con Cobos hacia su hacienda en Espíritu Pampa. Allí fueron recibidos por dos de los hijos de Julio, Flavio y el mayor, Benjamín, quienes aceptaron servirles de guía. El primer día, fueron llevados a ver las mismas ruinas que Bingham había reportado más de medio siglo antes. Incluso las tejas del techo permanecían esparcidas, exactamente como Bingham las había descrito. Savoy, sin embargo, encontró muchos más y, aunque igualmente ignorante de su importancia, concluyó correctamente que algunos de los edificios probablemente habían sido techados con tejas, en lugar de la paja nativa. Como Hemming demostraría seis años más tarde, era una prueba fundamental. Por el momento, sin embargo, parecía solo un logro modesto y Savoy se retiró al campamento decepcionado. Estaba seguro de que les faltaba algo importante, oculto aún en la selva circundante.

Después de un día desalentador y desperdiciado en medio de fuertes lluvias, Savoy regresó al bosque decidido a explorar mejor el terreno. El crecimiento de la vegetacion era tan espeso y húmedo que la marcha era lenta y la visibilidad nula. Benjamín y Flavio habían llamado a algunos amigos para que ayudaran con el corte y Savoy los envió al monte para que echaran un vistazo. Casi de inmediato, y a menos de veinte pies del sendero, tropezaron con una fuente de piedra completamente cubierta de maleza, pero bien trabajada, que incluso los guías nunca habían visto antes. Resultó que los lugareños, en general gente práctica y poco curiosa, casi nunca se desviaban de los senderos. La lección golpeó a Savoy como un rayo: ¡nadie sabía lo que había allí!

Apresuradamente, ideó un plan para averiguarlo. Todo el mundo se desplegaría desde un punto de partida común hasta que alguien encontrara algo. Luego, todos se volvían a reunir en el hallazgo y volvían a salir. Funcionó. En cuestión de minutos habían descubierto dos grupos de edificios previamente desconocidos, uno elevado en una terraza sobre una avenida amurallada y el otro agrupado dentro de un recinto hundido de casi 300 pies de largo. Mas alla de estos, extrañamente, no había nada. Finalmente, unos cien metros más al norte, varios grupos de casas más y una enorme roca aparecieron cerca del largo edificio con 24 puertas que Bingham había reportado en 1911. Savoy aún no lo sabía, pero había encontrado el corazón de la ciudad. La extensión vacía de bosque entre los grupos de construcción no era evidencia de un asentamiento pequeño y escasamente poblado en absoluto. Era la gran plaza principal de una metrópolis selvática en plena expansión. (**Figura 52**)

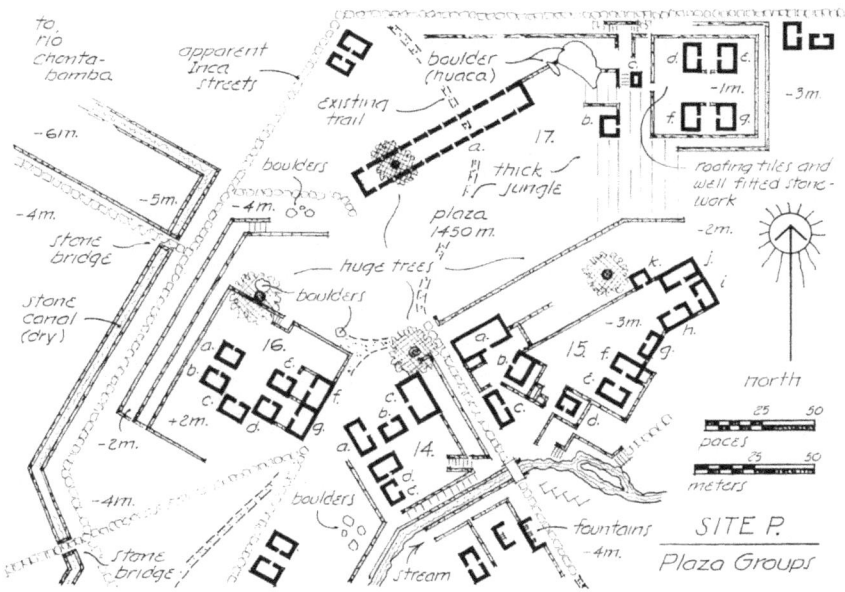

Figura 52 - Plano de la plaza principal (Eromboni Pampa de Bingham)

Durante el resto de ese día y varios más, un grupo tras otro de edificios en ruinas fueron arrancados del bosque casi impenetrable. Antes de que terminara, Savoy había encontrado varios cientos de estructuras que, según él, cubrían más de 4000 metros cuadrados de selva tropical, todas aparentemente inalteradas durante siglos. Aunque muchas de las ruinas eran circulares, un rasgo más característico de otras culturas, algunas parecían típicamente incas. Satisfecho de haber encontrado una gran ciudad inca, aunque con una gran población no inca, especuló con una cautela poco característica:

"*¿Es esta la Vilcabamba de Manco, la ciudad perdida de los incas?*", preguntó retóricamente en su libro_Antisuyo_. "*Estoy seguro de que estamos en partes de ella*", fue su respuesta, a pesar de la escasez de lo que hoy llamaríamos pruebas contundentes. (**17**)

A continuación, encargó a sus hombres la considerable tarea de despejar las mejores ruinas para las fotografías y comenzó a organizar sus notas con anticipacion de hacer mapas de lo que había encontrado. Los resultados en ambos casos fueron decepcionantes. Las fotos que finalmente publicó fueron pocas y no lograron transmitir ni el significado ni la magnitud de su hallazgo. La triste verdad era que su ciudad no era muy fotogénica. Las dificultades de la fotografía en la selva, el estilo común de la mayor parte de la arquitectura y su mal estado de conservación conspiraron para proyectar una imagen bastante lamentable del premio ganado con tanto esfuerzo. Con mapas y dibujos precisos y detallados de las ruinas, podría haber cambiado esa impresión y dejado un valioso registro de sus hallazgos para el futuro. Desafortunadamente, no lo hizo. Su mejor documentación, no publicada hasta 1978, fue realizada por el entonces célebre arquitecto peruano Emilio Harth-terré. Harth-terré, que no se encontraba entre los que habían visitado el yacimiento, dependía totalmente de las notas de Savoy, una situación muy difícil, a juzgar por mi propia experiencia, ya que las notas de campo rara vez están completas y la memoria entra inevitablemente en juego cuando se trata de trazar un sitio en la sala de dibujo. El plano de Harth-terré de los grupos alrededor de la plaza era bastante detallado y el diseño parecía convincentemente inca, pero su descripción esquemática del resto de la ciudad mostraba una dispersión aleatoria de edificios que parecía mucho menos. Savoy optó por mostrar solo un grupo, apodado el "Palacio de las Plataformas", en detalle. El plano y las vistas en perspectiva de Harth Terré lo tenían en una pirámide baja de aspecto mexicano que apenas parecía incaica en absoluto. (**18**)

Así como Bingham había presentado la necesidad de confirmar su identificación de Rosaspata como el Vitcos de Manco al encontrar el cercano Templo del Sol de Chuquipalta, Savoy buscaba ahora corroborar su candidato para Vilcabamba la Vieja localizando Marcanay, el pueblo que todos los cronistas coincidían que estaba a dos leguas, o unos seis kilómetros, de distancia. Menos clara era la supuesta proximidad de un lugar llamado Mananhuañunca, donde el agustino Ortiz había sido ejecutado. Savoy creía que estaba muy cerca de Marcanay. Tras un breve viaje a Lima para abastecerse y consultar con varios expertos, regresó a Espíritu Pampa en septiembre de 1964 decidido a encontrar ambos sitios. Por alguna razón, supuso que se encontraban en la selva inexplorada río arriba y al suroeste de la ciudad —en dirección opuesta a Consevidayoc— y allí comenzó su búsqueda. Era un terreno horrible, espeso y húmedo, repleto de insectos y surcado por tres torrentes furiosos que descendían de las escarpadas selvas nubosas circundantes. Al cruzar la confluencia de los dos ríos más grandes, rápidamente encontró algunos modestos cimientos ovalados que lo animaron a seguir adelante. Finalmente, sus hombres descubrieron dos edificios importantes río arriba, uno redondo pero aparentemente inca y otro largo y estrecho, a unos 200 metros de distancia. El primero, Savoy lo identificó como Mananhuañunca, el lugar donde murió Ortiz, y el otro, afirmó, debía ser Marcanay. Si la evidencia para su identificación de la ciudad principal era escasa, para estos dos sitios "corroboradores" esta era inexistente. Sin embargo, el explorador estaba satisfecho.

"No cabe duda al respecto", concluye en Antisuyo. "Hemos recuperado dos sitios legendarios. La clave de Vilcabamba." (19)

La conclusión confiada de Savoy resultó ser prematura. La considerable atención mediática que se prestó a sus descubrimientos fue larga en aventuras, pero corta en ciencia. Si hubiera regresado para una segunda temporada, como estaba planeado, podría haber cambiado eso, pero un levantamiento guerrillero, instigado en 1965 por un lider izquierdista de los derechos campesinos llamado Hugo Blanco, intervino y Savoy nunca regresó. Los profesionales sospechaban. ¿Quién era este aventurero estadounidense? ¿Cuáles eran sus credenciales? ¿Dónde estaba la documentación sólida de sus hallazgos? Los argumentos del explorador para Marcanay y Mananhuañunca, especialmente, parecían débiles. En ausencia de mapas y planos precisos, ¿cómo iba alguien a evaluar cualquiera de las afirmaciones de Savoy sin ir hasta Espíritu Pampa para verificarlas, y quién se molestaría en hacer eso? Y así, la comunidad académica se abstuvo de emitir su juicio y recibió su material con indiferencia escéptica, muy lejos de la aclamación que él creía que merecía. Savoy estaba indignado. Fue un desaire que no perdonó ni olvidó.

Atraídos en parte por el bombardeo mediático que acompañó a las afirmaciones de Savoy, dos aventureros ingleses en una misión para la BBC visitaron Espíritu Pampa poco después de la partida del explorador en 1964. Se dieron cuenta de un detalle aparentemente menor pero significativo que había eludido tanto a Bingham como a Savoy. Mark Howell había escrito un libro sobre sus viajes por el antiguo imperio inca dos años antes. Desde entonces, había estado explorando las selvas nubosas del alto Amazonas con Tony Morrison, un zoólogo que con el tiempo se convertiría en un destacado viajero andino, autor y cineasta.

Beneficiándose de varios pozos recién abiertos que encontraron en el suelo de uno de los edificios, probablemente excavados y abandonados por la tripulación del Savoy, notaron una capa de ceniza de aproximadamente un metro por debajo de los sedimentos acumulados de vegetación que cubrían el sitio. En su libro sobre el viaje, especularon que la ciudad debió haber sido quemada alguna vez e, irónicamente, tomaron esto como evidencia de que Espíritu Pampa no era, por lo tanto, el sitio de Vilcabamba la Vieja después de todo. **(20)** De hecho, su descubrimiento añadió un fuerte apoyo a la afirmación de Savoy. Del mismo modo que ni Savoy ni Bingham conocían el significado de las tejas, Howell y Morrison ignoraban que, al describir la entrada de los españoles en la ciudad 394 años antes, Martín de Murúa había informado exactamente de lo que los dos ingleses habían encontrado.

"porque los indios e indias huyeron todos y se metieron en la montaña, llevando todo lo que pudieron… Lo demás… lo quemaron y abrasaron…" **(21)**

7

Una promesa al Inca

Desde el día en que contemplé hacia abajo desde la cima de Icma Coya, me había preguntado cómo sería la ciudad de Savoy. Ahora estaba a punto de descubrirlo. José se había adelantado con los caballos mientras yo les informaba a los demás lo que había aprendido sobre el lugar en los dos años transcurridos. Continuando, llegamos inmediatamente a la cima de una escalera de piedra cuidadosamente colocada de unos dos metros de ancho que atravesaba la ladera en línea recta durante al menos mil metros. Tanto Bingham como Savoy habían quedado impresionados con esta gran entrada a lo que había debajo. Aunque los siglos habían borrado muchos de los escalones, no había duda de que alguna vez había sido una avenida ancha, construida para acomodar el tráfico de llamas y peatones dentro y fuera del valle.

El extremo inferior de la escalera y los adoquines originales habían desaparecido hacía mucho tiempo en dos arroyos que ahora fluían en profundos barrancos llenos de densa selva. Un poco más allá del segundo, la tierra había sido despejada para los cultivos y había varias casas con techo de paja. Era la finca construida originalmente por Julio Cobos, pero desde entonces alquilada a arrendatarios. Un lugar encantadoramente agradable y pintoresco, fue nuestro campamento base durante la semana siguiente. (**Figura 47**) José había vivido allí con su familia hasta dos años antes y conocía bien el valle circundante y su puñado de residentes. Ellos, a su vez, nos aceptaron de inmediato, y cualquier amigo de José aparentemente también era suyo. Como resultado, nuestro campamento en la llanura de Espíritu Pampa fue uno de los más agradables de toda la expedición, todo lo contrario del infierno verde infestado de serpientes que nos habían hecho esperar el hipnoterapeuta y su extraño compañero en Cusco.

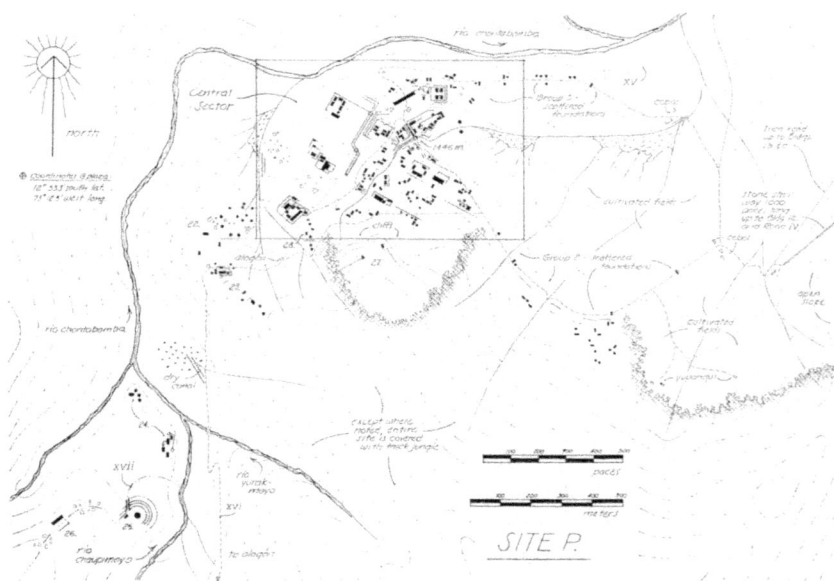

Figura 47 - Mapa de Espíritu Pampa (Vilcabamba la Vieja)

Teníamos dos proyectos en mente. Además de explorar las ruinas, queríamos visitar la cima de una montaña de forma extraña que nuestra foto satelital mostraba no muy lejos de la ciudad. La misma cumbre parecía un cráter volcánico con una mancha oscura cerca de su centro, posiblemente un pequeño lago. Según el libro <u>Antisuyo</u>, una anciana machiguenga le había hablado a Savoy de *"grandes ruinas de piedra en un lago en la cima de una montaña alta y fría cerca de la ciudad"* (**1**) y al ver nuestra foto, estaba seguro de que sabía exactamente dónde estaban. Nuestro plan original nos habría llevado allí bajando de las tierras altas de Markacocha, pero ahora eso estaba descartado. En lugar de eso, tendríamos que buscar viejos caminos que conduzcan a la cima desde la ciudad o, al no encontrar ninguno, atravesar la selva.

Como las ruinas estaban cerca y eran bien conocidas por José, pero ninguno de nosotros tenía idea de lo difícil que podría ser llegar a la cima, decidimos intentar la escalada primero. La mañana siguiente a nuestra llegada amaneció despejada, así que nos levantamos temprano y nos fuimos a la cima de la montaña, o eso pensábamos. La ruta hasta donde planeábamos comenzar nos llevó a través de las afueras de la ciudad, por lo que pudimos echar un breve vistazo a la capital perdida de Manco en el camino. Era un lugar maravilloso, completamente cubierto de enredaderas y exuberante vegetación tropical, todo bajo un uan cubierta verde de árboles enormes de unos treinta metros de altura. Las escenas iniciales de la película de Indiana Jones "En Busca del Arca Perdida" vinieron inevitablemente a la mente. Era exactamente el tipo de cosas que todos esperábamos. De vez en cuando, un pájaro o un mono parloteando en lo alto era el único sonido, aparte del sonido de nuestros machetes. Por todas partes había terrazas de piedra, muros y edificios derrumbados, pero la densa maleza no permitía entender en absoluto las relaciones entre las edificaciones. Sin usar una brújula, no tenía sentido de dirección, incluso el sol era difícil de ver la mayor parte del tiempo, y las distancias no tenían sentido a menos que se tomara un ritmo y se lo anotara cuidadosamente. Me llamó la atención lo difícil que iba a ser hacer un mapa decente del lugar, y empecé a entender por qué nadie lo había hecho todavía.

Dejando atrás las ruinas, continuamos por un buen sendero ascendiendo por el valle del río Chaupimayo más allá de la ciudad hacia la cresta del Markacocha, hacia el suroeste. José dijo que el sendero conducía a la chacra de una familia de apellido Aragón, a un kilómetro y medio río arriba, pero terminaba allí. No tenía conocimiento de ningún camino o sendero río arriba, ni de ninguna ruina más allá del sitio que Savoy había llamado Marcanay, en las colinas cubiertas de selva al otro lado del río desde la chacra.

Aragón era un lugar encantador, el límite exacto del Perú habitado hasta donde podíamos ver. Las dos chozas con techo de paja se encontraban en un extremo de una gran plantación de cafe rodeada de una oscura selva tropical. Cerca de la casa principal había un enorme naranjo, cargado de frutas. Sentado a la sombra del porche, observando a sus cerdos comer las naranjas caídas, estaba el señor Aragón, el anciano patriarca de la familia. Solo hablaba quechua, y después de intercambiar breves saludos con José, dijo que en toda su vida nunca había subido a nuestra montaña, pero dudaba que hubiera algo allí arriba. Deseándonos suerte, nos dio todas las naranjas que podíamos llevar, sacudió la cabeza y se despidió con una sonrisa amplia y desdentada.

La base de la cresta que planeábamos escalar estaba a un kilometro y medio más arriba en el valle y, como José había predicho, no había señales de un camino. Una vez que nos pusimos en marcha, el camino era empinado, lleno de insectos y espeso, sin agua y sin brisa. En cuestión de minutos, estábamos empapados de sudor y cubiertos de picaduras de insectos y arañazos. A última hora de la tarde, estábamos trepando por las copas de los árboles, exhaustos e inseguros incluso de dónde estaba el suelo. El barómetro decía que habíamos ganado media milla de altitud, pero dondequiera que miráramos solo veíamos verde. Como no queríamos que nos sorprendiera la noche en lsa selva, no tuvimos otra opción y regresamos doblemente desanimados por la rapidez con la que perdimos toda la elevación que tanto nos costó ganar, resbalando y deslizándonos por la pista despejada. De vuelta a nuestras tiendas al anochecer, nos limpiamos, comimos una gran cena y decidimos darle otra oportunidad al día siguiente.

Por la mañana, volvimos a salir temprano bajo un cielo despejado y rápidamente alcanzamos nuestro punto máximo anterior. Atacamos el muro demoníaco de malesa y enredaderas con renovado vigor, pero inmediatamente nos achicamos. En todo caso, fue peor que el día anterior. Ninguno de nosotros había visto nunca nada igual, e incluso José apenas lograba pasar. Horas más tarde, habíamos avanzado menos de 150 metros hacia nuestro objetivo aún no visto y nos dimos cuenta de que era inútil. Completamente golpeados, regresamos al campamento con la luz del día de sobra y amortiguamos nuestra derrota con un par de rondas de pisco. A la hora de la cena, nuestros espíritus se habían levantado y descubrimos que no estabamos divididos con respecto a lo importante que era realmente escalar nuestra montaña. Surgió una nueva teoría sobre cómo se podría hacer y Jim Little, Chris, José y uno de los lugareños decidieron intentarlo. Como no quería perder más tiempo, opté por ponerme a trabajar en las ruinas y Barefoot y Burghard accedieron ayudar.

Caminamos todos juntos a la ciudad por la mañana, de nuevo despejado, y allí se separaron los dos equipos. Paul, Barefoot y yo pasamos la mañana abriendo caminos a través de los edificios, tomando notas a medida que avanzábamos y tratando de tener una idea del lugar. A la hora del almuerzo, era mucho menos intimidante de lo que había parecido el primer día. Habíamos localizado varios grupos de ruinas distintos y decidimos cartografiar cada uno de ellos de forma independiente, y luego relacionarlos entre sí. El camino hacia la ciudad llegaba primero a una serie de fuentes junto a un arroyo elaboradamente canalizado atravesado por un puente de piedra, aún intacto. Al parecer, la avenida principal había cruzado el puente y había subido una suave pendiente hasta llegar en medio de nuestros grupos de ruinas **(Figura 52).** Establecimos esta avenida como una línea de base y relacionamos todo con ella, cortando solo la cantidad de maleza que se necesitaba para poner lineas de medida y marcar los pasos de distancia . El trabajo fue rápido y resultamos ser muy buenos topógrafos.

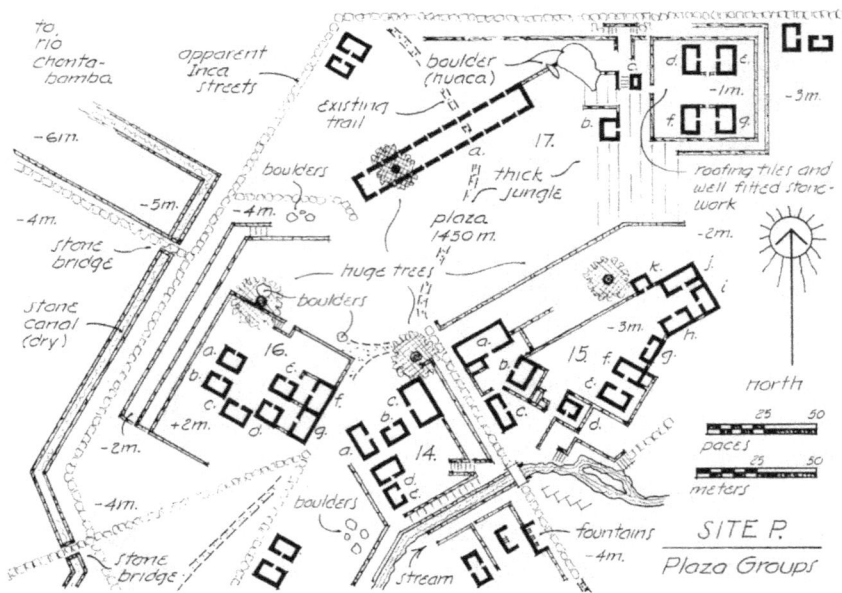

Figura 52 - Plano de la plaza principal (Eromboni Pampa de Bingham)

Esa noche, sentí que tenía una idea clara del centro de la ciudad, aunque era poco más que un monton de números y bocetos de borrador y sin relación en mi diario. A la luz de una linterna en mi tienda, comencé a reconstruir todo en papel. Poco a poco, el plano de la ciudad fue emergiendo y se mostró dispuesto en torno a una gran plaza trapezoidal. **(Figuras 49 y 50)** Se trataba de un sofisticado ordenamiento de espacios con la intención de crear un centro urbano para un complejo aparentemente en expansión. Se entraba a la plaza a través de la avenida que subía desde el puente y su lado más alejado, a unos 75 metros de distancia, estaba definida por el único y gran edificio señalado por Bingham y Savoy. Al principio pensamos que era una calle larga entre dos hileras de casas, pero una vez despejada, vimos que era una habitación enorme, de unos 80 metros de largo y 9 de ancho, con puertas de unos 7 metros de distancia entre ellas a lo largo de toda su distancia en ambos lados. A la derecha, en el extremo norte de la plaza, se alzaba una gran roca aislada de granito blanco, y cerca había una plataforma amurallada de unos 45 metros cuadrados, con cuatro edificios de mampostería cuidadosamente cortados dispuestos simétricamente

136

alrededor de su centro. A unos 170 metros al sur, formando el otro extremo de la plaza, había una plataforma elevada de unos 50 x 70 metros, con una escalera que conducía a un grupo de cinco edificios en forma de herradura que aún se mantenían en pie a la altura de la cabeza. **(Figura 52)** Más allá de estas grandes y presumiblemente importantes estructuras, otros grupos menos imponentes parecían estar dispersos en todas direcciones.

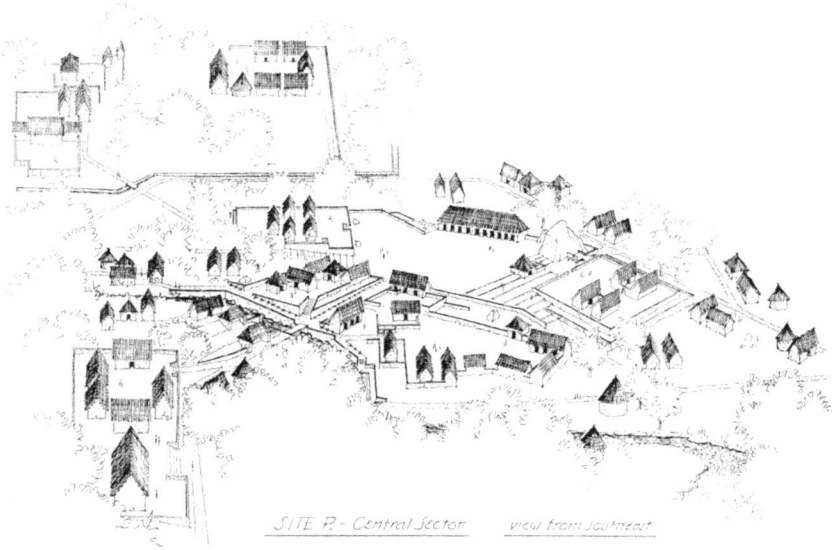

Figura 49 - Vista del centro de la ciudad

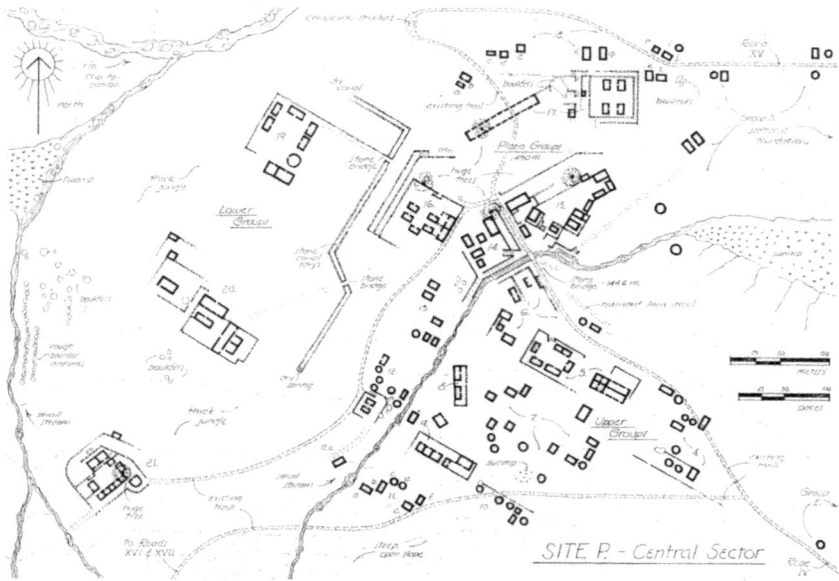

Figura 50 - Plano del centro de la ciudad

El mapeo de esas áreas periféricas fue nuestro proyecto del día siguiente. Habíamos descubierto un patrón de búsqueda radial centrado en el puente, sabiendo que cuanto más nos alejáramos de la plaza, más probabilidades tendríamos de fallar. Lo que no sabíamos era que el sitio era mucho más grande de lo que parecía y que había muchas cosas por ahí. Teníamos dos días más para hacer lo que equivalía a una semana de trabajo. Todavía no había rastro del equipo de Jim cuando guardé mis notas y apagué la vela alrededor de las diez de la noche. Sin duda, no habían llegado a la cima y decidieron evitar el largo viaje de regreso al campamento quedándose en la montaña durante la noche. Seguramente, pensé, lo lograrían por la mañana y traerían un informe completo a la tarde siguiente.

El 4 de julio fue otro hermoso día, y aunque nos perdimos algunas áreas importantes, nuestro plan de explorar el resto de la ciudad reveló decenas de nuevas ruinas. El buen tiempo fue un factor importante. Todo lo que estábamos haciendo habría sido diez veces más difícil bajo la lluvia y el barro. Además, la selva parecía cada vez menos intimidante. Al principio, los tres nos habíamos arrastrado tímidamente a través de la maleza, imaginando una serpiente debajo de cada arbusto. José se había reído, asegurándonos que las serpientes "no eran un problema", y si era cierto o no, estábamos empezando a creerlo.

A última hora de la tarde, estábamos cartografiando el Tendi Pampa de Bingham, un grupo compacto a más de un cuarto de milla de la plaza. Las tejas reportadas por Bingham y Savoy estaban esparcidas por todas partes, al igual que en varios otros lugares de la ciudad. Todavía en pie, casi a toda altura, había un edificio de dos pisos con ordenadas filas de hoyos en su interior, donde alguna vez descansaron las vigas del piso superior. Excepto por las raíces extendidas de un enorme árbol que se había tragado partes de otras dos estructuras, todo el lugar estaba en bastante buen estado. Una hermosa fuente hundida con dos caidas de agua todavía adornaba el lado abierto de un pequeño patio cerca de una pared decorada con los únicos nichos de la ciudad que mostraban jambas dobles, un detalle clásicamente inca reservado para circunstancias especialmente importantes. (**Figuras 55 y 56**)

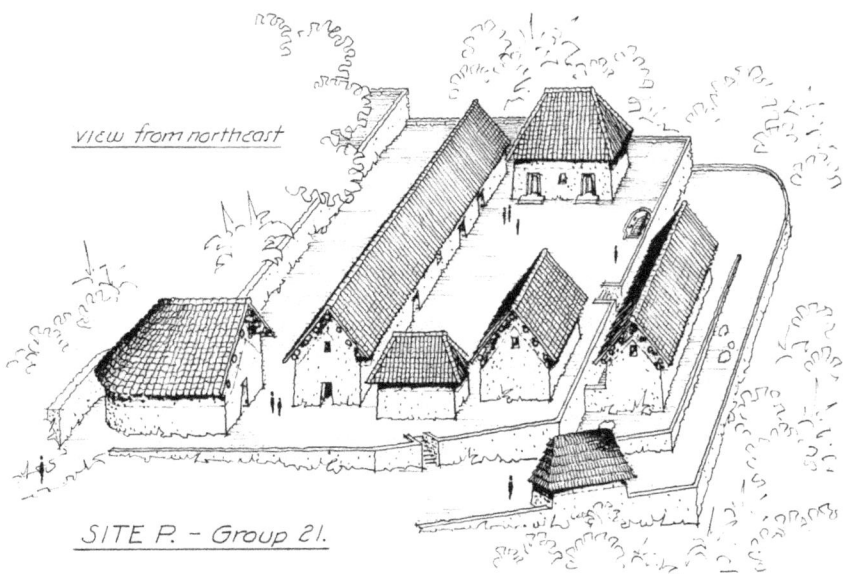

view from northeast

SITE P. - Group 21.

Figura 55 - Vista de un grupo de dos pisos (Bingham's Tendi Pampa)

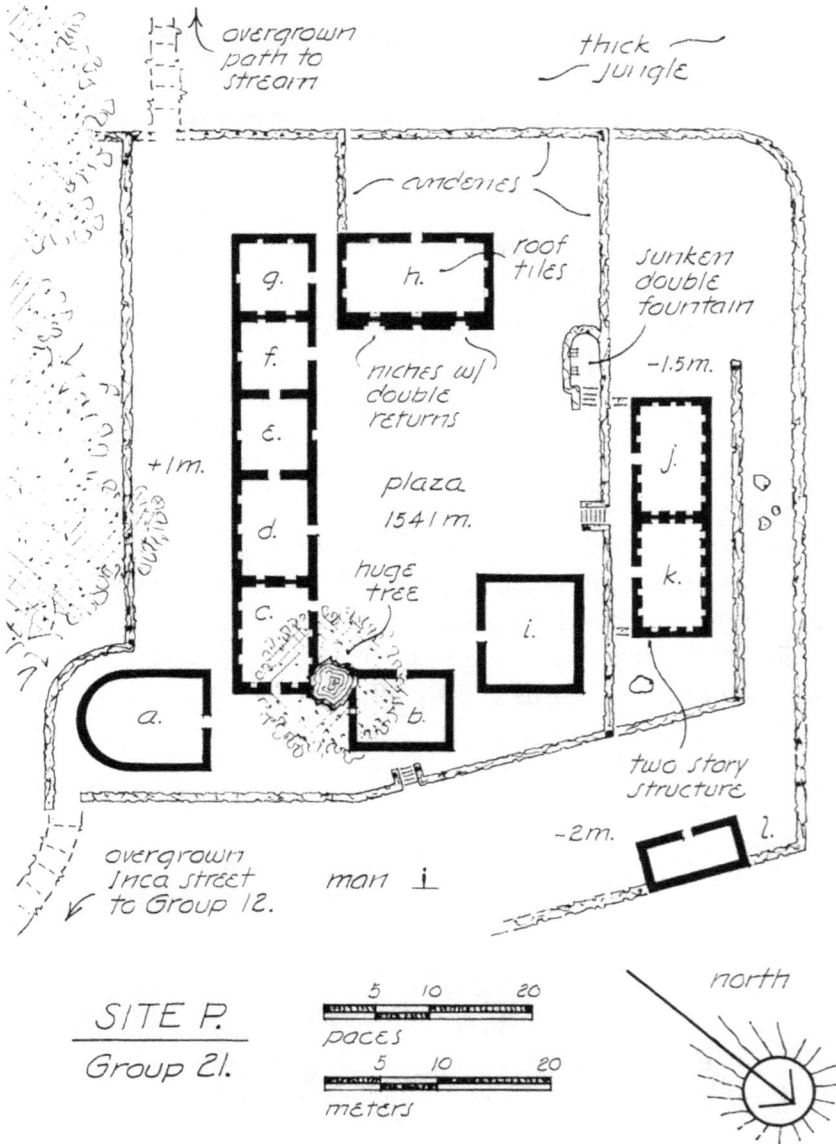

overgrown
path to
stream

thick
jungle

andenes

roof
tiles

sunken
double
fountain

g.

h.

-1.5 m.

niches w/
double
returns

f.

e.

+1 m.

j.

plaza
1541 m.

d.

huge
tree

k.

c.

i.

a.

b.

two story
structure

overgrown
Inca street
to Group 12.

man

-2 m.

l.

SITE P.
Group 21.

5   10   20
paces
5   10   20
meters

north

Figura 56 - Plano de un grupo de dos pisos

De vuelta en la plaza, decidimos volver a casa por una nueva ruta paralela al río Chontabamba a lo largo del borde norte del sitio. Las casas derruidas estaban esparcidas aquí y allá hasta 800 metros del

140

centro de la ciudad. Murúa describió a Vilcabamba como largo y angosto, exactamente como lo estábamos encontrando. Informó que allí se cultivaban muchos cultivos, y pensé que eso probablemente explicaba las ruinas dispersas por todo el bosque de suave pendiente. En la época incaica, debe haber sido tierra de cultivo despejada salpicada ocasionalmente por las casas de los trabajadores. Es muy posible que algunas de esas estructuras originales hayan sido construidas enteramente de madera y paja, descompuestas hace mucho tiempo. De ser así, muchas de las "400 casas" contabilizadas por Arbieto nunca se encontrarían a menos que algún día se limpiara y excavara todo el valle, una perspectiva enormemente costosa e improbable.

Jim y su grupo nos estaban esperando cuando volvimos al campamento. Se veían horribles. Como sospechábamos, no habían llegado a la cima el día anterior, ni tampoco, dijeron, nunca llegaron. Su nuevo plan fue un fracaso total. Completamente agotados, se habían sentado a pasar la fría noche de mediados de invierno justo debajo de la cresta a unos 8,000 pies, casi una milla sobre el valle. Después de lo que Chris describió como "las doce horas más largas de su vida", y calentados por el sol naciente, reanudaron el ascenso solo para encontrar la cima aún imposiblemente por encima. No había forma de que pudieran pasar otra noche allí arriba, y a 8.600 pies regresaron con el tiempo justo para llegar a casa al anochecer. El Sixpac Manco II había recibido un "golpe cruel", como escribí en mi diario esa noche, pero nadie podía decir que no lo habíamos hecho lo mejor que podríamos. —"Un día más" —dijo José, tan seguro como nosotros de que alguna fabulosa ciudad perdida yacía escondida en algún lugar allá arriba, un día más fuera de nuestro alcance. Pensé en la historia de Jack y las habichuelas mágicas mientras me quedaba dormido.

Tumbado en la oscuridad, esperando que amaneciera unas horas más tarde, mis pensamientos vagaron hacia las secuelas del trabajo pionero de Savoy en los años 60. Mientras que Bingham había cerrado el libro de nuevas exploraciones en Vilcabamba durante casi medio siglo, Gene lo había reabierto y estimulado una renovación del interés en la región. Howell y Morrison resultaron ser solo los primeros de lo que se convertiría en un flujo constante de forasteros decididos a desafiar la jungla y los guerrilleros en busca de sus propias aventuras. Mientras tanto, el ojo de los medios de comunicación siguió brevemente a Savoy hacia el norte, a Chachapoyas, y volvió a centrarse en sus supuestos descubrimientos allí. En Vilcabamba, la rebelión de Hugo Blanco fue finalmente sofocada. Sin embargo, los disturbios persistieron, culminando en 1968 con el derrocamiento del gobierno de Belaunde en Lima por un golpe militar hostil, entre otras cosas, a los muchos amigos adinerados de Savoy en la capital. El propio explorador, por su parte, se vio implicado en varias intrigas y fue expulsado del país a finales de 1970. Sin embargo, el interés en su ciudad se mantuvo, y a medida que la nueva *junta* se establecía y las condiciones en el país se normalizaban, otra expedición estadounidense llegó a la escena, esta vez con la intención de filmar las primeras películas de Vilcabamba jamás realizadas.

Era 1970, y Frank Paddock, un médico aventurero de Massachusetts, llevó a un pequeño grupo de amigos y familiares por el río Vilcabamba solo para echar un vistazo, y así se convirtió en el primero de muchos guías turísticos que con el tiempo se sentirían atraídos por la región. Sus películas de Rosaspata y las montañas circundantes fueron los primeros indicios de las espectaculares vistas que esperaban a los viajeros allí. Pero en Espíritu Pampa, los mismos problemas que habían plagado la fotografía fija de Savoy limitaron aún más los esfuerzos cinematográficos de Paddock. Las ruinas parecían montones de rocas oscuras, lúgubres y poco interesantes, difícilmente el material de los sueños de un agente de viajes y todo lo contrario del entonces muy popular Machu Picchu.

Por lo tanto, las películas de Paddock tuvieron poco impacto en las visitas a la ciudad de Savoy. Sin embargo, antes de irse a casa, el médico logró agregar algo nuevo al panorama. Remontó el río Guayara desde la finca de Cobos en Huancacalle y cruzó el paso de Choqueto hacia la bajada inferior del río Apurímac hacia el suroeste. **(Figuras 3 y 4)** Aparte de una expedición de montañismo de SWiss en 1959 que había mapeado los picos del Nevado Panta en y alrededor del paso, **(2)** probablemente fue el primer explorador gringo en hacerlo desde Christian Bües, medio siglo antes. Durante todo el camino hasta el paso, encontró secciones de camino inca y en el asentamiento llamado Arma, varias horas más allá, encontró inconfundiblemente ruinas incas. Fue el primer indicio desde la visita de von Hagen en los años 50 de que otra vía principal había irradiado desde Vitcos en la época incaica y reforzó aún más la idea de que la ciudadela en ruinas en la cima de Rosaspata había sido el centro temprano del mundo de Manco posterior a la conquista.

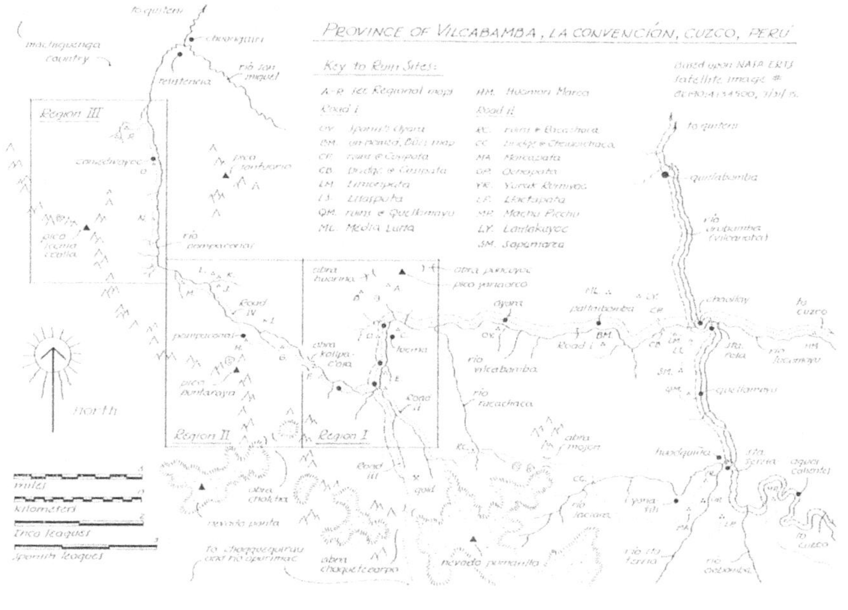

Figura 3 - Mapa de la provincia

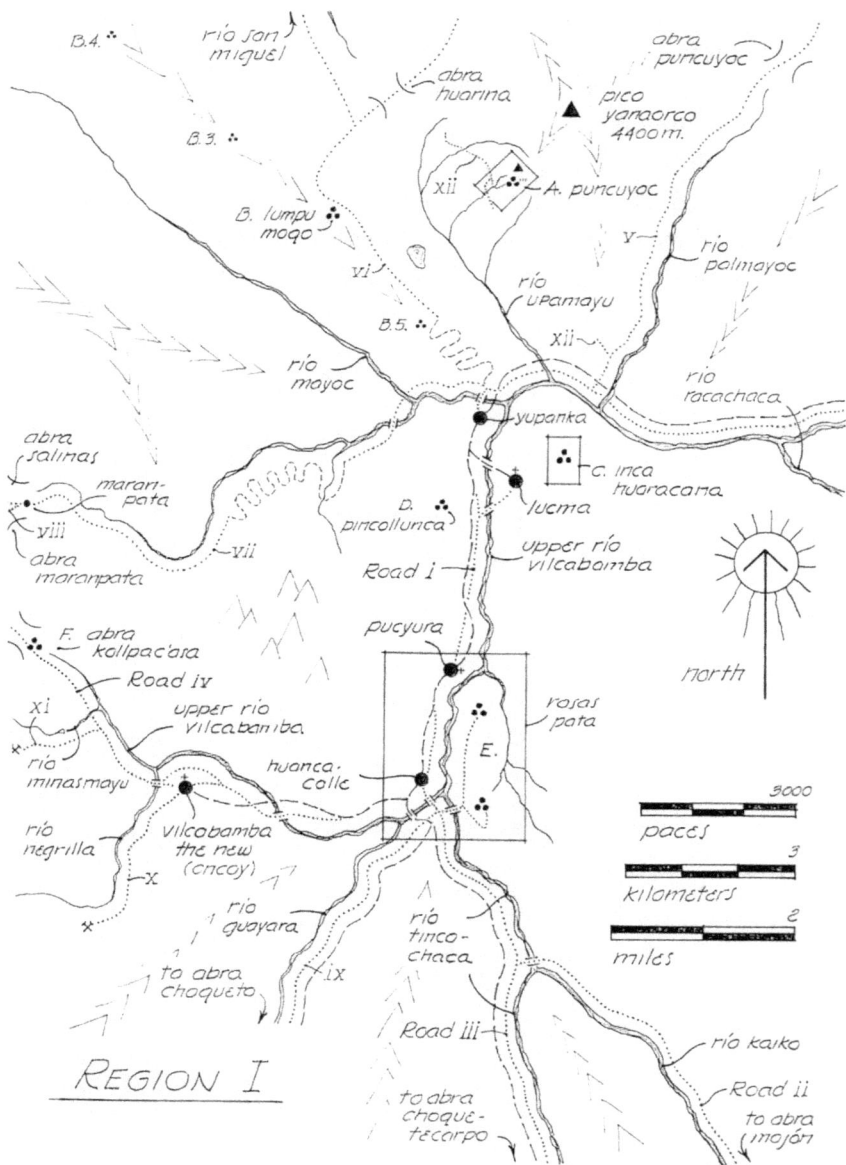

Figura 4 - Mapa del alto Río Vilcabamba

Al mismo tiempo que Paddock deambulaba por los altos pasos de los remotos Andes, la publicación de John Hemming de <u>La Conquista de los Incas</u> tanto en Londres como en Nueva York lo cambió todo. De la noche a la mañana, todos los que tenían algún interés en los incas sabían todo sobre Vilcabamba y los esfuerzos de Bingham y, en particular, de Savoy para descubrir sus secretos. El libro de Savoy, <u>Antisuyo</u>, se publicó casi al mismo tiempo, pero para un número mucho menor de lectores. A la mayoría de los eruditos les pareció una historia de aventuras de dudoso mérito científico y no causó mucho revuelo, excepto entre los exploradores como Savoy. Hemming era otra cosa. Futuro director de la Royal Geographical Society de Londres, fue un respetado historiador; Un hombre al que hay que tomar en serio. No importaba que, a diferencia de Savoy, tuviera poco conocimiento de primera mano de Vilcabamba. Su investigación, aunque mayoritariamente académica, fue exhaustiva e impecable. Después de todo, fue él quien encontró el pasaje de la crónica de Murúa que describe los techos de tejas en Vilcabamba la Vieja, hasta el día de hoy la única evidencia a prueba de bombas que vincula las ruinas de Espíritu Pampa con la capital perdida de los incas. Y así, a pesar de sus mejores esfuerzos por dar crédito a quien lo merecía, fue Hemming, no Savoy, quien puso a Vilcabamba en el mapa e hizo que los profesionales de todo el mundo cuestionaran la noción arraigada de Bingham de que Machu Picchu había sido la capital final de los incas.

Motivados por esto y, al menos en parte, por la molesta publicidad que Savoy estaba recibiendo, los eruditos peruanos comenzaron a mostrar un interés tardío en el refugio final de sus ilustres antepasados. Aunque no fue, estrictamente hablando, un explorador en absoluto, ya que probablemente nunca puso un pie en Vilcabamba, el antropólogo peruano Luis A. Pardo fue uno de los primeros de ellos. El breve pero excelente resumen de Pardo de 1972 sobre la historia de la Vilcabamba Inca y su exploración en tiempos más recientes agregó poco que fuera nuevo al creciente acervo de conocimiento sobre la región. Sin embargo, atrajo la historia a la atención de un público más amplio entre sus propios compatriotas de habla hispana, varios de los cuales pronto se embarcarían en expediciones exploratorias por su cuenta. Con respecto a Vitcos, su texto apoyaba a Bingham, pero su narrativa estaba ilustrada con un mapa pintoresco y groseramente inexacto de 1907 que mostraba "Pitcos" (sic) a muchos kilometros del pueblo histórico de Pucyura. Esto, a su vez, suscitó cierto debate sobre la validez de la afirmación largamente aceptada de Bingham de que Vitcos había estado en Rosaspata. Casi todos finalmente llegaron a la conclusión de que el viejo mapa era simplemente incorrecto. Mucho más interesante fue el reto que el peruano Pardo presentó para cuestionar la pretensión de Savoy como descubridor de la ciudad perdida de Espíritu Pampa.

"Recibimos información personal del profesor Antonio Santander Caselli, quien afirma ser el legítimo descubridor de Vilcabamba la Vieja", escribió." *Él* (Santander) *exhibe que el 14 de julio de 1964 descubrió la misteriosa Vilcabamba"*. **(3)**

Cabe recordar que Santander fue miembro de la expedición de Savoy en 1964 y, según su propio relato, parece haber entrado en las ruinas dos días después de Savoy. Sin embargo, sostuvo que había "iniciado sus exploraciones cinco años antes" de alguna manera no especificada y, por lo tanto, creía que se le merecía el crédito por el hallazgo. La veracidad de su afirmación nunca se determinó, pero no sería la última vez que Savoy se vio envuelto en una controversia sobre quién fue exactamente a dónde primero.

El más destacado, o al menos ampliamente publicado, de los peruanos que dio seguimiento a los escritos de Pardo fue Víctor Angles Vargas, un prolífico historiador, erudito, autor y viajero. Durante la década de 1970, Angles reunió personalmente una gran cantidad de datos que describían las numerosas ruinas incas en Cusco y sus alrededores, el corazón de los incas. Esta obra en español se publicó por primera vez en 1978 y se reeditó diez años después en tres grandes volúmenes. Profusamente ilustrado con mapas, dibujos y fotografías, es probablemente la fuente más enciclopédica de esta información actualmente impresa. Otros pueden ofrecer material más reciente o detallado sobre sitios particulares, pero Angles cubrió toda la región e incluyó una breve sección sobre Vilcabamba.

Se aventuró hasta Espíritu Pampa y registró con precisión varios rasgos allí y en Rosaspata en el camino. De las muchas otras ruinas de la provincia, visitó y describió sólo Choquequirau, un sitio interesante pero periférico que no desempeñó ningún papel conocido en la historia de la Vilcabamba Inca. Aunque tendía a simplemente confirmar y reafirmar las ideas previamente establecidas, Angles abordó la tarea con una comprensión mucho mejor del quechua, el antiguo idioma inca, que cualquiera de sus predecesores. También se interesó más por el papel desempeñado por los nativos en la recuperación de la provincia de la selva y en actuar como guías para sus visitantes, cada vez más numerosos. A través de sus escritos, su contribución cobró vida, realmente por primera vez.

Angles, por ejemplo, tradujo correctamente el nombre del lugar que Bingham había llamado "Ñusta España", la gran roca blanca rodeada de ruinas y aparentemente nombrada por una "princesa española". No es así, decían los lugareños. Medio siglo después de que sus abuelos le dijeran al famoso norteamericano esencialmente lo mismo, le aseguraron al peruano que el nombre correcto era Ñusta "Ispanan", que en quechua significa "el lugar donde orina la princesa". Un asunto completamente diferente, esto le dio un posible significado a un canal de drenaje poco profundo pero prominente cortado en la parte superior de la roca elaboradamente tallada. En su descripción del Chuquipalta de Bingham, el piadoso Padre Calancha se quejó de que varias "abominaciones" habían ocurrido en la cima de esa misma roca en la época inca, (**15**, 796) y la revelación de Angles sugirió que podría haber tenido razón. De todos modos, fue un buen ejemplo de lo importante que puede ser el significado de una sola palabra para tratar de correlacionar las ruinas en el campo con las tradiciones locales y el registro escrito.

Pero, con mucho, la visión más significativa de Angles en la exploración de la Vilcapampa Inca fue su reconocimiento de que la provincia en general y la ciudad en particular eran "depósitos arqueológicos extraordinarios", que merecían los mismos tipos de protección y estudio gubernamentales que entonces se estaban volviendo comunes en varios otros sitios menos remotos. Incluso abogó por la construcción de una *carretera* a Espíritu Pampa para facilitar el acceso público a las ruinas y fomentar la investigación científica allí.

Aunque todavía no se ha construido una carretera de este tipo, los años posteriores a la visita de Angles a Vilcabamba fueron para ver grandes mejoras en el acceso a la región. El camino hasta Huanca-calle simplificó enormemente el viaje hacia y desde el ferrocarril, y por lo tanto Cusco y el mundo. Desde Quillabamba, se trazó una ruta similar desde la selva por el Urubamba hasta un asentamiento precario llamado Quiteni, y desde allí por el afluente Río Cosireni hasta el pequeño asentamiento de Chuanguiri, a un solo día de caminata por el río Consevidayoc desde Espíritu Pampa. **(Figura 1)**

Figura 1 - Mapa de ubicación

Toda esa construcción de carreteras podría haber precipitado una avalancha de visitantes e inmigrantes a la región, pero había un problema: el miedo. A pesar de una década de relativa tranquilidad, los viejos agravios de Hugo Blanco y otros nunca habían desaparecido realmente. El país seguía siendo gobernado por una oligarquía con poco interés en la gente común. A principios de la década de 1980, los fanáticos de Sendero Luminoso habían comenzado su campaña maoísta para derrocar el viejo orden. Su cuartel general en el departamento de Ayacucho estaba justo al otro lado del abismo del río Apurímac desde Vilcabamba. Pocos senderos cruzaban de un lado a otro, pero los *guerrilleros* los controlaban todos. Las patrullas itinerantes de Sendero comenzaron a causar suficientes problemas como para que el gobierno enviara al Ejército. Los *campesinos* se mantuvieron callados, con la esperanza de que todo pasara y los dos intrusos no deseados se fueran a casa. Ninguno de los dos lo hizo, y los lugareños quedaron trágicamente atrapados en el medio. La mayoría de los viajeros sabiamente vacacionaron en otros lugares, todos, excepto los locos como los del grupo de Sixpac Manco.

Sin embargo, había locos, y a finales de los 70 y principios de los 80 un grupo disperso de gringos apareció en la casa de Cobos en busca de... ¿qué? Aventura, sobre todo, pero hubo notables excepciones, como supe para mi fuerte consternación. A pesar de mis mejores esfuerzos por averiguar todo lo que había que saber sobre Vilcabamba antes de regresar, el trabajo de varios jugadores clave se me escapó por completo: Francescutti, por ejemplo. Sin que yo ni ninguno de los demás lo supiera, nuestros caminos estaban en curso de colisión y era solo cuestión de tiempo hasta que nos encontráramos de frente. Por mucho que al principio pareciera que el campo era todo mío, estaba destinado a tener mucha compañía interesante a medida que profundizaba en los misterios del último bastión de los incas.

A mediados de la década de 1980 aparecerían algunos de estos nuevos jugadores, pero como todos los demás que habían ido a Vilcabamba desde lo hizo Raimondi, se verían perjudicados por la falta de documentación sólida sobre los que habían ido antes. A pesar de todo el esfuerzo que se había invertido en descubrir la escurridiza ciudad perdida y todo el alboroto y la controversia a lo largo de los años sobre quién había encontrado qué, nadie, ni siquiera todos juntos, se había molestado en mantener, y mucho menos publicar, un registro completo y preciso de lo que habían encontrado. Bingham fue el que más se acercó, pero comprensiblemente se preocupó por Machu Picchu. Lo mejor de su material de Vilcabamba permaneció inconcluso y enterrado en los archivos de Yale. Después de más de un siglo de exploración, todavía no había un mapa preciso de la provincia. Aparte del material de Bingham, los dibujos de segunda mano de Harth-terré para Savoy y un par de bocetos de Víctor Anglés Vargas, no había dibujos de las ruinas en absoluto. Sin embargo, cualquiera que se tomara en serio la idea de armar el desconcertante rompecabezas que era Inca Vilcabamba necesitaba tener todas las piezas, o al menos todas las que se conocían, colocadas sobre la mesa. No se pudo hacer. Abundaban las teorías, pero nadie jugaba con la baraja completa. Echado en la oscuridad, esperando el amanecer, me dije a mí mismo: eso, al menos, estaba a punto de cambiar.

Era nuestro último día en Espíritu Pampa. Los caballos eran necesitados río arriba y José tuvo que irse justo después del desayuno. Pensamos en hacer un viaje tranquilo de regreso a Huancacalle por nuestra cuenta, continuando la búsqueda de Marcanay y el Fuerte Viejo a medida que avanzábamos. José, mirando hacia el cielo despejado mientras se daba la vuelta para irse, negó con la cabeza y dijo, medio en broma, que el Inca Túpac Amaru seguramente debe estar cuidándonos. Nunca en su memoria los *gringos* habían gozado de tan buen clima en Vilcabamba. De hecho, su experiencia fue todo lo contrario. Los forasteros, dijo, generalmente traían lluvia mientras los incas trataban de ocultar sus secretos de las miradas indiscretas y foraneas. A nosotros nos sonaba como otro mito pintoresco, pero José y sus compañeros campesinos se tomaban en serio esas cosas y, por suerte para nosotros, veían nuestra buena fortuna como una señal de que los espíritus aprobaban nuestros esfuerzos.

Jim y Chris durmieron hasta tarde y planearon deambular hasta las ruinas más tarde en el día, después de un descanso muy necesario. Paul decidió caminar de regreso a Huancacalle solo para ver algunos lugares de interés adicionales y trabajar en practicar su español. Barefoot y yo, mientras tanto, teníamos una zona más para buscar y nos dirigimos de nuevo a las ruinas para un último día de exploración. Nos dirigimos directamente por el sendero a Alogón, sin pasar por el área de la plaza. Como siempre, estuvimos anotando la distancia y la dirección y buscando ruinas en el camino. Aproximadamente a media milla más allá de la ciudad, nuestro camino dobló por una esquina alta y abierta antes de sumergirse nuevamente en la selva. Habíamos recordado ver algunas rocas esparcidas por el recodo del sendero cuando habíamos pasado varios días antes y decidimos echar un vistazo. A no más de tres metros despues de entrar en la vegetacion había un gran edificio con dos puertas, todavía de dos metros de altura y hechas de bloques de granito bien cortados. Cerca de allí, encontramos otros siete edificios y varios muros y terrazas. (**Figura 57**, Edificios 23a-i) Este grupo estaba a mas de kilometro y medio de los edificios que habíamos mapeado la tarde anterior, una prueba más de que Vilca-bamba era realmente la "metrópolis de la selva" que los españoles afirmaban.

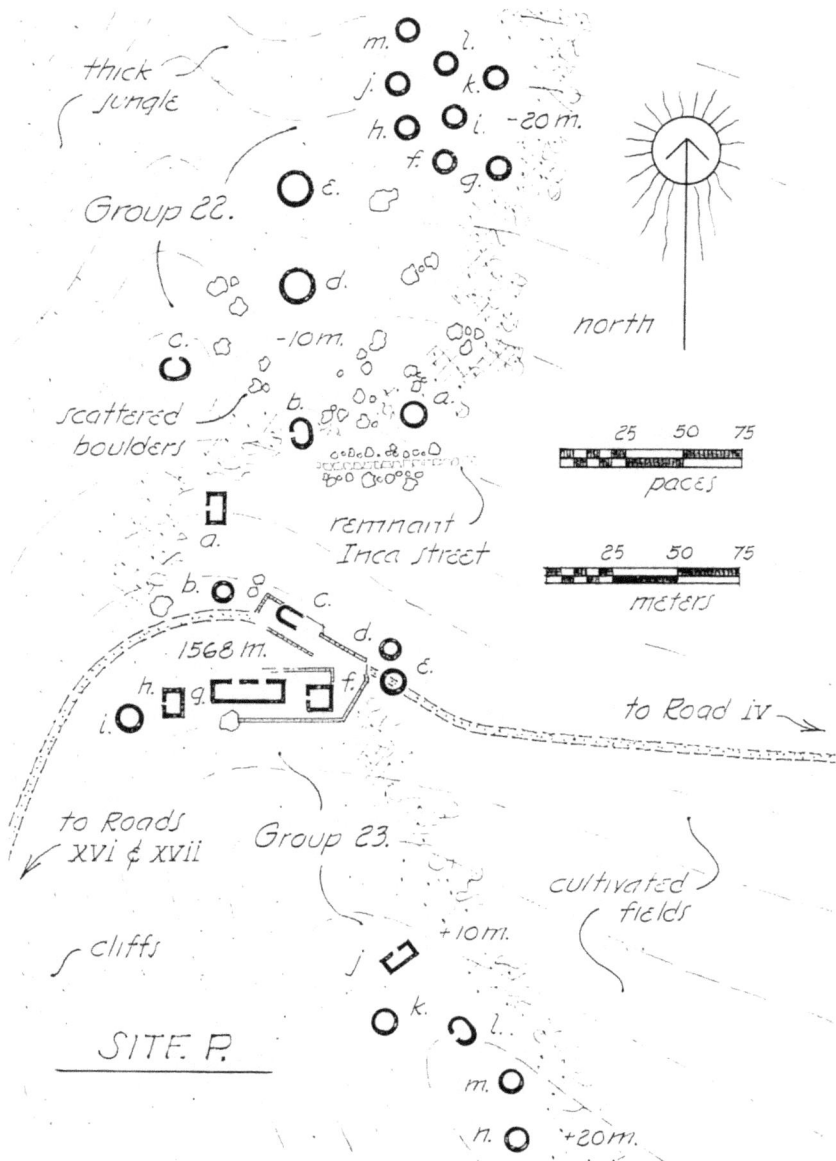

Figura 57 - Plano del emplazamiento de los grupos periféricos

El sitio que Savoy llamó Marcanay, por lo menos media milla más adelante y al otro lado del Chaupimayo, fue nuestro próximo destino. No estábamos seguros de cómo llegar, pero José había apuntado con un movimiento de la cabeza hacia el otro lado del río cuando le preguntamos por el lugar en el primer día. Ninguno de los dos podía recordar el lugar exacto, pero pensábamos que había sido en algún lugar aguas abajo del río Yurakmayo, un afluente rápido y turbulento que bajaba de las alturas hacia el este. Nos salimos del sendero y buscamos en la orilla pantanosa del Chaupi-mayo señales de algún camino o cruce de algún tipo, pero no encon-tramos nada. Continuando río arriba, cruzamos la desembocadura del Yurakmayo sobre enormes rocas depositadas allí por inunda-ciones pasadas. No muy lejos de allí, el sendero principal bajaba de un acantilado y pasaba a pocos metros del río. El lugar nos pareció familiar y los dos nos dimos cuenta de que era el lugar por donde José había dicho que cruzáramos.

Después de vadear la corriente helada que nos llegaba hasta la cintura, comenzamos a buscar el sitio en la otra orilla. Por encima de un barranco empinado que se elevaba unos ocho metros fuera del agua, el terreno era llano y la vegetación menos espesa que a lo largo de la costa del río. Casi de inmediato, llegamos a un grupo de cimientos de forma extrañamente ovalada, con paredes que los conectaban a varias rocas grandes. (**Figura 58**, Edificios 24a-e) Supusimos que era el mismo lugar que Savoy había encontrado en el camino a Marcanay y Mananhuañunca y si era así, estabamos cortos de tiempo. Él dijo que faltaba una hora, por lo menos, hasta las ruinas desde este lugar. Junto con el tiempo que nos llevaría revisar las ruinas y volver a casa, sería una hora más de lo que tenía-mos. Por mucho que quisiera ir de todos modos y arriesgarnos con la luz del día, Barefoot señaló que la hora de Savoy suponía que sabías dónde estaban las ruinas. No lo sabiamos, y bien podríamos pasar tiempo buscando y aún así no encontrar nada. Tuve que admitir que él tenía razón, así que nos apresuramos a despejar y cartografiar los edificios que teníamos a mano y nos dirigimos a regañadientes de regreso al campamento.

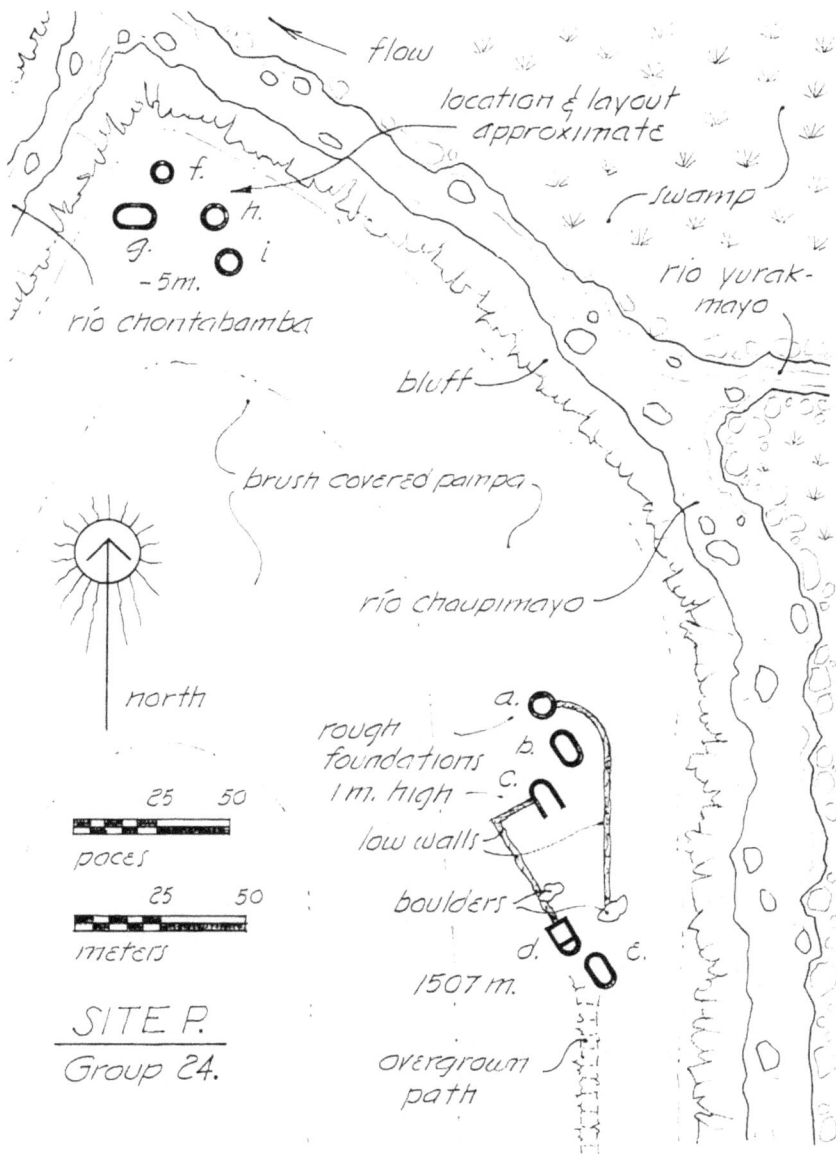

Figura 58 - Grupos no incas a través del río

Inevitablemente, el viaje de regreso fue mucho más rápido de lo esperado y llegamos a las tiendas con casi una hora de luz de sobra. Estaba furioso, seguro de que, después de todo, podríamos haber llegado a los sitios de Savoy. Estaba a punto de ponerme a renegar cuando aparecieron Jim y Chris. Nos contaron cómo habían entrado en la ciudad y, entre otras cosas, habían limpiado cada trozo de musgo y vegetación de la huaca o roca gigante en el extremo norte de la plaza. No estaba tallada, dijeron, pero no obstante era hermosa, e impresionante en su prominente situación. Espera, pensé. Tal vez había una manera de salvar el día, después de todo. Para entonces, no quedaba más de media hora de luz, pero no pude resistirme a la idea de volver corriendo allí para echar un vistazo por mí mismo. Quince minutos después, me llegue agitado frente a la roca. Brillaba de color blanco en el crepúsculo prematuro de la selva y era realmente majestuosa. El lado que daba a la plaza se curvaba ligeramente, como la concha acústica poco profunda, y estaba inclinada de modo que un orador parado frente a ella pudiera ser escuchado claramente por una multitud reunida. Me acordé de la llamada "roca sagrada" de Machu Picchu, que algunos expertos pensaban que era un telón de fondo para oradores o narradores. El silencio era total en el crepúsculo de la selva, y me pregunté cuándo había sido la última vez que palabras poderosas habían resonado allí. Era fácil imaginar a los espíritus de los incas, reunidos todavía, esperando que comenzara el orador. La pampa de los espititus, en efecto.

Hay algo en una ciudad abandonada, especialmente en una cubierta de maleza y en ruinas, que obliga incluso al turista más superficial a contemplar la mortalidad. A su alrededor hay recordatorios de personas que pensaron que su mundo continuaría para siempre, al igual que nosotros. Estaban equivocados, como lo estaremos nosotros algún día. Debería ser deprimente, o revelador, al menos, pero de alguna manera no lo es. En cambio, es liberador y fomenta una visión larga y sin tonterías de la vida. Algo similar explica, creo, el atractivo de las galaxias lejanas, los dinosaurios y los deportes de alto riesgo.

Conmovido por todo aquello, me subí a la cima de la roca del tamaño de una casa y deposité otro contenedor de rollo de fotos, que contenía el logotipo de Sixpac Manco impreso en un trozo de tela, una gran moneda peruana y una promesa escrita a Tupac

Amaru Inca de que, con planos y bocetos, haría todo lo posible para devolver la vida a su ciudad olvidada. Agachado en lo alto de la roca, ya estaba pemsamdo cómo cumplir esa promesa cuando un chillido aterrador en algún lugar de la casi oscuridad me devolvió a un problema más inmediato: salir de allí. Me deslicé hacia abajo y comencé a abrirme camino nerviosamente de regreso a través de las ruinas, mis ojos miraban hacia adelante sin enfocar, dejando que las varillas y los conos hicieran su trabajo, tal como me enseñaron en los Marines, la infanteria de marina.

Como nuestro grupo se había separado el 4 de julio, decidimos celebrar un día tarde a pesar de que Paul y José ya se habían ido. Le pedimos a algunos de los amigos de José que se unieran a nosotros, abrimos el *pisco* y hervimos varias ollas llenas de enchiladas de queso liofilizadas. La estufa de querosene se había agotado, así que nos sentamos alrededor de un fuego abierto, nos turnamos para remover la olla y mordisqueamos la botella. Más tarde, bajamos y doblamos la bandera de Gene Savoy y disparamos al aire una de nuestras luces de bengala rojas de emergencia, no una mala forma de concluir todo.

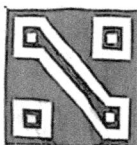

8

Una estrella en el bosque

Partimos hacia Consevidayoc temprano a la mañana siguiente, con la esperanza de tener la mayor parte del día para seguir las varias pistas que habíamos encontrado allí río abajo. A media mañana estábamos acampados en el patio de la escuela, junto al canal, charlando con los lugareños. Estaban interesados en nuestras teorías sobre Marcanay, pero insistían en que no había ruinas cerca. Chris y yo decidimos seguir el pequeño curso de agua río arriba hasta su fuente, mientras que Jim Little y Barefoot se quedaron en el campamento. Al principio, el canal no era más que una zanja excavada en la ladera, pero a medida que lo seguíamos más allá, se convirtió en un canal cuidadosamente construido cortado en la roca viva de un acantilado empinado. En un momento dado, la cara del corte tenía al menos 12 metros de altura y estaba completamente cincelada en la roca sólida. Continuamos hasta el río Sarahuasi donde comenzaba el canal, pero no encontramos evidencia de obras construidas. Cualquiera de las que alguna vez pudo haber existido allí habían desaparecido hacía mucho tiempo. Aun así, estaba claro que alguien había proporcionado una vez a Consevidayoc un elaborado sistema de suministro de agua. Nos apresuramos a regresar al campamento, ansiosos por compartir nuestro hallazgo con los demás

Barefoot nos recibió con noticias aún más emocionantes. Se había adentrado en la jungla, justo debajo del campo de fútbol, para hacer sus necesidades y accidentalmente cayó en un pozo lleno de maleza. Mientras intentaba salir, se dio cuenta de que en realidad era una especie de ruina de piedra. Una vez que hubo limpiado parte de la vegetacion que la cubría, descubrió que era una base de forma ovalada de unos 20 por 30 pies, construida con piedras del campo colocadas en arcilla. Así que, después de todo, había ruinas. Me alegré, pero no me sorprendió demasiado. La selva era increíblemente espesa y estaba cubierta de espinas afiladas. Finalmente encontramos dos edificios más, pero estaban tan derrumbados y cubiertos de maleza que eran casi invisibles en la penumbra poco invitadora de la maleza. Sin una cuidadosa limpieza y estudio, no parecían más que afloramientos naturales de piedras de campo sueltas. No era de extrañar que no habían sido vistas por los campesinos de la comunidad.

Después de limpiar suficiente follaje para tomar algunas fotos a la luz del día, hicimos una búsqueda rápida alrededor del patio de la escuela en busca de signos adicionales de ruinas. Aquí y allá había sugestivos montículos de rocas dispersas y líneas de piedras medio enterradas, pero nada concluyente. Parecía como si un sitio anterior de la ciudad hubiera sido borrado por la limpieza y nivelación del patio de la escuela y el campo de fútbol, que juntos cubrían una gran área exactamente entre el canal y las ruinas **(Figura 46).** Nos dimos la vuelta con la certeza de que alguna vez había habido un asentamiento más grande a nuestro alrededor. De ser así, su clima tropical, su aspecto agrícola y su ubicación, a dos horas río arriba de Vilcabamba, coincidían muy bien con las descripciones de los españoles de Marcanay. ¿Qué otra cosa podría haber sido?

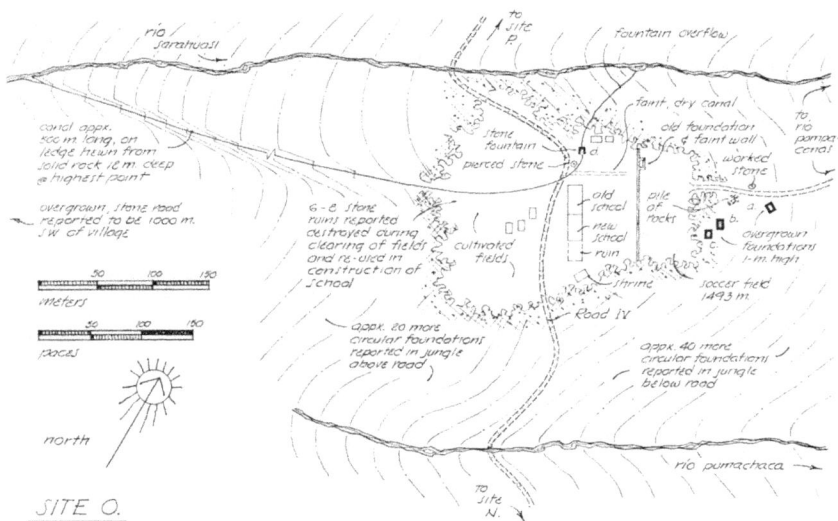

Figura 46 - Mapa de Consevidayoc (sitio probable de Marcanay)

Increíblemente, la mañana siguiente amaneció despejada por duodécimo día consecutivo. Incluso los picos altos estaban despejados, revelando una vista espectacular de Icma Coya directamente por el río Pumachaca detrás de la ciudad. El perfil en forma de cabeza de su peñasco de la cumbre se alzaba en gran relieve, como un busto de granito de mil pies de altura de algún dios primitivo de la montaña, que, por supuesto, es exactamente lo que era. Parecía una última evidencia en apoyo de nuestra idea de que el pueblo había sido un lugar importante en la época incaica. La *pampa* de Consevidayoc es el único lugar a lo largo del camino debajo de Tambo desde donde *se puede ver el apu*, o pico sagrado, de Icma Coya. Era difícil creer que los nagtivos no hubieran hecho algún uso del punto de vista que proporcionaba.

Nuestro siguiente objetivo fue Machu Pucará, el Fuerte Viejo. Yo todavía pensaba que tenía que estar en algún lugar entre el serpenteante río Tunquimayo y Vista Alegre, probablemente más cerca del río. (**Figura 44**) Debimos haberlo perdido, de alguna manera, en nuestro camino río abajo. Al mediodía, ya habíamos acampado en un pequeño claro cerca del Río San Guillermo, aproximadamente una hora más abajo de Vista Alegre, y estábamos revisando metódi-camente cada característica del terreno defendible en el área. No encontramos nada. Luego, al final del día, un lugar, especialmente, me pareció el sitio perfecto para una emboscada. Durante 45 o 55 metros, el sendero se extendía a lo largo de un camino extrecho entre caidas empinadas hacia el río y acantilados que se elevaban verticalmente hasta una cima,cubierta por la selva. Este tiene que ser el lugar, pensé, trepando a través de las rocas y el la densa vege-tacion hacia la cima. Cada pie de elevación ganado con tanto esfuerzo me emocionaba más. Cuando llegué a la cresta, esperaba encontrar la fortaleza perdida, pero, en cambio, casi me caigo del otro lado. Lo que desde abajo parecía un área nivelada en la parte superior, resultó ser una larga y delgada losca de piedra, de perfil horizontal, pero tan estrecha que ni siquiera había lugar para pararse, y mucho menos para construir un fuerte. Decepcionado, volví a casa a oscuras por segunda vez en tres días, algo en lo que me estaba volviendo un experto.

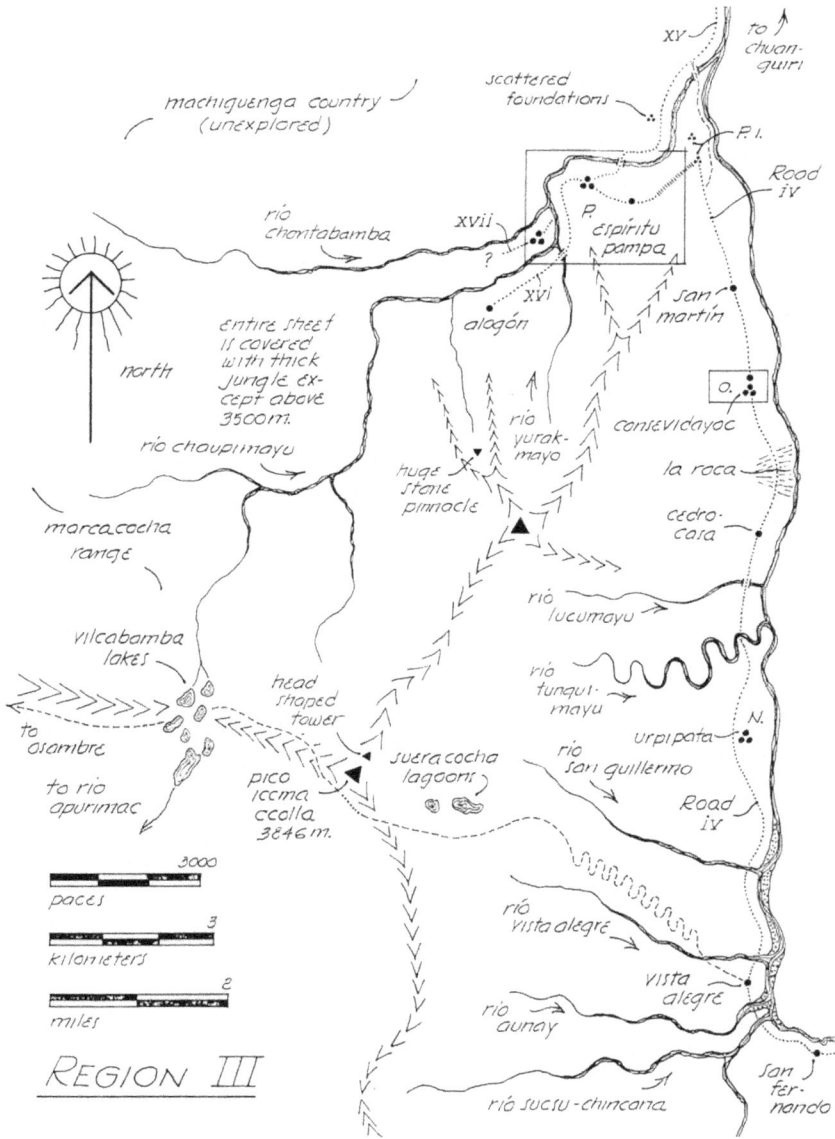

Figura 44 - Mapa del bajo Río Pampaconas

Durante todo el día siguiente, seguimos buscando, pero seguimos sin encontrar nada. Mientras nos sentábamos a tomar café junto al fuego la segunda noche, estaba deprimido, de hecho estaba enojado. Apenas quedaban cuatro días de comida en nuestras mochilas y teníamos que partir hacia Tambo a la mañana siguiente. No quería irme a casa sin identificar los tres sitios faltantes. Caminando en la oscuridad por el sendero para descargar mis frustraciones, me sentí traicionado por Tupac Amaru, nuestro ángel guardián. Nos había permitido encontrar todos sus secretos menos este. ¿Cómo, pensé, iba a cumplir mi promesa de devolverle la vida a su mundo si no podía encontrarlo todo? Machu Pucara tenía que estar en algún lugar cercano, si tan solo el Inca me daba una pista de dónde. Casi esperando que una estrella cayera en el bosque y me mostrara el camino, me fui a la cama aún más irritado cuando no se dio tal señal.

Mientras nos preparábamos para salir por la mañana, una gran caravana de carga pasó por nuestro campamento en ruta río arriba. Algunos de los caballos huyeron de nuestras tiendas parcialmente desarmadas y de nuestros extraños equipamientos gringos, y hubo un poco de rodeo mientras los campesinos trataban de persuadirlos para que avanzaran hacia Vista Alegre. Uno de estos últimos, un joven, se detuvo junto a nuestra fogata y se quedó mientras sus compañeros desaparecían por el camino. Después de un momento incómodo mientras yo me preguntaba qué quería, dejé mi equipaje y entablé una conversación. Era pariente de mi amigo Luque, dijo, y vivía cerca. ¿Por qué estábamos allí?, preguntó. Le expliqué que estábamos buscando ruinas y le pregunté si sabía de alguna por los alrededores. —No —dijo—. "No hay." De nuevo decepcionado, estaba a punto de decirle *adiós* y volver a mi equipaje cuando añadió que las únicas ruinas que conocía estaban en un lugar llamado Urpipata, a una milla de distancia por el sendero.

¡Eso debía ser! ¡El Fuerte Viejo debe estar en Urpipata! El muchacho no podía retrasarse lo suficiente para llevarnos allí, pero describió la cresta en la que se encontraba el fuerte y nos dijo cómo llegar antes de apresurarse a reunirse con sus amigos. ¿Por qué se había retrasado en vernos en nuestro campamento? ¿Era suya la pista que le había pedido a Tupac Amaru? ¡Fue increíble! Emocionados, abandonamos nuestras maletas, agarramos nuestros *machetes* y corrimos de regreso por el sendero en busca de Urpipata. Jim Little pensó que era por la primera cresta a la que llegamos lo que se ajustaba a la descripción del niño, y bajó. Chris y yo pensamos que podría ser la segunda, pero terminamos escogiendo la tercera. Esperando un éxito instantáneo, no habíamos traído comida ni agua y, después de varias horas de cortar a traves de una cresta empinada y llena de maleza, nos dimos cuenta de nuestro error. Estábamos muy deshidratados y el agua más cercana era el río Pampaconas, todavía muy abajo. No habíamos encontrado ruinas. El éxito, al parecer, se nos había escapado de las manos. Exasperados, continuamos hacia el río, deslizándonos por los acantilados cubiertos de selva durante los últimos treinta metros más o menos.

Refrescados por un baño, un descanso y mucho para beber, comenzamos a retroceder colina arriba. Mi altímetro decía que habíamos perdido casi 300 metros, pero hicimos un buen tiempo con el camino ya despejado. Buscamos por todas partes ruinas, viejos caminos o cualquier señal de actividad humana, pero no encontramos nada. Era tarde cuando recuperamos el sendero. Hambrientos, cansados y completamente disgustados, nos dirigimos de regreso al campamento. A medida que nos acercábamos a la segunda cresta, la que habíamos pasado por alto por la mañana, ambos nos preguntábamos si tal vez esa era la que deberíamos haber tomado. Chris dijo que tal vez sí, pero que se iba a ir al campamento. Él ya estaba acabado. Yo también, pero estaba aún más obsesionado con encontrar el maldito fuerte, si es que había alguna posibilidad. Calculé que me quedaba como máximo una hora de luz. Le prometí a Chris que no me desviaría más de media hora del camino antes de dar la vuelta y regresar.

Después de veinte minutos de corte duro, ¡ahí estaba! Completamente enterrados bajo toneladas de enredaderas, enredaderas y vegetación podrida había dos edificios de unos 5 por 9 metros dentro de un recinto amurallado de 12 pasos de ancho y 43 de largo. Las ruinas coronaban una empinada colina, a la que solo se podía acceder por una cresta afilada de nunos 140 metros de largo que corría hacia el camino. (**Figura 45**) El efecto de la ruina era un poco como el de un pequeño castillo rectangular con dos torres y un solo acceso, muy restringido. Lo único que faltaba era un puente levadizo. Con la teoría de que podría haber más, corté una línea de varios cientos de pies en cada cara de la colina, pero no encontré nada más. De vuelta en la cresta, estaba casi anocheciendo y la visibilidad se desvanecía rápidamente, así que dibujé un plano rápido del fuerte en mi diario y me apresuré a regresar al sendero. A menos de 50 metros hacia el campamento, un pequeño arroyo pasaba a través del camino. Ya estaba oscuro cuando llegué, pero ¿a quién le importaba? Tenía tanta sed que tragué trago tras trago, sin que nadie lo viera. Supuse que debía de ser el suministro de agua para el fuerte, pero no era el "río" que las crónicas me habían hecho esperar. Eso no importa. Había encontrado el último de los sitios que faltaban, y eso era lo que contaba. Retomando mi camino de regreso al campamento a la luz de las estrellas, era un campista feliz.

viewed from campesino house

SITE N.

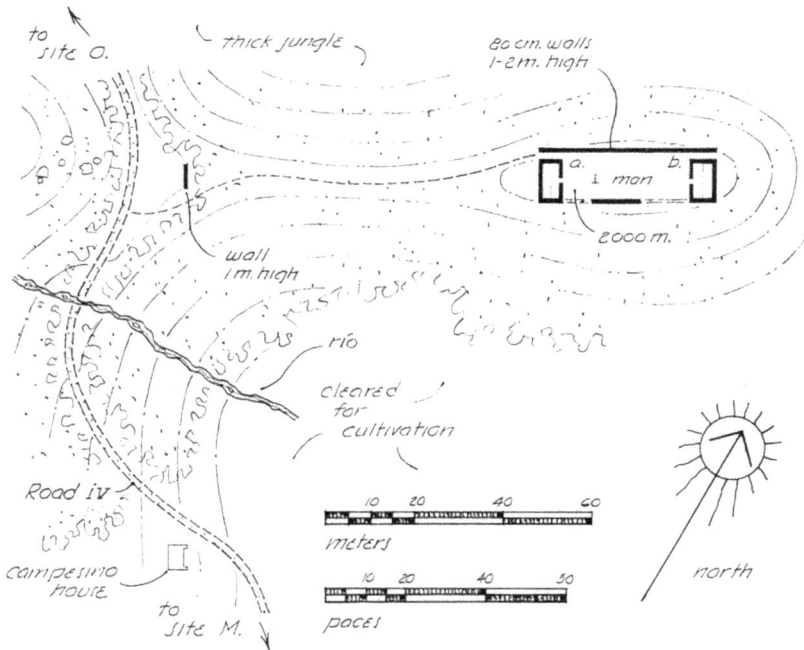

to site O.

thick jungle

80 cm. walls 1-2 m. high

a. mon b.

2000 m.

wall 1 m. high

río

cleared for cultivation

Road IV

campesino house

to site M.

10 20 40 60
meters

10 20 40 50
paces

north

Figura 45 - Plano del sitio y vista de Urpipata (probable sitio de Machu Pucara)

A la mañana siguiente, mientras caminaba por el camino hacia Tambo, pensé cómo todo sobre el Fuerte Viejo parecía encajar. Era una posición fuerte, bien situada para la defensa. Respecto al lado negativo, no tenía suministro de agua seguro y era demasiado pequeño para acomodar a una guarnición muy grande. No es de extrañar que hubiera sido tomado fácilmente en 1572 por la abrumadora fuerza de los españoles. Probablemente construido como un tampu fortificado, una especie de estación de paso utilizada por los incas para acomodar y controlar el tráfico a lo largo de sus caminos **(1),** es probable que nunca fue diseñado para resistir un asedio concertado. A diferencia de las ruinas de Tambo, su diseño y construcción clásicamente inca sugerían que había sido construida mucho antes de la invasión española final. Posiblemente, eso explicara su nombre, el "Viejo" Fuerte.

A medida que nos acercábamos a Tambo, me di cuenta de que, a pesar de sus muchas diferencias, ambos sitios usaban el terreno de la misma manera. Ambos estaban en las cimas de las colinas a las que solo se podía acceder a través de crestas largas y estrechas, empinadas a ambos lados. De esa manera, pocos atacantes podrían acercarse lo suficiente como para causar daño en un momento dado. Sin duda, era un plan que funcionaba bien frente a las flechas y las hondas, pero las armas de fuego de largo alcance habrían sido otro asunto completamente diferente. Así como las espadas de acero, las armaduras y los caballos habían vencido a los incas en el campo de batalla, el fuego de los cañones y arcabuces había hecho que sus fortificaciones quedaran obsoletas. Aun así, me alegré de que ningún enemigo sostuviera las alturas que se elevaban sobre la parte más estrecha del camino mientras bordeábamos el Huayna Pucara. Subiendo la última pendiente hasta la finca más cercana al fuerte, fuimos recibidos por sus dueños, el señor Huamán y su esposa. Nos mostraron dónde había agua y nos ofrecieron la parte más plana de su pequeña chacra para nuestro campamento.

Un lugar espectacular, dominaba una vista de todo el bajo Cañón del Pampaconas, con el Pico Icma Coya flotando en una capa de nubes en lo alto. Incluso levantamos un asta de bandera y enarbolamos los colores de Gene Savoy justo al atardecer. Mientras yo jugueteaba con la bandera, el resto de la expedicion se alineó en posicion de atención y saludó. A los Huamanes les encantaba y estaban orgullosos, decían, de que sus ruinas fueran tan importantes. Nos mostraron algunas paredes que se utilizaban para albergar a sus cerdos y nos explicaron que habían sido descubiertas cuando se estaba despejando la tierra para el cultivo, años antes. Curiosamente, eran los restos de casas típicamente incas, todo lo opuesto de las ruinas en Huayna Pucara, justo al otro lado de la ladera.

Tal vez el corral de Huamán había sido una vez un tampu inca, pensé, como el Fuerte Viejo. Estaba en el lugar correcto, a medio camino entre Pampaconas y Urpipata, y a un día de caminata fácil de cualquiera de ellas. Tenía buena agua y pastos para las llamas y, después de cuatro siglos, ¿no se seguía llamando Tambo? ¡Claro! Todo el trazado de la antigua vía entre Vitcos y Vilcabamba la Vieja quedó de repente claro. Excepto en tiempos de guerra, a los incas les gustaba viajar a un ritmo pausado, moviéndose solo medio día entre escalas. Sus estaciones de paso, o tampus, se trazaban típicamente con eso en mente **(2),** tal como parecían estar entre Rosaspata y Espíritu Pampa. Entonces, como ahora, es probable que los viajeros se hubieran detenido en los sitios de Vilcabamba la Nueva, Pampaconas y Conservidayoc, y ahora me di cuenta de que Tambo y Urpipata llenaban exactamente el espacio entre los dos últimos. **(Figura 1)**

Figura 1 - Mapa de ubicación

Dormimos hasta tarde al día siguiente, cocinamos el último de nuestros desayunos y partimos hacia las ruinas alrededor del mediodía, de nuevo bajo un sol brillante. Barefoot y yo decidimos despejar ambas plataformas para obtener mediciones precisas y ver si podíamos encontrar pruebas de que las "cuatro pequeñas torres" reportadas por el general Arbieto habían estado ubicadas allí. Chris y Jim Little subieron a la cima de la colina para estudiar las ruinas en detalle. Después de varias horas, habíamos completado el trabajo en las plataformas y encontramos muchas paredes y cimientos, escaleras y terrazas. Algunos de los cimientos podrían haber sido torres circulares, pero no quedaba mucho en pie sobre el nivel del suelo y era difícil estar seguro. Probablemente los españoles, conscientes de que su única línea de retirada se encontraba directamente debajo del fuerte, lo destruyeron por completo después de su victoria. Cualquiera que sea la explicación, no encontramos ninguno de los montones de escombros comúnmente causados por el deterioro natural de un sitio.

Las ruinas en la cima de la colina eran más de lo mismo y pasé el resto del día cartografiando toda la cresta. Un detalle asociado con la pequeña pradera en la misma cumbre me llamó la atención. La aproximación a la pradera desde el grupo de casas de abajo seguía una cresta estrecha durante unos 25 metros. A mitad de camino, había sido cortado con un foso poco profundo, de solo unos pocos pies de ancho y cuidadosamente forrado con piedras. La brecha no era lo suficientemente grande como para ser una barrera física, sino que debía haber tenido algún propósito social o religioso. Al otro lado de la brecha, solo tres cimientos daban a la pradera, cerca del centro de la cual se alzaba la roca aislada. (**Figura 43**, Grupo 3) Todo el arreglo tenía la sensación de un recinto sagrado, reservado para los jefes, sacerdotes o actividades u ocasiones importantes. A pesar de que todo en el sitio sugería orígenes no incas, la roca prominente se presentó de la misma manera que sus contrapartes más grandes tanto en Vitcos como en Vilcabamba la Vieja. Como amante de las rocas, me sentí entre espíritus afines en los tres lugares.

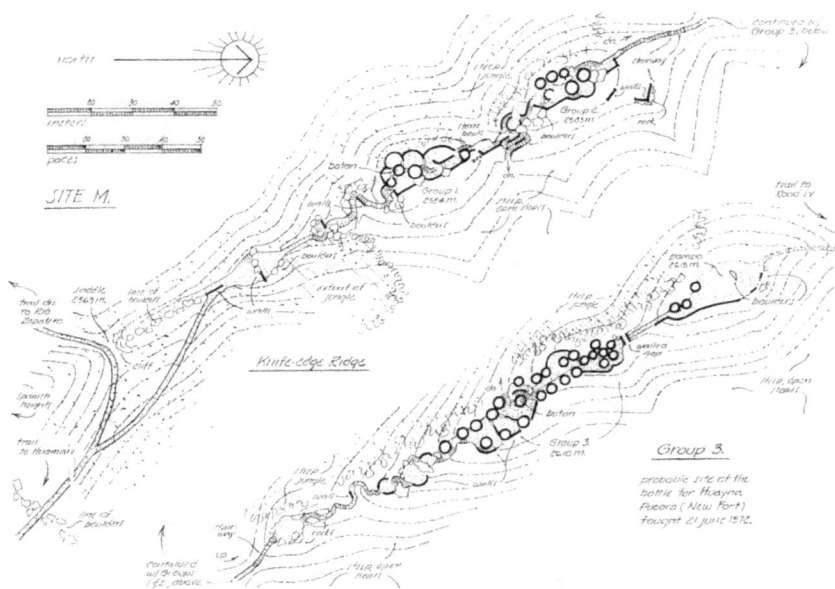

Figura 43 - Plano del sitio de Tambo (sitio probable de Huayna Pucara)

¿Qué tienen las rocas?, me pregunto. A mi manera media pagana, pienso en la piedra como mucho más que un material de construcción anticuado. En las altas montañas, o entre los cañones desérticos del suroeste de Estados Unidos, se revela como la sustancia eterna de la Tierra, un esqueleto apenas cubierto con una fina y fugaz capa de vida. Nadie sabe exactamente lo que los incas y sus vecinos pensaron al respecto, pero supongo que sentían más o menos lo mismo. Los orgullosos glaciares erráticos esparcidos por todos los Andes eran venerados como recordatorios de Pacha Mama, literalmente la madre de todas las rocas, después de todo, su (y nuestro) hogar.

El significado de los tallados en la piedra es difícil de imaginar. Claramente, en muchos sitios como Ñusta Ispanan, tenían un gran significado, aunque enigmático. En otros lugares, en un entorno más rústico, es posible que no fueran más que los restos de aprendices de albañil, aspirantes a un oficio probablemente considerado como una orgullosa vocación entre sus mayores. Sin embargo, el gran monolito blanco que ocupa un lugar tan destacado en Espíritu

Pampa debe haber parecido realmente un regalo de los dioses. Al igual que los propios incas, era un viajante de las tierras altas que había venido a descansar en el bosque, a muchos kilómetros de sus orígenes en los picos distantes. Su elección de un hogar puede haber inspirado también el de ellos y posiblemente dio origen a su nombre, Vilcapampa, la llanura sagrada.

Al día siguiente, el 11 de julio, regresamos a las ruinas para atar algunos cabos sueltos antes de dirigirnos río arriba. Al mediodía, estábamos empacados y preparándonos para irnos cuando la señora Huamán nos recibió con una jarra de café y un tazón grande de *yuca humeante*. Parecíamos tan delgados, dijo, que se había apiadado de nosotros y nos había preparado un bocado. Tenía razón. Habíamos tenido poca comida desde que salimos de Espíritu Pampa y éramos un equipo de aspecto descuidado, cada uno de nosotros había perdido casi 10 kilos desde que salimos de Cusco. El café era maravilloso, pero hambrientos como estábamos, era todo lo que podíamos hacer para atragantarnos con la yuca, nutritiva pero con poco sabor si no se condimenta. Lo terminamos todo, agradecimos a los Huamán y a su enorme familia por su generosidad, y bajamos la colina hasta el sendero.

Después de cruzar el puente inferior hacia la otra orilla del Pampaconas, comencé a estudiar el terreno del lado del río Tambo. Estaba buscando pruebas de que los incas podrían haber destruido el puente superior y engañado a los españoles para que permanecieran allí durante su difícil y larga marcha desde Ututo hasta el Fuerte Nuevo. El país tenía exactamente el aspecto que los invasores habían descrito; Bloqueados por todas partes por acantilados y barrancos obstruidos por la selva que miran hacia el norte. El río había encontrado una planicie debil o de discontinuidad en los sustratos, de modo que los dos lados del cañón eran totalmente diferentes. Sin embargo, la topografía era tal que la diferencia apenas se notaba vista desde arriba. Bajando por el cañón desde Ututo, los españoles no habrían visto ninguna razón para cruzar.

Llegamos al puente superior a última hora de la tarde, cruzamos de nuevo a los prados de Ututo y acampamos no muy lejos de donde las chicas nos habían dejado 15 días antes. Mientras los otros muchachos se instalaban, exploré el lado de Pampaconas del cañón debajo del puente en busca de señales de un viejo camino allí. Efectivamente, un sendero poco utilizado, que ocasionalmente mostraba adoquines incas, continuó río abajo durante una milla o más, pasando por campos salpicados de viejas casas campesinas, en su mayoría abandonadas. Finalmente, las colinas rocosas que había visto desde la otra orilla se cerraban contra el desfiladero del río, que para entonces tenía varios cientos de metros de profundidad. El sendero desapareció en un revoltijo de enormes rocas cubiertas de maleza. Era más o menos lo que esperaba. Al llegar a las rocas, los españoles podrían haber sido fácilmente engañados por un falso sendero hacia el bosque más allá. Se habían quejado de que los nativos habían cortado árboles para bloquear el camino y tal vez, pensé, para ocultar el hecho de que era el camino equivocado, el camino fácil que para entonces estaba oculto a la vista en la selva a través del profubdo cañon del Pampaconas. Semejante panorama, pensé, podría explicar los cuatro días que tardó Arbieto en llegar a Tambo, un lugar del que acabábamos de llegar en cuatro o cinco horas.

Hacía frío en el aire esa noche y el fuego de la fogata se sentía bien. Aún mejor fue la sensación de que habíamos encontrado todo lo que habíamos venido a buscar. No estaba claro si habíamos hecho algo bien o simplemente habíamos tenido suerte. En parte, fue la suerte. A diferencia de todos nuestros predecesores, descubrimos desde el inicio que seguíamos por la misma ruta que habían utilizado los españoles en 1572. Encontrar el Nuevo Fuerte el primer día lo había demostrado con certeza. Pero sin el consejo de Renzo, nos hubieramos pasado del camino como él y todos los demás lo habían hecho. Sin embargo, una vez allí, supe qué buscar, y tal vez ese fue la causa del exito final. El éxito de la exploración era básicamente una cuestión de suerte.

Teníamos otra semana antes de salir a Cusco, y la charla alrededor del fuego se centró en el resto del viaje. Después de haber subido constantemente, ahora estábamos cerca del borde de la alta y fría pampa a unos 2900 metros de altura. La estufa de querosene había comenzado a gotear mucho en Espíritu Pampa y ahora estallaba en llamas cada vez que intentábamos usarla. Con el combustible sobrante, no habíamos tenido problemas para encender fuegos, pero más arriba, la leña escaseaba. Nuestro plan para el resto del viaje había requerido una semana de escala en las altas cumbres, pero por encima de la línea de nieve, no habría madera en absoluto. Por mucho que todos quisiéramos salir del bosque y subir a los glaciares, un cambio de planes parecía inevitable. Después de considerar nuestras opciones, surgió un compromiso. Bareffot y Chris habian tenido suficiente ya con la selva, Ahora que estaban fuera, los dos dijeron que no iban a regresar y recordando mi semana lluviosa en Icma Coya, supe lo que se sentía. Decidieron subir a la línea de árboles en la base de la *cordillera*, pasear por unos días y disfrutar del aire libre. Con selva o sin ella, a Jim Little y a mi nos había picado el bicho de la exploración y queríamos encontrar más ruinas. La única otra ruina que conocía era el edificio de dos pisos en algún lugar de las montañas Puncuyoc que Savoy había mencionado antes de que saliéramos de los Estados Unidos. "Ahí es donde iría", había dicho. Le conté la historia a Jim y le pregunté si quería volver a alinear a José y probarlo. "¿Por qué no?", dijo. "Tal vez haya otro Machu Picchu allá arriba".

9

La Cereza sobre el pastel

Llegamos a Huancacalle tarde al día siguiente y nos encontramos con varias sorpresas esperando. Paul estaba de vuelta en el campamento, después de haber hecho todo el camino hasta Cusco desde la última vez que lo habíamos visto en Espíritu Pampa. Las chicas, dijo, habían salido más o menos como había estaba planeado y ahora estaban dispersas por todo el mapa. Nancy ya estaba de vuelta en Jackson Hole, Martha viajaba sola por el lago Titicaca y Jill, que había quedado un poco cautivada por los encantos europeos de Renzo, lo visitaba en Lima. Llegar a Cusco, sin embargo, había sido un calvario que las tres recordarían por un buen tiempo. En sus intentos de ir de Pucyura a Yupanka en la primera noche se habían encontrado con un grupo de soldados borrachos y felices, disparando sus armas al aire y tratando de asustar e impresionar a las tres lindas gringas al más puro estilo machista. El simpático teniente que habíamos conocido en el camino seguía allí, pero su autoridad se vio eclipsada por un capitán hostil tan borracho que se había vomitado a si mismo por todo el cuerpo. Cuando las tres finalmente consiguieron que las llevaran por la carretera en un jeep del ejército, el conductor, también borracho, las había aterrorizado tanto con su forma de conducir loca que saltaron a mitad de camino y corrieron para salvar sus vidas, solo para ser apedreadas por un grupo de niños que lanzaban piedras. Durante un tiempo, le habían dicho a Paul, todo había sido bastante aterrador. Este relato no pronosticaba buenas posibilidades para el ejército peruano de golpear a los terroristas, pensé, escuchando la historia.

Little y yo tratamos de no pensar en nuestras esposas negociando su camino a través de un grupo de soldados armados, aburridos, arrechos y borrachos, pero no nos sorprendió que ellas lo hubieran manejado bien. Sin duda, los detalles darían para toda una saga cuando llegáramos a casa. Mientras tanto, nosotros mismos nos dirigíamos al peligro. Para llegar a la cordillera de Puncuyoc, tendríamos que lidiar con el mismo obstaculo para pasar Pucyura y me pregunté qué nos esperaba. Pensando que José sería útil si había problemas, nos sentimos aliviados cuando dijo que podía ir con nosotros. Paul también decidió unirse, fortaleciendo nuestro equipo a un grupo de cuatro.

Don Juvenal quiso ir, pero no pudo. Estaba esperando a Renzo y a su equipo de filmación y se había comprometido a trabajar para ellos cuando regresaran. No había visto las ruinas de Puncuyoc, pero había oído hablar de ellas a los viejos que sí las habían visto. Mientras planeábamos el viaje, le transmitió a José lo que le habían dicho, ya que José tampoco había estado nunca allí. Mientras hablábamos, un fuerte rugido resonó por el cañón. Era Renzo, esta vez en un gran helicóptero del ejército de doble rotor. Con él había un séquito de tropas altibas, hábiles cineastas italianos y funcionarios del gobierno con aire propio de importancia, todos parecían muy ansiosos por volver a la ciudad. El italiano me hizo señas para que me acercara al helicóptero y me gritó que le prestara mi foto satelital durante un par de horas. Recordando la reprimenda que mi quipo me había dado por no compartir información con él la última vez, me agaché debajo de los rotores del helicoptero y le lancé la foto mientras él despegaba hacia Quillabamba en busca de más combustible.

A los niños locales les encantó, por supuesto, pero el ominoso "whump-whump-whump" del sonido del elicoptero mientras edesaparecía por el valle me llevó en mi memoria por un instante veinte años atrás a mis propios días de helicóptero en el Oriente. Los niños podrían emocionarse por mí, pensé, mientras caminaba de regreso al campamento. De hecho, por mucho que intentara ser justo y tener la mente abierta, toda la escena con Renzo me molestaba. Jim y Paul también sintieron que algo andaba mal con toda este imagen. Hasta entonces no nos habíamos dado cuenta de lo acostumbrados que nos habíamos vuelto al ritmo tranquilo de la vida en la montaña. Habíamos empezado a ver el mundo a través de los ojos de los nativos y visto de esa manera, la llegada y salida de Renzo en nubes de polvo, ruido y actividad como en una cómedia parecía absurda y extraña. Lamentablemente, la mayor parte del contacto que los nativos tenían con su gobierno y con los gringos era así. No era de extrañar que sospecharan de todo lo que había fuera de sus valles.

Más tarde, Renzo regresó con mi foto, después de haber buscado varios sitios pero no vio "nada", dijo, desde el aire. Eso no era ninguna novedad para nosotros, ya que nosotros mismos habíamos tenido problemas a pie para identificar lo que habíamos encontrado. Voló a las comodidades del Cusco para pasar la noche, mientras nosotros tres subimos a casa de José a tomar un café y regresamos tranquilamente a Vilcabamba. José dijo que Puncuyoc no era la única ruina que aún no habíamos visto. Afirmó que había una serie de sitios cercanos que estaban fuera del camino y rara vez eran visitados, especialmente por los gringos. Le dijimos que queríamos verlos todos y por primera vez empecé a pensar en un libro que pudiera incluir todo sobre la región en una sola publicación. Además de Vitcos y Vilcabamba la Vieja, habíamos mapeado todos los sitios que faltaban en el río Pampaconas. ¿Por qué no registrar también todo lo que hay en el alto Vilcabamba? Nos pusimos deacuerdo que nuestro primer trabajo sería encontrar Puncuyoc, pero si sobraba tiempo, intentaríamos ir también a todos los otros sitios mencionados por José.

Al pasar por Pucyura a la mañana siguiente, nadie se movía en el puesto de control del ejército. Las botellas tiradas por todas partes decían que probablemente todos todavía tenían resaca de la fiesta de la noche. No nos detuvimos a comprobarlo. En nuestro camino hacia Yupanka, un asentamniento al borde de donde comenzaba el camino hacia el Puncuyoc, decidimos desviarnos a través del río hasta Lucma, la pequeña pero pintoresca capital provincial. En 1982 había oído hablar de una ruina cerca de allí y José me dijo que estaba en las alturas del pueblo. En el camino, nos detuvimos en la antigua iglesia, una estructura maravillosamente pintoresca que recuerda a la de Vilcabamba la Nueva, pero en parte construida con piedras incas recicladas. La leyenda decía que cualquiera que entrara en el antiguo campanario español a su costado pronto moriría de alguna horrible enfermedad respiratoria. Mirando hacia la montaña, decidimos guardar nuestros pulmones para la subida. Desde el cementerio, el camino ascendía empinadamente hasta una colina entre dos cerros altos, luego continuaba por el cerro del norte hasta una cumbre que se encontraba directamente en una curva cerrada del río Vilcabamba, al menos 300 metros más abajo.

Justo debajo de la parte superior había una gran plaza cubierta de hierba con bajos muros de contención de piedra en tres lados **(Figura 13)**. José llamó al lugar Inca Huaracana, siendo huaraca el nombre de la famosa honda inca. Había una tradición local que decía que desde allí, el inca- nadie parecía saber cuál- habían arrojado una vez una enorme piedra hacia el norte a través del río para frustrar la fuga de una esposa infiel. Supuestamente, la piedra había abierto la profunda brecha llamada Abra Puncuyoc en el horizonte distante, y la esposa se había convertido en el pilar de piedra dentado que aún permanecía en pie en la mitad del paso, incapaz para siempre de reunirse con su amante al otro lado. **(Figura 14)**

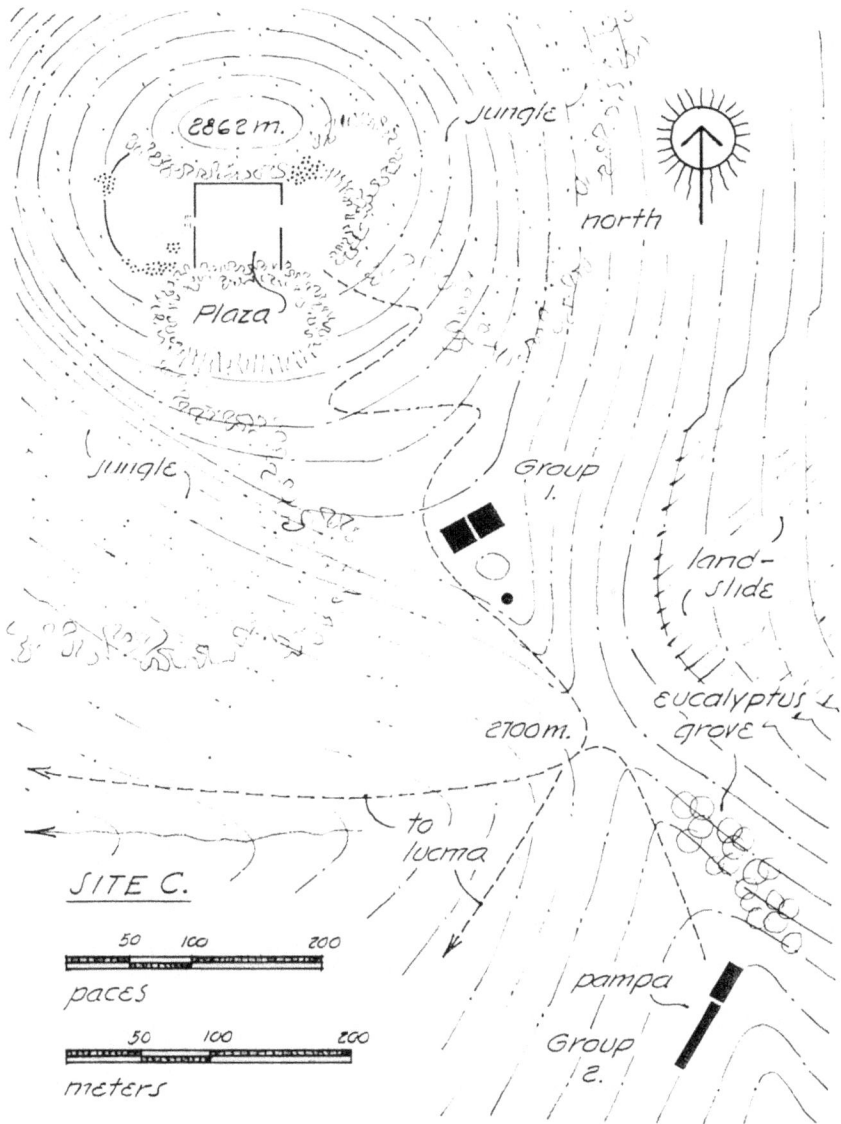

Figura 13 - Mapa de Inca Huaracana

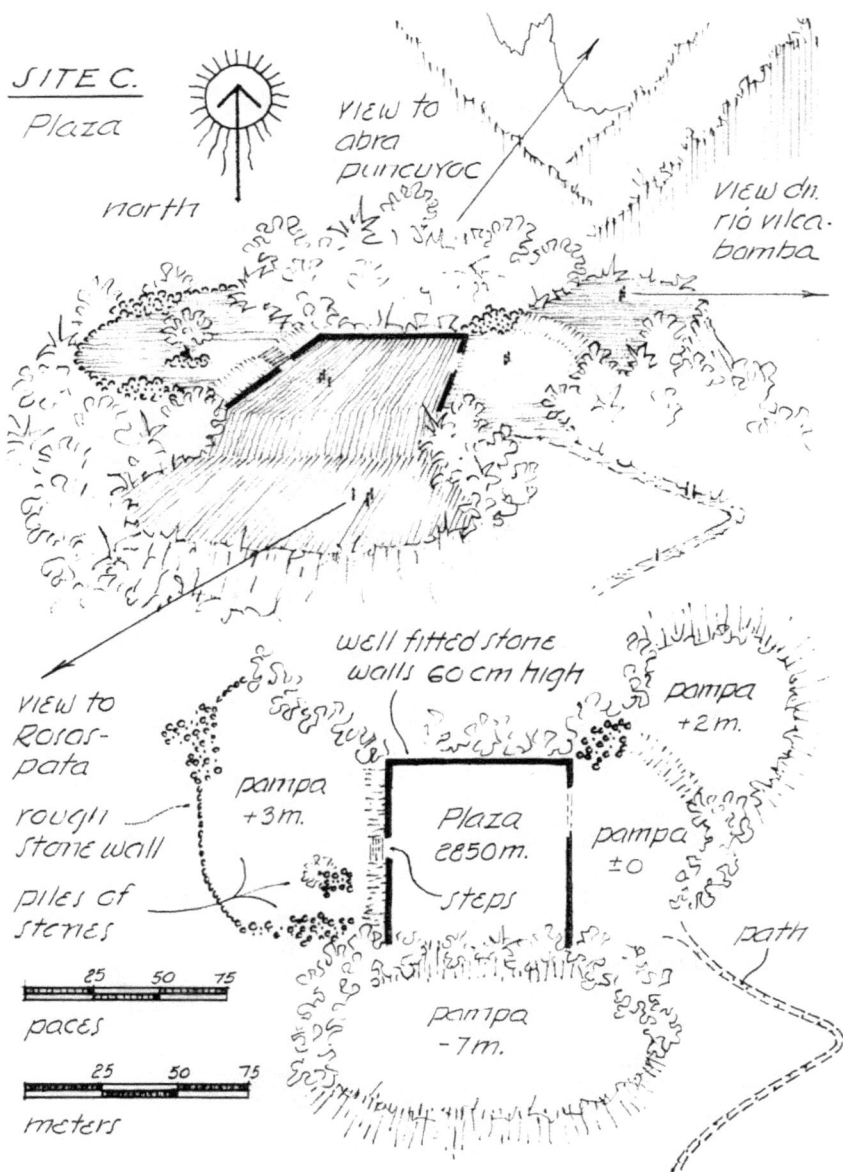

Figura 14 - Plano del sitio y vista de la plaza

Cartografié la plaza y varias pampas cercanas aparentemente rela-
cionadas, y luego revisé la cima de la colina. Las vistas a su alre-

dedor eran fabulosas. La cordillera de Puncuyoc se veía a través de todo el horizonte hacia el norte. José dijo que las ruinas que buscábamos estaban escondidas en algún lugar entre los picos más altos e impresionantes que formaban murallas al occidente del paso. A pesar del buen tiempo, sus barrancos dominados por la selva estaban envueltos en niebla y la nieve fresca cubría el granito oscuro de sus picos. No podíamos se podía evitar tener la impresión de que nos dirigíamos a un territorio difícil. Mirando otra vez al sur, las ruinas de Vitcos se podían ver en la cima de Rosaspata, solas en medio de los cañones de la cabecera del río Vilcabamba. Fluyendo alrededor del pie de la colina en la que nos encontrábamos, el río giraba bruscamente hacia el este y corría por un profundo cañón hacia el río Urubamba. La carretera estaba claramente visible, serpenteando río abajo a lo largo del curso de agua durante kilómetros. Mientras observábamos, un camión avanzaba lentamente por la carretera hacia Yupanka, todavía a una hora o más de distancia. Como punto de vista, la plaza tenía vistas de al menos 300 grados del campo circundante. Se sabe que los incas se comunicaban regularmente a grandes distancias por métodos simples de línea de visión: humo y luz solar reflejada durante el día y fogatas por la noche. Cualesquiera que sean los otros propósitos que el sitio pueda haber servido, Inca Huaracana bien puede haber sido un centro importante en dicha red de señalización.

Curiosamente, no había ruinas en la cima, ni siquiera una plataforma desde la que contemplar la vista, nada, de hecho, solo había una espesa maleza con espinas. Esto se convertiría en un misterio aún más tarde cuando dibujé un plano del sitio a partir de mis notas. El lugard tenía la forma de un pájaro enorme, volando hacia el norte, hacia el paso de Puncuyoc. (**Figura 14**) La única parte del ave que ya no era visible era la cabeza, que debía haber estado directamente en el punto más alto, que a su vez no aparentaba haber sido construido. Posiblemente, el plano del sitio en forma de pájaro fue solo una coincidencia, aunque lo dudo. Lo más probable es que el pico tuviera un significado ritual en la época inca y fuera el escenario de actividades ceremoniales de algún tipo. Posiblemente se conservó como el lugar desde donde realmente el que el Inca había lanzado con su mítica honda.

De cualquier forma, la aparente falta de obra construida fue sorprendente. De hecho, las únicas estructuras que pude encontrar en cualquier lugar estaban muy abajo en la colina, cerca del area entre los picos. Dos edificios muy cubiertos de maleza, pero por lo demás intactos, seguían en pie, de unos 10 metros de altura y eran tipicamente incas en su diseño y construcción. **(Figura 15**, Grupo 1) Hiram Bingham había reportado dos estructuras en un sitio por encima de Lucma que también llamó Inca Huaracana, pero sus dibujos no se parecían en nada a lo que yo había encontrado. **(Figura 15**, Grupo 2) Al volver por el camino empinado hacia Lucma, estaba desconcertado cuando ví una fundación circular en medio de un campo arado, gran parte de la ladera había sido despejada para el cultivo. Habían pasado 73 años desde la visita de Bingham. Tal vez sus hallazgos habían sido destrozados por los agricultores, pensé, pero ¿por qué no había él encontrado la plaza o las dos grandes casas aún en pie? ¿Había más acerca del sitio de lo que José sabía?

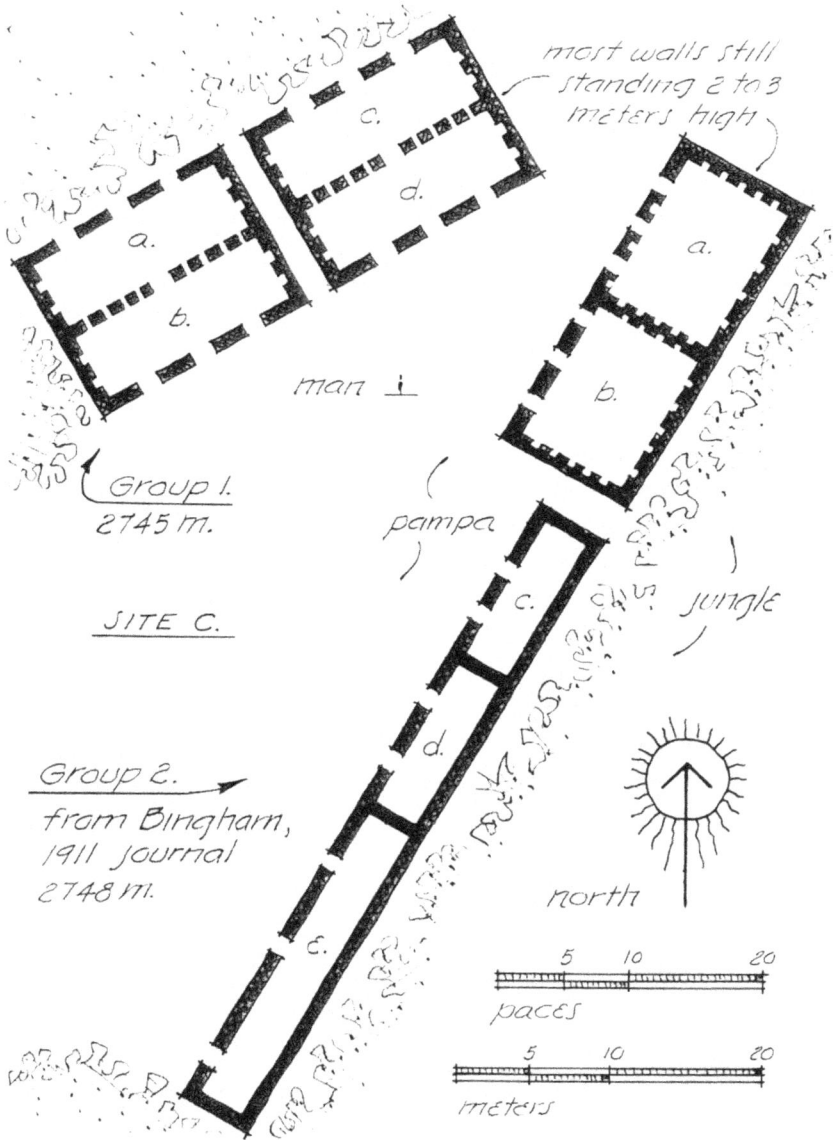

Figura 15 - Plano de planta de las estructuras

Esa noche, en Yupanka, no nos encontramos con ninguna hostilidad. Más bien, bebimos cerveza con el alcalde y varios policías hasta altas horas de la madrugada. José encontró a un joven que había estado en las ruinas de Puncuyoc unos años antes con su padre y pensó que podría encontrar el camino de regreso. Se hacía llamar Ausavio Rivera, y le dimos la bienvenida con otra ronda de cervezas. Más tarde, hubo disparos esporádicos y el sonido de granadas explosivas, pero apenas nos dimos cuenta, o nos importó. Los soldados seguramente aburridos en Pucyura tenían que matar el tiempo de alguna manera, y yo sabía por mis días en el la infantería de marina, los Marines, lo divertido que es jugar con armas y cosas que explotan. La idea de que en realidad podrían estar disparando contra terroristas nunca se nos ocurrió.

El camino hacia el Puncuyoc comenzó a través del río Salinas, un afluente que desembocaba en el río Vilcabamba justo debajo de Yupanka. **(Figura 4)** Un estrecho puente cruzaba hasta la primera de lo que resultaron ser innumerables curvas por una subida llena de vegetación e implacablemente empinada de la otra orilla. José dijo que el sendero conducía al paso de Huarina de 3,800 metros y, finalmente, bajaba a la selva del otro lado. Se suponía que nuestras ruinas estaban cerca de la cima, en algún lugar. Cuando comenzamos a subir, nuestra fiesta de la noche anterior nos pesó mucho. Peor aún, el clima finalmente comenzaba a cambiar. Avanzavamos hacia las nubes con la cabeza gacha y el ánimo apagado, ajenos a todo lo que no fuera el rastro bajo nuestros pies. Cuando llegamos al paso, soplaba un viento fuerte y empezaba a llover, así que buscamos un lugar resguardado para acampar. Al no encontrar ninguno, tomamos refugio en una especie de mesata empapado justo después del paso y unos minutos antes de que comenzara a llover de verdad. Recordando a la fuerza lo poco divertido que es explorar bajo la lluvia, le agradecí a Tupac Amaru por las tres semanas de sol que ya habíamos disfrutado. El paraíso se había perdido, o al menos eso parecía.

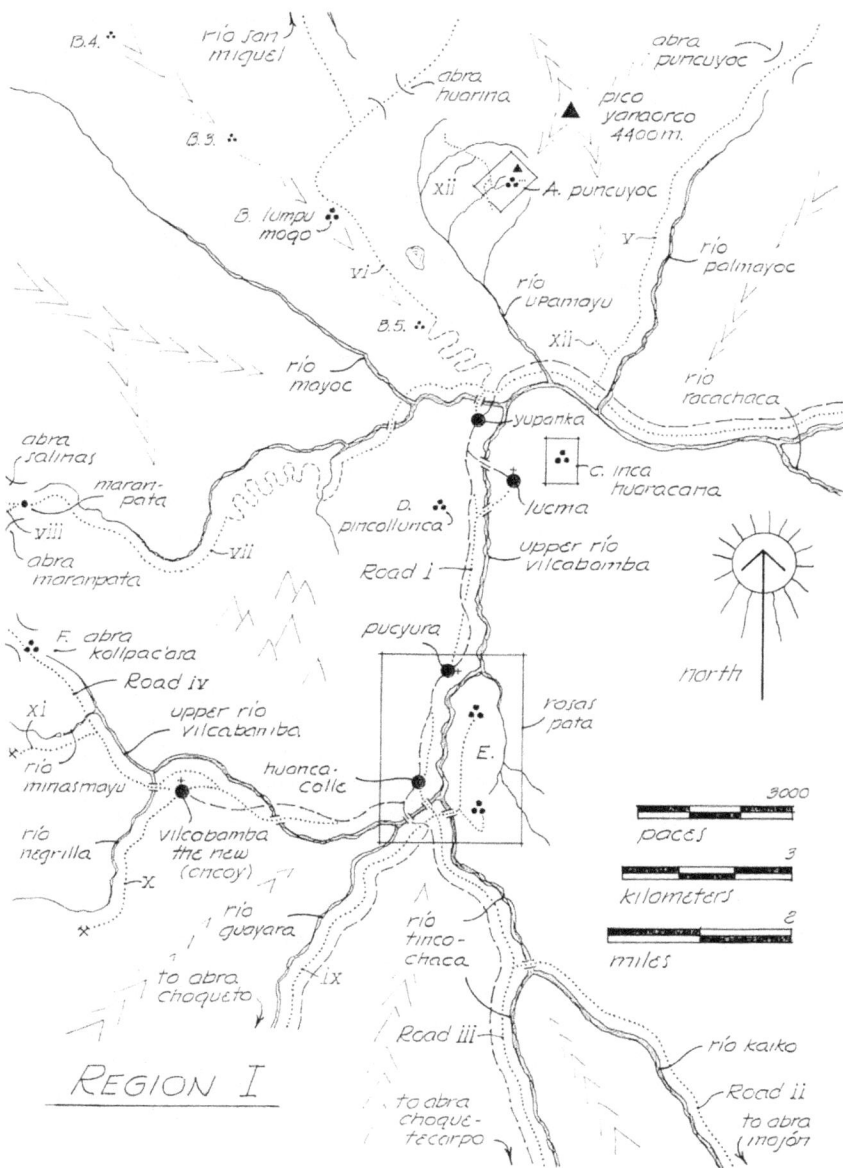

Figura 4 - Mapa del alto Río Vilcabamba

El paso separaba la cordillera de Puncuyoc de una larga cresta que corría hacia el oeste hacia el Santuario, otra montaña maciza inexplorada con un nombre intrigante. Ausavio afirmó que las ruinas estaban cerca, en realidad visibles desde el camino cuando el clima estaba despejado. Exactamente cómo llegar allí era otro asunto. Toda la cresta estaba cubierta de una niebla tan espesa que tuvimos que mantenernos cerca para no separarnos. José y Ausavio no habían traído ningún tipo de proteccion, así que les dimos nuestra gran sábana de suelo de material Visqueen y construyeron una tienda improvisada. Después de una triste cena cocinada lentamente sobre un fuego humeante bajo un aguacero constante, nos metimos en sacos de dormir mojados, y así, empapados hasta la piel, comenzamos a dudar sobre que tanto queríamos encontrar las ruinas.

La lluvia terminó en la noche, pero la niebla persistió de tal manera que deambulamos la mayor parte del día siguiente entre las nubes sin encontrar nada. Empezaba a pensar que Ausavio era un farsante cuando José se detuvo en una roca que sobresalía y prendió fuego a un poco de hierba ichu seca debajo de la protección de unas rocas. En ella introdució cuidadosamente algunas de las hojas verdes de coca que, como todos los locales, siempre llevaba para masticar. Mirábamos en silencio, preguntándonos qué estaba pasando. La expresión realista de Ausavio sugería que todo era lo normal en un día regular de trabajo, así que no preguntamos nada. Justo en ese momento, hubo un golpe de suerte en el clima y pudimos continuar hacia adelante. Entonces, Ausavio tomó ahora más confianza, ya que el terreno se puso más o menos visible por primera vez en dos días.

Cruzamos una cresta hacia una hermoso glaciar justo cuando las nubes se cerraban una vez más. De nuevo, José retomó la ofrenda de coca. De nuevo, el cielo se abrió y reveló la ruta. Ahora se hizo obvio para nosotros que también lo había pretendido así la primera vez. Jim, Paul y yo nos miramos con incredulidad. Seguramente, todo ese ritual no tenía ningún efecto en el clima. Cuando le pregunté a José al respecto, se puso un poco tímido y admitió que sonaba un poco loco. Dijo que era una vieja leyenda que los incas sacrificaban hojas de *coca* cada vez que las nubes oscurecían su camino en las montañas. Lo había intentado de vez en cuando, dijo, por lo general con buen éxito. Basta decir que él hizo tales ofrendas en seis ocasiones en el Puncuyoc, y el clima se despejó en minutos, las seis veces.

Más tarde ese día, Ausavio pensó que nos estábamos acercando. No estábamos a más de 100 metros de nuestro miserable vivac de la noche anterior, pero esta vez los alrededores eran visibles y, para él, familiares. El clima definitivamente estaba mejorando, así que decidimos parar por la noche y continuar la búsqueda por la mañana. Todavía escéptico, de repente nos animamos cuando Jim Little tropezó con un camino de piedra escondido entre la espesa hierba ichu mientras buscaba un lugar para armar su tienda.

"¡Vamos!" —grité, corriendo a echar un vistazo—. "Savoy dijo que siguiéramos los caminos, y ahora teniamos uno que seguir".

José estaba emocionado porque estaba claro que nadie había llegado hasta allí durante años. El pavimento estaba completamente cubierto de maleza y casi desaparecía a medida que pasaba a través de parches ocasionales de selva. A donde sea que condujera había permanecido imperturbable durante mucho tiempo. Completamente revitalizados, decidimos aprovechar lo que nos quedaba de luz para explorar la ruta más allá del campamento. Casi de inmediato, el camino dobló una cresta hacia la siguiente area en forma de valle bajo el glaciar, pasando por una especie de cimentación muy derruida en la cresta. No muy lejos de allí, perdimos el caamino. Después de abrir paso por un area empinada y desagradable de selva en el valle de abajo, José y Ausavio tomaron rumbo por una subida larga y abierta en el otro lado. Encontré una continuación del pavimento, pero en realidad se quedó en un callejón sin salida en una espesa vegetacion nubosa varios cientos de metros más alla. No había nada que hacer más que regresar al campamento, pero estaba seguro de que nuestra ruina yacía en algún lugar más allá de ese muro de espesa vegetación. Al día siguiente, lo sabríamos con certeza. Una hora más tarde, escuchamos a los dos *campesinos* que regresaban en la oscuridad, hablando emocionados. En la cima de la gran colina que habían escalado, dijeron, había una cresta afilada que dominaba el siguiente valle. El descenso estaba cortado por acantilados, pero al otro lado del desfiladero, en un alto espacio entre dos picos escarpados, habían visto un edificio de piedra que parecía estar en perfectas condiciones. Estaba emocionado, pero no sorprendido. El camino debía de continuar a través de la selva por donde yo había vuelto, rodeando la cima más allá y entrando en el mismo cañón que habían visto desde la cima de la cresta. Sin duda, luego subía por el fondo del drenaje hasta el edificio ubicado entre los picos de su cabecera.

Efectivamente, el camino nos llevó directamente a las ruinas por la mañana, pasando por una plataforma elevada mientras cruzaba la última cresta en el camino. El valle más allá era un lugar espectacular, ubicado sobre una alta cascada y rodeado de torres de roca dentadas. El camino cruzaba el arroyo justo por encima de las cataratas, los estribos de piedra aún atestiguaban el puente que una vez había atravesado allí. Más allá, había una escalera, de tal vez 800 metros de largo y sostenida con un muro de piedra bien construido a uno o dos metros por encima del deslizadero a lo largo de su lado descendente. Justo debajo del edificio ubicado en la muesca, la escalera nos depositó en una pequeña pampa con una pequeñísima laguna aislada cerca de su centro. El camino se extendía hasta la orilla, luego subía bruscamente más escalones de piedra hasta las ruinas. (**Figura 5**) Cerca de la laguna, casi tropecé con una pila de cilindros de piedra cortados pero sin usar escondidos en la hierba. En 1911, cuando Bingham encontró muchos de los edificios de Machu Picchu casi intactos, una característica común de los hastiales que aún estaban en pie era una fila de piedras cilíndricas del tamaño de una botella de vino que se proyectaban hacia el exterior, justo debajo de la línea del techo. Las había llamado estacas y supuso que se habían utilizado para atar el techo. Al parecer, las aproximadamente cincuenta que había en la pila a mis pies habían sido abandonadas allí de camino a algún proyecto de construcción aún inacabado, ya que no había señales de explotación de canteras en ningún lugar cercano. Me dio una sensación espeluznante, como si una grupo de obreros fuera a regresar en cualquier momento, recogerlos y continuar su camino.

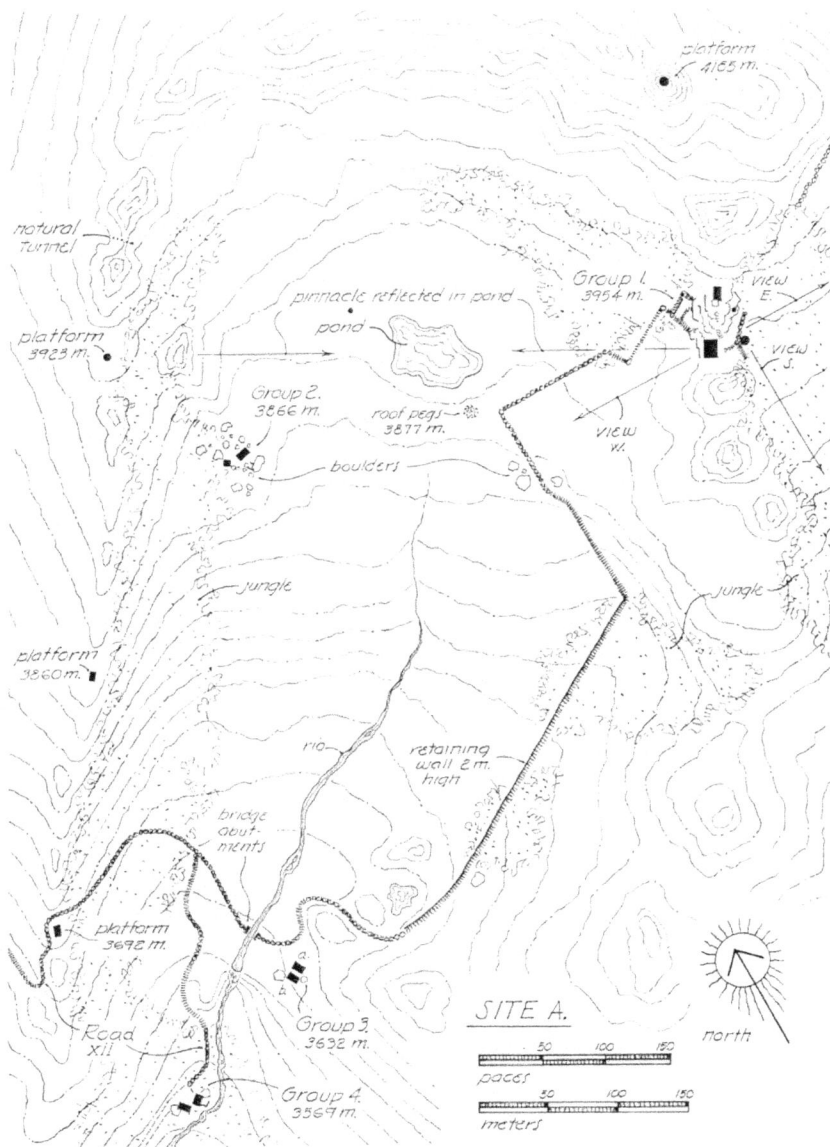

Figura 5 - Mapa de Puncuyoc

Continuando por la última escalera a través de una densa arboleda de árboles enmarañados y cubiertos de musgo, llegamos al objeto de nuestra búsqueda y encontramos que todos nuestros esfuerzos de los últimos días se habían visto recompensados por mucho. El edificio que teníamos ante nosotros era uno de los mejores que cualquiera de nosotros había visto jamás. **(Figura 6)** Una terraza, sostenida por un fino muro con nueve nichos, formaba una pequeña plaza frente a la entrada y dominaba la pampa y la laguna varios cientos de pies más abajo. Al otro lado del valle había un gran pico rocoso con una enorme mancha blanca cerca de su cima. En la superficie del estanque, el reflejo de la mancha estaba perfectamente centrado. En cada punto de la brújula había algo especial. Vitcos era claramente visible, a 800 metros por debajo de nosotros y a unos 10 o 11 kilometros hacia el sur. Mirando hacia el oeste, se podía ver una plataforma de piedra cubierta de maleza a través de los binoculares, en lo alto de la cresta que habíamos cruzado viniendo del campamento. Hacia el este había una afilada punta de granito, alta y esbelta en el horizonte, en lo alto de los picos de Puncuyoc. Cerca del edificio principal había varios muros de contención, escaleras y fuentes, junto con la forma circular en ruinas de al menos otra estructura, todas construidas con pirca tosca, o piedras de campo colocadas en mortero de arcilla.

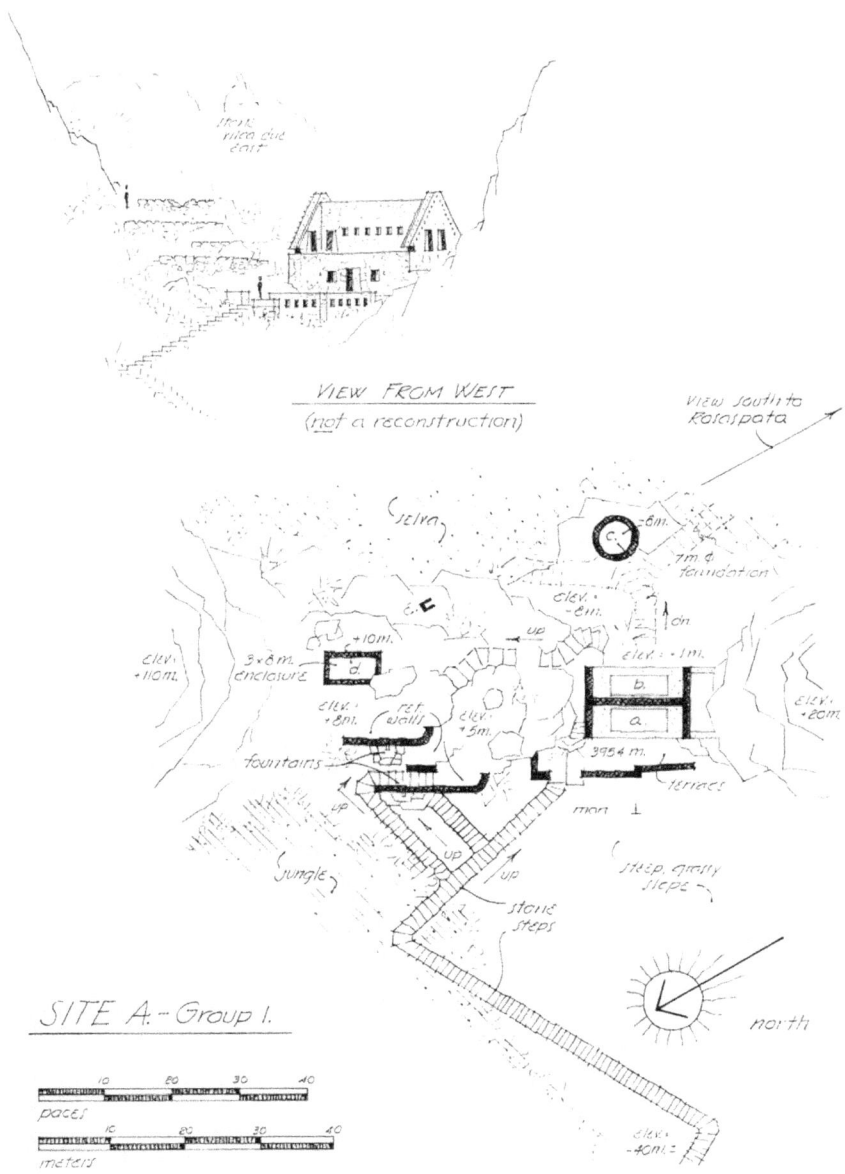

Figura 6 - Plano del sitio y vista de Incahuasi

En contraste espectacular, la mampostería del edificio principal estaba bien encajada, con grandes bloques finamente cortados que

193

enmarcaban las numerosas aberturas. Había dos pisos con dos habitaciones en cada piso, todo distribuido con ocho puertas, cinco ventanas y veintiséis nichos. De estos, los catorce en las habitaciones del nivel inferior eran del tamaño de un hombre y tenían anillos de piedra tallada que Bingham había considerado como estacas y que estaban empotradas en el centro de sus paredes traseras. Los empinados hastiales frontales estaban equipados con muchas más clavijas de piedra salientes que cualquier otro edificio en Machu Picchu, o en cualquier otro lugar que yo conociera. Toda la estructura tenia detalles de una manera totalmente única que ninguno de nosotros había visto antes, y sería raro si alguna piedra estaba fuera de lugar. Habíamos encontrado uno de los ejemplos más elaborados y mejor conservados de arquitectura inca que existen. (**Figuras 7-9**)

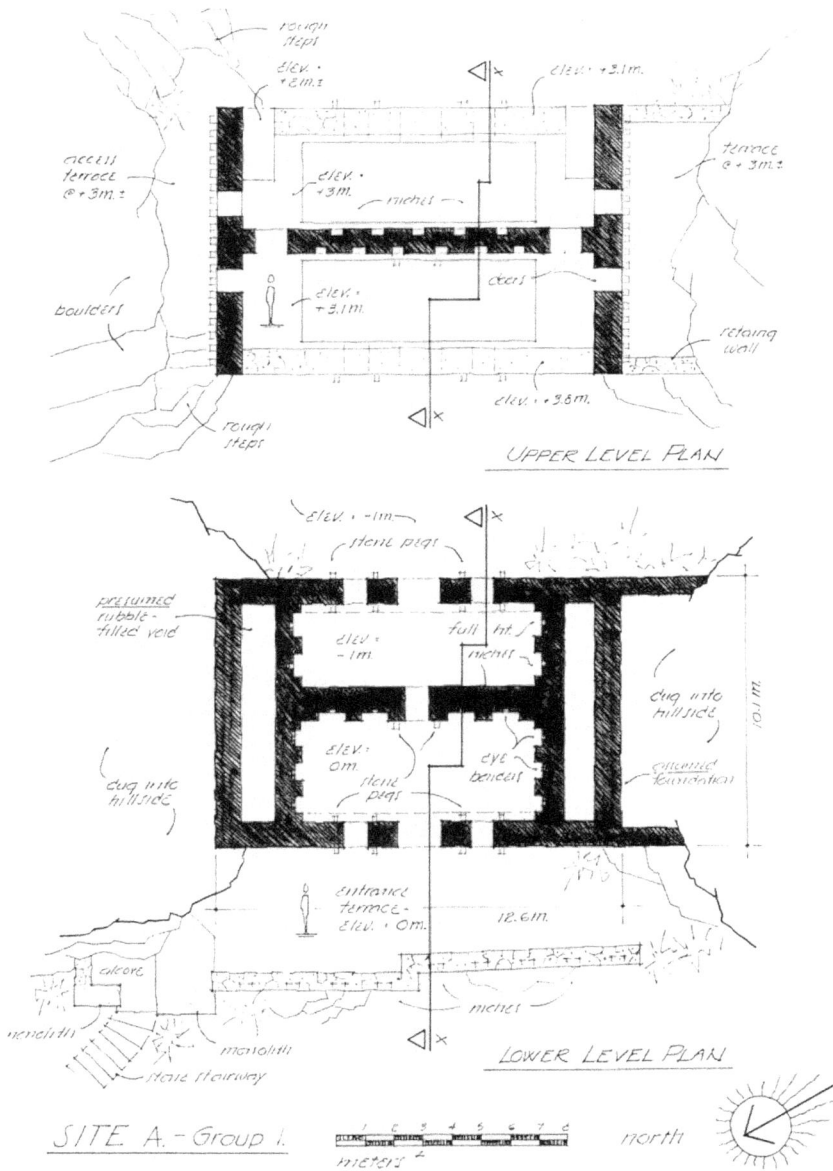

Figura 7 - Planos de planta de Incahuasi

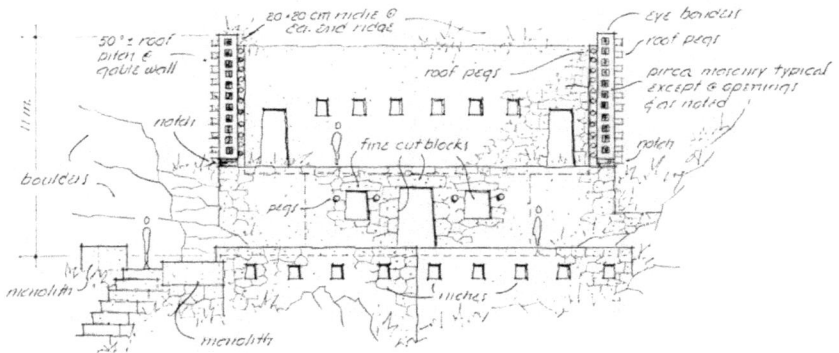

NORTHWEST ELEVATION
southeast similar

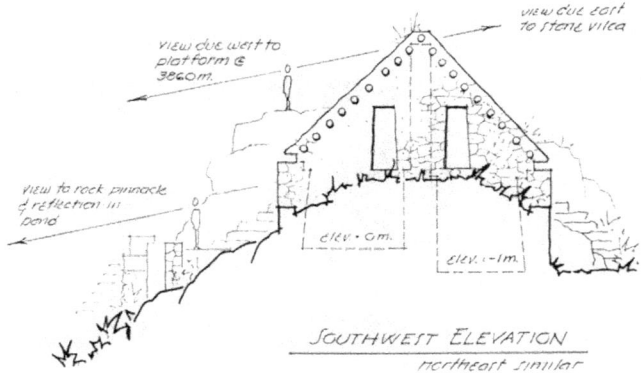

SOUTHWEST ELEVATION
northeast similar

SITE A. - Group I.

meters

Figura 8 - Alzados exteriores de Incahuasi

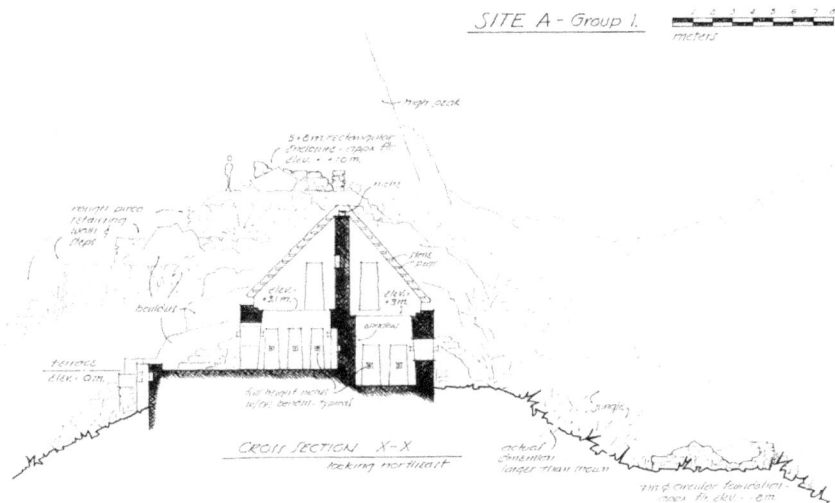

Figura 9 - Sección transversal de Incahuasi

Mientras Paul y yo nos disponíamos a dibujar y medir el edificio y sus alrededores, Jim, José y Ausavio se fueron a buscar la cabeza del accidentado cañón, parcialmente lleno de selva, más allá de la muesca de 3,900 metros de altura en la que se encontraban las ruinas. Finalmente, encontraron una breve continuación del camino allí, pero nada más, y regresaron varias horas más tarde para encontrarnos casi terminando. El clima, que nos había dado tregua durante unas horas, se estaba volviendo de nuevo malo, así que nos dirigimos hacia abajo con apenas la suficiente luz de día para acampar antes del anochecer. Resultó que calculamos mal por media hora más o menos y terminamos en un aguacero, apenas sosteniendonos en nuestro camino a casa a través de la selva mojada por la noche. Fue un final completamente desagradable para un día espectacular.

El tiempo había mejorado de nuevo a la mañana siguiente, así que volvimos a subir al sitio para asegurarnos de que no nos habíamos perdido nada importante. Sin embargo, el cielo despejado resultó ser de corta duración, y el edificio principal estaba completamente cubierto cuando llegamos allí. Dimos un rápido vistazo rodeados de una niebla fría y una llovizna cada vez mayor sin que pudieramos encontrar nada nuevo y, pensando ilusoriamente que lo habíamos conseguido todo, nos dimos la vuelta y volvimos a bajar. Después de un almuerzo rápido mientras temblabamos con un viento creciente, levantamos el campamento y nos resbalamos y deslisamos por el sendero empinado y fangoso hacia Yupanka en lo que se había convertido en una lluvia helada y torrencial. Una retirada completamente miserable, que por lo menos fue rápida, y llegamos a tiempo para una gran cena y más de unas pocas cervezas bajo la paja seca y protectora de la cantina solitaria local: ¡El paraíso recuperado!

Acurrucados alrededor de la mesa, bromeando y riéndome de la lluvia afuera, me di cuenta de que nuestro "descubrimiento" de Puncuyoc era exactamente la sorpresa inesperada con la que había soñado, la cereza dulce sobre el pastel que había esperado meses antes mientras planeaba el viaje. El pesar de no haber podido llegar a la extraña cima de la montaña sobre Espíritu Pampa quedó en el olvido. Me di cuenta de que Puncuyoc era un hallazgo verdaderamente magnífico. A diferencia de las ruinas históricas pero derruidas que habíamos encontrado a lo largo del camino a Vilcabamba la Vieja, la importancia de Puncuyoc era su arquitectura. Al igual que Machu Picchu, Puncuyoc parecía no tener una historia conocida, sino que era una reliquia prácticamente intacta del mundo de los incas. Por mis lecturas, supe que eso lo convertía en una rareza casi increíble. Mejor aún, su estado de conservación casi perfecto, más prístino, de hecho, que cualquier cosa en Machu Picchu, y su complejo diseño lo convirtieron en un verdadero laboratorio para el estudio de las técnicas de construcción inca. Con la expedición casi terminada, parecía que nos habíamos ganado el gran premio. Al igual que Bingham, siete décadas antes, habíamos sido bendecidos con una increíble buena suerte. ¿Qué más podíamos esperar?

Los disparos y las granadas volvieron a marcar la larga noche en Yupanka, pero debíamos partir hacia Cusco al día siguiente y no nos importó mucho. La policía dijo que estaban disparando a los terroristas, pero José y los lugareños no parecían preocupados en absoluto, así que nosotros tampoco. Como antes, acampamos en medio del vertedero de basura del pueblo, en una pampa plana y baja junto al río, y el mismo lugar que Brooke, Curtis y yo habíamos utilizado en 1982. Cada temporada de lluvias, el río crecía y arrastraba todo río abajo, un ejemplo de eliminación de desechos sólidos, mal planificado. Entre las inundaciones, los perros, gallinas y cerdos recogían lo peor de la basura y la costa u orilla formaba un campamento sorprendentemente agradable. Al lugar le pusimos el nombre de Playa Yupanka.

Caminando de regreso por el camino hacia Huancacalle por la mañana, José dijo que había un sitio más que bien podríamos ver. Situado en lo alto de una cresta alta al otro lado del río desde Lucma, era un poco pesado llegar, dijo, y no habría mucho que ver una vez que llegáramos allí. No importa; en ese momento, estaba obsesionado con las ruinas y quería verlas todas. No tan entusiasmado, Paul se sentía un poco cansado después de nuestro recorrido frío y húmedo por Puncuyoc. Decidió tomarse un descanso y esperarnos en el camino. Jim Little, siempre alegre, se unió a José y a mí cuando comenzamos a subir por una cresta empinada y rocosa. Unos veinte minutos por encima del camino, la cresta se estabilizó, pero el terreno aún descendía bruscamente a ambos lados. Pronto, las ruinas comenzaron a aparecer a lo largo de la cima. Aunque estaba menos cubierta de maleza y era la mitad de largo, el sitio no era diferente a Tambo. José lo llamó Pincollunca por la flauta inca, o *pincuyllu*, pero no dijo por qué. (**Figura 16**)

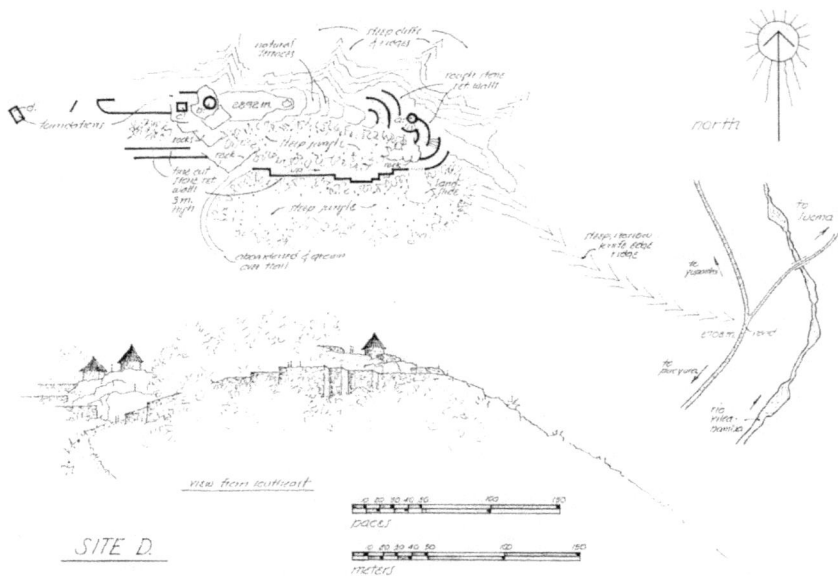

Figura 16 - Plano del sitio y vista de Pinccollunca

Como había prevenido José, el sitio no tenía mucho que ver. La mampostería visible era tosca y generalmente dispuesta en formas curvas. Escalones de piedra y terrazas conducían a una pequeña cumbre, donde se alzaba la ya inevitable roca en un extremo de una diminuta pampa. Más allá estaban los cimientos de dos edificios, más muros y una corta pendiente que conducía a la ladera principal. Según mi altímetro, habíamos ganado unos 200 metros de elevación y había vistas panorámicas por todas partes. La arqueología pudo ser una decepción en este caso, pero la subida valió la pena.

Después de un breve descanso, regresamos por donde habíamos venido. Justo donde el descenso se volvía empinado, una pared inusualmente bien construida desaparecía en la espesa selva del lado sur oscuro de la cresta. Mientras yo hacía una pausa para hacer algunos dibujos, Jim desapareció en el monte con José, siguiendo la pared. Casi de inmediato, llegaron a un empinado deslizamiento de tierra que había destruido unos 9 metros de la estructura y desanimaba el seguir avanzando. Empujando hacia adelante, descubrieron que la pared se reanudaba a través del deslizamiento y continuaba durante más de 200 yardas cuesta abajo. A diferencia de las toscas paredes de arriba, este era un buen trabajo inca, bien ajustado y de tres metros de altura en algunos lugares. José estaba asombrado. En todos los años que había viajado por esa zona, no había visto ni oído hablar de ese muro. En su extremo inferior, daba a un pequeño y agradable valle lateral, que conducía suavemente de vuelta al camino. En la época inca, parecía haber sido una especie de gran rampa que conducía al sitio en la cima de la colina, aunque siglos de erosión y vegetación se habían combinado desde hacía mucho tiempo para hacerlo casi intransitable y prácticamente invisible.

De vuelta en el camino, Paul se sentía un poco mejor y continuamos hasta Huancacalle, planeando pasar el resto de la tarde empacando para nuestra partida al día siguiente. Chris y Barefoot regresaron al campamento justo a tiempo para ayudar, y nos pusimos al día sobre nuestras respectivas aventuras mientras trabajábamos. Como era de esperar, la lluvia que habíamos experimentado había sido nieve más arriba. Sin embargo, habían ido tan alto como podían sin equipo de escalada y dijeron que había todo un mundo de espectaculares desafíos para alpinistas a menos de un día y medio por encima del campamento. Lo mejor de todo es que no había jungla, solo granito limpio y hielo. Hice una nota mental para volver un día debidamente equipado para deslizarme por allí y hacer algo de escalada. Por mucho que disfrutara de mi nueva historia de amor con la exploración, el montañero que había en mí seguía vivo y coleando. A menudo me había imaginado lo estimulante que sería mirar hacia abajo a Vilcabamba desde un pico de mas de 6,000 metros de altura. Por el momento, sin embargo, la cuestión era concluir la expedición en la que estábamos.

Antes de salir de Yupanka, habíamos hecho un trato con un camionero para que nos recogiera en Huancacalle a las cuatro de la tarde del día siguiente, así que todavía había tiempo en la mañana para visitar los otros sitios que José quería mostrarnos. Nos invitó a cenar a su casa esa noche y su esposa preparo choclo y cuy asado. Una vez cocidos en un asador, los pequeños roedores se parecen desconcertantemente a ratas sin cola, pero si se cocinan correctamente, pueden ser bastante sabrosos. La esposa de José sabía lo que hacía, y toda la cena fue deliciosa, acompañada con el vino peruano barato que habíamos comprado en la pequeña *tienda* de Pucyura y que habíamos traído para la ocasión. Es difícil apreciar cuánto significa una simple botella de vino, cualquier vino, para personas para quienes cinco dólares es un salario diario respetable, pero José dejó pocas dudas de que era un regalo apreciado. Todos parecieron pasar una gran noche y, con un poco de ayuda de la bebida, nos sorprendió cuánto íbamos a extrañar nuestros dos meses en Vilcabamba.

José dijo que necesitaríamos al menos medio día para ver todas las ruinas que conocía en la zona, así que nos levantamos temprano, justo a tiempo para verlo aparecer de la oscuridad con una enorme jarra de café caliente. Estábamos sin casi provisiones en ese momento y el café parecía ser lo que más extrañamos. Nada podría habernos complacido más y rápidamente devoramos un desayuno rápido de pancitos rancios de una semana de antigüedad, devueltos a la vida por la inmersión repetida en la dulce y rica infusión de José.

El primer sitio que visitamos fue en la misma cumbre del Rosaspata, a la que llegamos justo al amanecer. En 1982, me había preguntado qué había allí arriba, pero no había tenido tiempo de averiguarlo. Ahora vimos que toda la cresta había sido aterrazada y rodeada por un muro de contención bien construido, en algunos lugares de diez pies de altura. Un parapeto de un metro a lo largo de gran parte de su longitud sugiere que el recinto podría haber estado destinado a la defensa. Tres pequeños edificios seguían en pie cubiertos de maleza, y montones de rocas, paredes y viejas terrazas se extendían por el resto del recinto, cerca de unos increíbles 200 metros de este a oeste y unos 370 metros de norte a sur. **(Figura 29)** Hacia el norte podíamos distinguir Puncuyoc, Inca Huaracana y Pincollunca flotando en crestas lejanas sobre el palacio de Manco. **(Figura 30)**

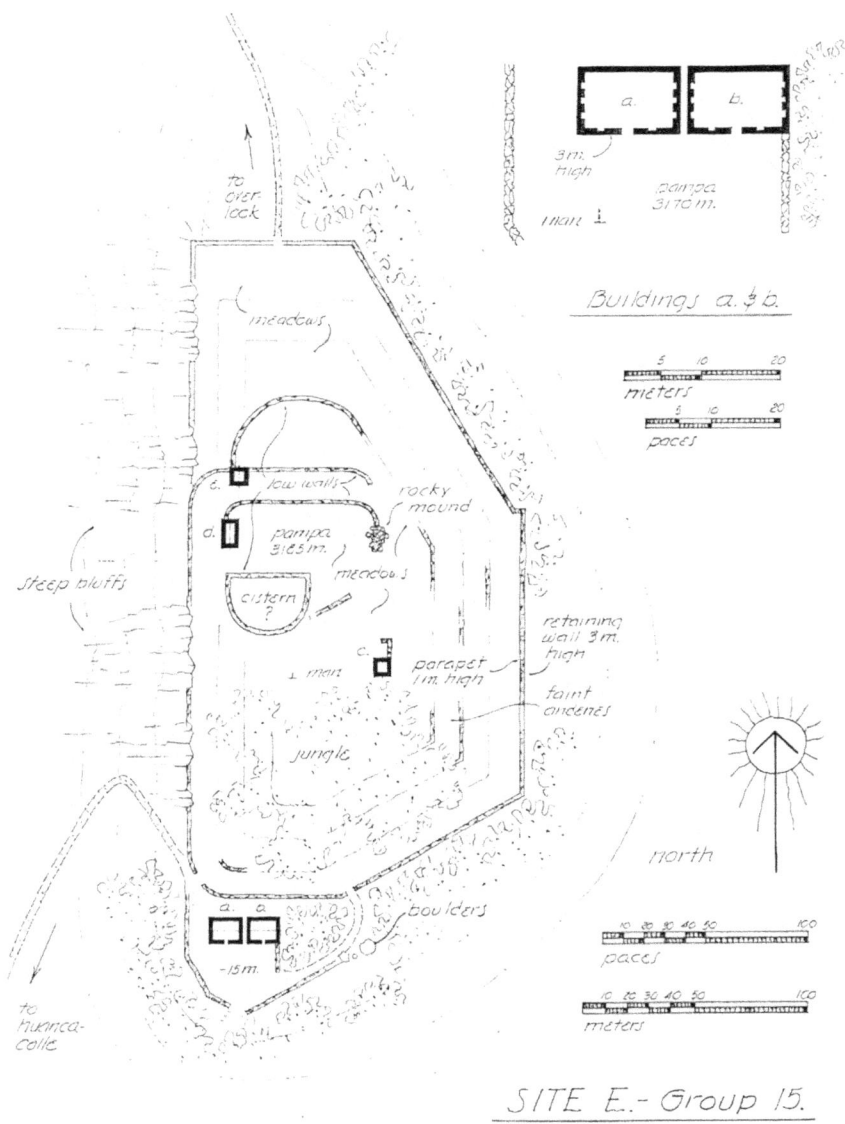

Figura 29 - Plano de la "fortaleza" de Vitcos

SITE E. - Group 15.   view from south

Figura 30 - Vista de la "fortaleza"

Hacia el este y muy abajo, el valle estaba lleno de andenes que caían
en cascada desde las ruinas que rodeaban la gran roca blanca, la
famosa Yurak Rumi. Sin embargo, entre nosotros y ellas, la ladera
estaba cubierta de vegetación enmarañada, todo lo contrario de la
ladera oeste, donde los acantilados y el terreno empinado y abierto
se hundían hasta Huancacalle. Las mejores de las ruinas estaban

justo debajo del extremo sur del recinto, donde una pequeña terraza, también conservada, rodeaba dos grandes edificios cubiertos de maleza pero intactos, aparentemente destinados a proteger la entrada a la plataforma más grande de arriba.

A continuación, nos adentramos en el espeso bosque de la ladera este. A mitad de camino de los andenes, esparcidos a lo largo de la ladera entre el Yurak Rumi y el palacio de Manco, había tres grupos de edificios, todos bien conservados pero asfixiados por la vegetación espinosa. Cada uno era muy diferente de los demás. Uno de ellos incluía entre sus nueve estructuras simples, pero formalmente espaciadas, un gran edificio circular, el único de su tipo en Vitcos, separado de los demás al final de un largo muro de contención. (**Figura 28**, Grupo 13) El segundo grupo mostraba un fino trabajo en piedra y tenía diez puertas en dos edificios grandes y elaborados con frontones empinados aún en pie. Las estructuras se miraban entre sí a través de un pequeño patio amurallado. (**Figura 22**) A diferencia de los dos primeros grupos, el último era un grupo de nueve cimientos modestos apretados y amurallados alrededor de su perímetro. (**Figura 28**, Grupo 9) Después de mapear cada uno, continuamos nuestro recorrido, atravesando la ladera hacia el norte rumbo al Palacio de Manco.

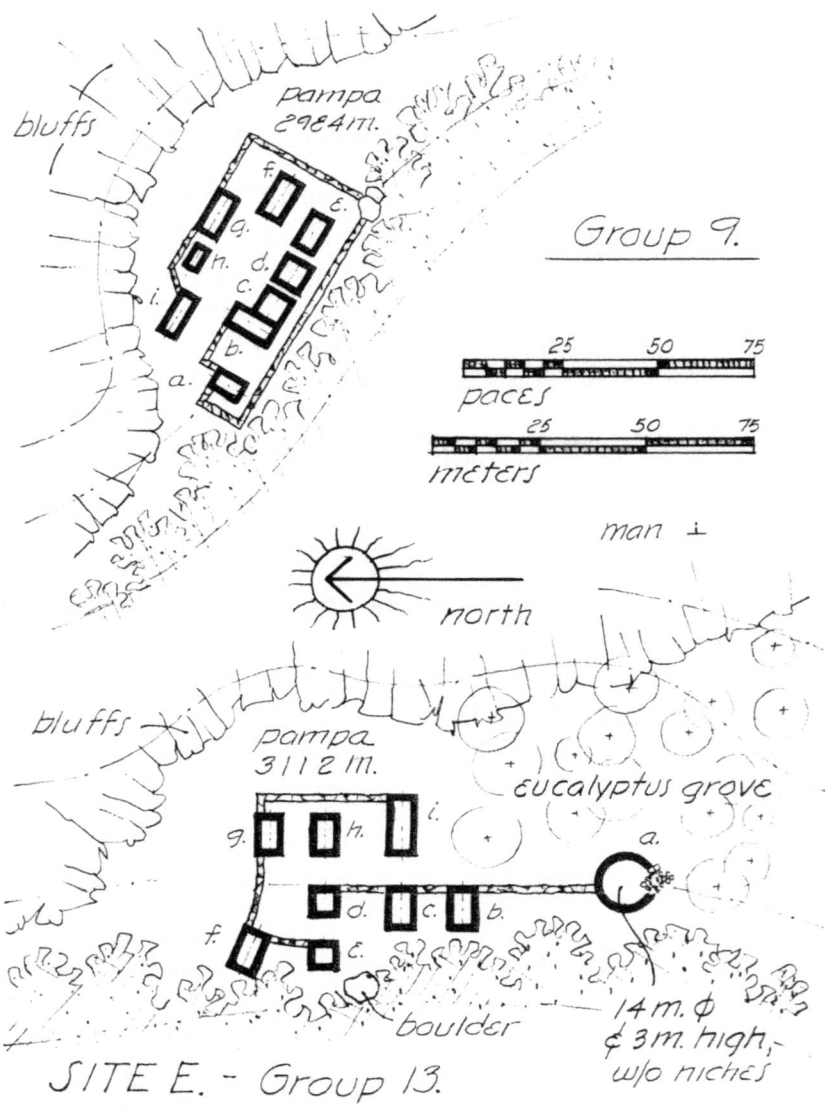

Figura 28 - Planos de emplazamiento de los grupos de viviendas

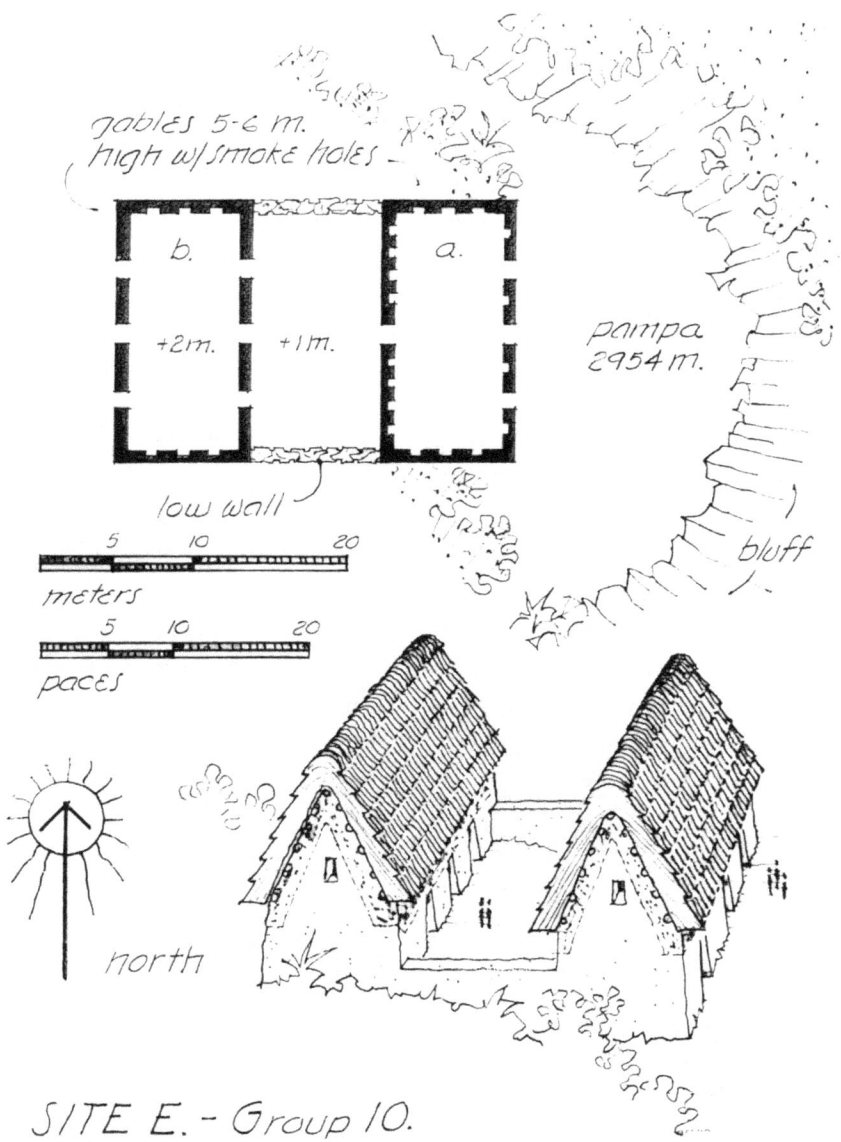

gables 5-6 m.
high w/ smoke holes

b.   a.

+2m.   +1m.

low wall

pampa
2954 m.

bluff

5   10   20
meters

5   10   20
paces

north

SITE E. - Group 10.

Figura 22 - Planta y vista del edificio doble

Ese nombre es una consecuencia de la leyenda local de que es el lugar donde fue asesinado el famoso Inca, ya que la plaza en medio de sus edificios derrumbados parece el único lugar en Vitcos apropiado para un juego de tejos. No se sabe realmente quién construyó el lugar o vivió allí, o si era un palacio. De todos los grupos de casas de Rosaspata, ciertamente ocupa el terreno más prominente e imponente y tiene el aspecto más palaciego, pero la buena calidad de su mampostería sugiere fuertemente orígenes anteriores a la ocupación de Manco después de la conquista. Mi opinión es que Manco vivió en otro lugar, posiblemente en los grandes edificios dobles con el patio en medio, y que el llamado palacio data de la época de Pachacuti. Su mejor calidad de mampostería es en realidad muy fina. Grandes bloques de granito bellamente ajustados rodean las numerosas puertas que dan al edificio principal, una larga estructura que da a la plaza desde el norte. **(Figura 19**, Edificio 1d-g) La mayoría de los sitios incas de importancia parecen haber tenido uno o más de estos "grandes salones", llamados kallankas por algunos escritores, y el grande que da a la plaza en Espíritu Pampa es un ejemplo clásico. Sin embargo, los expertos han estado desconcertados durante mucho tiempo por el largo edificio de Rosaspata. Su distribución de varias habitaciones es bastante diferente a la de otras kallankas conocidas, que, como la de Espíritu Pampa, suelen contener una sola habitación larga y estrecha.

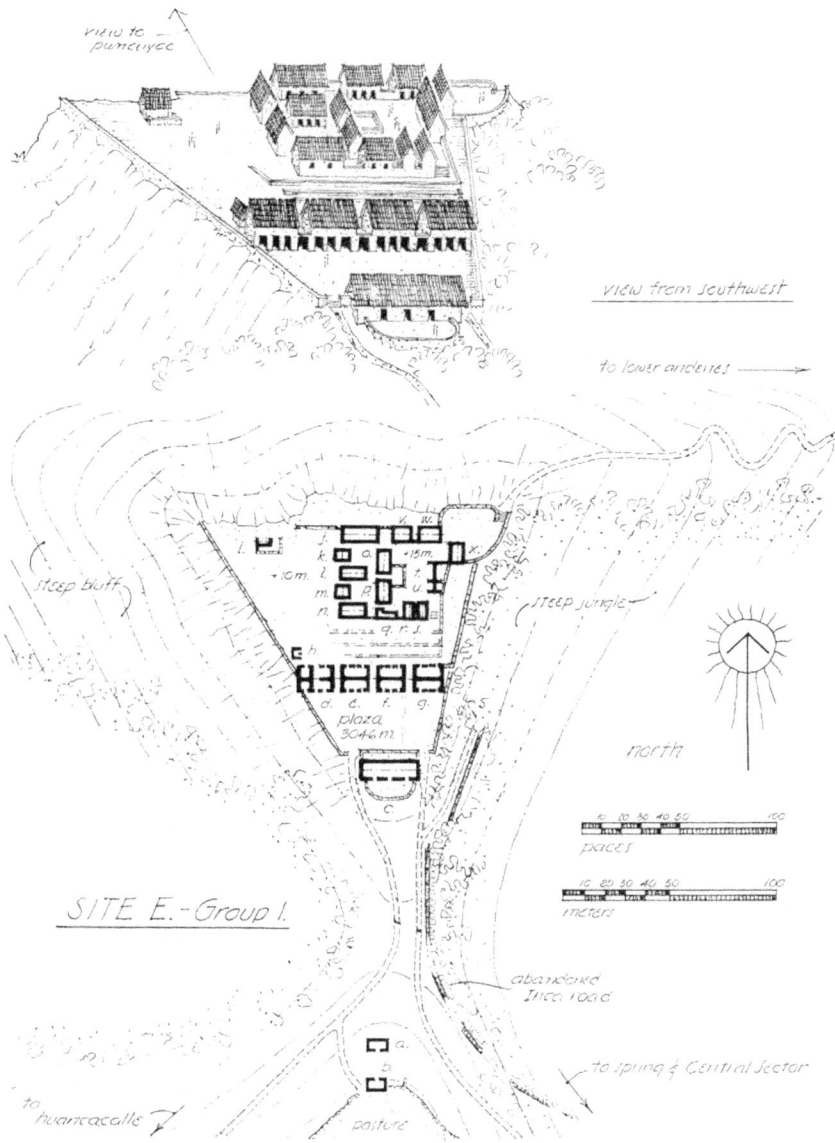

view to
puncuyoc

view from southwest

to lower andenes ——→

steep bluff

steep jungle

SITE E.-Group 1.

plaza
30+6 m

north

10 20 30 40 50   100
paces

10 20 30 40 50   100
meters

abandoned
Inca road

to spring & Central Sector

to
huancacalle

pasture

Figura 19 - Plano del "palacio" de Vitcos

Por alguna razón, estaba pensando en ese mismo problema cuando, a menos de trescientos metros del palacio, llegamos a una pared de roca cubierta de maleza, de unos 55 metros de largo. Al principio, parecía no tener ninguna abertura, pero una mirada más cercana mostró los contornos de puertas trapezoidales cada ocho pasos, aparentemente tapiadas por los nativos en tiempos recientes, probablemente para crear un corral para sus animales. Recordando que el gran salón de Espíritu Pampa también tenía puertas a intervalos de unos ocho pasos, nos detuvimos a investigar. La pared resultó ser la fachada de una gran estructura de una sola habitación, la verdadera kallanka de Vitcos. Sus seis puertas se habían abierto una vez hacia el noreste, a una pequeña *pampa* con vistas al valle de los Andenes, y las paredes interiores estaban provistas de nichos continuos en todos los lados. Ambas características coincidían cercanamente con las de una ruina llamada Unca Pampa que los guías de Bingham le mostraron en 1911 **(1)**. (**Figura 21**) Desde entonces, se había llenado tanto de sedimentos y maleza, que la muy derrumbada pared trasera era casi invisible. Para el transeúnte casual, el lugar difícilmente habría parecido un edificio.

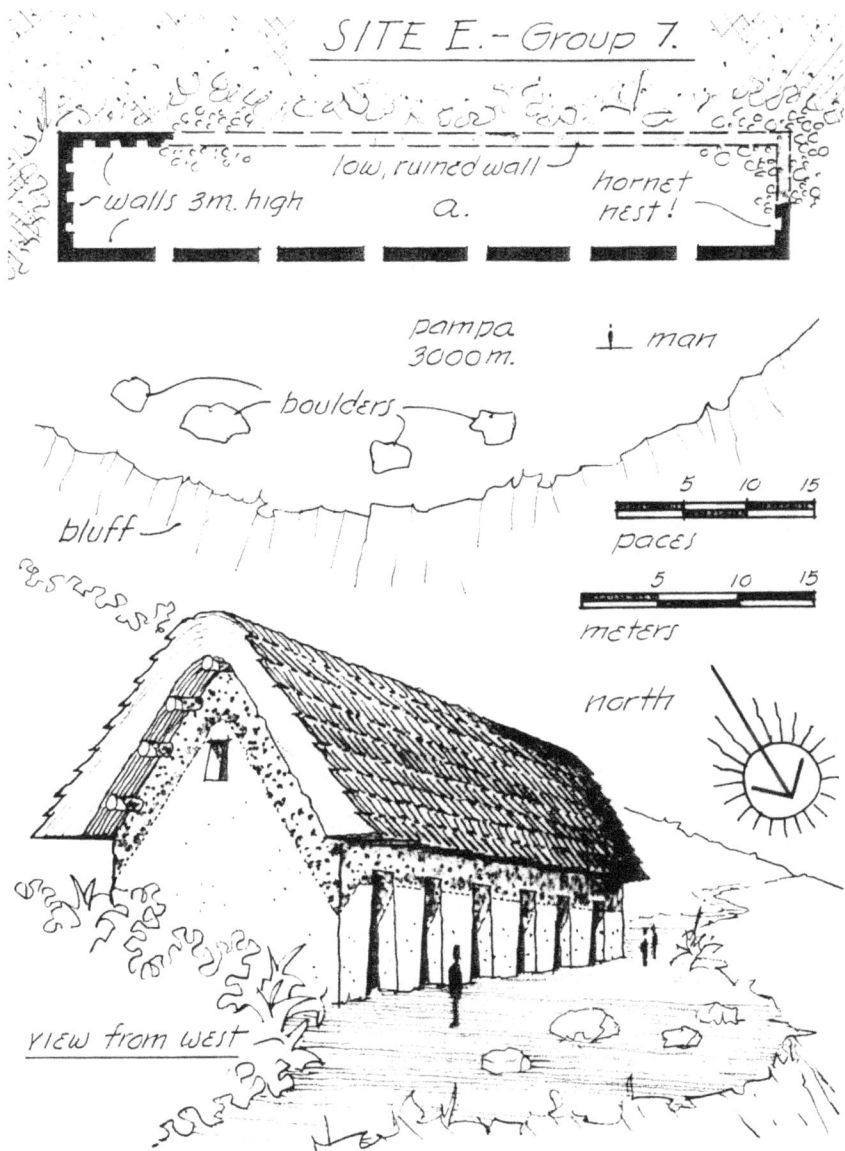

Figura 21 - Plano y vista de kallanka (Pampa Inca de Bingham)

Siendo esa la última parada en el recorrido de José, los demás tomaron un atajo alrededor del extremo norte de la colina y cortaron el camino de regreso al campamento. Continué hasta el palacio para echar un último vistazo a mi alrededor y luego volví a través de los andenes hasta el templo del sol de Bingham, con su roca extrañamente tallada, su manantial y sus enigmáticas ruinas circundantes. La poca literatura que había parecía tratar a este último y a todos los demás restos de Rosaspata como otros tantos sitios aislados, sin relación entre sí. Por lo que había visto, eso no era cierto en absoluto. A mí me pareció que todos sumaban a Vitcos metropolitano. Decidí mapear todo allí en una sola hoja y, para facilitar la comparación, hacer un mapa similar de las ruinas de Espíritu Pampa a la misma escala. Con suerte, pude superponer los planos de ambas ciudades en mapas de terreno hechos a partir de ampliaciones satelitales y terminar con vistas aéreas bastante precisas de las dos capitales finales de los incas, algo que nadie más había hecho. **(Figuras 17 y 47)**

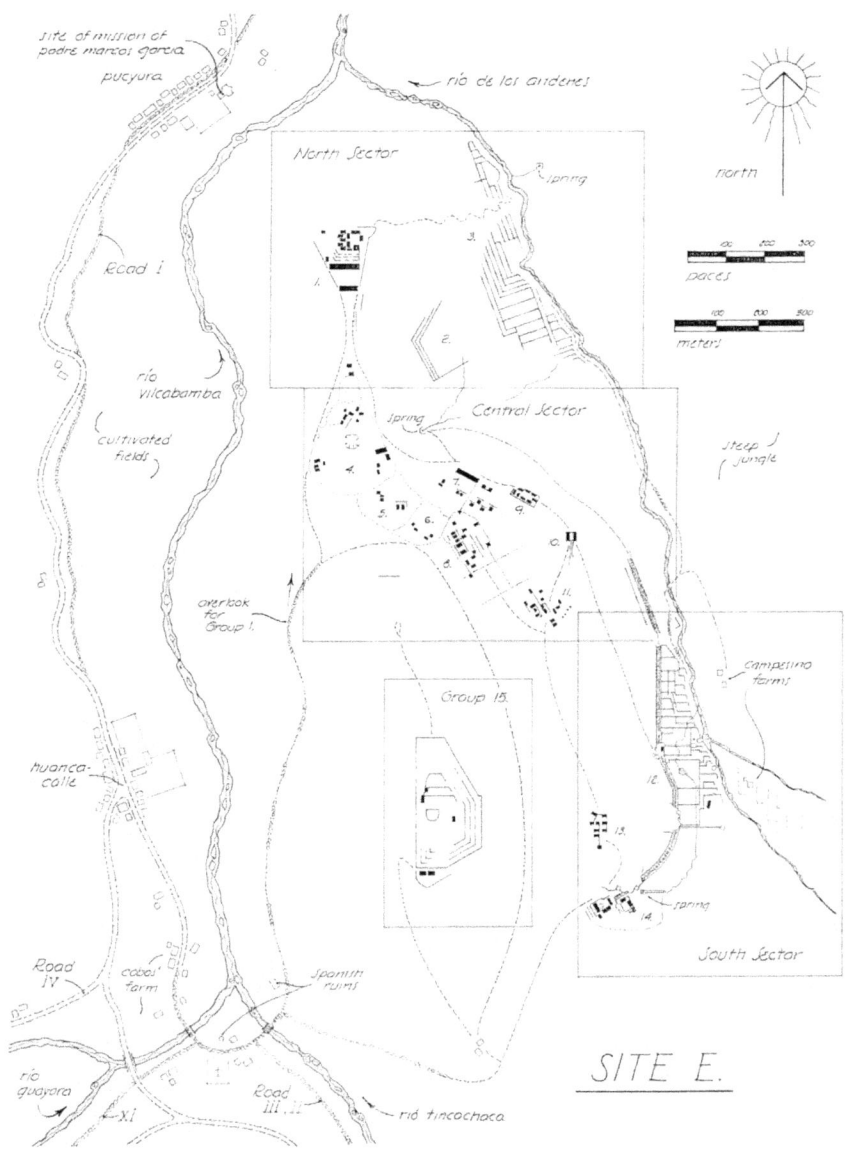

Figura 17 - Mapa de Rosas Pata y alredededores

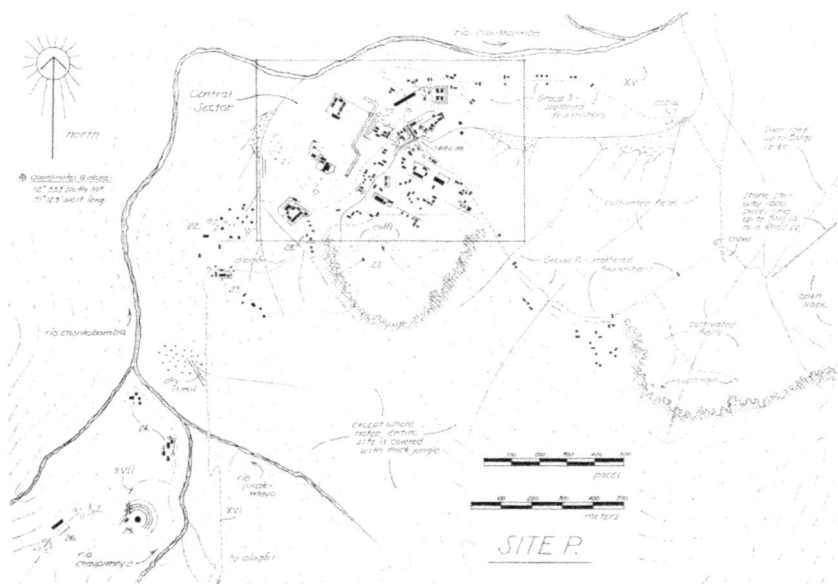

Figura 47 - Mapa de Espíritu Pampa (Vilcabamba la Vieja)

A la luz de todo lo que habíamos visto, encontrado y hecho, no me cabía la menor duda de que Savoy había tenido razón sobre Vilcabamba la Vieja. No importa que se equivocara con sus identificaciones erróneas para los sitios de Marcanay y el lugar llamado Mananhuañunca. Marcanay y los dos fuertes reportados por los españoles habían aparecido a lo largo de la única ruta razonable entre Pampaconas y la ciudad, todo más o menos según las crónicas. La ciudad en sí era lo suficientemente grande, extendiéndose por al menos a tres kilometros a través de la selva. Arbieto había contado 400 casas, de las cuales habíamos encontrado 116. Muchas otras, sin duda, seguían escondidas en la montaña, y otras aún pudieron haber sido construidas de adobe o madera, ahora ya desaparecidas hace mucho tiempo. Lo mismo probablemente ocurrió en Vitcos, sitio ya aceptado por mucho tiempo como la primera capital inca en el exilio, donde solo habíamos encontrado 56 edificios, no muchos para un lugar tan importante.

Sitios también interesantes, porque plantearon nuevas preguntas en lugar de responder a las antiguas, fueron sitios como Tambo y

Pincollunca. ¿Eran las casas de los habitantes preincaicos de Vilcapampa o de los aliados de los incas en su guerra de 35 años contra los españoles, o ambas cosas? Y, en todo caso, ¿de quíen eran? ¿Habían más de sus aldeas perdidas en la selva, esperando a ser encontradas? Si era así, había muchos lugares, como en toda la cordillera de Puncuyoc y Santuario, para buscarlos. Quedaba todo tipo de trabajo emocionante por hacer, y mientras empacábamos para irnos, ya estaba pensando en volver otra vez.

Después de una emotiva despedida de José, Don Juvenal, su hermano Flavio y sus respectivas familias, subimos la colina lamentandonos para esperar el camión. Mientras me sentaba en mi mochila, observando a la multitud de niños que se reunían para el gran evento, la llegada de un camión, me preguntaba qué significaba todo esto. Habíamos logrado lo que nos habíamos propuesto y mucho más. Nuestra suerte con el clima, los locales, los terroristas y los incas había sido asombrosamente buena. Todos los del equipo habían tenido un buen desempeño y disfrutaron del tipo de experiencia que no se presenta a diario. Como de costumbre, los lugareños nos habían enseñado mucho sobre la simplicidad sin realmente intentarlo. Nosotros, mientras tanto, habíamos hecho pocos conversos al mundo de la complejidad del que veniamos, probablemente nuestros corazones no estaban tan cautivados con ese mundo conplejo del que veniamos.

Poco habría importado. Los *campesinos* continuarían arando las ruinas a medida que sus familias crecían y los mercados para sus cosechas aumentaban. Sus hijos aprendían español, e incluso inglés, en la escuela, mientras que el viejo quechua se extinguiá lentamente. El camino hacia el río Vilcabamba sería mejorado, año tras año, hasta que el siglo XX finalmente llegó para quedarse, en lugar de solo estar de visita. Incluso se había hablado en Cusco de crear un parque nacional en la región para salvaguardar los sitios arqueológicos y hacerlos más accesibles a los turistas. No estaba claro qué podría significar todo esto para los locales, pero los cambios resultantes serían muchos y rápidos, casi nunca buenas noticias para las sociedades tradicionales. Almenos que la amenaza terrorista ganara, pensé, algún tipo de programa de intervención del gobierno probablemente sería inevitable, tarde o temprano. Pero por el momento, las viejas costumbres permanecían inalterables en Vilcabamba, y era algo agradable de ver.

Parte II

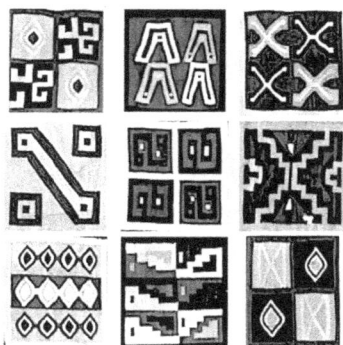

10

Segundas Reflexiones

Toda mi vida fui escéptico acerca de todos los asuntos sobrenaturales, nunca he prestado mucha atención al Perú espiritual del New Age de Shirley MacLaine y otros. Aun así, no se puede negar el poder espiritual del Perú, ni de las creencias ancestrales de sus millones de nativos sufridos. Al final de la expedición, mi exposición constante al fantasma de una grandeza perdida había comenzado a formar en mi algo. Reflexionando sobre la espeluznante buena fortuna que nos había recibido prácticamente a cada paso, me di cuenta de que me había convencido de que el propio Inca Tupac Amaru se estaba interesando personalmente en nuestra causa. Tal vez era solo la certeza del Inca de que cumpliría mi promesa de devolver la vida a Vilcabamba, pero por alguna razón, sus atenciones parecían seguirme todo el camino a casa, y aun más allá.

Una vez que salimos de las montañas, incluso yo pude ver la gran motivación que me había crecido en mi durante la expedición. Ahora que la presión había desaparecido y una sensación de desapego era posible, estaba claro que nuestros primeros éxitos en el viaje me habían llevado a una compulsión casi maníaca por conseguirlo todo, por encontrar cada ruina y resolver cada problema. Por fin, terminé, y el alivio fue abrumador. La expresión en el rostro de Nancy cuando me vio bajar del avión en Jackson Hole lo decía todo. Había perdido unos 14 kilos desde que nos separamos de Pampaconas casi un mes antes y, después de viajar durante 44 horas seguidas, debía de haber parecido un zombi. Ciertamente me sentía como uno. Ella y yo tratamos de contarnos todo lo que había sucedido, tanto en casa como en la selva, pero la adrenalina que me había mantenido en pie durante semanas finalmente desapareció y caí vencido. A los pocos minutos de salir del aeropuerto, me quedé profundamente dormido, y así terminó la expedición Sixpac Manco II.

Cuando me desperté al día siguiente, mi primera llamada fue a Savoy, ya que su Club de Exploradores Andinos había copatrocinado nuestro viaje. Después de todo lo que habíamos encontrado, sentí que tenía noticias emocionantes que contar. Él estaba gratamente emocionado de escucharme, pero pensandolo bien, había como una señal de algo oculto en su reacción. Noté ese algo especialmente cuando le hablé de Puncuyoc, fue como si él ya lo supiera todo acerca del lugar desde el principio y yo simplemente estaba confirmando lo que él, de alguna manera, ya sabía. Me dijo que había estado planeando una nueva versión de su libro Antisuyo durante algún tiempo, y pensó que lo que yo había encontrado sería perfecto para incluirlo junto con algún otro material nuevo que había recibido de otro explorador llamado "Culp", o algo así. Cuando ya tuviera todos mis mapas listos, concluyó Savoy, Nancy y yo deberíamos ir a Reno y hacer una presentación a los miembros de su Club local. Varias veces enfatizó que solo les interesaría material nuevo e inédito. Sus propuestas no fueron un problema desde mi punto de vista, porque en esta fase inicial de mi experiencia pensé ingenuamente que tenía suerte de que me publicaran algo, y ni soñar en publicaciones.

Mientras tanto, Jill había estado viendo a Renzo, de vez en cuando, desde que se conocieron ese día en Rosaspata. Incluso estaba planeando un viaje a su casa en Trieste. Todavía sintiéndome un poco avergonzado por la sospecha en que había tratado al italiano durante el viaje, decidí enviar un grueso paquete de material informalmente protegido por derechos de autor sobre lo que habíamos encontrado. Sabía que estaría especialmente interesado en Puncuyoc, ya que lo encontramos después de la última vez que nos vimos en Huancacalle. Poco después de dejar su paquete en el correo para Jill, se lo mencioné de pasada a Savoy durante una de nuestras frecuentes conversaciones telefónicas. —¿En serio? En ese caso, dijo, probablemente no querría mi material para su libro después de todo. Mis derechos de autor de "hechos por mi mismo" no servirían de mucho en Europa, pensó, y por lo tanto no se sabía lo que Francescutti podría hacer con la información. En ese instante supe que tenía razón. ¡Acababa de regalar la llave de cofre del tesoro! Lleno de pánico, colgué y rápidamente llamé a Jill para pedirle que me devolviera todo, lo cual, afortyunadamente, lo hizo. Las advertencias de Savoy -muy irónicas quizas, considerando como resultaron las cosas- me tenían tan paranoico que me preocupaba que Jill fuera capaz de hacer copias del material y llevárselas a Italia de todos modos, actuando como una agente doble, tal vez reclutada involuntariamente por Renzo precisamente para ese propósito. Parece una locura, lo sé, pero había estado en casa menos de una semana y la intriga era tan densa que era como si hubiera traído un mapa del tesoro de Perú.

Con la llave del cofre del tesoro a salvo en mis manos, me puse a documentar lo que habíamos encontrado. El invierno de 1984-85 llegó temprano a las Montañas Rocosas de Wyoming y los días de finales de otoño fueron cortos, fríos y nevados. Fue una temporada perfecta para trabajar en el interior y hacer mapas y planos terminados a base de las muchas páginas de notas y dibujos de mis diarios. Al igual que las ruinas asfixiadas por la selva que los dibujos representaban, los información no tenían ningún sentido hasta que se trazara y representara en grandes hojas de papel para dibujar. Fue un proceso fascinante, asi como ver cómo las fotografías analogas toman forma en una bandeja para revelar. Poco a poco, a medida que se añadía cada nuevo fragmento de información, la esencia de sitios completamente incomprensibles en el campo resurgió después de cuatrocientos años de oscuridad. A principios de noviembre, todo lo que habíamos visto de la Vilcabama Inca se mostraba en once grandes hojas impresas de líneas azules y a la vez ya había reunido varios cientos de nuestras mejores diapositivas para aumentar los dibujos. Sentí que finalmente estábamos listos para los expertos de Savoy, así que nos fuimos a Reno.

Al ver a Gene de nuevo, tanto Nancy como yo recordamos nuestra primera visita con él en 1983. En esa ocasión, había sido un anfitrión cortés, pero cauteloso y desconfiado. Intencionadamente, se había colocado frente a una ventana brillantemente iluminada para que no se viera más que una silueta a nuestros ojos entrecerrados. Mostraba cierto carisma inquietante, pero al mismo tiempo nos pareció a ambos un poco carente de sentido del humor y dandose mucha importancia a si mismo. Desde entonces, habíamos aprendido más sobre el hombre y podíamos apreciar mejor por qué.

Su primogénito, Jamil, había muerto como consecuencia de la enorme avalancha y el deslizamiento de tierra que en 1962 había barrido la montaña más alta de Perú, el Huascarán, de 6,768 metros de altura. Había destruido por completo la aldea de Ranrahirca, no lejos de la casa de Savoy en Yungay, bajo los imponentes picos de la Cordillera Blanca. Miles de personas habían muerto, y en el caos que siguió, la enfermedad se había propagado rápidamente entre los sobrevivientes, incluido el pobre Jamil. Aunque solo era un niño pequeño en ese momento, el niño aparentemente le había revelado los secretos del Nuevo Testamento a su padre antes de sucumbir a una epidemia de cólera. Por lo tanto, Savoy creía que Jamil era nada menos que la reencarnación del niño Jesús, y sobre esa base, había creado su propio número considerable de seguidores. Llamada la Comunidad Internacional de Cristo, su iglesia finalmente tuvo su sede en Reno, aunque afirmaba tener miembros de todo el mundo. Tal vez era de esperar un poco de distanciamiento de alguien que literalmente había engendrado su propia religión, pero Nancy y yo salimos de ese primer encuentro sintiéndonos raros e incómodos.

Desde entonces, las cosas habían mejorado. Había llegado a querer ese hombre e incluso simpatizaba con lo que empecé a comprender era su dificial situacion. Parecía haber quedado atrapado por el éxito de su iglesia y estaba atado a un estilo de vida que era casi la antítesis de la aventura. Sabía lo importantes que eran para mí los tres o cuatro meses que pasaba fuera de la vida cotidiana cada año y me resultaba difícil creer que alguien que se hubiera acostumbrado a ese tipo de cosas pudiera renunciar a ella por una rutina urbana sedentaria durante todo el año, y peor aun una regida por las obligaciones de un líder de la iglesia. En el momento de nuestro segundo encuentro, justo antes de la expedición, Savoy se había suavizado considerablemente y hablaba con mayor facilidad de sus propias aventuras -y tragedias- en el Perú. Aunque todavía sostenía que nunca volvería, era obvio que extrañaba como minimo las mejores partes de su vida anterior como explorador.

Al llegar, ahora, para nuestra tercera visita, lo encontramos cortés, pero de nuevo frío y formal. Había reunido a una docena de personas para la ocasión, incluida su propia familia, y yo atribuí su comportamiento distante a la necesidad de actuar para este grupo de lo que solo podía llamarse sus seguidores. Sin embargo, para su crédito, compartió el centro de atención amablemente, y dudo que hubiera sido fácil. La cena y mi presentación de diapositivas fueron bastante buenas, pero la respuesta a la presentacion fue tanto una sorpresa como una decepción. Nadie, excepto Savoy, parecía saber nada de lo que estaba hablando. Al parecer, los demás eran miembros de su Club, pero ciertamente no eran expertos en el Perú. Mientras yo esperaba aprender algo nuevo sobre lo que habíamos encontrado, pero en cambio me recibieron con un interés cortés y poco más.

Savoy, por su parte, quería saberlo todo, pero parecía especialmente fascinado por Puncuyoc. Era sin duda la ruina más fotogénica que habíamos encontrado, de eso no había duda, y era, después de todo, el sitio que Savoy había dicho que él habría ido a buscar si estubiera en nuestro lugar. Pero de todos los que habíamos encontrado, Puncuyoc era el menos historicamente significativo. De hecho, por lo que yo sabía, no había ninguna referencia historica del sitio, y Savoy no parecía saber más de ella que yo. Ingenuamente, esperaba que estuviera más interesado en los fuertes y en Marcanay. Fueron los hallazgos que confirmaron de una vez por todas su afirmación de que Espíritu Pampa era la capital de Manco, pero a él no pareció importarle. Históricos o no, no tenían ningún atractivo mediático.

El principal resultado de nuestra estancia en Reno fue que Savoy y yo finalmente tuvimos la oportunidad de hablar seriamente sobre su nuevo libro y mi participación en el proyecto. Mis dibujos, fotos y un manuscrito escrito debían ser entregados a él antes del 1 de junio del año siguiente, 1985, para su revisión editorial. Savoy me dijo que ya que "no había dinero" en un proyecto como este, mi pago por cualquier material que yo le diera y él decidiera usar sería 50 copias del libro resultante. En retrospectiva, no era un buen trato, pero en ese momento, acepté y regresé a casa ansioso por comenzar a escribir acerca de nuestras experiencias. En agradecimiento por la agradable velada en su casa, le dejé a Savoy un juego de duplicados de mis dibujos. Resultaría ser un gran error.

De vuelta en Wyoming, descubrí que un gran rancho que había diseñado para Don Kendall, entonces presidente y director ejecutivo de Pepsico, tenía que ser completamente trabajado de nuevo y rediseñado a tiempo para un inicio de construcción previamente programado, entonces a solo cuatro meses de distancia, y Don no había llegado al éxito que tenia por incumplir plazos. Así que la hora de la verdad estaba en marcha. Trabajaba en su casa unas diez horas al día y trataba de escribir otras tres o cuatro. Como nunca antes había escrito algo serio, me sorprendió lo difícil que era, pero a la vez lo satisfactorio que estaba cuando las palabras encajaban bien juntas. Me sorprendí a mí mismo reflexionando sobre pasajes en mi mente mientras me sentaba a esbozar el diseño final de la casa de Don durante el día y trabajaba mentalmente en los detalles de ese diseño mientras tecleaba en mi computadora hasta muy tarde en la noche. Nancy y yo terminabamos conversando sobre algún aspecto de un proyecto u otro, o de ambos, casi cada vez que pudimos. Fue estimulante en cierto modo, pero intenso. Para el día de Año Nuevo, había comenzado a agotarme, y a principios de febrero, nos dimos cuenta de que ambos estábamos consumidos. Necesitábamos un poco de sol cálido y un cambio de ritmo.

Ninguno de nosotros había estado nunca en las famosas ruinas anasazis en el Cañón del Chaco y pensamos que una semana en el desierto podría ser lo adecuado. Nuestro plan era divertirnos en Santa Fe durante unos días antes de dirigirnos a las ruinas. Mientras estábamos en la ciudad, pensamos en buscar a Ed Ranney, el reconocido fotógrafo que recientemente había colaborado con John Hemming en un bello libro de gran formato sobre los incas. **(1)** El viaje parecía ser una escapada perfecta hasta el día antes de partir, cuando el helado frente climatico que había estado estancado sobre la región de Wyoming durante semanas, comenzó a descender más y más hacia el sur. Para cuando salimos de nuestro auto alquilado en La Posada, seis pulgadas de nieve húmeda cubrían Santa Fe. Todo el mundo estaba muy emocionado. Nosotros, disgustados, conseguimos una habitación con chimenea y llamamos al servicio de habitaciones para que nos dieran una canasta de leña y dos bebidas muy grandes.

En otras circunstancias, podría haber sido romántico. Pero dadas las cosas, queríamos irnos de alli. Por la mañana, fuimos directamente a un agente de viajes, le dijimos que nos consiguiera los "asientos más baratos disponibles en el próximo avión a cualquier lugar con clima cálido y soleado", nos retiramos sin decir una palabra más y nos fuimos a almorzar con Ranney en un café cercano. Una vez que llegamos al café llenos el frío, descubrimos que el vino era bueno y la conversación estimulante. En poco tiempo empezamos a animarnos a pesar de no tener muchas ganas. Ed resultó ser un gran tipo y disfrutó mucho de la historia de nuestras aventuras del verano anterior. Pensó que mis dibujos serían de gran interés para los expertos, pero se apresuró a añadir que él no era realmente uno de ellos. El hombre al que debería ver, dijo, era alguien llamado Rowe que, al parecer, enseñaba arqueología en Berkeley, en la Bahía de San Francisco. Aunque anoté el dato sobre Rowe, el nombre no significaba absolutamente nada para mí. Debería haberlo hecho, y si mi investigación no se hubiera centrado tan miopemente en Vilcabamba, lo habría hecho. Un poco decepcionado, le agradecí a Ed por el consejo y le dije que seguiría su pista. Como yo casi nunca visitaba el area de la Bahía de San Francisco, sabía que podrían pasar años antes de que pudiera cumplir la promesa de suir la pista de Ed, pero pensé que le escribiría a su amigo, al menos, cuando llegáramos a casa. Terminado el almuerzo, invitamos a Ed a que nos visitara la próxima vez que estuviera en Jackson y regresamos a través de la nieve hasta la agencia de viajes con la esperanza de que pudiéramos sacar un avión ese mismo día.

"Revisé todos los destinos de las areas calidas. Están todos llenos de nieve", dijo el agente. "Pero hay una gran tarifa en el vuelo de la tarde a San Francisco y, aunque no lo creas, ¡la computadora dice que el clima esta fabuloso!"

Nancy y yo intercambiamos miradas de fingido asombro. No era en absoluto lo que teníamos en mente, por supuesto, pero Tupac Amaru lo hizo de nuevo. Claramente, el Inca quería que viéramos a este Profesor Rowe y solo para asegurarse de que entendíamos el mensaje, lo había colocado directamente debajo del otro extremo de nuestro arco iris recién descubierto. Una rápida llamada a Berkeley confirmó que el clima estaba bueno y que el arqueólogo estaba disponible para vernos. Tomamos los asientos del avion sin pensarlo dos veces, cargamos nuestro equipo de campamento sin usar y salimos a toda velocidad por la autopista I-25 hacia el Aeropuerto Internacional de Albuquerque. El Cañón del Chaco tendría que esperar. Inquietos, ambos nos dimos cuenta de que los gruesos dibujos enrollados que yacían en el asiento trasero de nuestro auto alquilado nos estaban arrastrando más y más hacia las lejanas selvas de Vilcabamba.

El Dr. John Howland Rowe resultó ser un distinguido profesor de arqueología en la Universidad de California en Berkeley y el fundador y presidente durante mucho tiempo del Instituto de Estudios Andinos de esa universidad. Ha estado realizando un trabajo pionero en Cusco y en otras partes del Perú desde la década de 1940 y es una de las autoridades preeminentes del mundo sobre los incas y su capital imperial. (2 y 3) A pesar de su estimada posición en la primera fila de los eruditos andinos, estaba encantado de volver a saber de nosotros cuando lo visitamos al llegar a California. Nos invitó cordialmente a los dos, completos desconocidos, a reunirnos con él, su esposa, Patricia J. Lyon, una reconocida antropóloga por derecho propio, y varios amigos del Instituto para tomar café y tener una discusión sobre lo que él llamaba "nuestro trabajo" en Vilcabamba.

Nos reunimos en la casa de Jean-Pierre Protzen, un arquitecto nacido en Suiza que entonces era presidente de la enorme escuela de arquitectura de Berkeley. Además de Protzen y los Rowes, dos de las antiguas alumnas de Rowe, Susan Niles y Margaret MacLean, estaban presentes y muy pronto ya tenía mis mapas y dibujos esparcidos por todo el suelo. En contraste con el grupo de Savoy, fue inmediatamente obvio que todos los presentes tenían una larga experiencia en Perú y sabían mucho sobre los incas. Todos mostraron un interés genuino y una visión considerable sobre lo que habíamos encontrado y hecho. Aunque quedaron impresionados con Puncuyoc, también apreciaron plenamente la importancia histórica de los otros sitios.

Rowe estaba convencido, dijo, de que Rosaspata y Espíritu Pampa eran en realidad los sitios de Vitcos y Vilcabamba la Vieja, pero quería saber más sobre ellos. Aparte de la prehispánica Cusco y Tomebamba, esta última enterrada bajo la moderna ciudad de Cuenca, Ecuador, y ambas ahora en gran parte destruidas por siglos de ocupación humana, las únicas otras capitales desde las que los incas habían gobernado eran las dos ciudades que habíamos mapeado en Vilcabamba. Aunque ninguna de los dos estaba en condición prístino, ambas habían permanecido más o menos inalteradas desde su abandono en el siglo XVI, y Rowe estaba seguro de que aún quedaba mucho de interés por aprender allí. Me sentí halagado por sus elogios a nuestro trabajo como un primer paso necesario en lo que claramente pensó que estaba dirigido en la dirección correcta. Solo en retrospectiva, me di cuenta que él inteligentemente había puesto la pelota de nuevo en mi lado de la cancha. A partir de ese día, era inevitable que volviéramos a Vilcabamba y termináramos lo que aparentemente acabábamos de empezar.

En lugar de la abierta hostilidad que Savoy nos había hecho esperar de lo que él llamaba "los profesionales", percibimos una camaradería inmediata. La arqueología moderna trabaja horas extras para compensar la maldición de su pasado romántico y no del todo sabroso, con el resultado de que para los aficionados como yo, sus practicantes más científicos a veces parecen inclinados hacia el cientificismo. Sin embargo, el romance, la aventura y la emoción siguen ahí, y no había duda del fuerte atractivo de esas cualidades entre nuestros nuevos amigos de Berkeley.

La mención de mis dudas sobre Renzo provocó inequívocos asentimientos de acuerdo de varios presentes que aparentemente habían tratado con él en el pasado. Afirmaban que en realidad no era un arqueólogo en absoluto, y pensaban en él más como un promotor que intentaba hacerse un nombre en la arqueología. Otros estaban más interesados en mi relación con Savoy, pero nadie parecía pensar que yo lo necesitara a él o a su libro para legitimar lo que estaba haciendo. Cuando protesté diciendo que mis dibujos probablemente no estaban a la altura del nivel académico, Rowe se rió.

"¿Quién más está haciendo lo que tú estás haciendo, y mucho menos haciéndolo mejor? Solo haz una distinción clara entre los hechos y la especulación", dijo, "y estarás bien".

Con el tiempo, escuché quejas de que el profesor apoyaba más a los recién llegados como yo que a sus compañeros académicos. No tengo ni idea de eso. La arqueología andina parece dividida en dos bandos, aquellos que se centran en la evidencia contundente y otros, llamados estructuralistas, más inclinados a llenar los vacíos en el registro histórico con suposiciones informadas. Rowe es un defensor desde hace mucho tiempo, de hecho uno de los fundadores, del primer grupo. Algunos de sus colegas, sintiendo que el material fáctico ha sido ya bastante bien extraído, examinan los relaves en busca de nuevas ideas, en lo que es un enfoque más teórico que a veces él recibe con un escepticismo no disimulado. Todo eso de lado, estaba claro para nosotros, que Nancy y yo habíamos entrado accidentalmente en la sala de juntas y, sin saberlo, habíamos llamado la atención del presidente. Desde entonces, me he preguntado muchas veces si las terribles predicciones de Savoy habrían sido más precisas si nos hubiéramos presentado en la oficina de empleo de la planta baja, buscando trabajo.

Antes de irnos de California, Rowe nos invitó a un recorrido por las bóvedas debajo del museo de antropología de la Universidad. El público rara vez llega a ver el iceberg de los artefactos almacenados en tales lugares, de los cuales los artículos en exhibición generalmente no son más que la punta. En un cajón estaba la momia perfectamente conservada de una niña con cintas de colores brillantes bellamente trenzadas en su largo cabello negro. En otra había una palanca de bronce de un metro de largo que aún mostraba marcas de raspaduras frescas como si los incas la hubieran usado momentos antes. Pensé en las estacas del techo apiladas que yacían ocultas en la niebla de Puncuyoc, a un cuarto de mundo de distancia. La misma sensación espeluznante de que los trabajadores estaban en algún lugar cercano regresó mientras continuábamos nuestro recorrido.

Finalmente, John nos invitó a subir a su oficina. Había algo que quería mostrarme, dijo. Pegado a la puerta había un plano de las ruinas peruanas preincaicas del Gran Pajatén, hecho a finales de los años 60 por Duccio Bonavía, un arqueólogo peruano. Entendí el punto de inmediato. Unos meses antes, un grupo de la Universidad de Colorado había visitado Gran Pajatén e inició un bombardeo mediático describiendo su "descubrimiento" del sitio después. Savoy, que también había incluido fotografías y una descripción de las ruinas en <u>Antisuyo</u>, publicado en 1970, gritó "¡Fatlta!" y afirmó que había visto el sitio por primera vez incluso antes de Bonavía. La posterior lucha por el crédito llegó hasta la revista <u>Time</u>, <u>Newsweek</u> y <u>People,</u> y todos los involucrados quedaron un poco tontos. Con aire de suficiencia, pensé que ese era un error que nunca cometería.

Pero no era el plan de Pajatén lo que John quería que yo viera. En cambio, me entregó un folder con documentos una vez que estuvimos dentro de la oficina. Adjuntos, dijo, había algunos bocetos y fotos que le había enviado recientemente un tipo llamado Stuart White, un geógrafo estadounidense expatriado que aparentemente había vivido en Vilcabamba durante dos años a finales de los años

70 y había explorado un poco allí. ¡Rayos! Ni siquiera había oído hablar de ese tipo y mi primera reacción fue de decepción de que otro *gringo* me hubiera ganado tan recientemente en la zona. Era como enterarse acerca del antiguo amante de una nueva novia. El hecho de que hubiera tenido uno no era tan impactante, simplemente no querías oír hablar de él. White y su esposa, Lynn Hirschkind, con quien había ido por primera vez a Vilcabamba, habían construido desde entonces un rancho de llamas y alpacas de buen tamaño en los Andes ecuatorianos, al noreste de Cuenca. Con el tiempo, todos nos convertiríamos en buenos amigos, al principio a través de una larga correspondencia y más tarde durante visitas y aventuras compartidas tanto en Ecuador como en Wyoming. De hecho, Nancy terminó comprándome mi propia llama como regalo de cumpleaños número 50 a finales del 88 y yo le regalé a ella a su medio hermano esa misma Navidad. A partir de entonces, Stuart, o Stu, como lo llamamos, iba a ser nuestro amigo, compañero explorador y experto en llamas visitante, pero en ese momento, to eso estaba en el futuro.

Pasé a ver la primera foto en el archivo que me dío Rowe y mi corazón se hundió. Era Puncuyoc. Los bocetos no eran tan bonitos como los míos, pero todo estaba ahí. En todo caso, sus notas eran más detalladas y las medidas mostradas eran más precisas que las mías. Con una sonrisa cómplice, John dijo que el informe de White aparecería en la próxima edición de la revista de su Instituto, Ñawpa Pacha. Mucho más detallada que cualquier cosa hecha por Bingham, von Hagen o Savoy, la de White sería la primera documentación realmente erudita jamás publicada en inglés sobre la Vilcabamba Inca. Aún hoy sigue estando entre las mejores sobre el tema (4). Hasta aquí parecía llegar mi fama y fortuna como el "descubridor" de Puncuyoc. Me pregunté cuántos de nuestros otros "hallazgos" ya eran bien conocidos.

Fue cuando volviamos a casa desde Berkeley cuando recibimos nuestra segunda sorpresa. El operador de telefono de nuestro motel en Fort Collins, Colorado, llamó a nuestra habitación para decir que teníamos una llamada de larga distancia. Asumiendo que era mi hijo, Chris, el único que sabía dónde estábamos, me sorprendió escuchar a Savoy. Estaba emocionado. Después de llamarnos a casa y obtener nuestro número, tenía grandes noticias que simplemente no podían esperar. —Acabo de regresar de una expedición a Puncuyoc —dijo—. —¡Un bello lugar! Esto dicho, del hombre que apenas tres meses antes nos había asegurado que "nunca volvería" al Perú. Era obvio que había comenzado a planear la expedición incluso antes de que saliéramos de Reno y tenía los dibujos que yo había dejado atrás para mostrarle el camino. Con la ayuda de los campesinos locales, dijo, había llevado a su familia allí durante unos días para mirar alrededor y fotografiar las ruinas. ¡Me quedé atónito! En cuestión de segundos, parecía que mi mentor se había convertido en un competidor, y uno formidable.

Mientras yo todavía me estaba recuperando de la noticia, él cambió el tema a el Gran Pajatén y su actitud cambió bruscamente de entusiasmo a ira. Se quejó amargamente del trato que había recibido -o, mejor dicho, no había recibido- en la cobertura mediática de la expedición de la Universidad de Colorado. Estaba, dijo, "dejando las cosas claras, de una vez por todas". Tom Lennon, el arqueólogo a cargo del grupo de Colorado era, según Savoy, otro "profesional" que intentaba robarle el protagonismo. "No puedes confiar en nadie en este negocio", concluyó, repitiendo una vez más el consejo que me había dado la primavera anterior. Empecé a preguntarme si no debería incluir al propio Savoy en la advertencia.

Principalmente, me enfureció que otro explorador gringo se adentrara ahora en lo que yo había llegado a considerar mi territorio. Me preocupaba quién más sería el siguiente. Lo peor de todo es que no había nada que pudiera hacer al respecto, así que seguí escuchando en silencio. En una nota más positiva, Savoy volvió a hablar sobre su viaje a Puncuyoc y dijo algo que nos recordó a nuestra visita con Rowe. Me dio las gracias por mis dibujos y dijo que sus guías habían encontrado los mapas y planos "excelentes" y "especialmente útiles". Por primera vez, me di cuenta de que eso era lo que me separaba de los muchos otros "aventureros", como a los expertos les gustaba llamarlos a los exploradores que flotaban en la periferia de la arqueología andina. Ellos escribieron relatos entretenidos, aunque a veces exagerados, de sus viajes. Algunos especularon locamente sobre varios "misterios" encontrados en el camino, pero pocos produjeron algo útil para los investigadores serios, y ahí radicaba su pecado. Si me hubiera presentado en Berkeley con nada más que una buena historia y algunas diapositivas bonitas, nuestra recepción podría no haber sido tan cálida. En cambio, Rowe nos había invitado a asistir a la próxima reunión anual de su Instituto e insistió en que preparara un articulo que describiera nuestra expedición de 1984 para presentarlo en la ocasión. Él pensó que todos los miembros estarían interesados en lo que habíamos hecho.

Afortunadamente, aún faltaba casi un año para la reunión del Instituto. Mi problema inmediato fue terminar la descripción de nuestros viajes a tiempo para la fecha límite del 1ro de Junio para la editorial de Savoy. Todavía inquieto por su brusco cambio de actitud y el viaje sorpresa a Puncuyoc, pensé que sería mejor volver al proyecyo y completar mi manuscrito lo más rápido posible. Luego llegó la tercera sorpresa. A finales de febrero, Carl Kriegeskotte, un viejo amigo y cineasta de aventuras que vivía en Nueva York, me envió una copia de una carta que había recibido de Savoy solicitando la compra anticipada del nuevo libro, ¡disponible a "250 dolares" cada uno! El comentario de Savoy de que "no habría dinero" en el proyecto me vino inmediatamente a la mente. Iba a ser una descripción del "Templo del Sol de Pitcos" (la ortografía de Pardo para Vitcos), una fabulosa estructura de dos pisos que me sonaba muy parecida a Puncuyoc. Según su carta, Savoy había logrado "localizarlo" en el curso de una aventura espeluznante en compañía de "compañeros" de su Club. La parte sobre el "Templo del Sol" continuaba diciendo que el libro incluiría "mapas y representaciones arquitectónicas de las ruinas, todo inédito". Me pregunté cómo pude haber sido tan tonto como para dejarle todas esas cosas en Reno. El remate estaba cerca del final: una edición limitada iba a ser enviada por correo "tan pronto como saliera de la imprenta, estimada para junio, posiblemente antes". (5) Aunque Savoy envió la carta a una larga lista de compradores potenciales para "nuestro" nuevo libro, nunca recibí ninguna carta. Ni siquiera habría visto una copia si no fuera por mi amigo Carl en Nueva York.

No hizo falta ser Sherlock Holmes para darse cuenta de que el material que me había pedido que le entregara antes del 1 de junio llegaría demasiado tarde para ser incluido en el libro de 250 dólares. Savoy había conseguido de mí todo lo que necesitaba en noviembre, cuando yo había dejado tontamente mis dibujos con él. Impulsado a la acción, volví a mi computadora, por partida doble. A finales de marzo, el manuscrito estaba terminado y decidí publicarlo yo mismo, al estilo simple, como SIXPAC MANCO: Viajes entre los INCAS. (6) Tuve cuidado de incluir todos los mapas y dibujos que le habíamos dejado a Savoy y registré los derechos de autor legalmente a través de la Biblioteca del Congreso. Con cierta justicia poética, envié una copia del producto terminado a Savoy el día de los inocentes de 1985, con una carta sugiriéndole que me dijera si quería utilizar alguno de sus contenidos en su nuevo libro. También adjunté una copia de la carta incriminatoria con el nombre de Kriegeskotte bloqueado para evitar que se involucrara si había problemas. Mi único comentario: "Me has dicho desde el principio que no debería 'confiar en nadie' y supongo que realmente querías decir en nadie".

Logotipo del autor y diseño de la portada del libro de 1985.

Savoy nunca respondió ni, que yo sepa, su nuevo libro fue publicado. Casi un año después, pasé por Reno de camino a casa después de la reunión del Instituto de Rowe en Berkeley y decidí ir a verlo, sin previo aviso, para tomar una taza de café. ¿Por qué no? Debería haberme enfadado con el hombre, pero sobre todo tenía curiosidad por saber qué tendría que decir por sí mismo. Como era de esperar, el ambiente en su casa era un poco tenso hasta que descendimos varios pisos al sótano y cerró la puerta de su estudio. No esperaba ninguna disculpa, y no me dio ninguna. Me había "juzgado mal", dijo. Había pensado todo el tiempo que yo era "su hombre" en Vilcabamba, pero ahora podía ver que yo era "mi propio hombre". "Tonteras", pensé, pero olvidarlo. Yo ya era mayor y más sabio, pero al final no se había hecho ningún daño tangible. Mientras Gene hablaba, incluso vi el lado positivo. A su manera, me había enseñado otra valiosa lección: los derechos de autor para todo. Decidí apreciar todo como una experiencia ganada y cambié de tema.

A pesar de las circunstancias, él estaba más relajado de lo que nunca lo había visto y, sorprendentemente, ambos disfrutamos de la visita. En parte, creo, fue el hecho de que estábamos solos por primera vez y él no sintió la presión de actuar para una audiencia. Además, una vez que logramos más o menos despejar el mal aire entre nosotros, el hecho era que, para bien o para mal, teníamos mucho en común. Su trabajo en Espíritu Pampa, después de todo, me había inspirado a ir a Perú en primer lugar. Una vez hecho esto, fue mi trabajo en Puncuyoc lo que lo inspiró a regresar después de veinte años de autoexilio. Tom Lennon se llevó el crédito -o la culpa- por poner a Savoy de nuevo en las portadas, pero el retorno del explorador a la selva fue, hasta cierto punto, obra mía.

Una vez allí, sin embargo, volvió rápidamente a sus viejas costumbres. De acuerdo a mi amigo Juvenal, que participó como empacador de caballos y guía, la expedición de Savoy a Puncuyoc fue un asunto elaborado en el que hubo mucho alboroto y publicidad. Con él, además de su familia, había varios dignatarios y no pocos policías armados para desalentar los problemas con los terroristas. Se contrató a un gran equipo para abrir el antiguo camino inca hasta el sitio y limpiaron completamente la selva del edificio principal y un baño inca cercano cubierto de maleza y previamente no reportado. Luego, Savoy fotografió todo exhaustivamente para incluirlo en el libro de 250 dólares por copia. Los trabajadores, por su parte, estaban aparentemente bien provistos de cerveza importada, como lo confirmó la cantidad de latas de aluminio desechadas que encontramos allí algunos meses después. Todos los implicados parecen haber considerado la expedición como un regreso a los viejos tiempos de las grandes aventuras de Savoy en los años sesenta. Pero no fue asi, al menos no en Vilcabamba.

De hecho, la historia estaba a punto de repetirse. Aunque él ha continuado sus exploraciones en Perú, que yo sepa, Savoy nunca regresó a Vilcabamba después de ese primer viaje a principios de 1985. Tal como lo había hecho veinte años antes, cambió su atención a la región norteña de Chachapoyas, donde Lennon había menospreciado imprudentemente su trabajo en el Gran Pajatén. El bombardeo mediático inflado que acompañó al regreso del grupo de Colorado del sitio ni siquiera había mencionado a Savoy, y mucho menos honrado su afirmación de veinte años de antiguedad, aunque ampliamente debatida, de ser el "descubridor" del lugar. Desde el punto de vista de Gene, los villanos eran el mismo tipo de "expertos" que habían ignorado sus logros en Espíritu Pampa dos décadas antes y ahora estaban tratando de atribuirse el mérito de su trabajo tal como lo había hecho entonces el peruano Santander. Su respuesta fue tipica de Savoy. Contraatacó. En julio de 1985, anunció el "descubrimiento" aún más sorprendente y noticioso de un vasto complejo de sitios a los que llamó Gran Vilaya, **(7)** a unos 160 kilometros al norte del Gran Pajatén. Mientras que este último estaba compuesto por una veintena de edificios, los nuevos hallazgos de Savoy incluían, dijo, ¡más de veinte mil! Cuánto de todo esto era realmente nuevo y cuánto un reciclado de trabajos anteriores de él y otros seguía sin estar claro, pero a los medios les encantó. Los de Colorado fueron eclipsados y el centro de atención volvió a estar en Gene Savoy. Queda por ver por cuánto tiempo, pero una cosa es segura: "Indiana" Savoy estába de regreso, y aún no hemos escuchado lo último de él.

11

De vuelta al punto de partida

Savoy no fue el único que consiguió un ejemplar de mi libro, por supuesto, y también se lo di a cada uno de los miembros de las expediciones de Sixpac Manco I y II. Jim Little, especialmente, se había interesado en todo el proyecto y cuando pasé por su oficina para dejar uno, resultó que había estado leyendo por su cuenta. De hecho, en ese momento estaba terminando la Carretera del Sol, de Victor von Hagen, la historia de la expedición que había llevado al explorador a Vitcos en busca de caminos incas. Había un breve pasaje sobre una ruina no lejos de Rosaspata que von Hagen llamó "Puncuyoc". El lugar, dijo Jim, le resultaba terriblemente familiar. De vuelta a casa, cogí mi ejemplar y, efectivamente, allí estaba, unas páginas más allá de donde había perdido el interés en el libro el año anterior. (1) Hasta aquí la investigación selectiva. La descripción de von Hagen del sitio difiere en algunos detalles extrañamente significativos de lo que habíamos encontrado, pero era ciertamente el mismo lugar. Aunque no había ido allí él mismo, von Hagen desestimó las ruinas como "inspiradas por los españoles", basándose en lo que su gente le dijo. No es de extrañar que nadie se hubiera molestado en hacer un seguimiento del descubrimiento durante casi un cuarto de siglo, hasta la visita de White en 1978. "Mala suerte, Stu", pensé, consolándome con el hecho de que él tampoco había descubierto el lugar.

Todo el asunto comenzaba a recordarme la controversia sin sentido pero persistente sobre el "descubrimiento" de Machu Picchu por Hiram Bingham (2). Los nativos afirmaban cada vez más que habían sabido de su "ciudad perdida" todo el tiempo. Los campesinos señalaron que ya estaban viviendo en las ruinas cuando lo llevaron a Bingham allí. Varios exploradores europeos y peruanos dijeron que habían oído hablar de Machu Picchu mucho antes de la visita de Bingham, y uno se quejó de que en realidad él le había dicho al estadounidense dónde estaba el sitio. Sin embargo, a pesar de todas esas quejas, el mundo había decidido hace mucho tiempo dar crédito a quien se lo merecía y había pocas dudas en la mente popular sobre quién había encontrado ese sitio magnífico encima de las nubes. Incluso los profesionales identificaron el lugar con Bingham -después de todo, él había hecho la mayor parte del trabajo duro allí- y cerró ese capitulo. La única víctima real había sido la palabra "descubrimiento". Nunca más se volvería a usar de la misma manera. A menudo me acuerdo de un chiste que vi una vez en la revista <u>New Yorker</u> que mostraba al explorador Balboa mirando al Pacífico, con la espada en alto y la bandera española desplegada. Uno de sus guías nativos voltea a ver a hacia otro y le dice: "Creo que tiene razón. 'Hay' un océano allí afuera". Y así fue con Puncuyoc. No pude evitar preguntarme: ¿quién había estado allí antes que el grupo de von Hagen?

Con el silencio de Savoy después de mi sorpresa del Día de los Inocentes, pareció por un momento que el elenco de personajes de Vilcabamba finalmente se había revelado y la trama había llegado a su cima. Esa impresión duró poco. El 14 de mayo recibí un grueso paquete de correspondencia fotocopiada dirigida a Savoy, pero enviada a mí por alguien llamado Robert von Kaupp -sin duda, supuse, el «Culp» Gene había mencionado de pasada en la cena en Reno. Al parecer, el ejemplar de <u>Sixpac Manco</u> que le había enviado a Savoy el 1 de abril había sido remitido a von Kaupp poco después. De acuerdo con la carta de presentación que venía con el archivo de correspondencia, von Kaupp pensó que mi libro era un buen trabajo con, sin embargo, un pequeño problema: "todo estaba mal". A pesar de nuestras diferencias, yo había escrito que Savoy tenía razón; que las ruinas de Espíritu Pampa eran sin duda las de la capital final de los Incas en Vilcabamba la Viejo. La carta de von Kaupp afirmaba que no había forma de que eso pudiera ser cierto. Era justo lo que faltaba: Puncuyoc, la joya de la corona de nuestra expedición, había sido reportada décadas antes por von Hagen, iba a ser publicada por White y estaba siendo reclamada como gran descubrimiento después de mi viaje por Savoy. ¡Ahora alguien nuevo decía que yo estaba completamente con Espíritu Pampa! Completamente deprimido, abrí el archivo y comencé a leer.

Robert von Kaupp resultó ser un inversionista inmobiliario de Washington, D.C., entrenado en antropología y que hablaba español y quechua con fluidez. Todo esto lo supe unos meses más tarde cuando nos conocimos y compartimos unos buen momento tomando más de unas cuantas cervezas en Cusco. A pesar de nuestras diferencias, nos llevábamos bien y Nancy y yo incluso lo visitamos en su casa en la capital de Estados Unidos durante un viaje posterior al este. Vivía no muy lejos de la Biblioteca del Congreso, con fácil acceso y amplio conocimiento de las crónicas de la Vilcapampa Inca. En 1978, había descubierto un misterio que ni él ni nadie ha sido capaz de resolver en todos los años transcurridos desde entonces.

Las notas personales de Bingham y von Hagen hablan de un lugar llamado Mananhuañunca en el bosque más allá de Pampaconas donde los lugareños creían que un sacerdote español había sido asesinado y/o enterrado en la época inca, lpero los detalles no estaban del todo claro. (**3** y **4**) Ninguno de los exploradores fue allí ni se molestó en publicar los informes. Curiosamente, Savoy ni siquiera mencionó la leyenda durante su búsqueda de Marcanay y Mananhuañunca en las selvas sobre Espíritu Pampa. Sus guías eran, después de todo, los hijos de Julio Cobos, el mismo hombre que había asesorado a von Hagen. Con Savoy como su fuente principal, von Kaupp no estaba al tanto de la historia hasta que se enteró de ella por los lugareños durante una visita a Yupanka en 1978. A diferencia de sus predecesores, también se le habló de un oscuro sitio en ruinas, no lejos de Mananhuañunca, llamado La Mesada. Ningún gringo había estado nunca allí, y hasta los campesinos sabían poco del lugar. A partir de su lectura de Calancha, von Kaupp supo de inmediato que el sacerdote español debía haber sido Ortiz, el tipo que había muerto tan lentamente que los nativos habían llegado a llamar Mananhuañunca al lugar de su ejecución: "él que no moría". De ser así, entonces el pueblo en ruinas tenía que ser Marcanay, el supuestamente cercano pueblo donde el desafortunado padre había sido condenado a muerte por Tupac Amaru Inca.

Al igual que Savoy y todos los que vinieron desde entonces, von Kaupp comprendió que ubicar a Marcanay era una de las claves para determinar de una vez por todas la ubicación de Vilcabamba la Vieja, por lo que inmediatamente exigió ver Mananhuañunca y las ruinas cercanas de La Mesada. Pancho Quispicusi, un pintoresco y conocido guía yupanka, accedió a llevarlo allí en las duras condiciones de un marzo especialmente lluvioso. Entonces von Kaupp solto la bomba. Según Pancho, ninguno de los dos sitios estaba cerca de la ciudad en ruinas de Savoy. En cambio, ambos estaban en el remoto cañón del río Urumbay, a mitad de camino entre Rosaspata y Espíritu Pampa, y por lo tanto a más de 32 kilometros, o casi siete leguas, del lugar que el mundo había llegado a aceptar como la capital perdida de Manco. Para von Kaupp, el mensaje era claro: Savoy y sus partidarios estaban totalmente equivocados. Las crónicas eran inequívocas: Marcanay no estaba a más que unas escasas "dos leguas" -diez kilometros- de la ciudad. El último refugio de los incas no podía estar en Espíritu Pampa. Todavía estaba ahí fuera, escondido en algún lugar de la selva cerca de La Mesada, esperando a ser descubierto.

Para apoyar de esta nueva teoría revisionista, en realidad revolucionaria, von Kaupp escribió un breve informe de su visita a Urumbay cinco años despues del hecho, en 1983 **(5),** pero nunca lo publicó. No es fácil entender por qué no lo publico, ya que fue el primer explorador en ir allí y, si tenía razón sobre el lugar, fue un hallazgo importante. Aún más difícil de entender fue su incapacidad para tomar fotografias o incluso hacer dibujos de lo que veía. En Mananhuañunca, describió una "tumba recién abierta" marcada con "líneas radiantes de piedras". Al otro lado del cañón, hacia el sur, dijo, había una "gran ruina inca" con "un núcleo central" rodeado por más de "ochenta y cuatro casas en diferentes niveles, como andenes."

De acuerdo con su voluminosa correspondencia con Savoy, von Kaupp y Quispicusi habían estado recorriendo la selva en busca de la "verdadera" Vilcabamba la Vieja desde entonces, pero sin éxito. Sin embargo, si los lugareños tenían razón sobre Mananhuañunca, y La Mesada era de hecho Marcanay, la búsqueda de Vilcapampa se había retrasado hasta el punto de partida. Justo cuando casi todo el mundo había llegado a aceptar las afirmaciones de Savoy -y, tal vez más exactamente, el respaldo de Hemming-, había pruebas contundentes de lo contrario en ese cañón salvaje y cubierto de selva del río Urumbay. El problema era que nadie más que von Kaupp lo sabía. Había intentado convencer a Savoy y, al parecer, no había llegado a ninguna parte. Ahora me tocaba a mí. La pregunta era ¿qué debía hacer al respecto, si es que debía hacer algo? Aunque había ido allí por una ruta completamente diferente, resultó que sus sitios no estaban a más de tres kilometros (menos de una legua) de Tambo, las ruinas en la cima de una colina que yo había identifi-cado como el Fuerte Nuevo. Me di cuenta de que no tenía otra opción. La única manera de hacer frente a la contra-teoría de von Kaupp y completar mi inventario de todos los sitios de la provincia era ir allí y comprobarlo por mí mismo. Desde la reunión en Berke-ley, Nancy y yo sabíamos que no habíamos terminado con Vilca-bamba. Ahora, sabía exactamente a dónde ir y qué hacer. La decisión fue fácil. En julio y agosto de la siguiente temporada, 1986, Sixpac Manco III estaría de vuelta en la selva.

Mientras tanto, durante todo el verano de 1985, von Kaupp no paró de enviarme un flujo constante de material, la mayoría de ellos contrarios a algún aspecto u otro de las ideas que con tanta confianza había avanzado en mi oublicacion <u>Sixpac Manco</u>. El nuestro fue el conflicto clásico entre el erudito y el hombre de campo. Bob construía tratados de 20 y 30 páginas a partir de alguna frase oscura de las crónicas o de algún pasaje citado de Bingham, Savoy o Hemming. Para él, el hecho de que algo hubiera sido escrito lo convertía en un hecho. Yo había encontrado abundantes pruebas de lo contrario. Una y otra vez, había encontrado cosas en el suelo que contradecían el registro escrito, y había llegado a la conclusión de que un montón de piedras en el campo valían más que diez libros viejos en una biblioteca. Para mí, la investigación era un medio para encontrar sitios, no el fin en sí mismo del asunto.

No debería sorprendernos, entonces, que una de las fuentes favoritas de von Kaupp fuera la obra de Edmundo Guillén Guillén. Guillén es un destacado etnohistoriador peruano, no un explorador. Sin embargo, en los años posteriores a la publicación de <u>La Conquista de los Incas</u> de Hemming, Guillén decidió desandar la ruta de la invasión española de 1572 y comparar lo que encontró en el terreno con las descripciones de las crónicas. Favoreció especialmente los informes de Arbieto, el comandante español, y Sarmiento de Gamboa, ya que ambos habían presenciado la acción. Hemming había dado un relato detallado de la campaña basado en estas y otras fuentes, pero su manejo de la geografía era necesariamente vago, ya que en 1970, ninguno de los fuertes o campos de batalla involucrados había sido localizado con certeza. Nadie ni siquiera los había buscado. Al igual que Angles Vargas antes que él, Guillén decidió que ya era hora de que un peruano entrara en escena y en 1976 partió hacia Vilcabamba.

Casi de inmediato, se encontró con una aparente contradicción entre la interpretación de Hemming de las crónicas y el terreno real. A pocos kilómetros del famoso puente de Chuquichaca, Guillén llegó a un desfiladero empinado llamado "Choquellusca" que, dijo, fue "recordado por la emboscada de los españoles en 1539" **(6)** la ruta descrita por Pedro Pizarro en la que el desastre casi había resultado de una piedra en el zapato de Gonzalo Pizarro. Murúa, en su relato de la invasión de 1572, identificó el mismo tramo de terreno accidentado que el paso de "*Chuquillusca*" **(7)** y Guillén supuso, comprensiblemente, que el escenario de la acción en ambos casos debía ser el cañón rocoso que había encontrado y que todavía lleva esencialmente el mismo nombre. La contradicción surge cuando se recuerda que tanto Pizarro como Murúa hablaban claramente de un lugar en la selva más allá de Pampaconas, a más de cincuenta kilómetros al oeste de la quebrada de Guillén. (**Figura 32**) Para complicar aún más las cosas, Calancha, hablando del país más allá de Pampaconas, lo había llamado "Chuquiago". (**8**) Guillén resolvió el problema trasladando el escenario de ambas batallas hacia el este, aunque fue mucho más probable que Murúa usara incorrectamente el nombre Chuquillusca para describir el lugar realmente llamado Chuquiago lo que causó todos los problemas. (**9**)

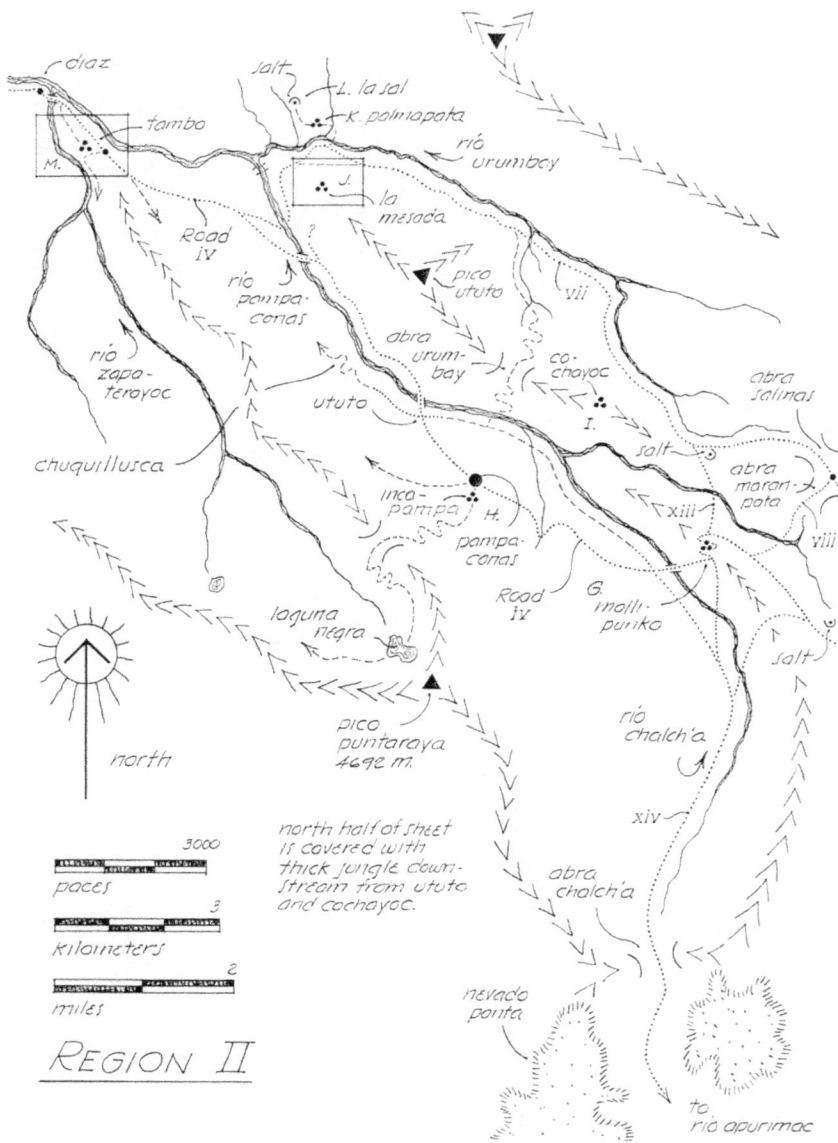

Figura 32 - Mapa del alto Río Pampaconas

Al adentrarse en las tierras altas, Guillén pronto encontró lo que creía que era otra discrepancia en el registro aceptado durante mucho tiempo. Baltasar de Ocampo había descrito a Vitcos como una montaña muy alta desde donde la vista dominaba gran parte de

la provincia de Vilcapampa. **(10)** Rodríguez de Figueroa, de camino
a su fatídico encuentro con Titu Cusi en 1565, encontró a Vitcos
entre una aldea llamada "*Arancalla*", en un país muy áspero cerca de
las nieves, donde había un fuerte grande, **(11)** y su destino en
Pampaconas. Guillén tuvo problemas para reconciliar el Vitcos de
Bingham con ambos informes y concluyó que *Rosaspata "no corres-
ponde" a las descripciones*. **(12)**

El peruano estuvo de acuerdo en que Vitcos debía estar cerca, pero,
como todos los investigadores hasta ese momento, desconocía la
verdadera extensión de las ruinas de Rosaspata y sus alrededores.
Además, fue engañado por el giro de una sola palabra en la narración de Figueroa. Guillén supuso que la fortaleza llamada "Arancalla" debía ser el grupo de chozas que los lugareños todavía llaman
"Layangalla", varios kilómetros más arriba en el cañón, más allá de
Rosaspata, en el camino a Pampaconas. De ello se deducía que
Vitcos debía estar oculto, aún sin descubrir, en algún lugar de las
colinas entre Layangalla y Pampaconas, en cualquier caso muy lejos
del "palacio" en ruinas de Bingham en Rosaspata. Guillén no se
molestó en buscar sus nuevo sitio para Vitcos. Se habría sentido
decepcionado si lo hubiera hecho. El territorio en cuestión es alto,
abierto y bien conocido por los campesinos. Allí no hay nada. Si, en
cambio, hubiera buscado Arancalla debajo de Rosaspata, podría
haber encontrado Pincollunca, **(Figura 16)**, un sitio que coincide
bastante bien con la descripción de Figueroa. Finalmente, si se
hubiera aventurado a la cumbre misma de la colina de Rosaspata,
habría encontrado allí la inmensa "fortaleza" escalonada que
domina precisamente las vistas panorámicas descritas por Ocampo.
(Figuras 29 y 30)

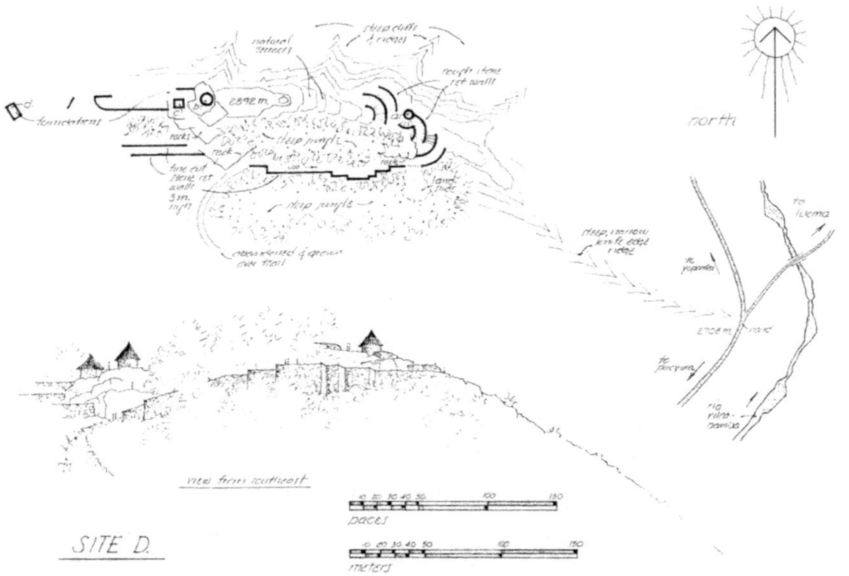

natural terraces

steep cliffs
& rocks

rough stone ret walls

2,592 m.

north

deep jungle

fine cut stone ret walls 3 m. high

deep jungle

to lucma

to pucyura

200 m. track

to pucyura

rio rimac camino

construction of grown over trail

steep, narrow knife edge ridge

view from southeast

SITE D.

10 20 30 40 50   100   150
paces

10 20 30 40 50   100   150
meters

Figura 16 - Plano del sitio y vista de Pinccollunca

246

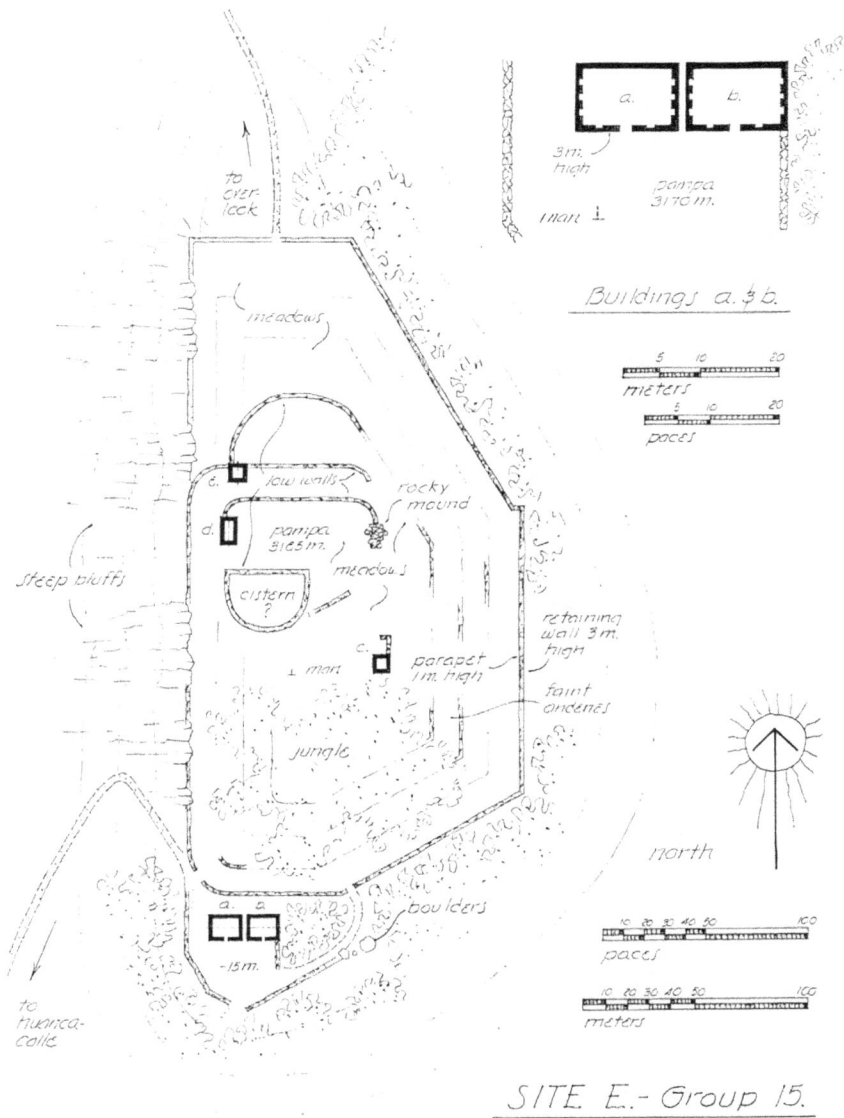

to over-look

meadows

a.

b.

3m. high

pampa 3170 m.

man ⊥

Buildings a. & b.

5   10   20
meters

5   10   20
paces

c.   low walls

d.   pampa 3165 m.

rocky mound

meadows

steep bluffs

cistern ?

retaining wall 3m. high

c.   parapet 1m. high

faint andenes

⊥ man

jungle

north

boulders

a.   a.

-15 m.

10 20 30 40 50   100
paces

10 20 30 40 50   100
meters

to Huanca-calle

SITE E.- Group 15.

Figura 29 - Plano de la "fortaleza" de Vitcos

247

SITE E.- Group 15. VIEW from south

Figura 30 - Vista de la "fortaleza"

Más bien, se apresuró a cruzar el paso de Kolpacasa y descendió en el bosque debajo de Pampaconas. Al principio, no había mucho que ver porque, más allá de Ututo, la gran pradera a lo largo del río, ninguno de los antiguos nombres de los lugares parecían seguir en uso. Una vez más, su análisis del terreno dependía de una sola palabra. Los españoles dijeron que habían acampado en "Anonay" dos días antes de la batalla para tomar el Fuerte Nuevo. Justo encima de

Vista Alegre, Guillén notó que el sendero cruzaba el río "Ayunay" **(Figura 44)** y determinó que debía haber sido el escenario del vivac español. Suponiendo que así fuera, predijo ubicaciones río abajo de ambos fuertes. Una vez más, otra vez no buscó mucho ninguno de los sitios, sino que simplemente dedujo dónde se encontrarían algún día.

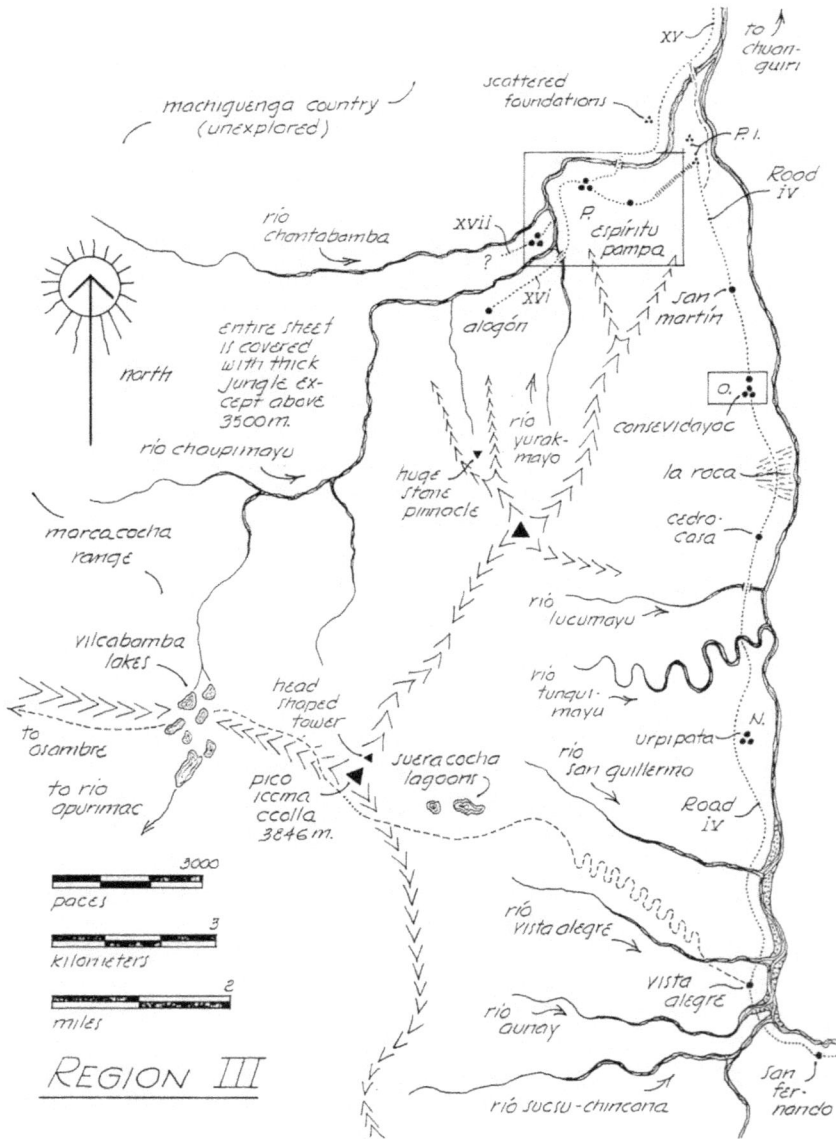

The map contains the following handwritten labels:

to chuanquiri

XV

scattered foundations

machiguenga country (unexplored)

P.I.

Rood iv

rio chantabamba

XVII

P. espíritu pampa

?

entire sheet is covered with thick jungle except above 3500m.

XVI alagón

san martín

north

O.

rio choupimayu

rio yurakmayo

consevidayoc

marcacocha range

huge stone pinnacle

la roca

cedro casa

rio lucumayu

vilcabamba lakes

rio tunquimayu

to osambre

head shaped tower

urpipata

N.

to rio apurimac

pico iccma ccolla 3846m.

juera cocha lagoon

rio san guillermo

Road iv

3000 paces

rio vista alegre

3 kilometers

2 miles

vista alegre

REGION III

rio aunay

san fernando

rio sucsu-chincana

Figura 44 - Mapa del bajo Río Pampaconas

Como era de esperar de un historiador y académico de renombre, Guillén tendió a enfatizar la investigación y el registro escrito a costa de un trabajo de campo exhaustivo. Juvenal Cobos, uno de sus guías en 1976, me contó que el "Dr. Larga Vista", como lo llamaban cariñosamente, era muy querido por los hombres, ya que nunca tenían que adentrarse mucho en la montaña. En cambio, montado en su caballo, Guillén se asomaba al bosque con sus binoculares y explicaba a los hombres lo que debía encontrarse allí. Aun así, al igual que Hemming, su investigación es exhaustiva y algunos de sus argumentos son teóricamente sólidos. En los años transcurridos desde que von Kaupp me presentó por primera vez la obra de Guillén, Edmundo y yo nos hemos conocido bien. A pesar de las largas discusiones compartiendo muchas rondas de *cervezas*, ninguno de nosotros ha convencido al otro de nada, excepto que el "Vilcabamba Club" es un pequeño y selecto grupo de locos, ya sean gringos o peruanos. Con respecto a los fuertes, hemos acordado estar en desacuerdo. De hecho, mientras escribo esto, el nuevo libro de Guillén que describe la campaña de 1572 se imprime en Perú y, con mi bendición, utiliza algunos de mis propios mapas y dibujos para presentar una vez más su caso. **(13)**

Un último jugador que von Kaupp me trajo no representaba ningún desafío para mis ideas, sino que llenaba un espacio importante al cual ninguno de los demás había prestado mucha atención. Justo cuando von Kaupp y Quispicusi comenzaron a peinar el corazón de Vilcabamba en busca de la verdadera ciudad perdida de los incas, un inglés llamado John Beauclerk junto con grupo de sus compatriotas -y mujeres- que exploraban afanosamente los límites de la provincia. Beauclerk estaba particularmente interesado en la ladera del Apurímac de la Cordillera de Vilcabamba, donde Paddock había reportado un camino inca y ruinas en la altura, cerca del pueblo de Arma, en 1970. Un segundo camino inca pasaba por alto Arma y cruzaba a las cabeceras del río Huacaraquina o Mapillo, un importante afluente del Apurímac. Asumiendo que las ruinas de Paddock probablemente no eran las únicas en la región, Beauclerk revisó los tramos inferiores del río Mapillo en 1979.

Allí encontró evidencia de ocupación inca en varios lugares, sobre todo en Acobamba, **(14)** un nombre que recuerda el tratado de paz con los españoles firmado por Titu Cusi en 1566. Las ruinas cubiertas de maleza resultaron ser un palacio inca o una finca de campo de algún tipo. Beauclerk pensó que era casi seguro el lugar donde habían tenido lugar las históricas negociaciones y firmas. Dado que la delegación del virrey seguramente se acercó a Acobamba desde el Perú ocupado por los españoles, a través del Apurímac, el camino a lo largo del cual se encontraron las ruinas de Beauclerk, debe haber sido una ruta importante de entrada y salida a la provincia en la época inca. El padre de Titu Cusi, Manco, y antes del tratado, el propio Titu Cusi, habían asaltado periódicamente el territorio al oeste de Cusco, sin duda utilizando este mismo camino hacia y desde su fortaleza en Vitcos. A menudo había notado adoquines incas ascendiendo por el río Guayara detrás de la casa de Cobos (**Figuras 4 y 17**) y me preguntaba a dónde conducían. Ahora lo sabía.

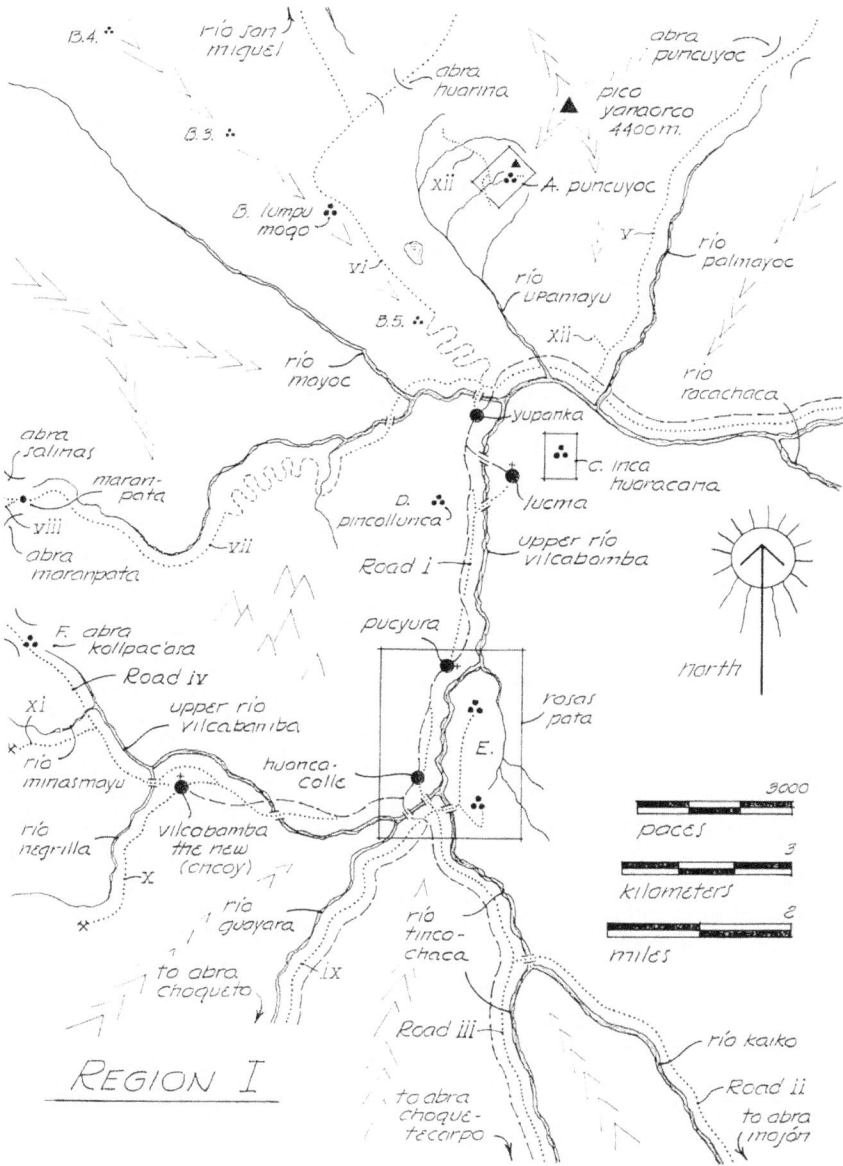

Figura 4 - Mapa del alto Río Vilcabamba

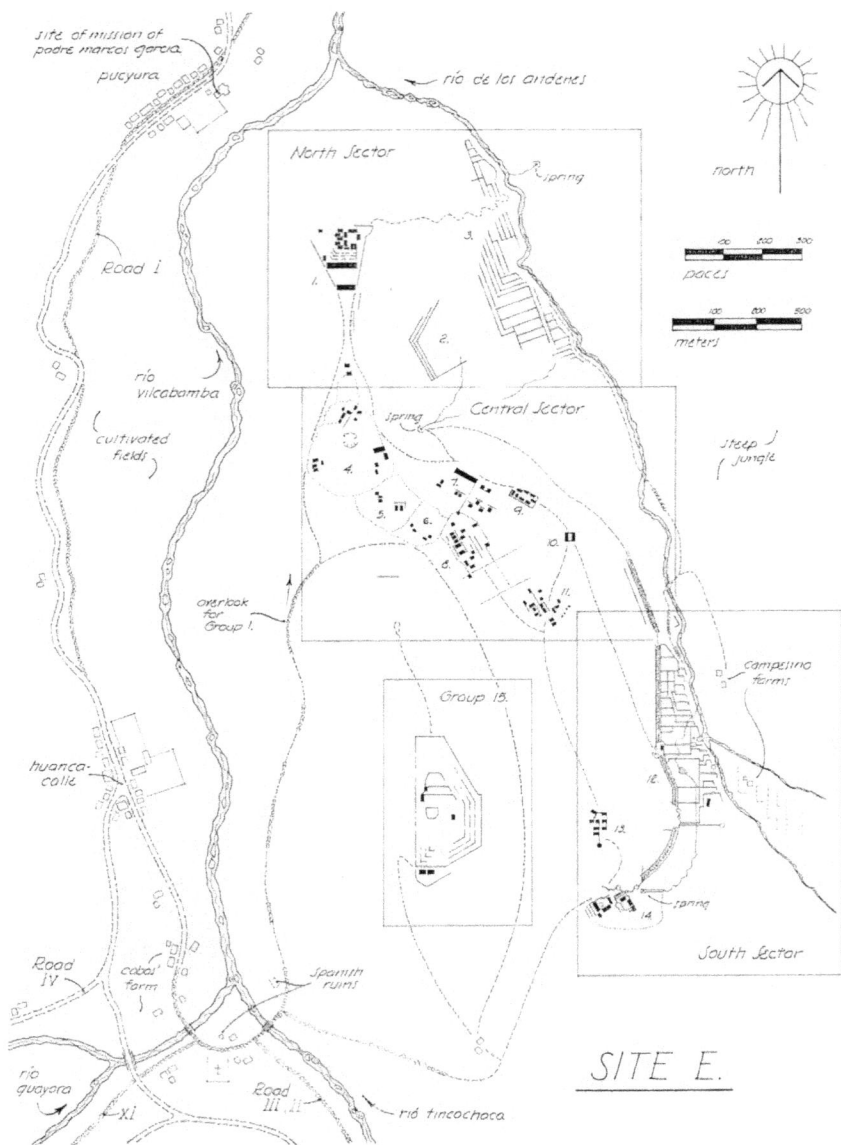

Figura 17 - Mapa de Rosas Pata y alrededores

Además de los sitios y caminos incas, tanto Beauclerk como sus *compañeros* que trabajaban en el borde oriental de Vilcabamba encontraron allí evidencia de poblaciones indígenas no incas. (**15** y **16**). Sus aldeas solían ser grupos de casas redondas, ya sean de piedra de campo o asentadas al menos sobre cimientos de piedra. Parecían ser preincaicas, pero las cerámicas encontradas en muchos de los sitios sugerían que también habían sobrevivido hasta bien entrado el período inca. Probablemente, pensó Beauclerk, estaban entre las tribus nativas de "Antis" y "Chunchos" subyugadas por Pachacuti Inca en 1440. Antes de eso, creía que habían sido aliados de los Chancas, los archienemigos del Cusco a los que el Pachacuti había derrotado en 1438, por lo que no fue casualidad que la pacificación de Vilcabamba hubiera sido una prioridad temprana del famoso reinado inca.

Un siglo y cuarto después, Rodríguez de Figueroa fue testigo de las multitudes de tribus de la selva que apoyaban a Titu Cusi en su desafío a la autoridad española. Aparentemente, eran descendientes de las mismas personas que Pachacuti había traído a su reino. Suponiendo que así fuera, ¿dónde habían vivido todos? Si hubieran construido aldeas de piedra, los restos aún deberían estar en algún lugar. El único sitio no inca que habíamos visto era Tambo, con sus 36 o más casas. A pesar de que lo que yo había figurado como el sitio del Fuerte Nuevo, también podría haber sido el hogar de algunos de los aliados de los incas. El mensaje de Beauclerk era que tenía que haber más sitios, probablemente muchos más, agrupaciones similares de círculos de piedra esparcidos aquí y allá por toda la provincia. Por primera vez, vi que para estar realmente completo, mi inventario de Inca Vilcapampa tendría que incluir no solo a los incas, sino también a las tribus con las que compartían la provincia.

Durante el otoño de 1985 me dediqué a preparar mi presentación para la reunión del Instituto del profesor Rowe, programada para principios de enero. Cuando llegó el momento de subir al escenario, yo era un principiante muy nervioso en este tema, pero era reconfortante ver los rostros de nuestros amigos de Berkeley esparcidos aquí y allá por la sala. Mi único as bajo la manga era que mi tema era uno sobre el que incluso la impresionante variedad de expertos en la audiencia sabía muy poco. Afortunadamente, su actitud fue más de curiosidad que de escrutinio crítico. Hice un resumen general de nuestro trabajo de investigación en Vilcabamba -un material bastante liviano en comparación con el material altamente técnico que por lo demás dominaba el programa-, pero fue bien recibido y me animé a seguir haciéndolo. Aunque los mapas y dibujos eran la carne de mi artículo, las diapositivas de Vilcabamba eran hermosas y más de una persona me dijo después que las imágenes de nuestras exploraciones les recordaban por qué se habían metido en la arqueología en primer lugar. Sin proponérmelo realmente, aparentemente los había inspirado a volver al campo y patear algunas piedras ellos mismos. Como un extra, vendí 40 ejemplares de <u>Sixpac Manco</u>, que ya se encontraba en su segunda edición, ya que la primera edición había sido regalada en su mayor parte por un autor novato que no podía imaginar que alguien compraría uno de sus libros.

Eso fue en enero de 1986. Presenté otra ponencia en 1987 y posteriormente fui votado como miembro e investigador asociado del Instituto. Nancy y yo hemos regresado todos los años desde entonces y he presentado trabajos casi todos los años sobre una variedad de temas. Lo mejor de todo es que hemos desarrollado muchos contactos y amistades interesantes entre andinistas por todo el mundo. Este es un grupo pequeño y colorido y, contrariamente a las advertencias de Savoy, hay espacio en él para cualquiera que haga un trabajo serio y esté dispuesto a exponerlo al escrutinio de la comunidad científica.

De vuelta a casa desde Berkeley, comenzamos los preparativos para la próxima expedición seria. Con el beneficio de nuestra experiencia de 1984 y todo lo que había sucedido desde entonces, teníamos una idea clara de que se trataba este nuevo viaje. Los mapas de Savoy de Espíritu Pampa mostraban ruinas en lugares en los que aún yo no había estado. Teníamos que volver allí, verificar sus hallazgos y buscar cualquier cosa que incluso él pudiera haber pasado por alto. Luego estaban los yacimientos de von Kaupp en Urumbay. ¿Y si tuviera razón sobre Marcanay? Podría haber una ciudad completamente nueva allí, aún sin documentar. La Mesada sonaba interesante por derecho propio, y necesitaba ser agregada a mi inventario en cualquier caso. Había que lidiar con las dudas de Guillén sobre Vitcos y mis sitios de los fuertes. Incluso si yo tenía razón y él estaba equivocado, la única manera de demostrarlo era comprobar su teoría sobre el terreno. Y finalmente estaban los miembros de la tribu no inca de Beauclerk y sus aldeas perdidas. Yo había asumido que habían sido construidas completamente de madera, ahora desaparecidas hace mucho tiempo, pero si estaban sobre cimientos de piedra, teníamos que encontrarlas. En conjunto, se trataba de una agenda llena, por lo que nuevamente nos permitimos tener seis semanas completas de trabajo de campo sólido.

Fue durante este período, también, que las respuestas a <u>Sixpac Manco</u> comenzaron a llegar de una asombrosa variedad de personas. Además de los ejemplares que yo mismo había vendido o regalado, Don Montague había vendido unos cuantos a través de su catálogo del Club de Exploradores Sudamericanos y casi no pasaba un día sin que yo recibiera una carta de un partidario entusiasta o de un crítico. En contraste con mis frecuentes y desmoralizadores intercambios con von Kaupp, a menudo mantenía correspondencia con John Hemming en Londres y John Rowe en California. Ambos fueron enormemente útiles y de apoyo. Me animó mucho tener a esos gigantes en mi esquina. Fue una época llena de intensidad. Todo parecía ir a nuestro favor y era difícil prevenir qué algo podría estropear nuestra próxima aventura. Estábamos seguros de que Tupac Amaru seguía allí, cuidándonos, como tantas veces lo había hecho en el pasado. Luego llegó la sorpresa final. Menos de una semana antes de nuestra partida a Perú, una bomba explotó en el tren turístico de Machu Picchu mientras esperaba salir de la estación de Cusco. Muchas personas resultaron heridas y varias murieron, incluida una familia entera de turistas austriacos. Habían estado de gira por Sudamérica de camino a reunirse con unos parientes en Jackson Hole, Wyoming, donde yo vivía.

12

Encajando las piedras

Para cuando llegamos a Cusco, la noticia de la bomba había sido ampliamente difundida, aunque la revelación posterior de que había sido un error, no lo fue. El vagón había estado destinado a un grupo de delegados a una convención política, pero en el último minuto el vagon fue cambiado para el tren turístico. Sin embargo, agentes de viajes y vacacionistas de todo el mundo tacharon a Machu Picchu de sus listas, al menos por el momento. En consecuencia, la antigua capital inca, normalmente repleta de actividad a principios de julio, parecía una especie de ciudad fantasma. Al salir de la normalmente llena calle Loreto, pero ahora extrañamente limpia y con olor fresco, el vacio de la Plaza de Armas me pareció ilusorio e inquietante. En ausencia del ruido y el desorden del presente, era como si los espíritus inquietos de todos aquellos cuya sangre se había derramado en este trágicamente histórico pedazo del Nuevo Mundo estuvieran presionandome a mi alrededor, haciendose sentir pero invisibles. Cualquiera que fuera la razón, me sentía incómodo. Tupac Amaru todavía estaba allí, pero tal vez habíamos perdido su favor, o peor aún, el pago por sus muchos favores del pasado estaba a punto de vencer. Era una sensación que me perseguiría a lo largo de las próximas semanas. Aunque no le dije nada a los demás, supe desde el primer día que Sixpac Manco III se dirigía a tiempos difíciles.

Con Nancy y conmigo había varios jugadores nuevos. Susan Akers, una artista y tejedora de Maine, se había convertido en una amiga cercana durante varios veranos en Wyoming. Joven, bonita y atlética, era una ávida excursionista en las montañas alrededor de Jackson Hole y estaba entusiasmada con una caminata en los Andes. Susan siempre era fácil de distinguir entre la multitud, su cabello rubio destacaba entre el grupo de cabelleras oscuras que siempre parecían rodearla. A los nativos debió de parecerles la típica gringa rubia. Pero no era una turista promedio. Susan tenía una razón especial para estar allí. Como tejedora, siempre le habían fascinado los extraordinarios textiles, tanto precolombinos como contemporáneos, por los que Perú es justamente famoso y aprovechó la oportunidad de ver estas maravillas de primera mano. El hecho de que ella supiera algo sobre cómo se hacían, aumentó su aprecio por lo que el resto de nosotros pensamos superficialmente que simplemente era bonito. Afortunadamente, algunas de sus percepciones finalmente se contagiaron a cada uno de nosotros y todos salimos más ricos, en diversos grados, de la experiencia.

Ben Giles tenía un conocimiento diferente pero igualmente significativo. Ben y yo habíamos enseñado a escalar montañas juntos en Wyoming años antes, pero él se había casado hacía mucho tiempo y se había convertido en agricultor en el este de Oregón. A diferencia de la mayoría de los agricultores de hoy en día, al menos en los Estados Unidos, él trabajaba su tierra con un equipo de caballos de tiro, utilizando métodos de siglos de antigüedad. Todo había ido bien hasta la madrugada de una mañana, un año antes de nuestro viaje. Un conductor adolescente y sin seguro casi lo mata en un choque temprano una mañana y había estado muchos meses recuperándose en el hospital. Las facturas médicas y los honorarios legales rápidamente se volvieron abrumadores y perdió su granja, sus caballos y, finalmente, a su esposa. Su salud estaba por los suelos. Arruinado, solo y amargado, necesitaba escapar y ambos pensamos que un poco de tiempo en la altura podría ser la solución. Lo fue y no lo fue, como se dieron las cosas. Pero una vez entre los campesinos, fue realmente asombroso ver cuánto entendía y admiraba sus prácticas ganaderas y agrícolas. Una vez más, su especial interés por cosas de las que el resto de nosotros sabíamos muy poco estimuló nuevas curiosidades en todos nosotros.

Finalmente, estaba Bruce Davis, un empresario de construcción y de paisajismo de Denver que se especializaba en muros de contención de piedra colocados en seco, en otras palabras andenes, no muy diferentes a los de los incas. Tom Lennon, el arqueólogo que dirigía la excavación del Gran Pajatén de la Universidad de Colorado que estaba en una disputa con Savoy, me había presentado a Bruce. Bruce estaba interesado en las técnicas de construcción antiguas por la posibilidad de que pudieran ser aplicables a su trabajo en Denver y Tom pensó que yo podría ayudarlo. Al principio, Bruce quería patrocinar nuestra expedición a cambio de una investigación beneficiosa para su negocio, pero a pesar de su aparente falta de experiencia en viajes al aire libre y de aventura, vi en él un espíritu afín y le sugerí que viniera con nosotros y hiciera su propia investigación. Mis amigos me han acusado durante mucho tiempo, y con razón, de ser un "rockero" por interesarme en las rocas y piedras. Mientras que sus presentaciones de diapositivas están inevitablemente llenas de coloridas escenas de la vida del pueblo, niños adorables y rostros ancianos de carácter randiante, mis presentaciones solo mostraban rocas. Cuando Bruce pudo no solo soportar varias de mis presentacions, sino que hizo buenas preguntas, estaba claro para ambos que Sixpac Manco III iba a ser su tipo de viaje y se unió.

Ninguno de nuestros nuevos compañeros había estado antes en Cusco, así que hicimos ruta obligatorio de las tiendas de la ciudad alrededor de la plaza. Los restaurantes vacíos y las tiendas de baratijas me recordaron a Jackson Hole en temporada baja. Sin embargo, al doblar la esquina en el empinado y estrecho callejón de la calle Procuradores, las visiones del hogar fueron reemplazadas por la cruda evidencia del leve terremoto que había sacudido la ciudad varios meses antes. Montones de escombros cubrían el viejo pavimento de piedra y muchos de los edificios se inclinaban precariamente sobre la calle, al parecer sólo se evitaba el colapso gracias a la apuntalación temporal de troncos que se inclinaban en todas direcciones. Era fácil ver por qué el número de muertos era a menudo alto cuando los terremotos severos golpeaban esos lugares. Grietas dentadas por todas partes serpenteaban a través de las paredes de escombros enlucidas de los viejos edificios coloniales españoles. Sólo los cimientos incas de piedras encajadas parecían sanos e intactos.

Mientras los demás seguían subiendo la colina hasta Sacsawaman, Nancy y yo decidimos registrarnos con el I.N.C. y comenzar el proceso, una vez más, de obtener un permiso para ingresar a Vilcabamba. Sabíamos que el terrorismo seguía siendo un problema a pesar de la muy reducida presencia policial en las calles y alrededor de los edificios públicos, probablemente como resultado de los intentos del recién elegido presidente Alan García de desmantelar la vieja elite militar. Si el atentado con bomba en el tren era una indicación, la situación había empeorado aún más desde 1984. Recordando la nerviosa acogida que habían tenido nuestros planes la última vez que visitamos el I.N.C., nos detuvimos a tomar una cerveza en la casi desierta Plaza Regocijo para considerar nuestras perspectivas.

Desde el viaje de 1984, nos habíamos enterado de los esfuerzos de Renzo para obtener un contrato exclusivo de 5 años con COPESCO, la agencia peruana de turismo y desarrollo, para realizar trabajos arqueológicos y de desarrollo en Vilcabamba. Si se hubiera llegado a un acuerdo de este tipo, es posible que ni siquiera se nos permitiera entrar en la región, y mucho menos trabajar allí. Parecía haber pocas dudas de que Renzo nos consideraba competidores no deseados y existía la posibilidad de que hubiera intentado desacreditarnos de alguna manera entre sus muchos amigos aparentemente poderosos en el gobierno. Por paranoica que parezca esa idea, tal intriga no es de ninguna manera desconocida en la arqueología latinoamericana. Existía la remota posibilidad de que entráramos en la oficina del I.N.C. y nos encontráramos en problemas por alguna ofensa inventada en 1984. Este escenario de una portada diciendo "¡CAZADORES DE TESOROS GRINGOS ENCARCELADOS!" se reforzó un poco por el hecho de que los funcionarios con los que estaríamos tratando probablemente eran todos recién nombrados por el presidente García, un líder que entonces no estaba entre los mejores amigos de Washington en América del Sur.

Al no haber otra alternativa, subimos dócilmente las escaleras hasta el despacho del Director en la maravillosa y antigua estructura colonial que albergaba al Instituto. El edificio había sido muy bien restaurado con un reluciente estuco blanco que, por desgracia, sólo resaltaba las grandes grietas que por todas partes recordaban el reciente terremoto. Para mí, un arquitecto que ya estaba un poco nervioso, la perspectiva de una falla estructural del edificio que lo trayera abajo era una distracción innecesaria. Cuando presentamos nuestras credenciales a la secretaria del Director, me di cuenta de que era la misma señora con la que había tratado dos años antes. Incluso llevaba puesta la misma chompa gruesa de lana de antes para protegerse del frío de un día de invierno, ya que hacía tiempo que se habían roto los vidrios de las ventanas de su despacho. Al igual que en Estados Unidos, los jefes podían ir y venir, pero las personas que realmente dirigían el país eran demasiado valiosas para reemplazarlas.

Al ser conducidos a la oficina del Director, nos dimos cuenta de inmediato de cuán insensatas habían sido nuestras preocupaciones maquiavélicas. En el desordenado escritorio estaba sentado un hombre pequeño y amable de unos 65 años, que nos miraba a través de unas gafas de media pulgada de grosor. Se trataba del Dr. Oscar Núñez del Prado, un consumado y ampliamente respetado antropólogo que recientemente había sido puesto a cargo de las complejas operaciones del Instituto en el Cusco. Con el terremoto, la bomba en el tren de Machu Picchu y el cambio de gobierno, fue inmediatamente obvio que lo último para lo que tenía tiempo era para un lío con un grupo de gringos locos dispuestos a gastar un buen dinero para unas vacaciones en lo que el ejército peruano consideraba una "Zona de Emergencia". Con esto, aparentemente querían decir que su control de la provincia estaba en duda y tendía a evaporarse después del anochecer. El fantasma de Vietnam vino inevitablemente a mi mente. A pesar de su tono premonitorio, Núñez firmó rápidamente nuestro permiso, aceptó cordial pero desinteresadamente dos ejemplares de <u>Sixpac Manco</u> en nombre del Instituto de Berkeley y nos despidió.

En nuestro camino de regreso a casa de Alicia, nos encontramos con los demás que bajaban de Sacsawaman. Todos estaban deslumbrados por lo que habían visto, pero Bruce, especialmente, estaba intrigado. No se podía negar que el lugar era impresionante, pero para un especialista como él la verdadera pregunta era: ¿cómo se hizo? Lo mismo me había molestado desde mi primera visita a Curtis y Brooke, y la respuesta no era nada clara. Mientras todos los demás continuaron hacia la pensión de Alicia, Bruce y yo volvimos a subir la colina para echar otro vistazo, decididos a formular un esquema de como pudo ser la construcción que tuviera en cuenta la piedra ciclópea perfectamente ajustada. Aunque todos los observadores desde la Conquista se han asombrado por los resultados, nadie ha ideado nunca un método plausible para alcanzarlos.

La sabiduría convencional sostenía que el ajuste se había logrado mediante el llamado "ensayo y error", un método que requería muchos movimientos de cada piedra. La compañía de Vito en Denver tenía mucha experiencia en el manejo de rocas grandes, y tenía serias dudas sobre la idea de estar haciendo el ensayo y error con piedras de 50 o 100 toneladas. Muchos de mis clientes en Wyoming construian casas con troncos con tecnicas de construccion antiguas, y se me ocurrió que la técnica de "scribing" que usaban los carpinteros para encajar perfectamente los troncos irregulares en un solo operación sencilla podría haber sido utilizada de alguna manera por los incas para colocar piedras. Vito sabía que la teoría que había sido propuesta y aceptada no hubiera funcionado y entonces yo pensé en que yo conocía una alternativa que sí funcionaria. Caminando juntos por las ruinas esa tarde, comenzamos a pensar en algunas buenas ideas, pero salimos al anochecer todavía muy lejos de haber resuelto el problema. No podía ser "ciencia espacial", nos reímos, pero la realidad era que a diferencia de nostros y del proyecto que tratabamos de resolver, los scientificos si sabian cómo construir cohetes.

Esa noche, celebramos nuestra llegada cenando con varios de nuestros amigos de Berkeley, entre ellos John Rowe y Susan Niles. John había estado pasando sus veranos en Cusco desde los años 40 y todavía seguía haciendolo. A pesar de que John había logrado importantes resultados en la gran cantidad de trabajos arqueologicos de campo que había hecho desde su juventud, una de sus especialidades era revisar las montaña de documentos y registros del Cusco del siglo XVI almacenados allí y en gran parte no leídos desde entonces. A pesar de lo poco interesante que puede ser este material para el ojo inexperto, John a menudo encontró allí pistas importantes sobre la vida y los eventos en la capital inca y sus alredededores en los años posteriores a la Conquista. Susan y él formaban un buen equipo, con John aportando su conocimiento enciclopédico de las fuentes escritas para influir en la investigación y Susan haciendo un seguimiento en el campo. Juntos, estaban encontrando nuevos e importantes sitios en Cusco y sus alrededores, así como revisando muchos de los sitios bien conocidos pero poco estudiados en el campo circundante.

También estaba presente Sara Steck. Sara, guía de Mountain Travel, la mundialmente famosa compañía de viajes de aventura cofundada por su padre, Alan Steck, acababa de regresar de una visita a Vitcos. Había ido allí con varios de nuestros otros amigos de Berkeley, Bernard y Linda Bell, Dave Dearborn y Dan Brocious, para buscar pruebas de observaciones astronómicas incas entre las muchas rocas extrañamente talladas en Ñusta Ispanan y sus alredededores. Sara llevaba consigo un ejemplar de Sixpac Manco para usarlo como guía y yo tenía curiosidad por saber qué tan bien habían funcionado los mapas. Una vez que se dieron cuenta de que las distancias laterales estaban un poco distorsionadas para que quepa todo en una sola página, dijo, encontraron el mapa de Rosaspata bastante útil **(1)**. Su única queja fue que, deambulando por el sitio, descubrieron que me había "faltado mucho por cubrir". ¡Me faltó mucho! ¿En Vitcos? Ese fue el único sitio que pensé que había identificado bastante bien en 1984. ¿No me había dicho José que nos había mostrado todo lo que había que ver? El hecho de que pudiera haber pasado por alto algo allí era bastante creíble -después de todo, era un lugar grande-, pero ¿cómo podría haberme faltado "mucho"? Bueno, llegaríamos muy pronto, pensé. Tal vez Juvenal sabia de lo que ella estaba hablando.

Antes de que terminara la noche, acordamos tomarnos el día siguiente libre para visitar Tipón, una hermoso palacio de campo inca que Susan había estado mapeando a una hora de Cusco. Lo había visto desde el aire y aproveché la oportunidad de ir allí con alguien que conocía bien el lugar. Además, John Rowe nos ofreció una oportunidad que no pudimos rechazar. Explicó que podría haber evidencia en las crónicas de que Machu Picchu no era del todo desconocido para los españoles, como se había asumido durante mucho tiempo. Rodríguez de Figueroa, viajando a Vilcabamba en su misión a Titu Cusi en 1565, notó, al pasar un puente sobre el río Vilcabamba cerca de un lugar llamado Condormarca, un camino más allá que continuaba hasta lugares llamados *"Picho"* (¿Machu Picchu?) y *"Tambo"* (probablemente Ollantaytambo), a través de un pueblo llamado Sapamarca **(2)**. John había encontrado otras referencias a Sapamarca en varios mapas antiguos, pero hasta donde él sabía, nadie lo había buscado realmente. Pensó que si se podía ubicar en el campo entre el bajo río Vilcabamba y Machu Picchu -en algún lugar, pensó, alrededor de la moderna ciudad de Santa Teresa- confirmaría que el "Picho" de Figueroa era, de hecho, la famosa ciudad perdida de Bingham y que los españoles sabían de su existencia después de todo. Además, dijo John, la búsqueda de un nuevo sitio podría ser interesante por derecho propio y, por lo menos, sería un buen entrenamiento para nuestro siguiente trabajo en Vilcabamba.

Dada la visita a Tipón y lo que acababa de aprender sobre la necesidad de más trabajo en Rosaspata, mi primer pensamiento fue que otro sitio para buscar era lo último que necesitábamos. Pero John insistió y, después de discutirlo, todos estuvimos de acuerdo en que valdría la pena posponer nuestra llegada a la casa de Cobos unos días. Bruce, a quien todos habíamos empezado a llamar "Vito" debido a su parecido con lo que todos imaginábamos que podría ser un asesino a sueldo de la mafia, estaba especialmente contento con el cambio de planes. Estaba programado que él regresara a los Estados Unidos antes de que todos nos hubiéramos adentrado en una verdadera exploración de la selva, y Sapamarca le prometió una muestra de ese tipo de experiencia única.

Después de una fascinante mañana en Tipón con Susan, Sixpac Manco III se dirigió río abajo. Para que Ben, Susan y Vito pudieran echar un vistazo rápido a Machu Picchu, nos bajamos del tren de la tarde en Aguas Calientes para una visita rápida antes de continuar hacia Santa Teresa, punto de partida para la búsqueda de Sapamarca. Como si nos hubiera estado esperando, estaba William Kaiser, nuestro anfitrión desde 1984. "Gringo Bill", como ahora se llamaba a sí mismo, estaba lleno de noticias de los dos años transcurridos y ansioso por conocer nuestras aventuras y planes actuales. Al leer el ejemplar de <u>Sixpac Manco</u> que había traído de regalo, se rió de la parte en que el aparecía como un "guía poco fiable" y dijo que los dos tipos de los que habíamos oído eso en Cusco tampoco habían estado entre sus clientes favoritos. Después de una buena cena y más de unas cuantas cervezas, estabamos contentos de estar de vuelta.

A la mañana siguiente me despertaron temprano los ruidos de un grupo de albañiles que trabajaban en dar forma a los sillares de granito para la fachada de la iglesia del pueblo casi terminada que habíamos visto en construcción en 1984. Mientras estaba hechado en la cama, escuchando el sonido de los cinceles picoteando, una idea vino a mí sobre un paso clave que faltaba para el proceso de ajuste de las piedras de Sacsawaman que Vito y yo estábamos tratando de descifrar. Entoces todo el proceso cayó repentinamente en su lugar. Corrí a la puerta de al lado, lo desperté y comenzamos lo que se volvería una serie de largas conversaciones que continuaron sin parar durante varios días mientras trabajábamos en los puntos finos de nuestra teoría. En pocas palabras, habíamos ideado una forma práctica de lograr el ajuste de las piedras con un solo movimiento de cada piedra, hasta que estas encajen finalmente en su lugar. El resultado fue un artículo entregado al Instituto de Rowe el invierno siguiente y posteriormente publicado tanto en inglés como en español (**3** y **4**). Hasta el día de hoy, sigue siendo el único intento serio en forma impresa que se ha ofrecido para resolver el problema.

Desde mis días de estudiante de posgrado, siempre he recordado la broma atribuida al famoso arquitecto finlandés Alvar Aalto: "cualquier idea que no se pueda dibujar meando en la nieve es demasiado complicada". Nuestra teoría recién incubada cumplió con esa prueba, al menos. Imagínese dos grandes rocas colocadas una al lado de la otra, digamos a un metro y medio de distancia entre entre ellas para que varias personas puedan trabajarlas. Ahora imagine que los lados de las rocas que se miran entre si se alisan con martillos de piedra para que una simple vara de medir encaje exactamente entre las superficies trabajadas, sin importar dónde se inserte la vara. Claramente, si las piedras se deslizan juntas, deberían encajar perfectamente, ya sea que las superficies sean planas o no.

Hay una trampa, por supuesto. La vara de medir siempre debe insertarse a lo largo de líneas exactamente paralelas, de modo que los puntos de cada extremo sean los que estén en contacto una vez que las piedras se toquen. La idea puede parecer estúpidamente simple, pero el diablo definitivamente está en los detalles. Mantener la vara de medir, llamada también "escriba", con una orientación constante en el espacio entre las piedras, independientemente de su posición entre las rocas, es un poco complicado, especialmente porque el único dispositivo conocido por los incas para hacerlo es una cuerda pesada o plomada. Otros problemas serios surgen del hecho de que el moldeado final o acabado de las superficies con piedras de martillo -de nuevo, las únicas herramientas disponibles para los incas- se hace necesariamente trabajando hacia abajo, con la ayuda de la gravedad. Todo el sistema, entonces, depende de la colocación de las piedras de manera que las superficies de trabajo sean convenientes para los canteros y de idear formas de mantener constante la orientación del escriba en el espacio.

Vito y yo pensamos que habíamos encontrado soluciones a ambos problemas, pero quedaba por ver si nuestro método realmente podía funcionar con piedras grandes. Dada la enorme cantidad de trabajo necesario para averiguarlo, ninguno de nosotros tenía ninguna expectativa de que alguna vez se intentaría. Nos equivocamos. Cuando el manuscrito de este libro estaba en su edición final, los productores de NOVA, la conocida serie de documentales de televisión en Estados Unidos, llamaron para decir que a nuestra idea le había llegado el momento. Alguien de su equipo había obtenido una copia de nuestro articulo, para entonces de ocho años de antigüedad, y pensó que grabarnos luchar con grandes rocas ante la cámara sería un buen documental, tanto si acababan encajando o no. En otras palabras, el mundo entero pronto descubriría si Davis y Lee eran genios o locos. Gran parte de la vida aveces parece estar motivada por evitar el aburrimiento y/o la vergüenza, así que rápidamente acepté intentarlo, pero al mismo tiempo decidí que no parecería un idiota en el intento.

No tenía por qué preocuparme. Dos meses y casi 1500 horas de trabajo más tarde, observé cómo, utilizando tecnología de la edad de piedra, mis nueve albañiles nativos bajaban cuidadosamente la última de las rocas de varias toneladas de peso en su lugar. Su arte no estaba a la altura de los estándares incas, pero la técnica de trazado funcionó perfectamente y un cuchillo no se pudo insertar entre las piedras. Las cámaras lo captaron todo. Vito y yo éramos, si no genios, al menos no locos. Como lo dije en camaras, todavía no sabemos cómo lo hicieron los incas, pero ahora sabemos cómo pudieron haberlo hecho, que es más de lo que sabíamos antes. La gran sorpresa fue lo increíblemente tedioso y lento que era dar forma a rocas duras con cualquier método manual. Después de hacerlo nosotros mismos, nos quedamos aún más asombrados por las numerosas y alucinantes hazañas de construcción megalítica de los incas. En la actualidad, todas se atribuyen al período de sólo unos ochenta años entre el ascenso de Pachacuit al poder y la guerra civil que siguió a la muerte por viruela de su nieto, Huayna Capac.

Bosquejo del autor del método de "trazado y remate" propuesto
para colocar las piedras gigantes en Sacsawaman.

La caminata hasta Machu Picchu por la mañana fue espectacular, aunque nuestra actuación después de la fiesta de la noche anterior no lo fue. Para cuando llegamos al restaurante afuera de la puerta de entrada, todos querían sentarse a la sombra y beber Coca Cola. Finalmente, logramos un recorrido por las ruinas pero, a pesar de la caída del turismo, el lugar estaba abarrotado de visitantes peruanos. Como siempre, la ciudad estaba magnífica pero, en comparación con nuestro tour privado por Tipón el día anterior, la situacion fue un poco decepcionante y todos nos fuimos a casa temprano. Esa noche era el cumpleaños del Gringo Bill, y como también era nuestro último día en la ciudad, su esposa aprovechó la ocasión para hacer una fiesta. Fue otra noche agradable, pero por tercera noche en otros tantos días, nos fuimos a la cama a altas horas de la madrugada. Ya era suficiente. Teníamos que ponernos manos a la obra.

Todavía aturdidos, tomamos el transporte local temprano río abajo hasta Santa Teresa a la mañana siguiente para comenzar a buscar Sapamarca. Al igual que Aguas Calientes, Santa Teresa es una ciudad ferroviaria con las vías que hacen a la vez de calle principal. A diferencia de Aguas Calientes, está más allá de Machu Picchu y ve pocos gringos. El resultado es que no hay muchas razones para demorarse, y rápidamente nos dirigimos a las montañas. Cinco días después, estábamos de vuelta en el tren, exhaustos y con las manos vacías. La búsqueda había sido cualquier cosa menos una fiesta. Vito había recibido su bautismo en las montañas y estaba más que listo para volver al alto y seco Colorado. Con un esfuerzo considerable, habíamos encontrado ruinas en una alta cresta sobre un pueblo llamado Yanatili, a pocos kilómetros del Río Sacsara, poco transitado, pero parecían pre-incas y dudé que fueran los restos de la Sapamarca de Rowe. Irónicamente, más tarde me enteré de que mientras buscábamos, mi nuevo amigo por correspondencia, Bob von Kaupp, tropezó accidentalmente con el sitio de Sapamarca unos pocos kilometros más abajo en el cañón del Urubamba. Le pasé su breve informe del hallazgo al profesor Rowe, quien así obtuvo la confirmación que había esperado después de todo.

13

En la zona de emergencia

Terminada nuestra infructuosa búsqueda de Sapamarca, Vito se subió a un tren de regreso a Cusco y regresó a los Estados Unidos. Su ausencia se sintió rápidamente. Íbamos descubriendo que el nuestro no era un grupo maravillosamente cohesionado, pero de alguna manera Vito había conseguido mantenernos unidos. Sin él, sospechaba que sería una historia distinta. Sin embargo, Ben, "Susa", como los locales llamaban a Susan por alguna razón, Nancy y yo continuamos hasta Quillabamba para pasar la noche. Al igual que en 1984, los lugareños al principio se negaron a llevarnos por el camino a Vilcabamba, por cualquier precio. La situación con los terroristas había empeorado y la policía estaba peligrosamente inclinada a disparar primero y preguntar después. Finalmente, encontramos a alguien que nunca antes había hecho el viaje y se jactaba de que no tenía miedo. Los otros probablemente tenían razón sobre el peligro, pensé, pero necesitábamos el transporte e ignoré sus fanfarronadas e hice un trato.

Con la excepcion de que la camioneta de nuestro conductor macho era lamentablemente inadecuada para la tarea, tambaleamos como un sube y baja por el cañón al día siguiente sin incidentes. A media tarde, nos detuvimos en la comisaría de policía de Pucyura con lo peor de la camino a nuestras espaldas. A pesar de que el puesto policial estaba resguardado con emplazamientos de ametralladoras con sacos de arena controlados por jóvenes soldados secos, el jefe, fue bastante amable y ofreció muchos consejos. Los terroristas, dijo, acababan de hacer una redada por la parte baja del río Pampaconas y desaconsejó viajar más allá de Vilcabamba la Nueva. Mi corazón se hundió. Era un consejo que, si yo lo seguía, descartaba dos tercios de nuestra razón para estar allí. Insistió en copiarnos a mano su mapa de la zona, lastimosamente inexacto y mal hecho, antes de permitirnos irnos. Fue un buen gesto, pero mirando el mapa mal hecho, pensé que no era de extrañar que los terroristas estuvieran ganando.

Seguimos adelante hasta el final del camino, cerca de la casa de Cobos. Mirando a su alrededor, estaba claro que las cosas habían cambiado. El camino que sube desde Yupanka había sido mejorado y ahora se celebraba el mercado de los sábados en Huancacalle. El resultado fue dramático. Lo que recordábamos como un pequeño y tranquilo pueblo agrícola se había convertido desde entonces en un lugar comercial. La calle principal estaba abarrotada de gente y llena de puestos de esteras levantados a toda prisa. La ciudad estaba abarrotada de familias de refugiados que habían sido expulsadas de los asentamientos más aislados por los terroristas, y más tarde vimos que se habían levantado varias chozas nuevas justo en medio de los campos de Cobos. Mientras descargábamos nuestro equipo en la calle, rápidamente se formó un círculo de curiosos a través del cual José y Juvenal pronto salieron para darnos una mano.

Los senderistas, dijeron, habían cruzado el Apurímac desde la cercana Ayacucho con fuerza, y habían estado en movimiento durante varios meses. Era una campaña importante y todo el mundo tenía miedo. Una gran banda de guerrilleros había comenzado a atacar los asentamientos en la selva debajo de Tambo y se temía que eventualmente continuaran el ataque hacia las tierras altas y sobre el paso de Kolpacasa. Supuestamente, la seguridad estaba siendo proporcionada por los soldados en Pucyura, pero eran reacios, con buena razón, a aventurarse demasiado lejos de su cuartel general fortificado. En cambio, se habían vuelto secos y arrogantes, molestando a las chicas locales y, en general, intimidando a las personas a las que debían proteger. José había sido golpeado brutalmente un mes antes, dijo, porque no tenía suficiente dinero para comprar bebidas para una patrulla que pasaba. El resultado fue que todos estaban nerviosos, atrapados como estaban entre dos aspirantes a amos desagradables. Los campesinos de las montañas de Pampaconas estaban especialmente expuestos y habían formado una ronda campesina para protegerse. Teóricamente era una especie de milicia civil, pero en realidad era más bien un grupo de vigilantes que operaba sin mucho control gubernamental. Según Juvenal, la ronda no veía con buenos ojos a los extraños que pasaban por su zona de responsabilidad. Nadie había ido a Espíritu Pampa desde hacía semanas, y Juvenal pensó que incluso nuestras exploraciones planeadas en el remoto río Urumbay eran imprudentes dadas las circunstancias. Comenzó a parecer que el jefe de la patrulla policial había tenido razón y que los sitios alrededor de Vitcos serían todo lo que veríamos. Fue una gran decepción, pero decidimos concentrarnos en darle una revisión exhaustiva a la zona alrededor de Rosaspata.

La lluvia continuó durante toda la noche y todo el día siguiente. Estábamos acampados en el mismo lugar que habíamos usado en el 82 y el 84, pero esta vez el barro era horrible debido al incesante escarbamiento de los cerdos de Flavio. Para empeorar las cosas, estaba el olor de los excrementos que dejaban por todas partes. La hija de Juvenal, Águeda, y su esposo, Leóncio, vivían en la gran casa del abuelo Julio mientras se construía la suya al otro lado de la calle. Sentados en el porche, se apiadaron de nosotros y nos invitaron a mudarnos a una de sus varias habitaciones libres, vacías desde la muerte del anciano cinco años antes. Aceptamos sin dudarlo un momento. Tan pronto como nos instalamos dentro, un trío de visitantes recién llegados se metió en nuestro pozo de barro y comenzó a montar su tienda lamentablemente inadecuada junto a las nuestras. Sin embargo, no eran muy sociables, y nuestros anfitriones no hicieron ningún esfuerzo por invitarlos adentro.

Durante una pausa de la lluvia, comenzaron a preguntar por caballos y guías. Resultó que eran turistas israelíes que tenían la intención de ver las ruinas de Espíritu Pampa. Dadas las circunstancias, por supuesto, nadie quería llevarlos allí y, al igual que nosotros, se les advirtió de los peligros del asunto. "¡Tonterías!", dijeron. "Sabemos todo sobre terroristas y podemos cuidarnos a nosotros mismos". Cuando se hizo evidente que nada de lo que los lugareños pudieran decir iba a hacerles cambiar de opinión, todos cambiaron rapidamente de posición y comenzaron a animarlos, con cierto desafío, a seguir solos, lo que hicieron a la mañana siguiente. Leóncio confesoó más tarde que dada la obstinada actitud de los vistantes en querer ir, les había valido el estatus de experimentos cuyo destino proporcionaría a los lugareños información útil sobre las condiciones de viaje más allá de Pampaconas.

La lluvia seguía y José me recordó que no debía sorprenderme. La luna estaba llena y siempre había dicho que eso significaba tiempo húmedo. Dados los horrores de acampar en tales condiciones, nos contentamos con quedarnos en las habitaciones vacías del viejo Julio. Aun así, solo podíamos leer libros de bolsillo durante un tiempo sin caer en el aburrimiento terminal, el enemigo final de la vida, por lo que todos luchamos contra eso de una forma u otra. Ben empezó a trabajar en la chacra y pronto se convirtió en un peón más del campo. Nancy y Susa, mientras tanto, examinaban los hermosos tejidos que estaban trabajando varias de las mujeres del pueblo. Susa incluso terminó comprando uno, pero aparentemente pagó demasiado, ya que desde entonces estuvimos acosados por proveedores de todo tipo. Como la persona autoproclamada como amante de las rocas, me fuí a Rosaspata en busca de lo que Sara Steck pensó que me faltó mapear la última vez. No me había dado ninguna pista sobre dónde podrían estar los sitios adicionales, así que fui primero al grupo familiar del palacio para orientarme. **(Figura 19)**

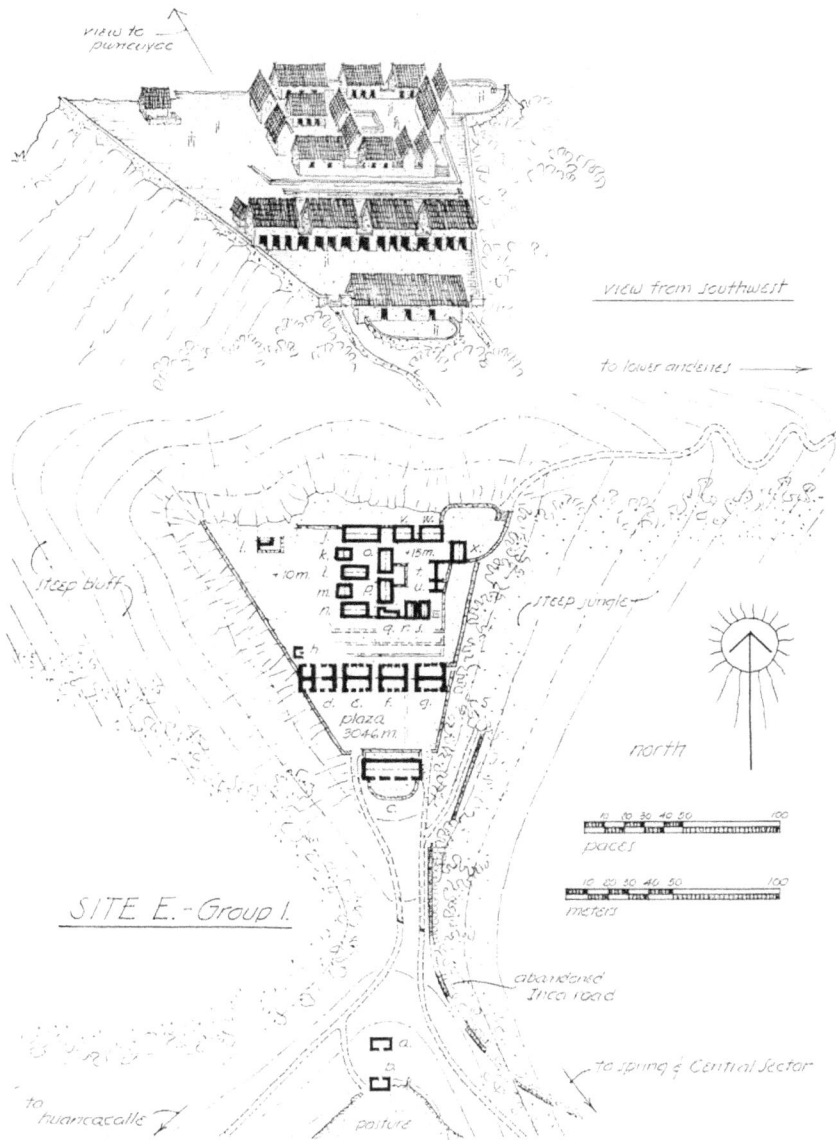

Figura 19 - Plano del "palacio" de Vitcos

Una vez allí, recordé que había algunas áreas que no había tenido tiempo de investigar en el 84. A pesar de que José había pensado que no valiera la pena llevarnos a esos lugares, pensé que era hora de averiguarlo por mí mismo. La primera fue por la empinada cresta debajo de la esquina noreste del palacio. Un sendero borroso descendía por la ladera en zig zag, pero descendía tan bruscamente que, al principio, el fondo del valle quedaba oculto a la vista bajo una banda de acantilados cubiertos de selva. A un tercio del camino hacia abajo, apareció de repente una vista más clara y supe de inmediato que Sara había tenido razón. Extendiéndose por casi un kilómetro a lo largo de la orilla cercana de un hermoso arroyo de la montaña, el Río de Los Andenes, estaban las no antes reportadas ruinas, una serie de terrazas de piedra ingeniosamente planificadas en condiciones casi perfectas. (**Figura 18**, Grupo 3)

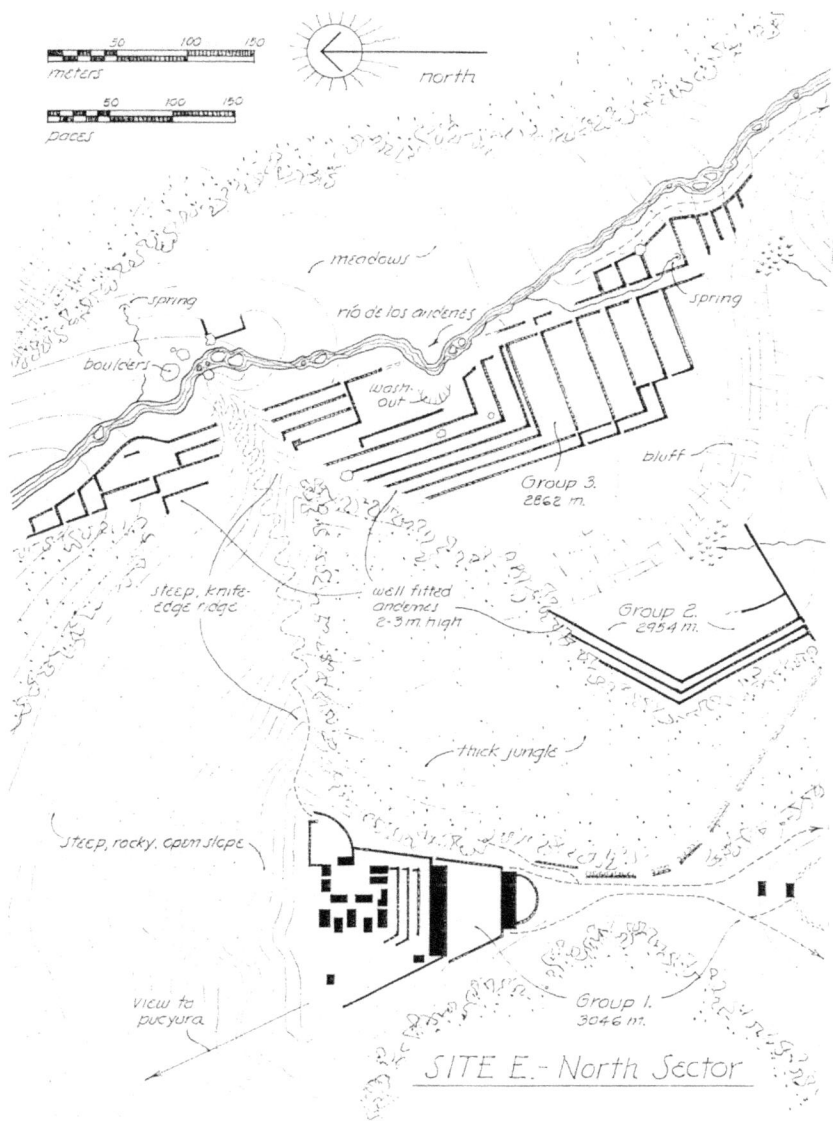

Figura 18 - Sector "Palacio" en Vitcos

Bajé emocionado hasta el fondo, solo para descubrir que la cresta rocosa por la que el sendero se abría camino se hundía varios cientos de pies directamente sobre el río en el fondo, obligando a un desvío hacia la izquierda, o hacia el lado norte. Allí, otros 150 metros más o menos de andenes no visibles desde arriba continuaron río abajo como si el lecho rocoso se hubiera levantado desde abajo cortando el extremo inferior de lo que originalmente había sido un solo complejo de terrazas continuas. El par de alineaciones de terrazas coincidentes eran especialmente interesantes porque la relación de los dos patrones era innecesaria, ya que no había un punto de vista desde el cual ambos pudieran verse al mismo tiempo. Quienquiera que hubiera diseñado el lugar, pensé, ciertamente tenía un agudo sentido de la geometría abstracta y un talento asombroso para fusionar lo natural con lo hecho por el hombre.

Necesité el resto de la mañana para medir y cartografiar el complejo. Aunque había algunas rocas esparcidas, ninguna había sido tallada ni encontré ningún santuario, fuente u otras características arquitectónicas especiales. En contraste con el bien conocido y altamente ceremonial nivel de los andenes un kilómetro más arriba, **(Figura 24)** el grupo inferior era más aislado y de carácter secular. Parecía más bien una especie de jardín privado. Sin duda, yo hubiera pasado una mañana relajante deambulando por allí. Tal vez los incas habían hecho lo mismo, cinco siglos antes.

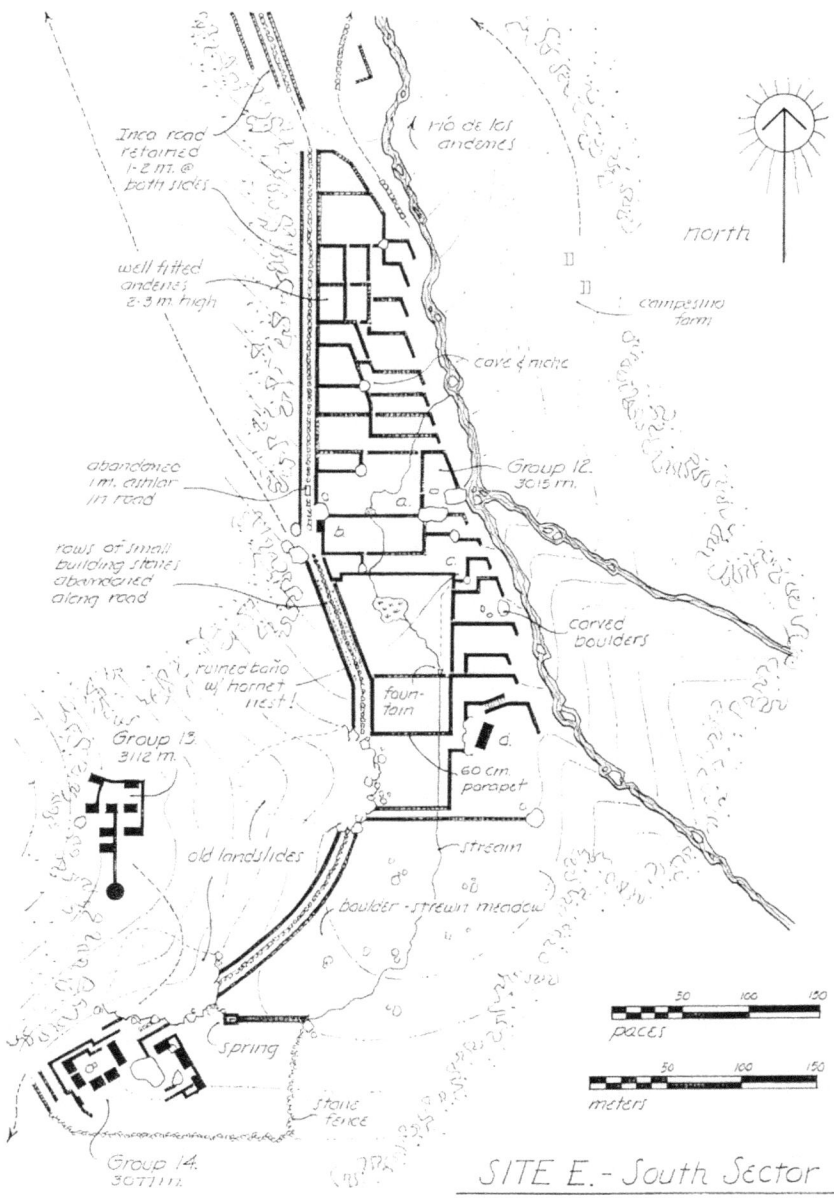

Figura 24 - Sector "Templo" en Vitcos

Al volver a subir hacia el palacio por una ruta diferente después del almuerzo, me encontré con más sorpresas esperándome. En un rincón protegido, a mitad de camino, había una hermosa pradera que dominaba los Andenes inferiores y, como ellos, casi invisible desde arriba debido a la selva e inclinacion del terreno que la rodeaba por el oeste. Me cautivó tanto la serena belleza del lugar que me llevó un tiempo darme cuenta de que la pendiente justo dentro de la línea de árboles estaba retenida por tres muros de piedra bellamente construidos similares a los de las terrazas más grandes de abajo. (**Figura 18**, Grupo 2) Mientras hacía un dibujo apresurado del diseño, noté un área pantanosa cerca del borde inferior de la pradera que parecía estar recogiendo agua de algún lugar superior. Seguí el agua que se filtraba hasta su fuente y me sorprendió encontrar un manantial que corría y salia de la espesa maleza justo debajo de la cima de la ladera. No había señales de obras construidas, pero el manantial resultó estar a menos de 100 yardas a través de la ladera de las ruinas de la kallanka que José nos había mostrado en 1984. En ese momento me había desconcertado lo que parecía una falta total de agua potable cercana para las personas que habían vivido allí y en otros lugares a lo largo de la cresta, pero este manantial recién descubierto resolvió perfectamente el problema.

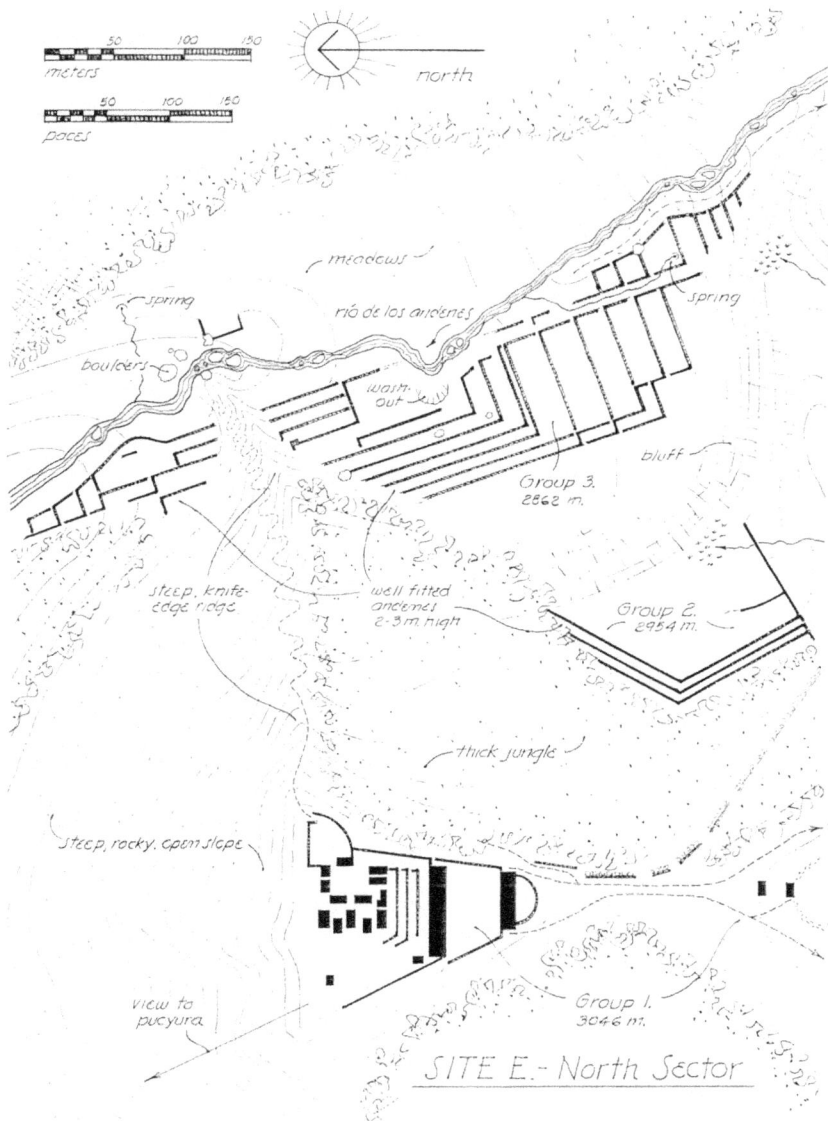

Figura 18 - Sector "Palacio" en Vitcos

Desde las ruinas del gran salón, me dirigí directamente a través de la selva, tomando un atajo hacia el sendero de regreso al campamento. Las nubes pesadas y oscuras se tragaban rápidamente lo poco que quedaba de la luz del día y no quería quedarme atrapado por la noche bajo la lluvia. Incluso en la penumbra de la selva, pude distinguir varios montones de rocas cubiertas de maleza por las que, sin saberlo, habíamos pasado en nuestro recorrido con José dos años antes. Estaba empezando a retomar el ritmo de la exploración y sabía que valía la pena examinar casi cualquier roca de la superficie. ¿Cuánto más, me pregunté, nos habíamos perdido? Mientras me apresuraba a retornar al campamento en la oscuridad, me imaginaba todos los grandes nuevos hallazgos que seguramente me esperaban al día siguiente, cuando me di cuenta de que todo el mundo nos había advertido que no viajáramos de noche. Mi imaginación se desplazó rápidamente a la emboscada policial en la que, sin duda, estaba a punto de caer. Comencé a identificarme, una y otra vez y en mi mejor español, para cualquiera que pudiera estar escuchando. "Soy un gringo arquitecto, no más, amigos - no soy terrorista!" Pensando en retrospectiva, parece un poco ridículo, pero durante unos minutos, caminando por ese sendero en la oscuridad, estaba de vuelta en la infantería de marina de los Marines al otro lado del mundo.

Nancy se unió a mí por la mañana mientras corría de regreso a la montaña llena de selva sobre la kallanka para continuar donde había dejado. No me decepcionó. No solo los montículos cubiertos de maleza que había visto la noche anterior resultaron ser edificios en ruinas, sino que había muchos más dispersos a lo largo de la ladera en ambas direcciones. Algunos estaban al aire libre y eran fáciles de detectar (**Figura 23**), pero otros estaban enterrados en la densa maleza y tuve que cortar matorral tras matorral para asegurarme de que no me faltaba nada. A la hora del almuerzo, habíamos descubierto seis vecindarios completamente nuevos. Junto con los dos que José nos había mostrado en el 84, se agrupaban en torno al gran salón y al manantial y parecían formar el hasta entonces insospechado barrio residencial de Vitcos Inca. (**Figura 20**)

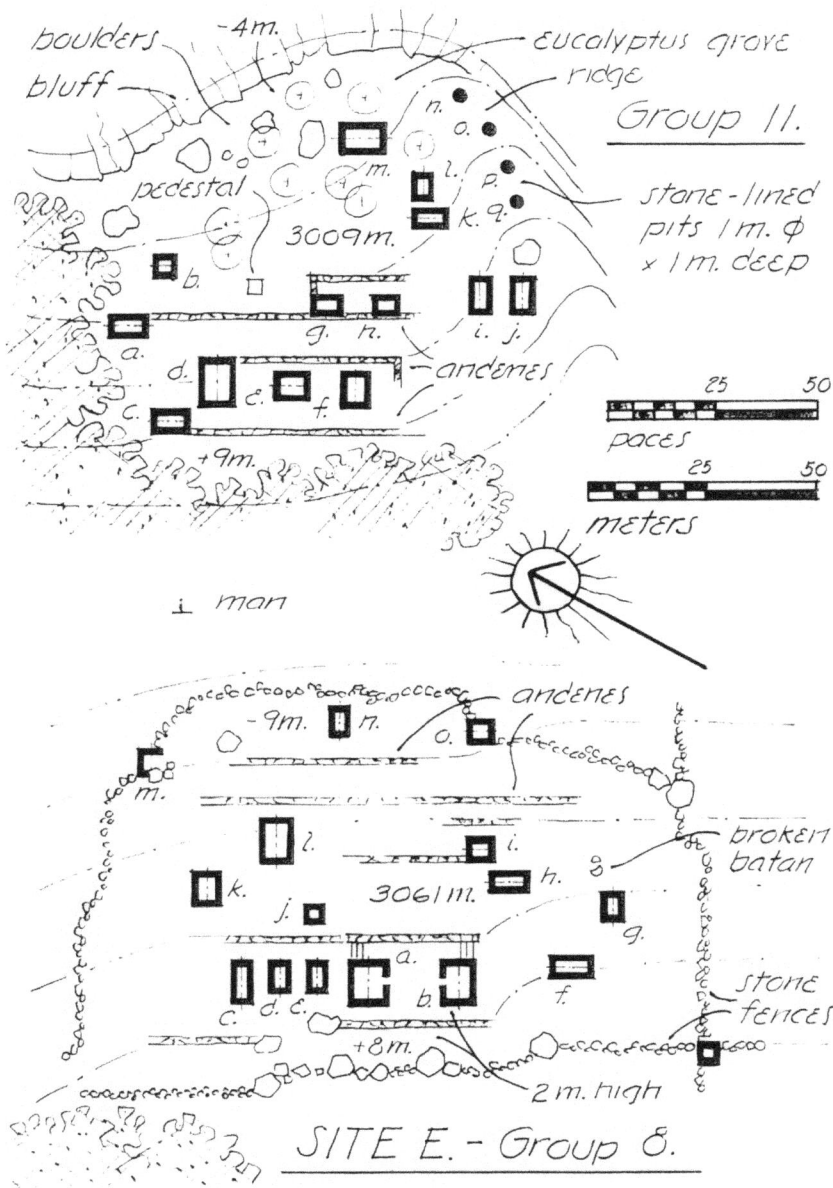

Figura 23 - Planos de emplazamiento de los grupos de viviendas

285

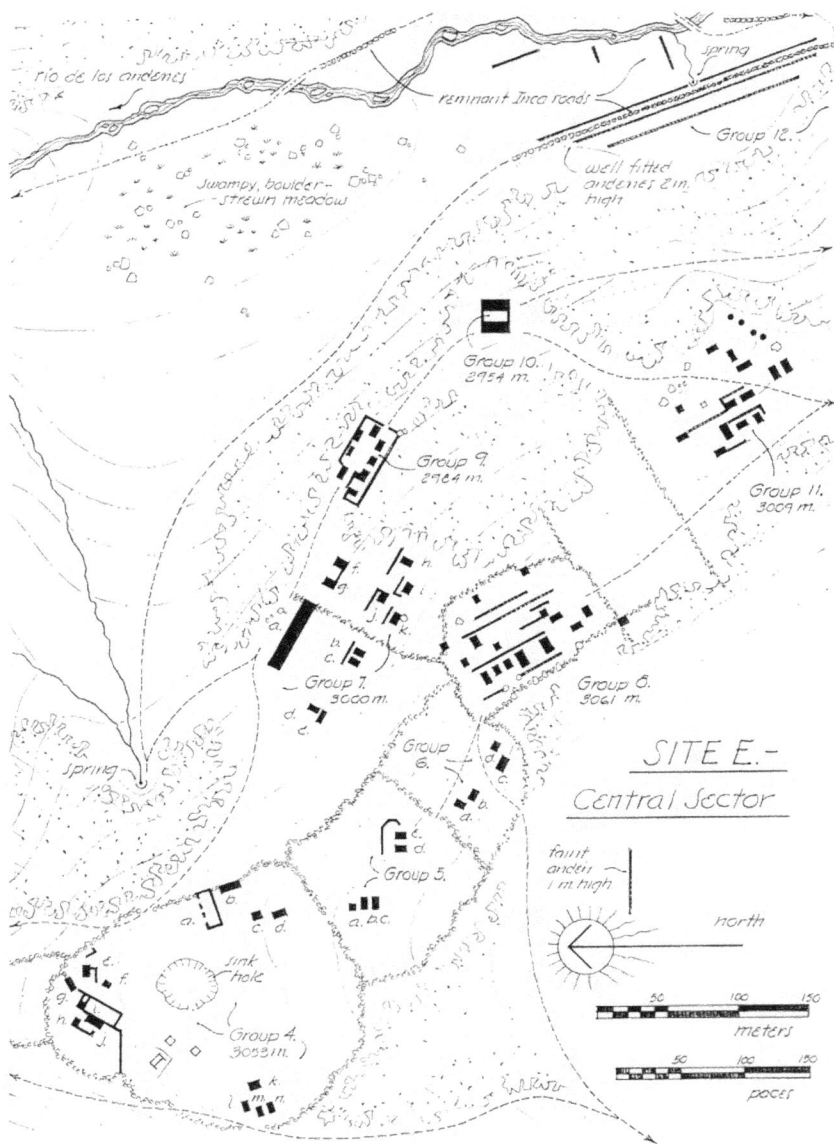

Figura 20 - Sector "Village" en Vitcos

El resto del día nos encontró revisando otra vez el templo del sol de Bingham en Ñusta Ispanan y el nivel superior de los andenes. Mi mapa en Sixpac Manco (1) había sido bastante bueno, pero algunos detalles de ambos necesitaban ser refinados. Un examen cuidadoso del grupo de estructuras del templo mostró que era mucho más complicado de lo que había pensado originalmente. **(Figuras 25 y 26)** Mi plan revisado reveló dos kanchas, o patios cerrados, a cada uno de los cuales se entraba por una puerta monumental con jambas dobles. El recinto inferior se construyó alrededor de la roca y su manantial y estanque asociados, que juntos alimentaban el sistema de riego para el elaborado nivel de andenes que se encontraba debajo. Todo en él hablaba de reverencia por la tierra y la fertilidad de las cosas que crecen. El culto al diablo atribuido al lugar por los padres García y Ortiz puede haber surgido de la idea medieval de que la Naturaleza y Satanás eran, esencialmente, una misma cosa. En contraste, el recinto superior era más típico de las kanchas incas en otros lugares. Era autónomo y parecía orientado hacia adentro, o tal vez hacia arriba, no muy diferente del famoso Corikancha, o "recinto del sol" en Cusco. Probablemente la kancha superior de aquí era el verdadero templo del sol. En cualquier caso, no había muchas dudas de que Bingham había tenido razón al suponer que todo el complejo era el Chuquipalta que menciona Calancha.

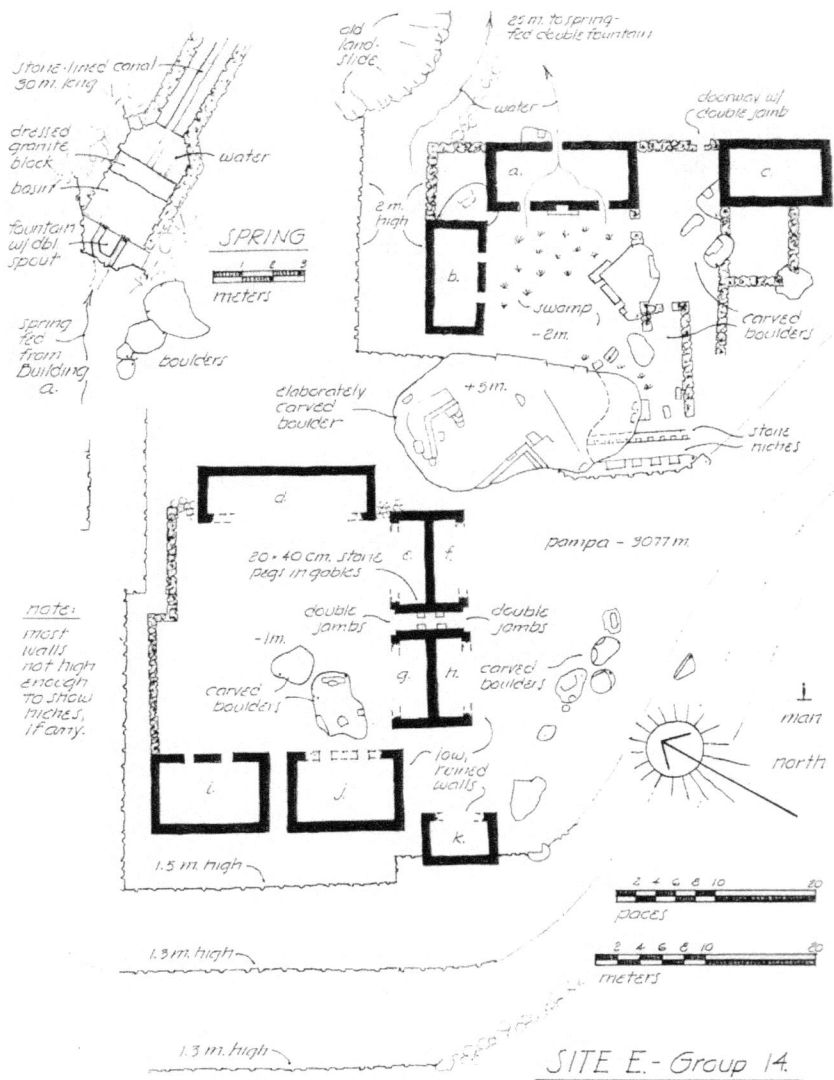

Figura 25 - Planos del templo del sol y el manantial (Chuquipalta de Bingham)

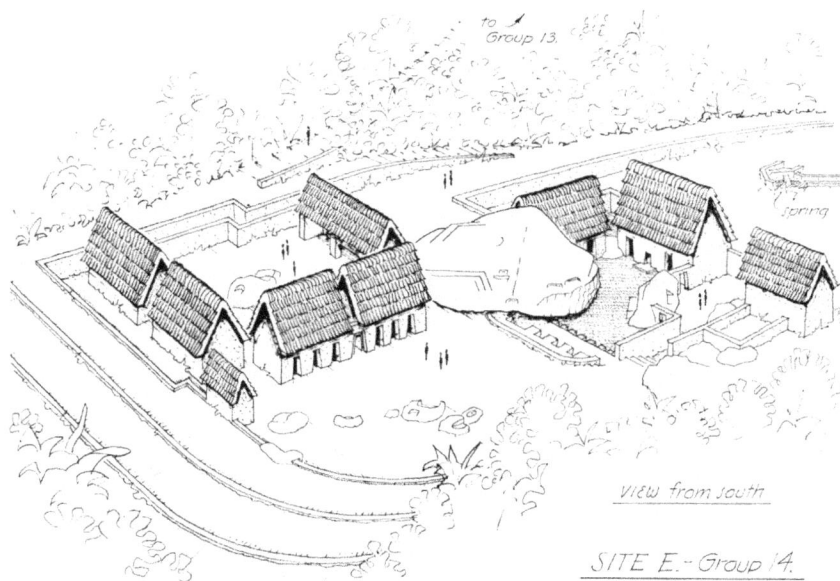

Figura 26 - Vista del complejo del templo del sol

Al sumergirnos en los andenes por debajo del manantial, refinamos mi mapa anterior de una cueva y un santuario de roca construido en las paredes hacia la mitad del camino (**Figura 27**) y buscamos otros detalles que podrían haberse escapado en 1984. La búsqueda fue rápidamente recompensada. Casi de inmediato, aparecieron dos nuevos edificios, uno de ellos en lo alto de una gran roca a lo largo de la camino que flanqueaba las terrazas del oeste. Cuidadosamente dispuestas cerca había varias hileras de piedras de construcción aparentemente apiladas allí para algún proyecto de construcción aún inacabado. A pocos metros, un bloque de granito del tamaño de un escritorio de corte cuadrado yacía en medio del camino, sin duda abandonado allí en su camino hacia el mismo destino. En otro lugar, otra estructura grande y colocada prominentemente se alzaba sobre un pequeño acantilado que dominaba las terrazas más altas desde el este. Se llegaba a ella por un tramo de escaleras de piedra construidas en la roca y que conducían desde el río. (**Figura 24**, Edificios 12b y d)

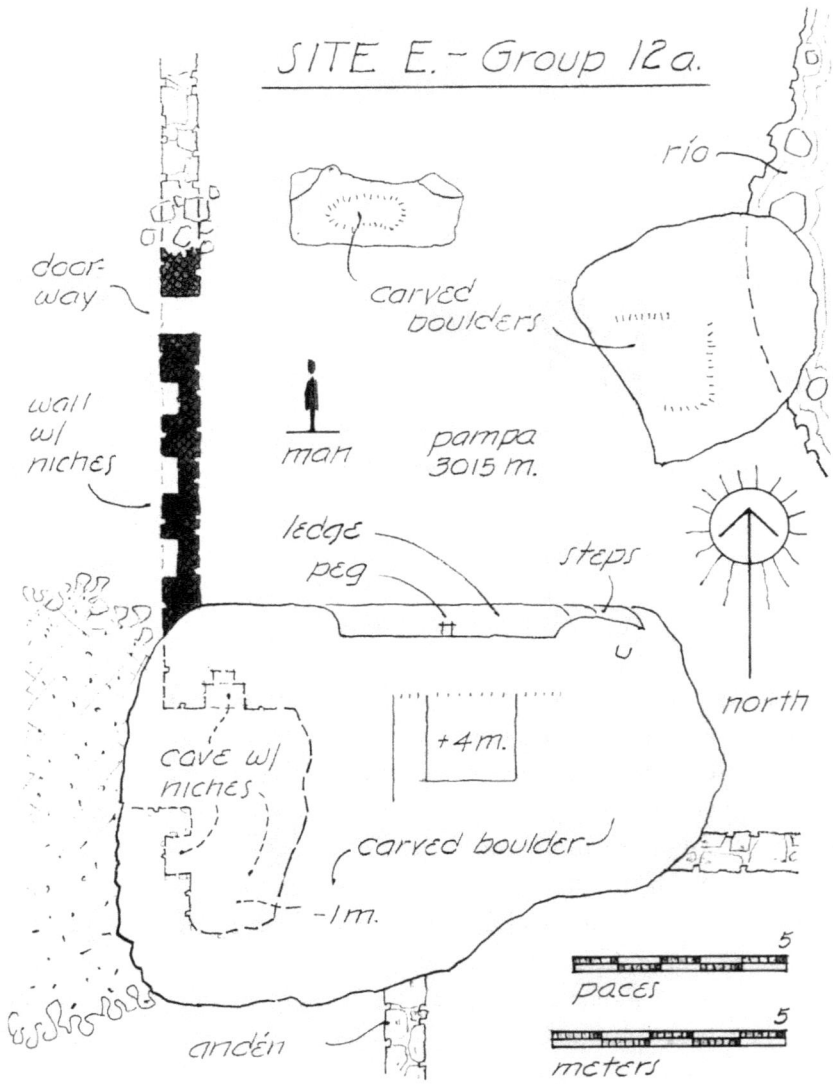

SITE E. - Group 12a.

carved boulders

río

door-way

wall w/ niches

man

pampa 3015 m.

ledge

peg

steps

north

cave w/ niches

+4m.

carved boulder

-1m.

andén

5
paces

5
meters

Figura 27 - Plano del santuario de roca de la cueva

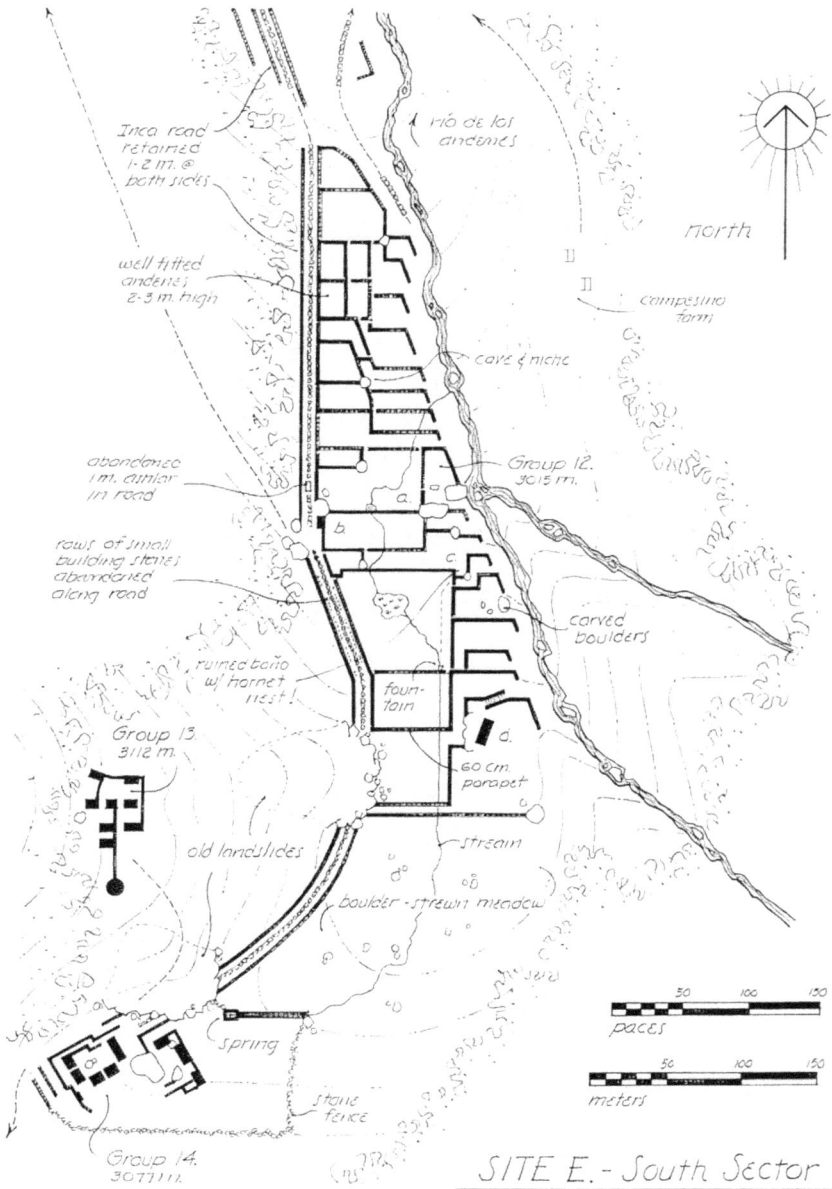

Figura 24 - Sector "Templo" en Vitcos

Sin previo aviso, el sol desapareció detrás de un enorme monton de nubes que se había deslizado inadvertido sobre las montañas y un poco de lluvia comenzó a caer de una brisa creciente. De repente, estaba frío y gris. Estaba tan absorto con todo lo que habíamos encontrado, que apenas me di cuenta hasta que Nancy me recordó que era casi de noche y que era hora de regresar.

Caminando juntos a casa, reflexionamos sobre lo que habíamos aprendido sobre el sitio. En primer lugar, Sara tenía razón. Me había perdido muchas cosas en el 84, probablemente mucho más de lo que ella sabía, y tenía que agradecerle todo lo que había encontrado en los últimos dos días. En segundo lugar, el sitio era mucho más grande y complicado de lo que la mayoría de gente, incluyéndome a mí, había pensado. Parecía haber cuatro sectores distintos: el palacio y sus apartadas terrazas-jardines; **(Figura 18)** el gran salón y el pueblo residencial circundante; **(Figura 20)** el templo del sol, su enorme roca tallada y los andenes de fantasía regados por su manantial; **(Figura 24)** y la gran fortaleza en la cima de Rosaspata. **(Figuras 29 y 30)** Sin embargo, incluso tomados en conjunto, estos cuatro elementos difícilmente equivalían a una "ciudad" como Cusco. A pesar de su extenso diseño, solo habíamos encontrado 122 edificios en Vitcos, apenas suficientes para albergar a una gran población. Más bien, el sitio tenía la sensación de ser una gran palacio real de campo como Tipón y, pensé, probablemente eso es todo lo que realmente era. Fundada por Pachacuti, había sido ocupada de vez en cuando por cada uno de sus sucesores. Finalmente, Manco la había puesto brevemente al servicio como su capital en el exilio, pero nada de Vitcos se había construido con eso en mente. Ya estaba ansioso por volver a mi mesa de dibujo y ver cómo se veía todo en papel. **(Figura 17)**

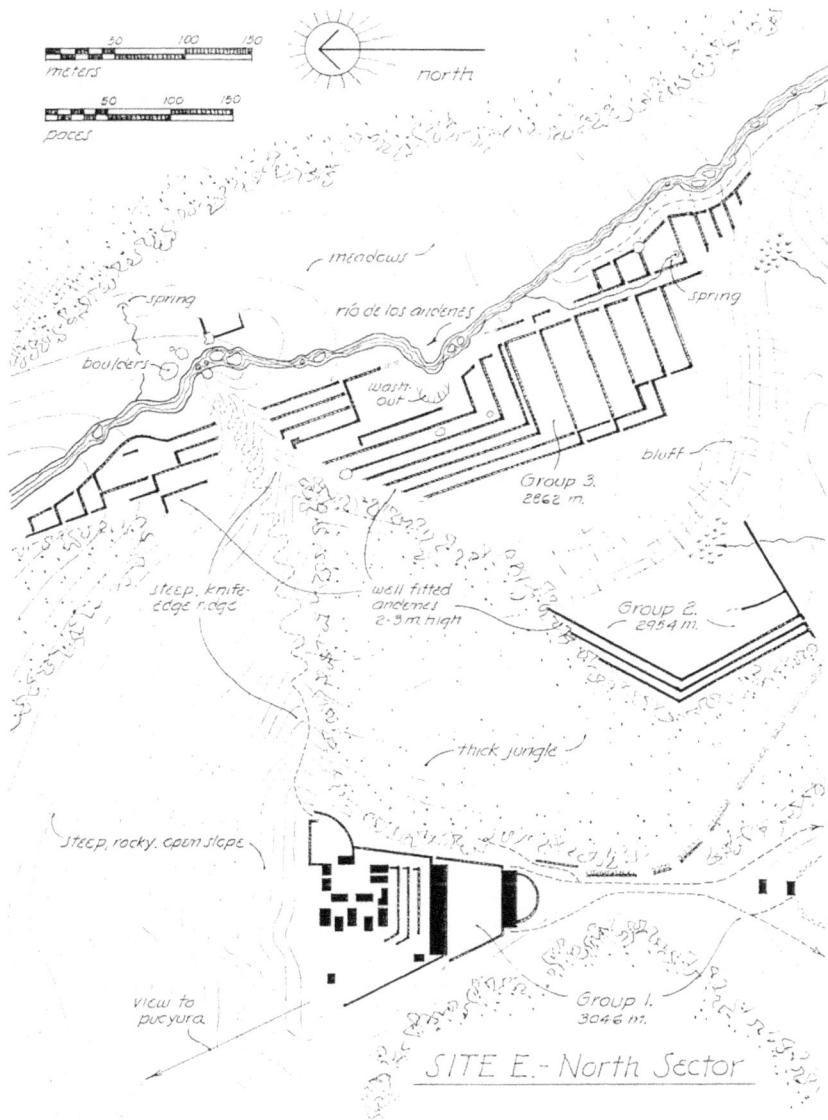

Figura 18 - Sector "Palacio" en Vitcos

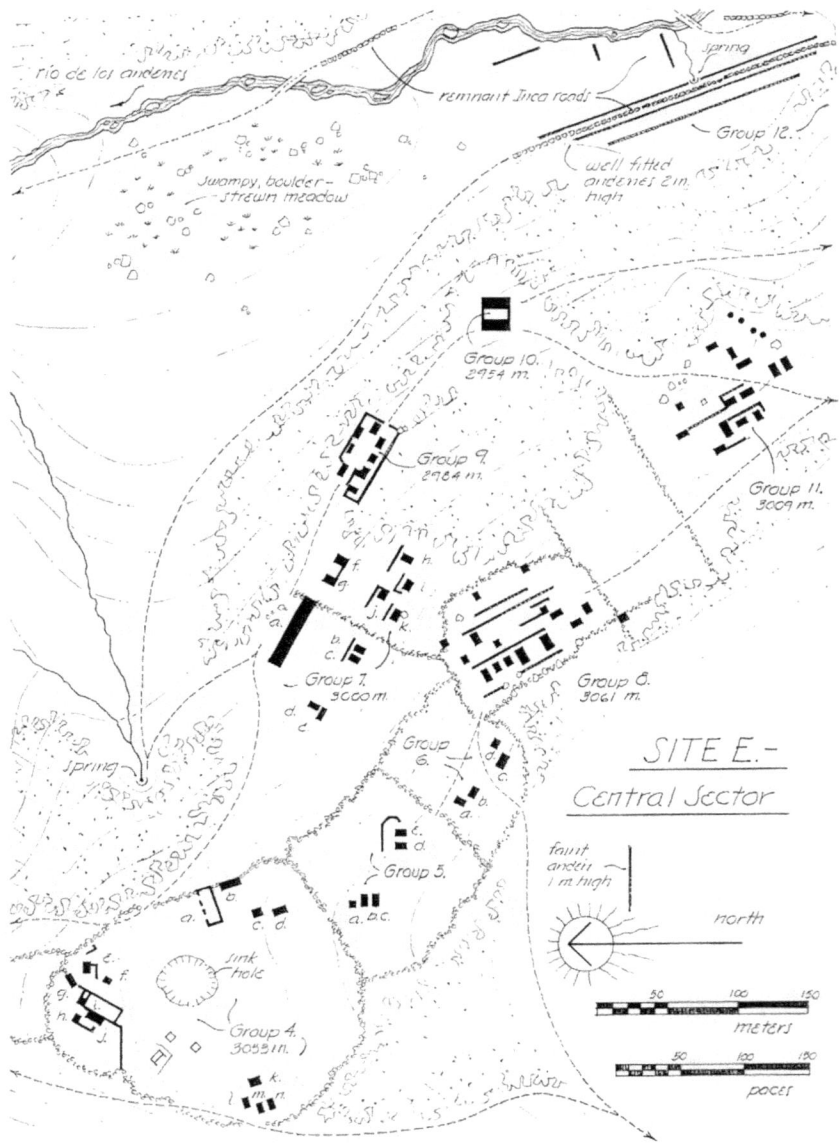

Figura 20 - Sector "Village" en Vitcos

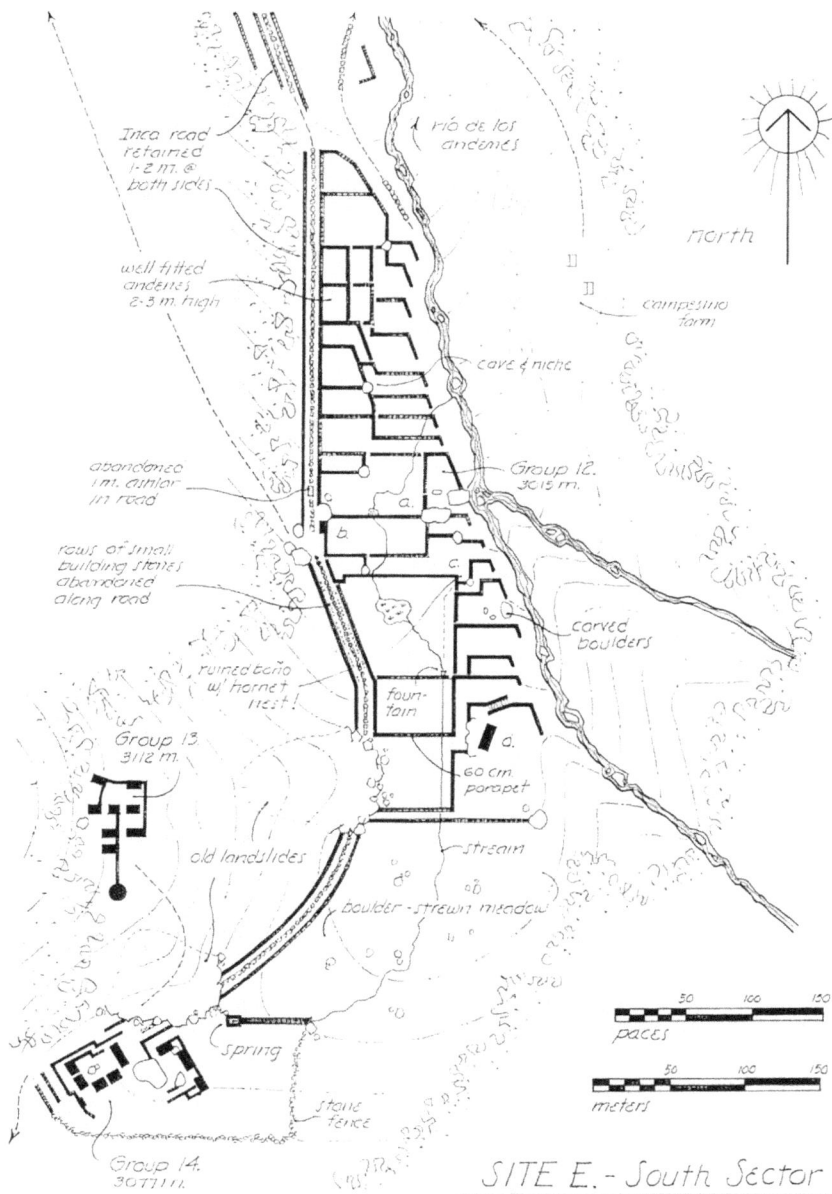

Figura 24 - Sector "Templo" en Vitcos

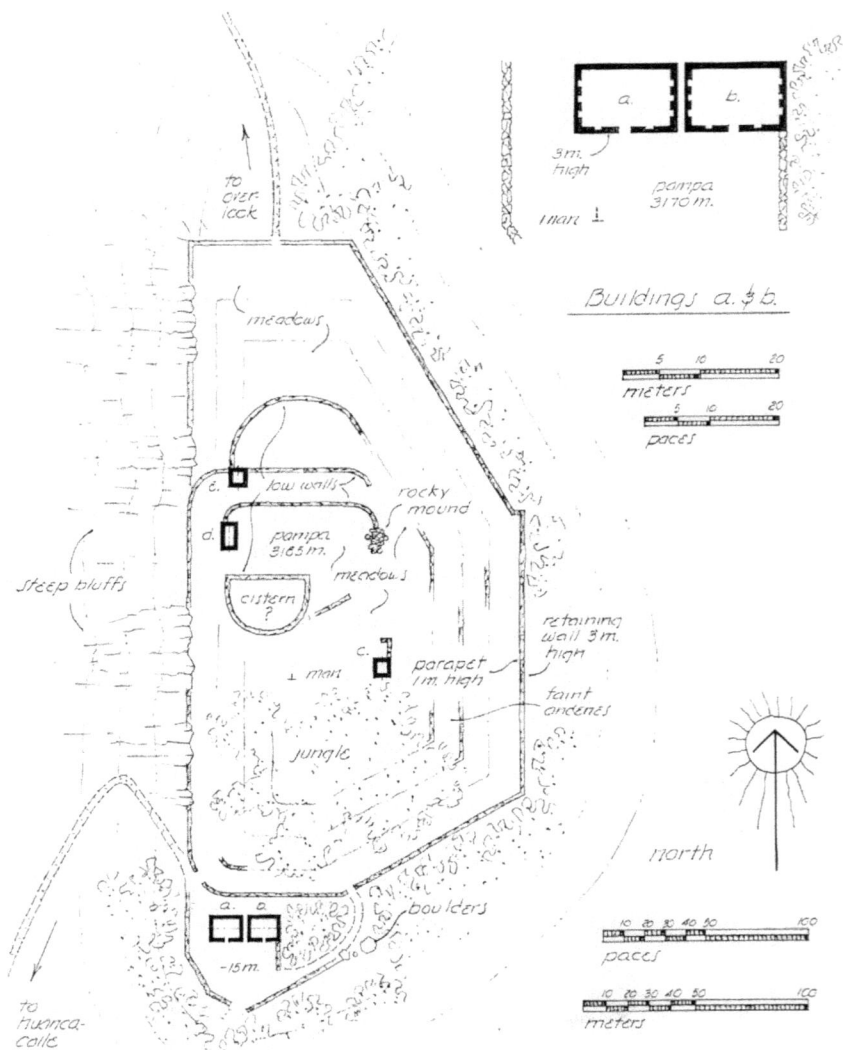

Figura 29 - Plano de la "fortaleza" de Vitcos

Figura 30 - Vista de la "fortaleza"

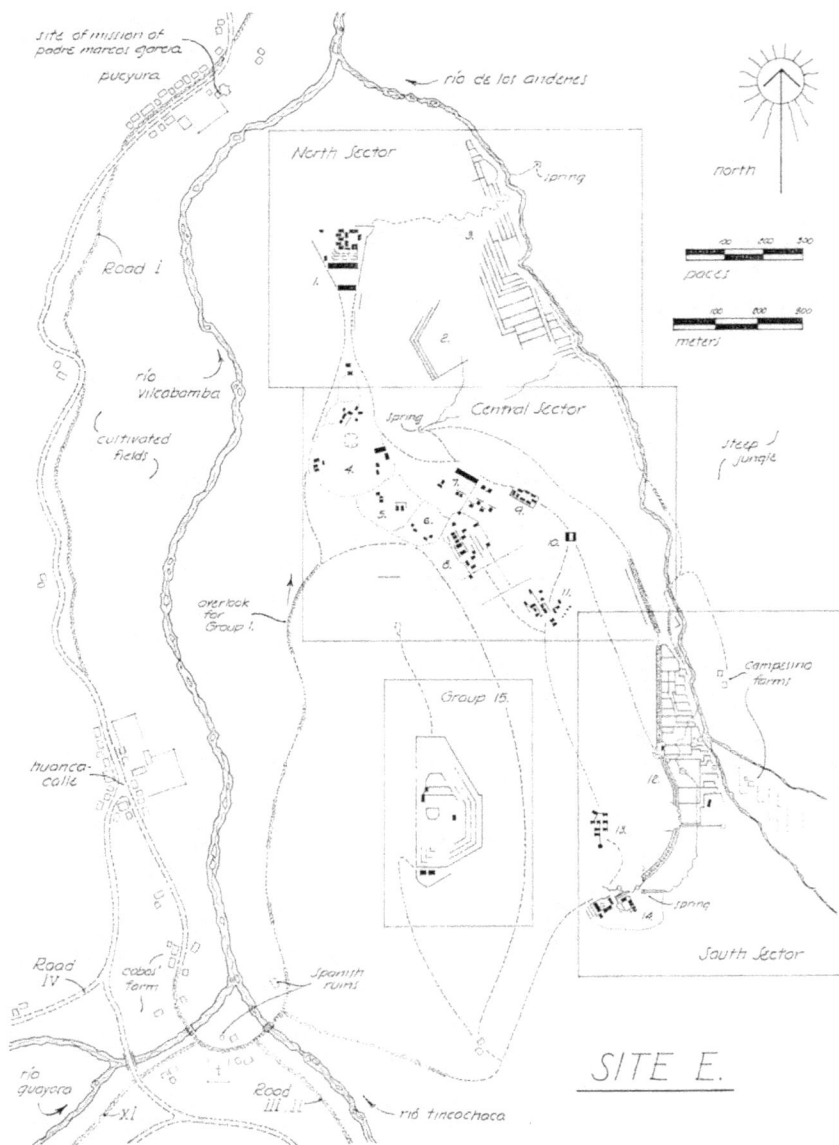

Figura 17 - Mapa de Rosas Pata y alrededores

Antes de llegar al campamento, Nancy me dijo que teníamos un problema mucho más urgente que hacer dibujos de rocas. Ella y Susa, dijo, no estaban felices. Estaban hartas de Ben. A pesar de ser servicial y trabajador en el campamento, su actitud hacia ellas era condescendiente e insensible. Me había esforzado por no darme cuenta, pero también lo había notado. Era un tipo diferente al que yo había conocido en Wyoming, y quién podía culparlo, después de todo lo que había pasado. De alguna manera, su amargura parecía aflorar con mayor frecuencia en su trato con las mujeres. Supuse que era una resaca de su divorcio y me mantuve alejado de él. Al principio, Nancy y Susa habían hecho lo mismo, pero de vez en cuando algo que él hacía o decía causaba dolor, y entonces se desataba el infierno. Por mi parte, yo estaba atrapado en el medio, siendo el único miembro "neutral" del equipo. El papel de mediador era algo que me molestaba, evitandolo y no siendo bueno cuando se me obligaba a desempeñarlo.

Al llegar a la casa justo al anochecer, descubrimos que las cosas habían llegado a un punto crítico. Había habido algún tipo de ruptura entre Ben y Susa. A menos que se me ocurriera algo para cambiar las cosas, ella quería irse. Por un lado, todo el mundo menos yo se estaba aburriendo. Tenía mis montones de piedras para mantenerme ocupado, pero los demás solo estaban matando el tiempo. La falta de privacidad y la vida en el pueblo son tediosas en las mejores circunstancias, pero la lluvia, el barro y los excrementos de los cerdos lo habían hecho insoportable. Necesitábamos salir del pueblo, y rápido. Sin un cambio importante de planes, parecía que Sixpac Manco III había terminado, casi antes de haber comenzado.

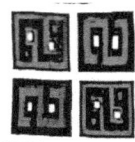

14

Plan B

Si pudiéramos subir a las montañas y explorar un poco de verdad, sabía que saldríamos de la depresión y volveríamos a estar unidos, pero ¿a dónde podríamos ir? Todo lo que estaba al sur y al oeste de Rosaspata era propiedad de Sendero Luminoso. Entonces me di cuenta: ¡Puncuyoc sería perfecto! Ninguno de los demás lo había visto nunca y siendo, como era, una especie de mini-Machu Picchu, les encantaría. Había pasado la luna llena y, con suerte, también lo peor del tiempo. Lo mejor de todo es que Puncuyoc estaba lo más lejos posible de los terroristas y aún así estaba en Vilcabamba. Al vender este plan al resto del grupo afecté mi propia agenda. Desde 1984, se me habían ocurrido varias preguntas sobre el lugar que necesitaban respuesta. Por nombrar dos: ¿qué podríamos habernos perdido sobre el lugar durante nuestra lluviosa visita de dos días y qué hay con el nuevo complejo de *baños* que Savoy había encontrado en 1985? Para mi sorpresa, todo el mundo quería ir. Rápidamente se acordó hacerlo. Como no podíamos ir a ninguno de nuestros objetivos originales, optaríamos por el plan B. Al día siguiente, haríamos las maletas y nos dirigiríamos a Puncuyoc.

El cielo despejado por la mañana mostró un manto de nieve nueva sobre toda la cresta de Puncuyoc, lo que no era una buena señal.

Sin embargo, partimos justo después del desayuno. La caminata hasta Yupanka fue bastante buena, pero estaba lloviendo mucho a la hora del almuerzo allí. Justo al otro lado del río Salinas desde la ciudad, comenzamos a subir por las curvas empinadas y fangosas hacia una espesa selva nubosa. **(Figura 4**, Camino vi) El peso de nuestras mochilas comenzó a sentirsese rápidamente. Traté, sin éxito, de vencer las visiones de nuestra fría y húmeda subida con José dos años antes. No nos estábamos divirtiendo. Pasaron las horas. Finalmente, al final del día, emergimos por encima de la selva y las nubes y acampamos en un pequeño prado pintoresco a unos 10,500 pies. En el momento en que nos detuvimos, nos sentíamos con frío y miserables. Como para distraernos, la vista a la alta cordillera era magnífica. Los enormes picos de hielo estaban cubiertos de nieve fresca casi hasta nuestra elevación. No muy lejos de nuestra pradera, de hecho, altos focos de selva tropical estaban incongruentemente cubiertos de hielo. Mientras buscaba el mejor campamento, encontré una ruina circular, **(Figura 4**, Edificio B5) la primera de lo que esperaba que fueran muchas más. Después de todo, empezó a parecer que las cosas iban a nuestro favor cuando nos dimos cuenta de que, a pesar de toda la lluvia, no había agua. Miramos y miramos, pero, como el viejo marinero, descubrimos que había "agua, agua por todas partes, pero ni una gota para beber". Desesperado, finalmente encontré algunas huellas de vacas llenas de agua en un barranco pantanoso y cubierto de selva debajo del campamento. Para entonces ya había oscurecido y, afortunadamente, no tuvimos que mirar lo que estábamos bebiendo. El olor podría haber sido un problema, pero limpiamos el líquido pútrido con tanto yodo que era como si estuviéramos cenando en la sala de emergencias de un hospital. Así terminó el primer día de nuestra aventura que buscaba levantar la moral del grupo.

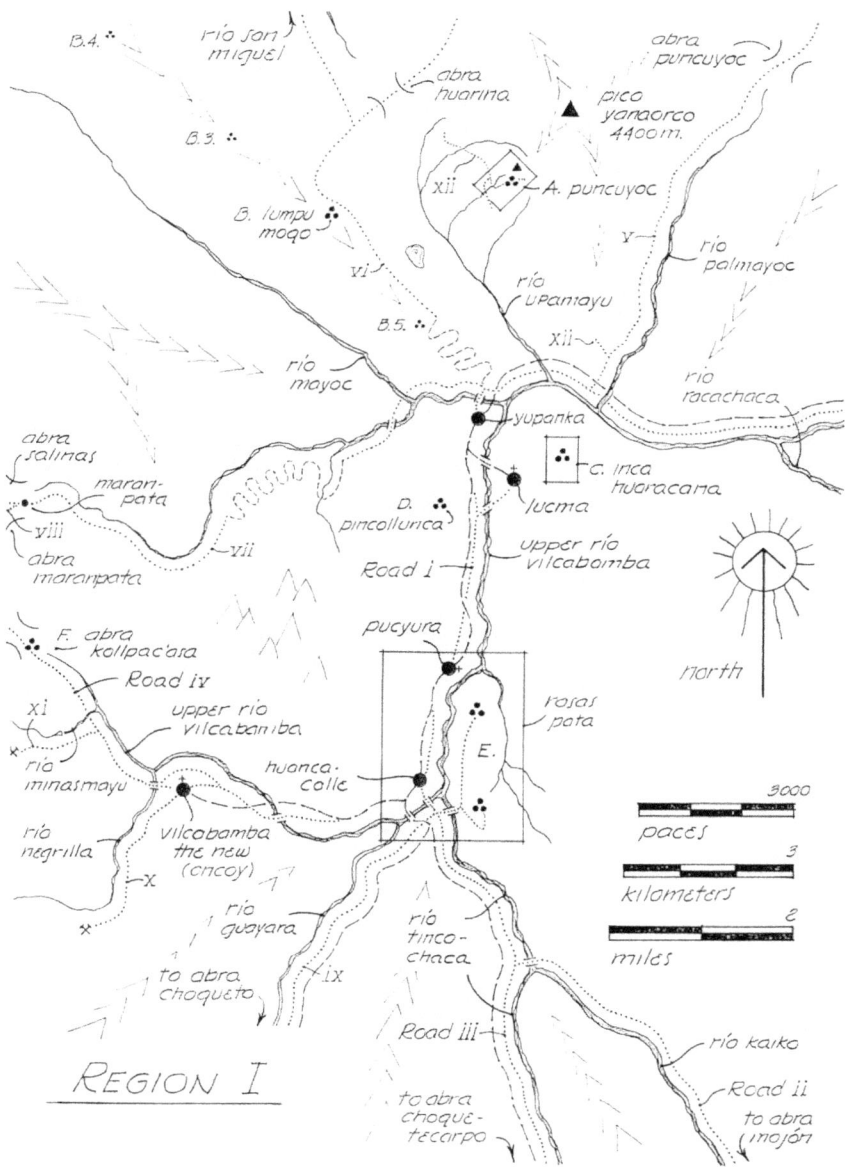

Figura 4 - Mapa del alto Río Vilcabamba

El segundo día no fue mucho mejor. Milagrosamente, nadie había enfermado desde la noche anterior, y dado que los sartenes que habíamos dejado afuera para recoger agua de lluvia en la noche se habían congelado, todavía estábamos deshidratados y tuvimos que volver al pantano para obtener lo suficiente para preparar el café del desayuno. Las nubes habían envuelto nuestra ruta de nuevo y, sin saberlo, caminamos a pocos metros de las ruinas cubiertas de maleza de Lump'u Moqo, **(Figura 12),** un sitio no inca que Stuart White señalaría en su informe de Puncuyoc, que aún no se había publicado. **(1)** Probablemente, una vez fue el hogar de algunos de los miembros de la tribu que mencionó Beauclerk. No muy lejos, llegamos a la cima del Paso Huarina, a unos 600 metros por encima de nuestro campamento mojado. Desde allí, deberíamos haber tenido una vista espectacular de Puncuyoc, recortada en el horizonte irregular varios kilómetros al sureste, pero no tuvimos tanta suerte. Unos pocos fragmentos dispersos de camino inca pavimentado en el paso eran los únicos indicios de que nuestro destino estaba cerca. Atravesando hacia el este alrededor de la cabecera del río Upamayo, pronto encontramos el final del camino inca que conducía al sitio. La gente de Savoy había limpiado por completo la maraña de vegetación que lo había bloqueado en el 84 y, a partir de ahí, hicimos un buen tiempo hasta el circo glaciar final. **(Figura 5)**

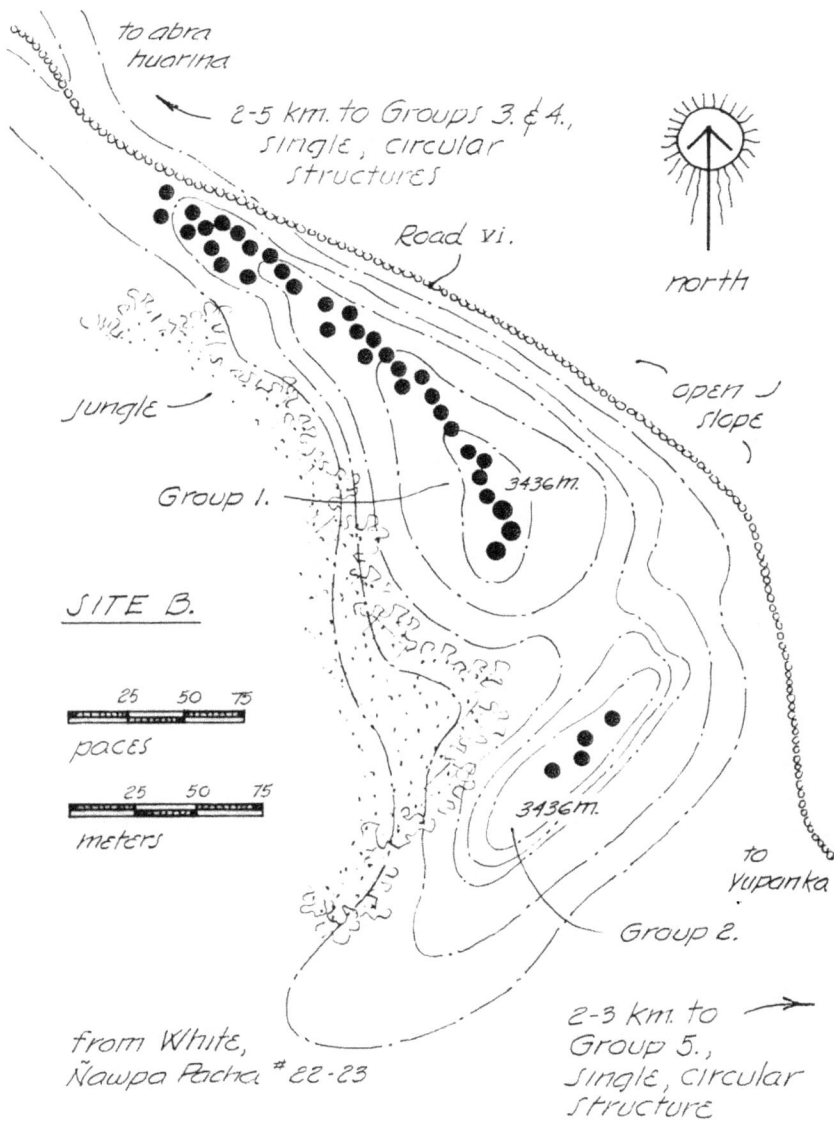

Figura 12 - Plano del sitio de Lump'u Moqo

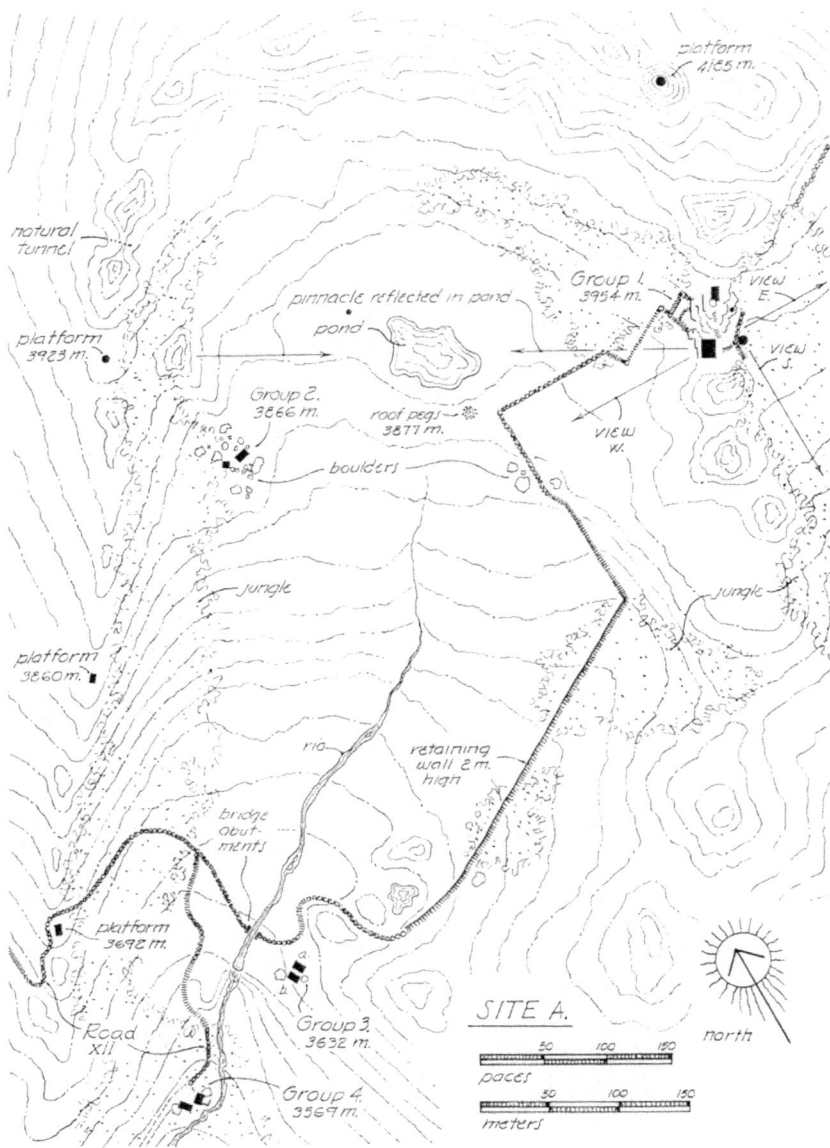

Figura 5 - Mapa de Puncuyoc

Incluso en las nubes, de hecho, especialmente, era una vista más fantástica de lo que recordaba. Sobre nuestras cabezas se elevaban picos rocosos en todas las direcciones, excepto río abajo. Allí, el drenaje del valle colgante se precipitaba sobre un alto acantilado y se disipaba en una gigantesca columna de niebla antes de llegar al fondo. No muy lejos de la base del acantilado y cerca del arroyo había dos estructuras rectangulares que no había visto antes, relucientemente blancas contra la selva circundante. Al igual que el camino, probablemente habían sido despejadas por el equipo de Savoy. Una empinada escalera de piedra, también recién descubierta, bajaba por encima de los acantilados. A continuación, descubrí que los edificios eran parte del grupo de baños incas de los cuales Savoy me había hablado. El agua había sido desviada hacia los baños mismo por una fuente de diseño clásico (**Figura 11**) y el camino mostraba algunos signos de haber continuado hacia el valle a través del cañón del río Upamayo. Había rumores en Yupanka de que una puerta de piedra, o punku en quechua, supuestamente estaba perdida en algún lugar de las selvas del bajo Upamayo y me pregunté si un viejo camino no la habría unido una vez con el baño. Si es así, probablemente explica el nombre "Punku-yoc". Probablemente, también, fue el acceso principal al lugar en la época inca, ya que los baños y las fuentes se encontraban con mayor frecuencia en las entradas a los sitios incas. Prometí en silencio explorar el bajo Upamayo, algún día, y tal vez encontrar allí algunas de las características reportadas por la gente de von Hagen en los años 50, pero perdidas desde entonces. — "Nunca se puede conseguir todo" — susurró la voz de Savoy en mi memoria—.

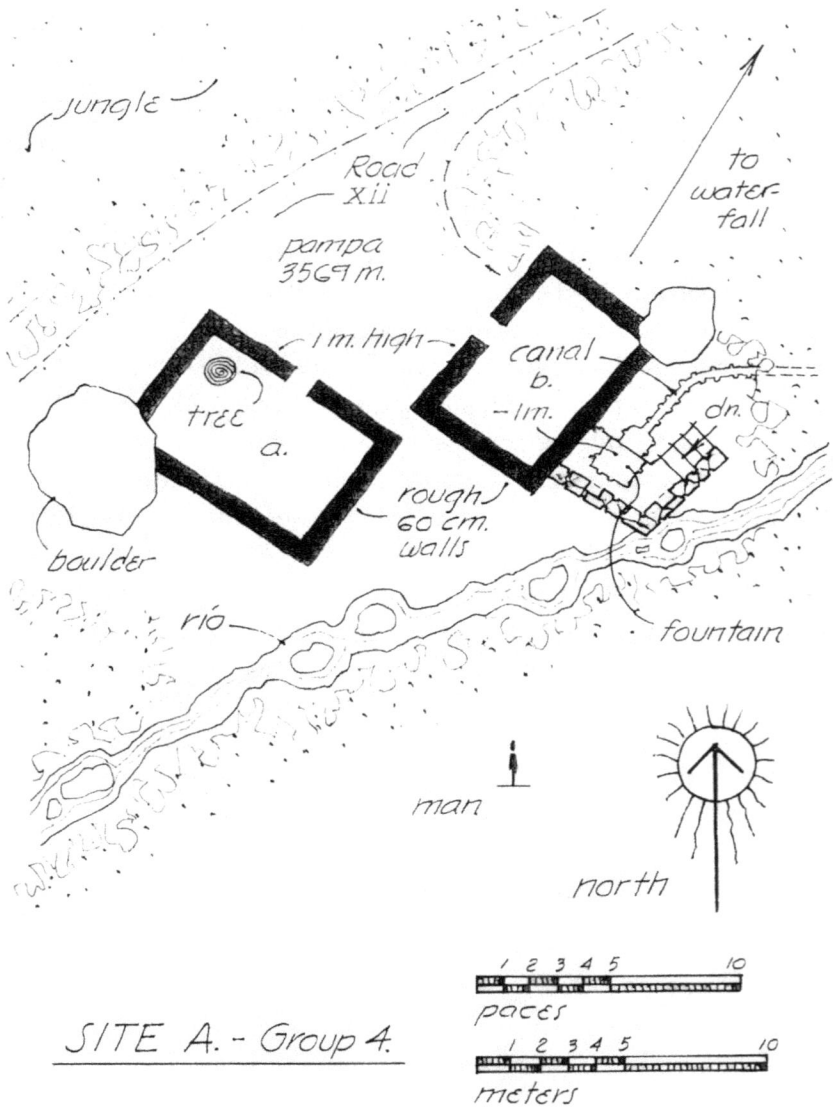

Figura 11 - Plano del sitio del grupo de baños

Montamos un campamento base en el fondo del valle, en una elevación de tierra seca en medio de varios estanques y pequeños arroyos. No tenía sentido cargar con nuestro equipo por los 300 metros más o menos de escalones de piedra cuidadosamente colocados que conducían al edificio principal, algo parecido a arrastrar un gran paquete hasta la cima del Empire State Building sin usar los ascensores. Justo cuando levantamos las carpas, la llovizna que había persistido todo el día se convirtió en un aguacero. Arrastrándome adentro de la carpa para quitarme la ropa empapada, me pregunté si había algún lugar más húmedo que los Andes en tiempo lluvioso. Si era así, nunca había estado allí. Los lugareños creían que la cresta de Puncuyoc era un apu, o pico sagrado, que traía lluvia y, por lo tanto, vida a sus cultivos. Estaba convencido. Nunca había visto el lugar cuando no estaba lloviendo. Incluso visto desde el valle, cuando las nubes se juntaban, se reunían primero sobre el Puncuyoc. No siendo agricultores, nos estábamos convirtiendo en un grupo que casi llegaba a la hipotermia, y nosotros, los gringos, necesitábamos un apu que siera buen clima, si es que lo había.

Logramos soportar dos días fríos y húmedos más en el sitio. El edificio principal perfectamente conservado, llamado el Incahuasi o "casa del Inca" por los locales, estaba completamente despejado de vegetación y todo tipo de detalles que no se veían dos años antes llamaron mi atención. (**Figuras 6-9**) Comencé a ver exactamente cómo el techo de paja que una vez cubrió la estructura había sido enmarcado y sujeto a la mampostería. Claramente, no se había construido de acuerdo con ninguna de las teorías prevalecientes que había visto en la literatura, e hice una nota para escribir un artículo sobre el tema cuando volviéramos a los Estados Unidos. (**2**) A pesar del clima, yo estaba en el paraiso de los arquitectos y, como de costumbre, no me di cuenta de que mis compañeros descendían rápidamente al infierno de los excursionistas.

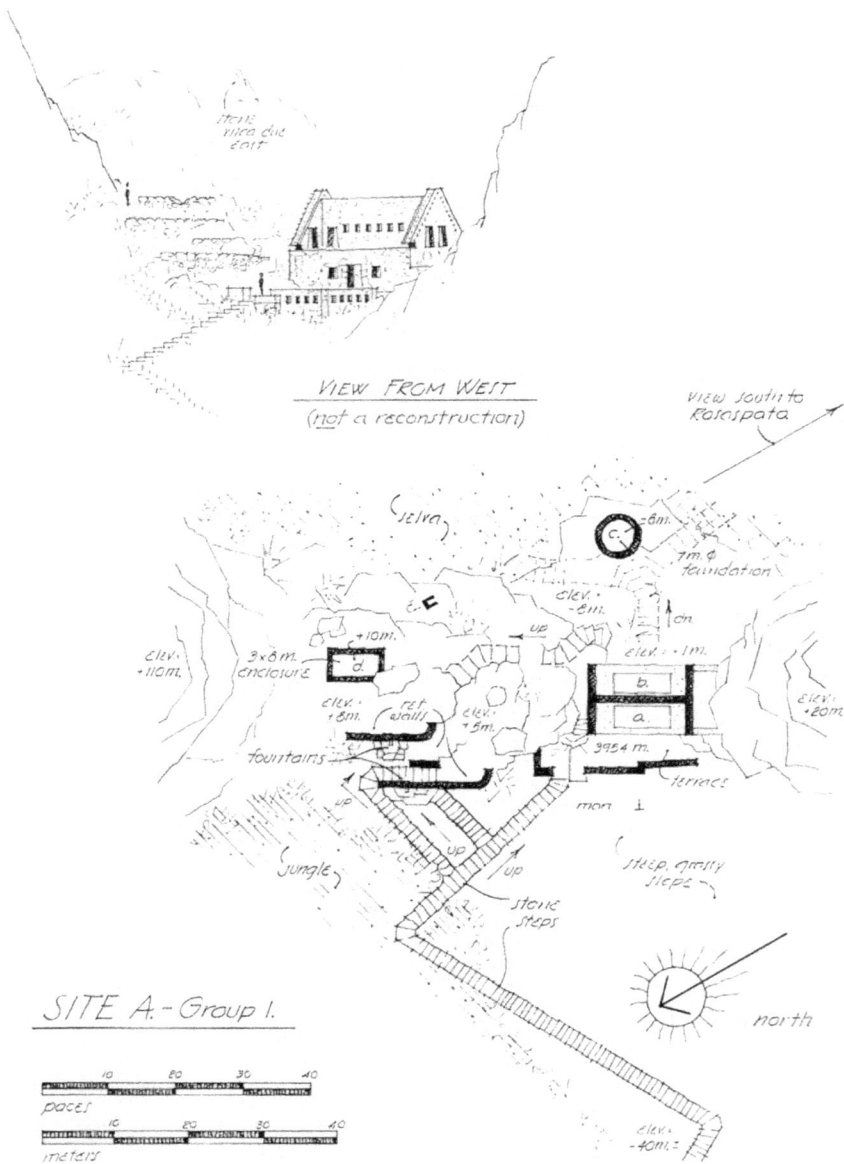

VIEW FROM WEST
(not a reconstruction)

Figura 6 - Plano del sitio y vista de Incahuasi

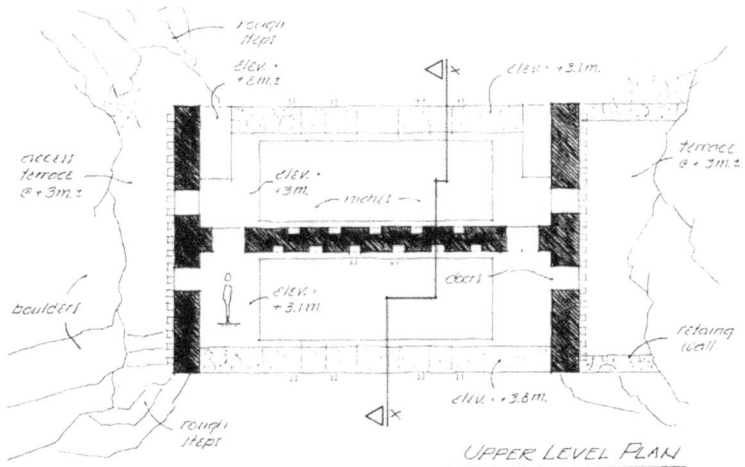

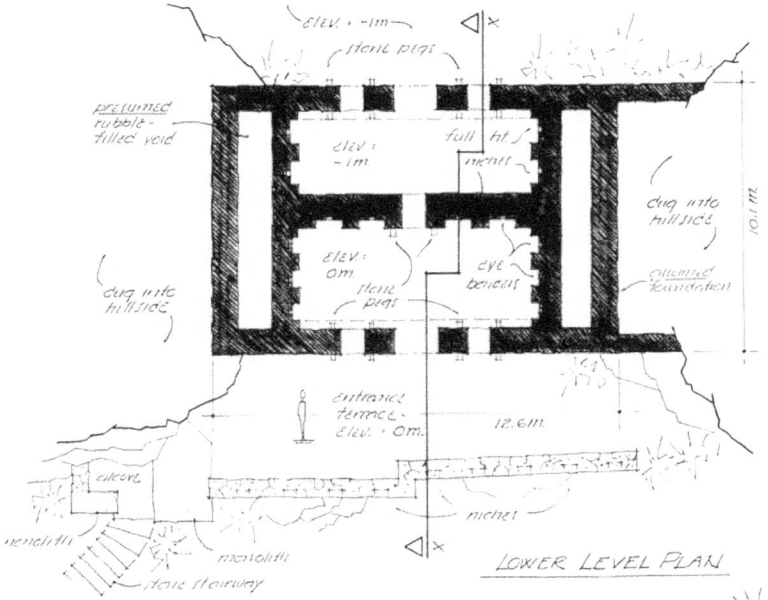

Figura 7 - Planos de planta de Incahuasi

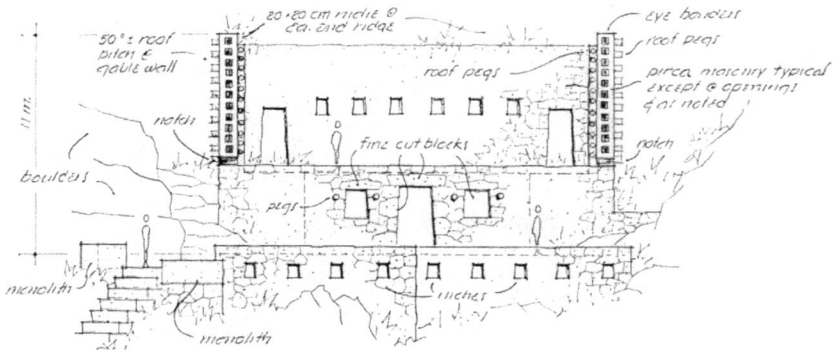

NORTHWEST ELEVATION
southeast similar

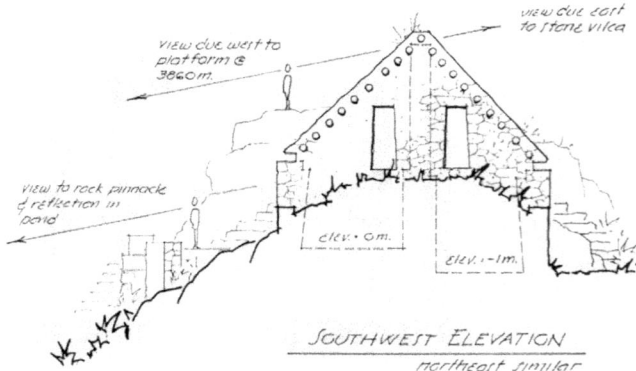

SOUTHWEST ELEVATION
northeast similar

SITE A. - Group I.

meters

Figura 8 - Alzados exteriores de Incahuasi

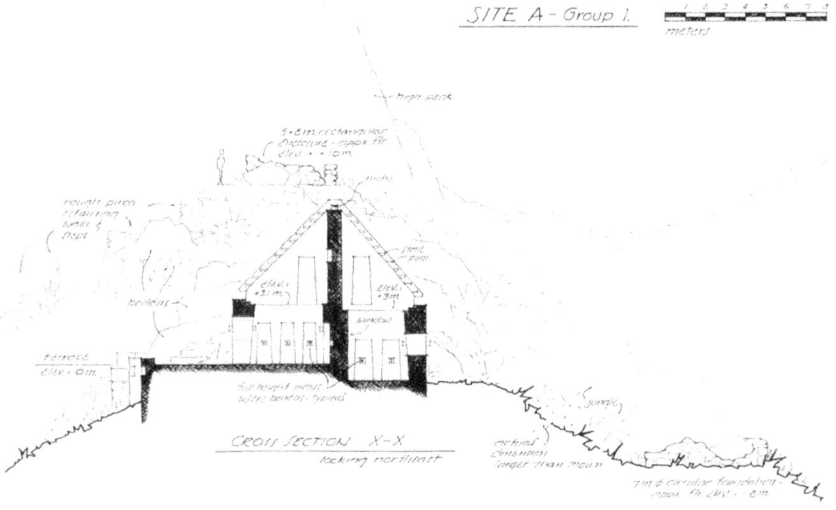

Figura 9 - Sección transversal de Incahuasi

Croquis del esquema de techo de paja propuesto para el
Incahuasi en Puncuyoc.

Sin embargo, el estoico Ben estaba teniendo menos problemas que Nancy y Susa, y fue él quien sugirió que exploráramos un poco en otros lugares del circo glaciar y en las crestas circundantes. Llegar allí fue más fácil de lo esperado gracias a un enorme incendio que recientemente había barrido desde el valle y había limpiado la mayor parte de la maleza de las cornisas. Mientras las mujeres se quedaban en el campamento y leían, él y yo subimos al pináculo de roca frente al estanque reflector debajo del Incahuasi para ver la gran mancha blanca a corta distancia. Resultó ser nada más que una losa de granito protegida de la lluvia por un profundo saliente y, por lo tanto, libre de líquenes y musgo. Como era muy grande y muy blanco, le pusimos el nombre de "Moby Dick". Más interesante fue la plataforma de piedra previamente no descubierta que encontramos en la cima de la cresta, justo detrás de la punta. Animados por este nuevo hallazgo, trepamos por la cresta cada vez más angusta hasta la cumbre escarpada que se alzaba en la cabecera del valle, justo encima y al norte del edificio principal. Con el aspecto de comandos ennegrecidos por los residuos de ceniza dejados por el fuego, encontramos allí también una gran plataforma circular. Incluso en la niebla, podíamos ver que dominaba unas vistas impresionantes por todas partes. **(Figura 5)** Pensé en mi amigo, Joe Reinhard, especialista en arqueología de altura y culto a las montañas andinas. Había descubierto y excavado plataformas similares en decenas de picos desde Ecuador hasta Chile, a menudo encontrando allí ofrendas enterradas a los dioses de la montaña. Con el tiempo, recuperaría momias perfectamente conservadas de víctimas de sacrificios incas de una plataforma derrumbada en la cima de un pico congelado en el sur de Perú. Puncuyoc parecía su tipo de sitio e hize nota de contárselo cuando regresara a los Estados Unidos.

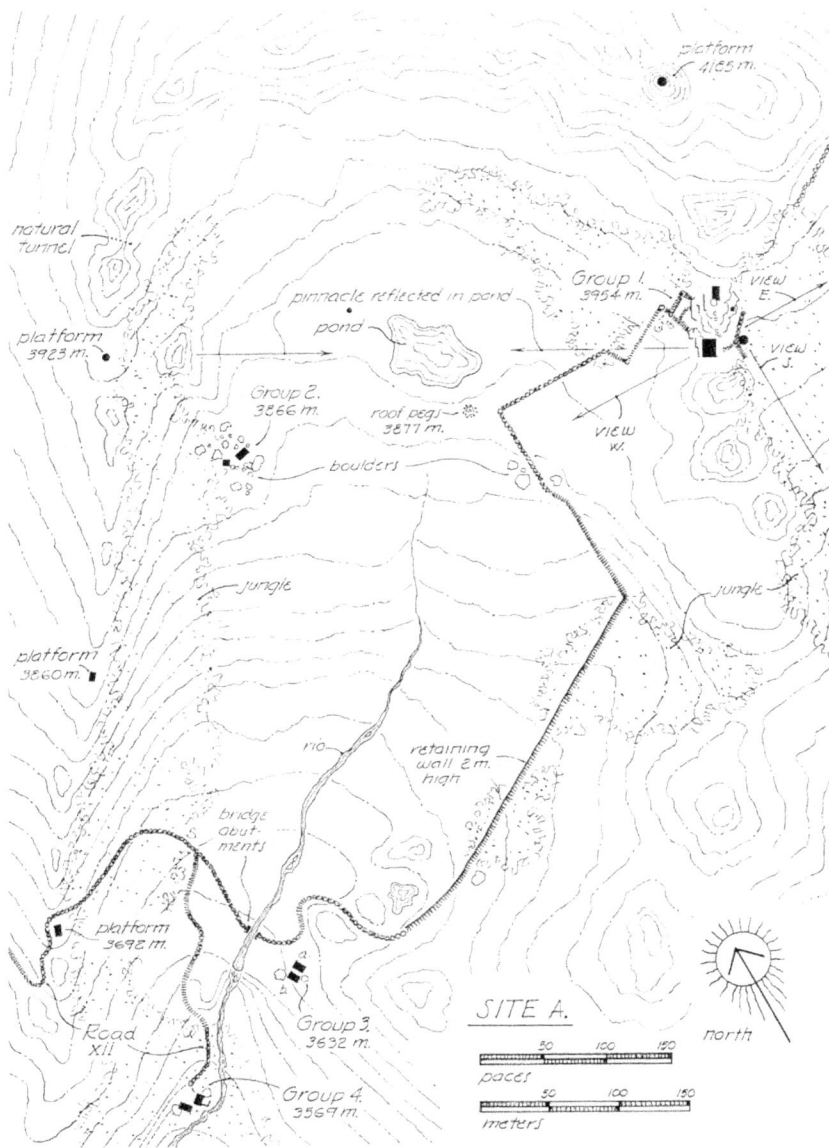

Figura 5 - Mapa de Puncuyoc

Al salir de la cresta inferior en nuestro camino de regreso al campamento, nos encontramos con un grupo de ruinas fascinante escondido en el revoltijo de rocas debajo de Moby Dick. Estaba completamente cubierto de selva y había eludido incluso al enérgico equipo de Savoy. El informe en Ñawpa Pacha de Stuart White describiría lo que él denominó un "complejo de cuevas" en aproximadamente el mismo lugar, **(3)** y eso es exactamente lo que Ben y yo encontramos. Varias cuevas y muros de contención se habían desarrollado debajo de una roca del tamaño de una casa que se encontraba cerca de los cimientos de dos edificios rectangulares. **(Figura 10)** Una superficie plana conducía desde allí alrededor de la cabecera del circo glaciar a una pequeña fuente cubierta de maleza cerca del estanque reflectante. Parece probable que un camino conectara una vez las cuevas, a través de la fuente, con la escalera principal que conduce al Incahuasi **(Figura 5),** pero, si es así, no parece quedar ningún rastro.

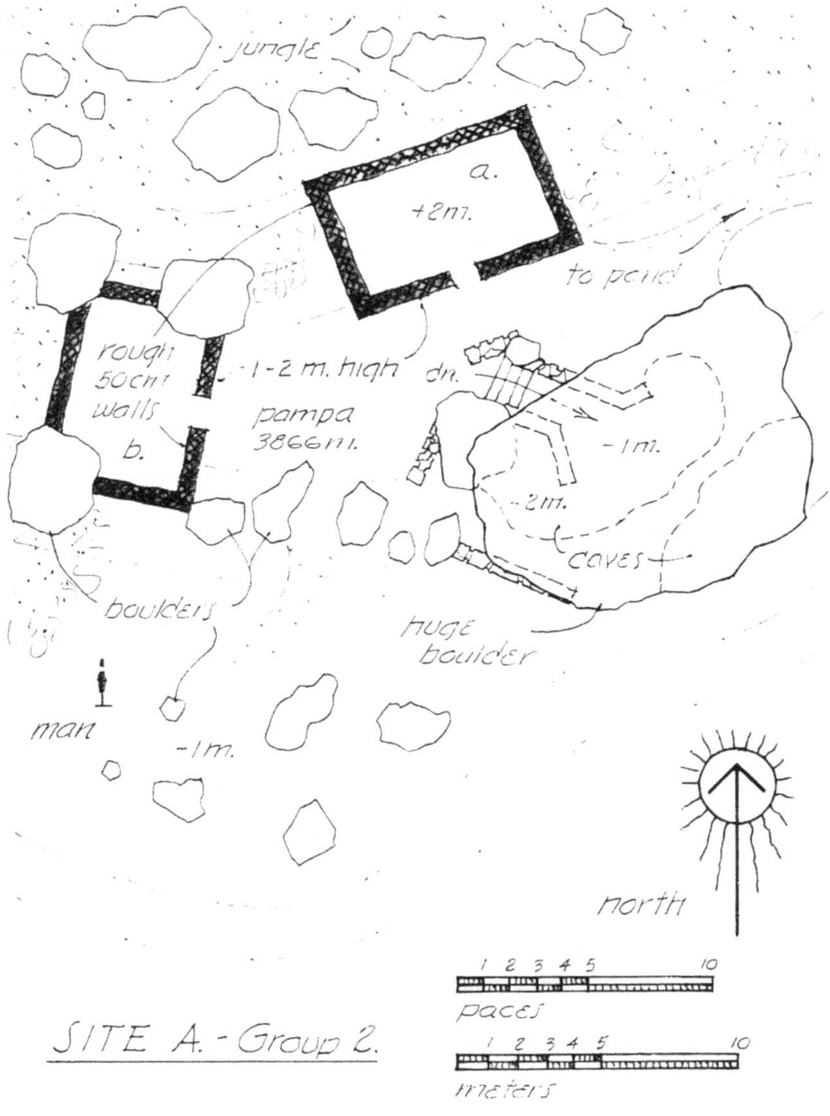
jungle
a.
+2m.
to pond
rough
50cm
walls
b.
-1-2 m. high
dn.
pampa
3866m.
-1m.
-2m.
caves
boulders
huge
boulder
man
-1m.
north
1 2 3 4 5 10
paces
SITE A. - Group 2.
1 2 3 4 5 10
meters

Figura 10 - Plano del grupo de cuevas

A la mañana siguiente, el 25 de julio, descendimos de regreso a nuestro campamento base en Huancacalle, bajando desde las nubes frías y húmedas justo encima de Yupanka. Como fuente para levantar la moral, el viaje había fracasado estrepitosamente, con doble sentido. Teníamos más frío, estabamos más mojados, más tristes y más cansados que nunca. Nancy y Susa, especialmente, estaban "arruinadas", un término que acuñamos para describir a cualquiera que se alterara con la solo la mención de visitar otro sitio arqueológico. Aparte de eso, sin embargo, habíamos logrado mucho. Ben y yo habíamos podido explorar a fondo toda la zona y habíamos añadido diez nuevas estructuras a mi recuento de 1984. Lejos de ser un edificio único y aislado, ahora estaba claro que el Incahuasi había formado el punto focal de un grupo de grupos de edificios, cada uno destinado a un propósito diferente y específico, aunque para que exactamente, quedaba por ver. White finalmente concluyó su análisis del sitio con la sugerencia de que había sido un oráculo para el sol, la tierra y varias huacas cercanas, como Moby Dick, el estanque reflejante y la roca en el grupo de cuevas. Especuló que podría haber sido el lugar donde Sayri Tupac Inca había tomado su fatídica decisión de abandonar la rústica seguridad de Vilcabamba por las seductoras intrigas del Cusco (**4**). Mis propios pensamientos fueron resumidos al año siguiente en un artículo que señalaba algunas correlaciones entre el sitio y su arquitectura y la importante fiesta inca de Huarachicoy, que se celebraba anualmente en diciembre en medio de un entorno salvaje y de alta montaña. (**5**) Tal vez ambos tengamos razón. El hecho es que nadie sabe para qué se usaba Puncuyoc y, a menos que aparezcan pruebas sólidas en alguna excavación futura, probablemente nadie lo hará.

De vuelta en casa de Cobos, era bueno dormir bajo un techo seco para variar. Por la mañana, declaramos un día de descanso que se hizo aún mejor con el primer día de sol que habíamos visto desde que llegamos a Huancacalle. Después de un desayuno tranquilo, echamos un vistazo al resto del viaje. Nancy y Susa ya estaban hartas. La amenaza del terrorismo estaba poniendo nerviosos a todos, pero especialmente a ellas. Como para empeorarlo, una patrulla pasó en una de las raras incursiones del Ejército desde Pucyura. La docena de soldados se pavoneaba por el campamento blandiendo sus armas como los adolescentes armados que eran, revisando papeles y enseñoreándose de todo lo que encontraban.

Teníamos su permiso, gritó el sargento, para ir sólo hasta Pampaconas. Más allá sería suicidio, concluyó. Todos sabíamos que el
sargento no podría hacer nada al respecto si decidiamos ir más lejos,
pero había una remota posibilidad de que tuviera razón.

Así que, por el momento, parecía que la única exploración adicional
que íbamos a hacer era en un terreno conocido que Nancy ya había
visitado. Susa, por su parte, quería ver algo de tejido andino tradicional y los aislados asentamientos fronterizos de Vilcabamba no
eran tradicionales. Los mejores centros de textiles de antaño estaban
alrededor del lago Titicaca, un lugar en el que Nancy había estado
años antes, pero que esperaba volver a ver. Así que ella y Susa decidieron irse a pasar una semana más o menos viajando allí mientras
Ben y yo hacíamos todo lo posible para terminar nuestras exploraciones alrededor de Pampaconas. Todo el mundo estaba más o
menos contento con el nuevo plan, con una condición. Nancy me
hizo prometer que no nos escabulliríamos a Espíritu Pampa en el
momento en que ella se perdiera de vista, y yo acepté. Finalmente,
cualquier duda persistente sobre la partida de las mujeres se borró
cuando Susa recibió una desagradable mordedura de perro en la
mano. A pesar de que otros en la aldea habían sido mordidos por el
mismo perro en el pasado sin efectos adversos, Vilcabamba no
parecía el mejor lugar para estar en caso de una emergencia
médica, por improbable que fuera.

Con una mezcla de alivio y tristeza, ayudé a Nancy a empacar y
observé cómo ella y Susa se alejaban tristemente por el camino
hacia Huancacalle, donde planeaban tomar el próximo camión a
Quillabamba. Los recuerdos de su encuentro con los soldados
borrachos en Pucyura dos años antes probablemente nos perseguían
a los dos, pero ninguno de los dos lo mencionamos. Al final resultó
que no importaba eso, ya que la terrible experiencia a la que se dirigían estaba destinada a ser aún peor. Su viaje hasta el tren y hasta
Cusco terminó siendo un maratón de 48 horas sin dormir de viajes.
Incluso la escapada que tanto esperaban en el lago Titicaca no
resultó como lo habían planeado. Después de un largo y helado
viaje en tren por las montañas hasta el puerto peruano de Puno, en

la orilla norte del lago, encontraron a los escuadrones senderistas de bombas aún más activos e intimidantes en las calles de la ciudad que los guerrilleros en las montañas. Al fin y al cabo, las agencias de viajes tenían razón. Descubrimos que 1986 no fue un buen año para viajar por el Perú.

15

De pie en la respuesta

El mismo día que las chicas abandonaron el campamento, se filtró a Huancacalle la noticia de que los israelíes habían cruzado bien y todos comenzaron a respirar más tranquilos. Por fin, parecía que la costa estaba despejada. Era como si todos los terroristas se hubieran ido a Puno con Nancy y Susa, aunque no sabríamos nada de eso hasta varias semanas después. Ben y yo contratamos inmediatamente a Juvenal para un caballo y, una vez más, reclutamos a José para que fuera nuestro empacador y guía. Debido a que no podía salir con tan poca antelación, acordamos encontrarnos con él en Pampaconas tres días después y dejamos cuatro bolsas grandes de comida y equipo para el caballo. Contentos de salir de la ciudad de nuevo, nos dirigimos al paso con mochilas tan pequeñas que eran casi agradables. El sol brillaba y el viaje fue placentero y sin incidentes. El hermoso tramo del camino inca hasta Vilcabamba la Nueva fue una alegría, como en el pasado. La única nota ominosa era el rastro de estacas de medicion para una futura construccion en la ladera sobre el camino. Como arquitecto, sabía muy bien lo que eso significaba. No fue una sorpresa cuando un campesino que pasaba por allí dijo que se había firmado un contrato para extender la carretera hasta Vilcabamba la Nueva, el único pueblo auténtico del siglo XVI sin reconstruir que quedaba en la provincia. Sería más de la misma carretera que tan recientemente había transformado la pintoresca comunidad agrícola de Huancacalle en un centro comercial de puestos improvisados. Peor aún, la próxima vez sería un doble golpe. Tanto la integridad del pueblo como el hermoso camino de piedra que conducía a ella serían barridos en una tarde de trabajo con excavadoras. Incluso se habló de continuar el camino por el paso a Pampaconas, pero, afortunadamente, no se veían más estacas más allá de Vilcabamba la Nueva y las intrincadas escaleras incas de Mollepunku (**Figura 33**) parecían seguras, al menos por el momento.

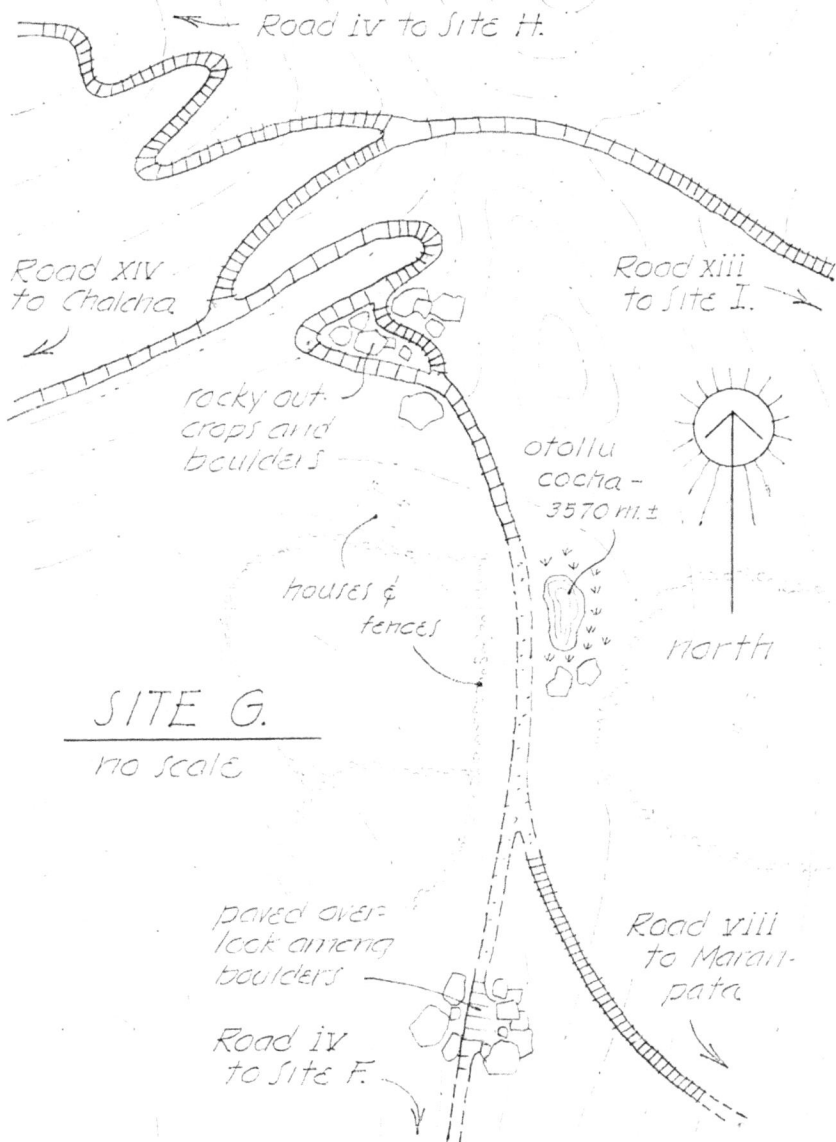

Figura 33 - Mapa de Mollipunku

Nuestro primer objetivo fue tratar de verificar la afirmación de von Kaupp de que un camino inca cruzaba la cordillera al oeste de

Pampaconas y descendía al cañón del río Zapateroyoc. Allí, dijo que encontraríamos ruinas incas en un lugar llamado Cochayoc, apropiadamente cerca de un lago: cocha en quechua. Las ruinas eran importantes para mi plan de encontrar todo en la provincia, y el camino era importante para la contrateoría de él . La fuerza invasora española de 1572 había tardado ocho días en marchar desde Pampaconas hasta Vilcabamba la Nueva y había pasado por un lugar llamado Anonay en el camino. Si, como pensaba von Kaupp, la capital inca estaba en algún lugar cerca de los sitios en el río Urumbay que él había identificado, él tenía un serio problema. Se necesitaría una ruta de ocho días entre dos lugares con no más de medio día de diferencia. Peor aún, esta ruta tendría que pasar por el lugar que hoy se llama Ayunay que, como Edmundo Guillén, asumió que era el antiguo Anonay. Ayunay, desafortunadamente, está por lo menos medio día más allá del Urumbay desde la dirección de Pampaconas. La solución de von Kaupp era el camino que Ben y yo habíamos venido a buscar, si podíamos. Según Bob, el camino continuaba más allá del Zapateroyoc durante varios días río abajo, y luego volvió a doblarse río arriba a través de Ayunay en ruta hacia el Urumbay. Por muy descabellado que sonara todo el asunto, parecía que solo había una forma de comprobarlo. Estaba 99 por ciento seguro por mi propia investigación de que esta idea era una tontería. Sarmiento de Gamboa, el mismo cronista que había escrito sobre Anonay, también había mencionado el ahorcamiento del prisionero en Ututo, el lugar donde Nancy, Jill y Martha nos habían dejado en 1984. Ututo, por supuesto, estaba justo al final del cañón, un poco más abajo de Pampaconas, justo a lo largo del camino inca a Espíritu Pampa, y no cerca de la ruta alternativa de von Kaupp a Urumbay. Aún así, tenía que encontrar y mapear las ruinas en Cochayoc de todos modos, por lo que buscar el camino de Bob mientras estábamos eneso no era gran problema.

Los ronderos de Pampaconas recibieron nuestra llegada con recelo hasta que les explicamos que solo éramos gringos locos, buscando ruinas. Increíblemente, estaban armados con lanzas de madera, al igual que, dijeron, muchos de los terroristas. Cuando preguntamos sobre la situación, se hicieron eco de las advertencias del jefe de la policia y su sargento bravucón. Aparentemente, estaban de acuerdo en que el país debajo de Pampaconas no era seguro y nos aconsejaron que no fuéramos "adentro de la selva", una frase que escuchamos una y otra vez, como si la selva cercana fuera un mundo alienígena de algún tipo. Los lugareños parecían no estar al tanto de la prueba de fuego realizada por los israelíes y no se impresionaron cuando se los contamos. Sin embargo, logramos encontrar a un par de parientes de Juvenal dispuestos a mostrarnos el camino hacia el Zapateroyoc y acordamos ir allí temprano a la mañana siguiente.

Pronto descubrimos que la única ruina inca en kilómetros a la redonda estaba en realidad a un par de cientos de yardas de nuestro campamento. Uno de nuestros guías la señaló casualmente desde la elevación del terreno donde habíamos montado la tienda. Me acerqué después de la cena e hice un plan apresurado del lugar con la luz que se desvanecía. Era una gran plataforma clásicamente inca a la que se llegaba a través de una escalera de piedra parcialmente sedimentada que conducía más allá de una pequeña terraza secundaria desde un barranco hacia el este **(Figura 34).** Recordé que Pachacuti se había enseñoreado de los indígenas desde una base en Pampaconas y que Titu Cusi se había encontrado con Rodríguez de Figueroa en una "plaza" del mismo lugar 125 años después. Al parecer, a los reyes incas les gustaba hacer negocios desde lo alto de plataformas elevadas a las que llamaban "ushnus", y me pregunté si tal vez habiamos encontrado una, y una histórica. Juvenal me dijo más tarde que el lugar se llamaba Incapampa.

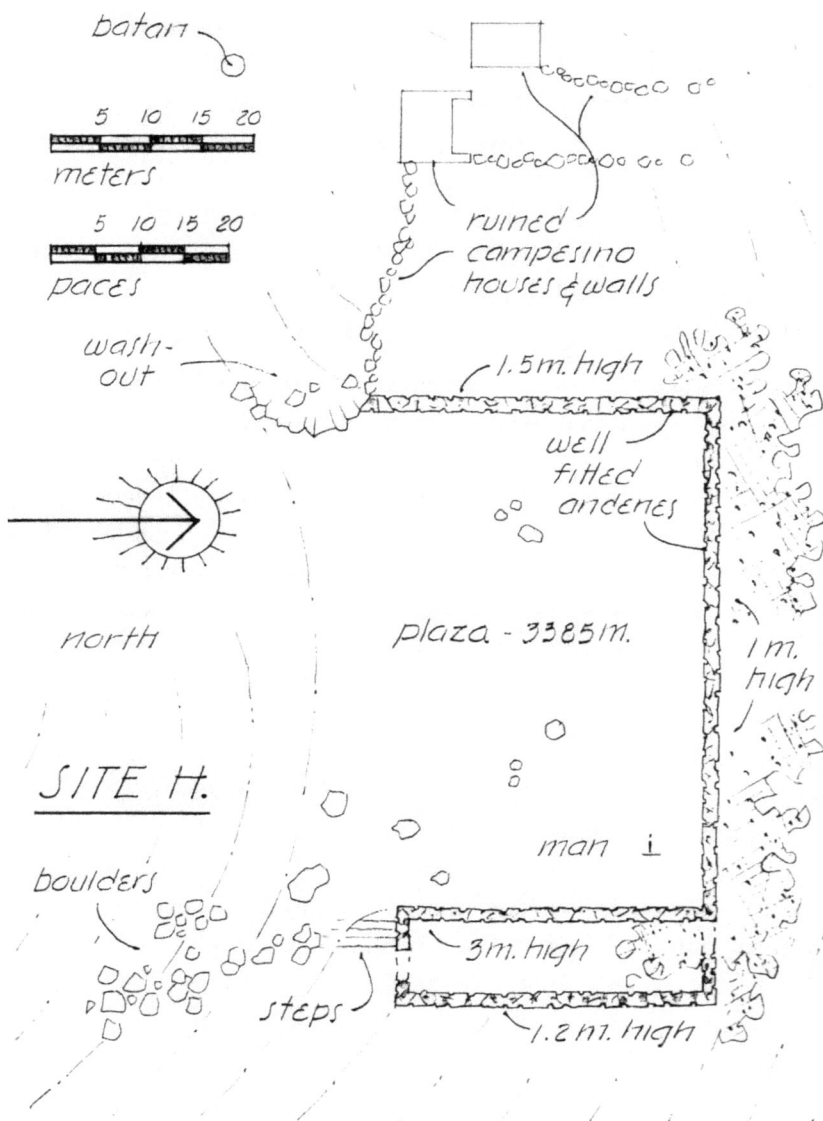

batan

5 10 15 20
meters

5 10 15 20
paces

wash-out

north

SITE H.

boulders

ruined campesino houses & walls

1.5 m. high

well fitted andenes

plaza - 3385 m.

1 m. high

man ⊥

3 m. high

steps

1.2 m. high

Figura 34 - Plano de emplazamiento de Incapampa

Aunque no encontramos ni un camino inca ni ruinas en el curso de nuestra expedición al día siguiente, no fue una pérdida total. El territorio, incluidos varios lagos encantadores, era espectacular, el clima estaba excelente y nuestros guías fueron inequívocos en sus respuestas a mis muchas preguntas. Sí, había una pequeña ruina que se llamaba Cochayoc, pero estaba en el cañón del río Urumbay, no allí en el Zapateroyoc. No, no había caminos incas que salieran de Pampaconas, excepto el comúnmente utilizado por la larga escalera de piedra a Ututo. Sí, había otro camino, que corría por la espina dorsal de la cresta que separa el Zapateroyoc de Pampaconas pero no, no era inca y ya nadie lo usaba. El camino inca pavimentado que cruzaba el río por debajo de Ututo era más corto y mejor en condiciones húmedas. Y, finalmente, sí, habían oído que también había un viejo camino debajo de Ututo que no cruzaba el río, pero estaba perdido en la selva y nunca lo habían visto. Pensé en mi propio descubrimiento de lo que parecía ser un camino abandonado y cubierto de maleza dos años antes.

Al final del día, cuando nos acercábamos a Pampaconas en el camino a casa, ellos se detuvieron a unos cientos de pies sobre el campamento y nos mostraron el camino a lo largo de la columna vertebral de la cresta. Efectivamente, no era más que un simple camino de herradura, y no muy bueno. Varios días después, José me mostró el lugar donde se reunía con el camino inca justo encima de Tambo. Debe haber sido la ruta seguida por Bingham, pensé, mientras avanzaba más allá de Pampaconas en su camino a Espíritu Pampa en 1911. Su descripción coincidía exactamente con el terreno: "*Al salir del pueblo* (de Pampaconas) *subimos a la montaña y seguimos un rastro tenue por una ruta peligrosa a lo largo de una angosta cresta. Las lluvias no habían mejorado el camino*". (sin cursivas en el original)**(1)** El camino a Ututo desciende desde Pampaconas y el mapa de Bingham de la ruta de la expedición, publicado en 1914, indica que permanecieron al oeste del río todo el camino río abajo **(2)**. (**Figura 32**)

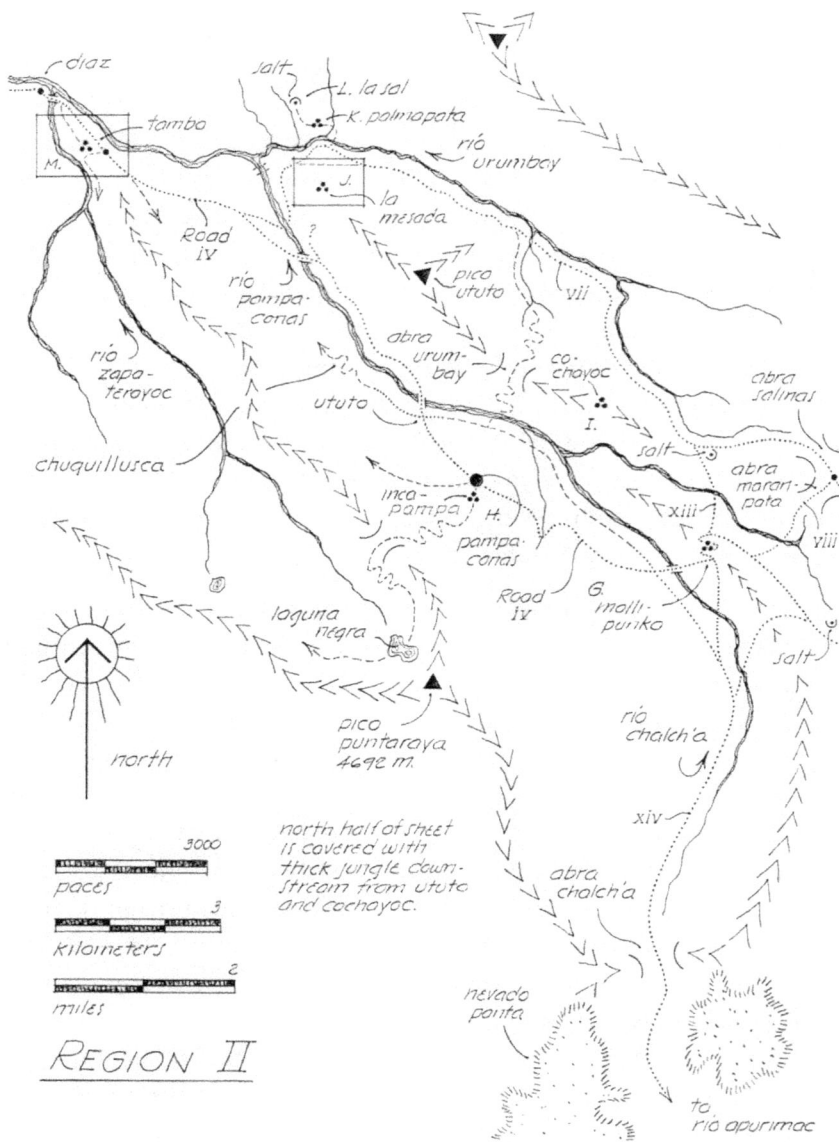

Figura 32 - Mapa del alto Río Pampaconas

El informe de un camino "perdido" al oeste del río, debajo de Ututo, también encaja muy bien con el registro escrito. Después de la ejecución del nativo Canchari en Ututo, se había producido una discusión entre los capitanes españoles sobre qué camino seguir, el camino de los fuertes o el de los incas. **(3)** Dado que el camino inca debajo de Ututo era definitivamente el que cruzaba el río, se deducía que el camino no utilizado perdido en la selva en el lado cercano debe haber sido el "camino de los fuertes". Ben y yo nos levantamos temprano a la mañana siguiente y bajamos a allí para echar un vistazo. Después de buscar a través de la pared de selva que bordeaba los prados, encontramos solo el mismo sendero cubierto de maleza que había visto en nuestro camino desde Tambo en 1984. Siendo optimistas, decidimos pasar el resto del día cortando la maleza del sendero río abajo para ver a dónde iba. Al mediodía habíamos recorrido menos de media milla. Estaba totalmente cubierto de maleza, y los árboles de buen tamaño que crecían justo fuera del camino sugerían que no se había utilizado durante años. Debía ser el viejo camino del que nuestros guías pampaconas habían oído hablar, pero nunca visto. A pesar de cortar casi hasta el anochecer, nunca supimos a dónde iba. Lo único que supimos con certeza fue que atravesaba muchos acantilados y barrancos ahogados por una densa selva, exactamente como los españoles describían el "camino de los fuertes". Cuando le pregunté a Juvenal al respecto varias semanas después, me dijo que el viejo sendero del lado oeste no se había utilizado en su vida, pero la tradición local sostenía que una vez llegó hasta Tambo.

Caminando de regreso por la larga escalera inca a Pampaconas esa noche, reflexioné sobre lo que habíamos aprendido en los últimos dos días. En primer lugar, la teoría de von Kaupp no estaba respaldada por nada de lo que habíamos podido encontrar sobre el terreno, ni coincidía con lo que nos habían dicho los lugareños. En segundo lugar, la ruina llamada Cochayoc estaba en algún lugar del Urumbay, no el Zapateroyoc como él había afirmado. En tercer lugar, habíamos verificado que al menos una ruina inca todavía existía en Pampaconas, un sitio que durante mucho tiempo se pensó que estaba desprovisto de restos prehispánicos. Y, por último, antiguamente había habido tres caminos que descendian desde Pampaconas, cada uno de los cuales correspondía bien con uno u otro de los relatos histórico. (**Figura 32**) Esas eran las respuestas que habíamos buscado y no había nada más que hacer. Era hora de seguir adelante, pero ¿hacia dónde? Ninguno de los dos quería dar marcha atrás, pero si la ronda pensaba que la selva río abajo era insegura, ¿quiénes éramos nosotros para estar en desacuerdo? Aun así, José debía entregar los caballos pronto, así que teníamos que decidir algo, y pronto.

Antes de lo que pensábamos. José ya nos estaba esperando cuando regresamos al campamento después del anochecer, muertos de cansancio por nuestro día en las montañas. Había estado hablando con los lugareños y creyó haber encontrado una forma de evitar el dilema que teníamos. Si lo que queríamos ver era la parte baja de Urumbay, él conocía un camino que evitaba el camino principal, donde era más probable encontrar problemas. Aliviados, comimos un poco de la comida nueva que él había traído y nos acostamos exhaustos. Aun así, la idea de que nos dirigíamos a un territorio hostil comenzó a hacer efecto en ambos durante la noche y ninguno de los dos terminó durmiendo mucho. La mañana amaneció fría y clara, y nos levantamos con las primeras luces del día y nos pusimos en camino mucho antes de que saliera el sol.

José había traído a su hijo mayor, Ronaldo, y toda nuestra comida y equipo habían llegado a lomos de un viejo caballo castrado de piel color tierra. Un caballo de carga experimentado, pronto fue puesto a pastar y comenzamos a llamarlo El Viejo, en honor a sus más de veinte años. Era fácil en el camino y Ronaldo lo manejaba la mayor parte del tiempo mientras su padre caminaba escuchando la radio de Cusco en su portátil que funcionaba con baterías. ¡Cómo llegué a odiar esa cajita de plástico! La idea de que finalmente habíamos salido a la naturaleza solo para ser asaltados por el ruido de la ciudad durante todo el día era más de lo que podía manejar. Recé para que las baterías se agotaran, pero nunca lo hicieron. ¿De qué estaban hechas, kriptonita enriquecida? O eso, o José había escondido un suministro para dos meses de baterías en algún lugar de la mochila de El Viejo y las había cambiado a las tres de la mañana, cuando nadie miraba. Era tan enloquecedor que consideré hacer un sabotaje de la radio, pero José nunca la perdió de vista. En cambio, me rendí y, después de ese primer día, simplemente iba por delante o me quedaba muy atrás, fuera del alcance del sonido de la radio.

En lugar de salir del campamento por el camino de Ututo, retrocedimos más o menos un kilómetro por el camino por el que habíamos llegado y bajamos por una empinada quebrada hasta el río Pampaconas. La poca corría suavemente debido al buen tiempo y la cruzamos sin dificultad. Al otro lado del río, un camino empinado y fangoso ascendía por la ladera llena de vegetación frente a Pampaconas y al mediodía ya habíamos cruzado la cima, hacia la bajada del río Urumbay. Más allá, praderas ondeantes con algunas casas campesinas descendían suavemente hacia la parte superior del cañón. A medida que descendíamos hacia el río, nuestra ruta se unió a un buen camino que bajaba desde río arriba y lo seguimos hacia la selva espesa del cañón bajo.

Allí abajo no había nada, dijo José, excepto las minas de La Sal, uno de los tres yacimientos arqueológicos de von Kaupp y, por lo tanto, una de las razones por las que íbamos para alla. La recolección de la sal se hacía de manera comunitaria, una vez al año, pero debido a los terroristas, las minas no habían sido explotadas desde 1984. La condición del camino empeoraba a medida que nos adentrábamos en la selva. Claramente, nadie lo había estado usando. La prueba apareció muy pronto cuando nos topamos con un gran árbol caído en el camino, bloqueando efectivamente el viaje de los caballos. Una hora más tarde, habíamos nos habíamos abierto camino con nuestros machetes solo para encontrar otro árbol en el sendero a poca distancia más allá. Lo que debería haber sido una agradable caminata de medio día se estaba convirtiendo en un largo y tedioso esfuerzo. En 1572, los incas habían talado numerosos árboles para bloquear el camino de los invasores españoles y ahora entendíamos cuán efectiva podía ser esa táctica.

Estaba cortando una enredadera de maleza al final del día cuando una rama afilada se rompió y me golpeó en el ojo. Los machetes son herramientas peligrosas en manos inexpertas y había estado tan preocupado por no cortarme el pie que no prestaba mucha atención a nada más. Por lo general, usaba gafas de sol, pero no en el crepúsculo perpetuo de la selva. Mi córnea derecha quedó muy arañada y al principio apenas podía tratar de abrir el ojo y no podía ver nada cuando lo hacía. Me puse algunos analgésicos, me metí un ungüento en el ojo y me puse un parche. Las pastillas ayudaron, pero inmediatamente me frustré por lo difícil que era ver con un ojo cerrado, especialmente en la selva, donde la visibilidad era solo media para empezar. Afortunadamente, José dijo que nos estábamos acercando al campamento y que territorio comenzaba a abrirse un poco. Al llegar a una división del camino tomamos la ruta de la derecha en el único cruce de senderos al que habíamos llegado, y rápidamente nos encontramos con la tarea de cruzar el Urumbay por un puente desagradable y resbaladizo, muy por encima del agua. El Viejo apenas pudo luchar a través del arroyo que corría debajo, por lo que no parecía que nosotros tuviéramos ninguna alternativa. Sin pensarlo, me ofrecí como voluntario para ir primero, pero pronto me di cuenta de mi error. Con un solo ojo, no tenía percepción de profundidad y menos equilibrio. Terminé gateando sobre mis manos y rodillas y, aun así, me asusté. Para mi inmenso alivio, Ben, Ronaldo y José lo hicieron solo un poco mejor y el cruce duró una eternidad.

Finalmente, al otro lado del cruce, seguimos un sendero por la empinada ladera hasta una mesata abierto limitada al norte y al este por una selva pantanosa y en otros lugares por empinadas caídas a barrancos cubiertos de maleza. El claro se llamaba Palmapata en honor a una palmera gigante que una vez había estado cerca. José dijo que los antiguos afirmaban que era Mananhuañunca, el lugar donde un sacerdote español llamado "Padre Huarcuna" había sido asesinado por los nativos muchos años antes. La palabra *huarcuna* significa "colgador" en quechua, por lo que von Kaupp había hecho la conexión con el padre Diego Ortiz. Según Martín de Murúa, el sacerdote había sido colgado en una cruz, entre otras cosas, durante su último calvario **(4)**. Entonces, llegamos al primero de los sitios de Bob y, mirando a mi alrededor, no me impresionó. No era más que una pradera pantanosa, llena de rocas sueltas. Según José, era la única pampa de la zona, y era utilizada como zona de campamento por las carabanas cada año cuando venían a buscar sal. Según José, las minas, el segundo sitio de von Kaupp, no estaba lejos del barranco hacia el oeste.

La luz se desvanecía rápidamente y mientras Ben, José y Ronaldo montaban el campamento, yo me dediqué a buscar las ruinas descritas por von Kaupp en su informe de 1983. (5) Había escrito que la "tumba" del padre estaba ubicada en el borde sur del claro y que su "entrada aparentemente miraba hacia el sur" y había sido "recientemente abierta". Esperando encontrar algún tipo de ruina, me decepcioné cuando la única evidencia hecha por el hombre que se veía era un montón de pequeñas piedras de campo, no diferentes de las que se encuentran en todas partes en los Andes donde los campos han sido despejados para el cultivo. Ni la "tumba" ni su "entrada" se veian evidentes para mí. Von Kaupp también había notado "una serie de líneas de piedra" que irradiaban desde la tumba. De las rocas más grandes esparcidas por la pradera, sólo unas pocas parecían estar alineadas, y por erosión natural, no por intención humana, o al menos eso me pareció a mí. Debajo de la pila de rocas estaba la palmera caída que había dado nombre al lugar en los últimos tiempos. Su tronco estaba dividido en tres segmentos que sumaban más del doble de los "19,2 metros" señalados por von Kaupp. Era como si el reporte no tenia precisión de lo que describía, pensé. Disgustado, hice un mapa rápido del lugar (**Figura 38**, Sitio K) y me uní a los demás alrededor de la fogata, preguntándome si los dos sitios "arqueológicos" restantes de Bob serían más convincentes que Mananhuañunca.

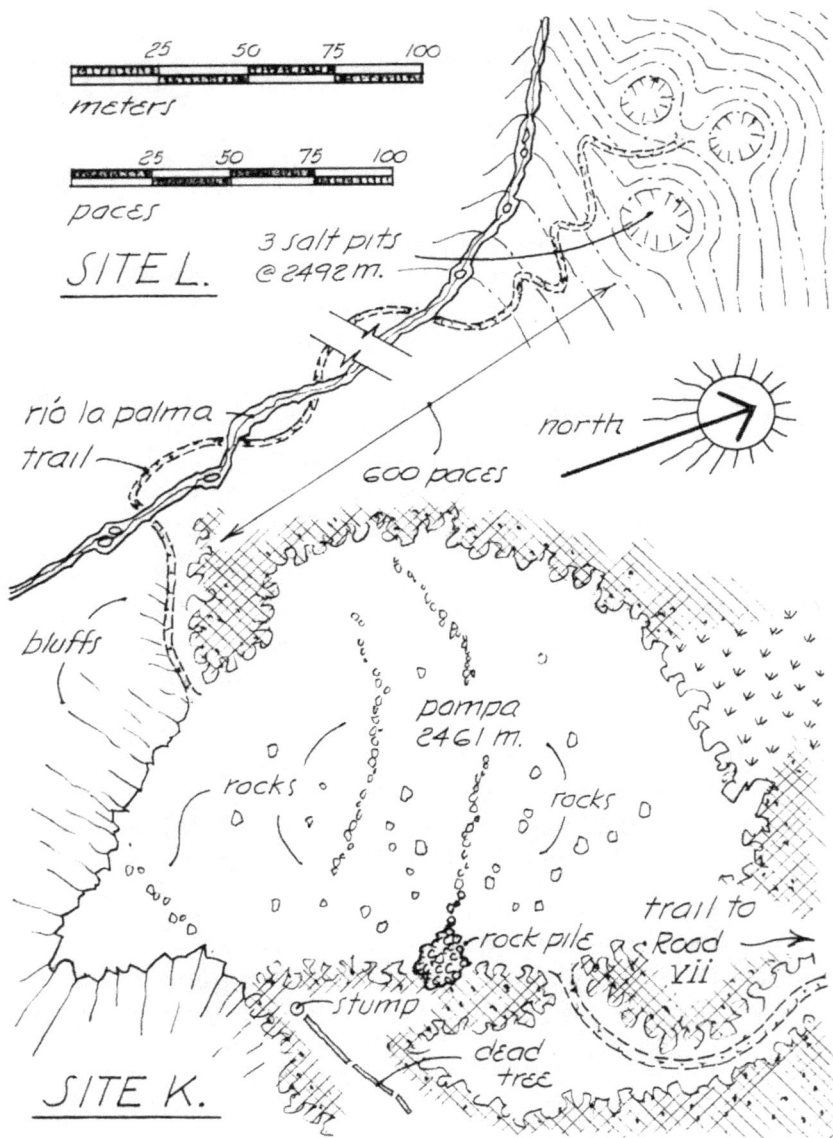

Figura 38 - Planos de sitio de La Sal (arriba) y Palmapata (Mananhuañunca)

La respuesta no tardó en llegar. A la mañana siguiente, caminando hacia las minas de La Sal, mi ojo estaba mejor y tenía grandes esperanzas para el día. Tras descender hasta el arroyo, el río La Palma según José, el camino subía por el empinado y estrecho barranco por el que caía el agua. Una espesa selva sobresalía de las altos tierras a ambos lados y el agua se filtraba por todas partes por las fisuras de las paredes. Medio kilómetro río arriba y después de cruzar y volver a cruzar el arroyo tres veces, José cortó el camino hacia la ladera fangosa sobre la orilla norte. En la cima, señaló un grupo de tres pozos pequeños y poco profundos excavados en la ladera y nos informó de que estos eran los objetos de nuestra búsqueda. (**Figura 38**, Sitio L) Si el Mananhuañunca de von Kaupp fue una decepción, sus históricas minas de sal parecían, a primera vista, una broma. Los pozos habían sido casi llenados por deslizamientos de tierra desde arriba, consecuencia de casi dos años de desuso, dijo José, pero aún se podían ver algunas evidencias de apuntalamiento rudimentario con postes de troncos. Uno de los pozos, un poco más abajo de los otros dos, estaba cubierto de maleza y aparentemente abandonado. Todo lo que vimos se correspondía bastante bien con la descripción de von Kaupp, incluido su informe de que las rocas y el barro tenían un color claramente oscuro. Fue por esto último que él dedujo que el lugar era el "Yanacachi" o "sal negra", mencionado en la crónica de Antonio de la Calancha. (**6**) Tal vez, pensé, pero no había evidencia alguna de ocupación en el siglo XVI y José afirmó, por el contrario, que los depósitos habían sido descubiertos solo unos setenta años antes por la familia Álvarez, todavía los únicos campesinos en el bajo Urumbay. Por el momento me pareció que von Kaupp estaba estaba perdiendo el partido 2 a 0. ¿Estaba el último gol para la goleada esperando, me pregunté, escondido en algún lugar de la selva al otro lado del cañón del Urumbay, o era su tercer sitio, las ruinas de La Mesada, realmente la "gran ruina inca" que afirmaba? Descubrirlo fue nuestro próximo proyecto.

José había ido muchas veces a Palmapata y a La Sal, pero de La Mesada solo había oído rumores. El informe de von Kaupp decía que las ruinas estaban en "una pequeña pendiente" al "norte" de Urumbay, frente a Palmapata. Sin embargo, un croquis que me había enviado antes del viaje las mostraba al sur del río y, dado que nuestro campamento en Palmapata estaba por encima de la orilla norte, el croquis tenía que estar correcto. Para mí, fue un ejemplo perfecto de la falibilidad de los relatos escritos. Un pequeño desliz de la pluma podría distorsionar por completo una descripción que de otro modo sería simple. Había sido capaz de resolver la metedura de pata de Bob con su boceto, pero ¿qué hubiera pasado si hubiera escrito su informe hace cuatrocientos años, en español antiguo y no hubiera dejado ningún boceto? ¿Y entonces qué? No fue el único que cometió errores. Yo mismo había hecho mucho. El mensaje era claro: era importante tener mucho cuidado al escribir las instrucciones que alguien más podría intentar seguir algún día, es decir, si te importaba si tenían éxito o no.

Después de un almuerzo rápido, nos dispusimos a tratar de hacer precisamente eso. Sin saber qué tan alta era una pendiente "corta", comenzamos desde abajo y comenzamos a subir la cuesta. Después de varias horas, no habíamos encontrado nada más que una selva empinada y espesa. Finalmente, a unos 150 metros sobre el río, llegamos a un sendero que conectaba varias de las cabañas de Álvarez. Cerca de una de ellas había un montículo circular de rocas, la primera ruina que habíamos podido encontrar. Animados, continuamos hacia el selva que se volvia más densa. Donde había una ruina, pensamos, tenía que haber más. Una hora más tarde, y al no haber encontrado nada nuevo, no estábamos tan seguros. Luego, con la oscuridad acercándose rápidamente, casi nos dimos por vencidos cuando varias estructuras grandes y circulares surgieron de una meseta pantanosa a unos 60 metros por encima del sendero. Eran estructuras rudas y probablemente no incas, pero ahora sabíamos con certeza que había más allá arriba. Emocionados, regresamos al campamento en la oscuridad, ansiosos por reanudar la búsqueda al día siguiente.

Discutiendo las perspectivas mientras desayunábamos, nos dimos cuenta de algo que no habíamos visto antes. Mejorada por el ángulo oblicuo del sol de la mañana, la vista a través del cañón desde Palmapata reveló una meseta, a unos 90 metros por encima de nuestro punto más alto del día anterior. Estaba marcada por las copas de varios árboles enormes que parecían dominar la selva circundante y José estaba seguro de que allí encontraríamos nuestra ciudad en ruinas. Por un lado, el nombre "Mesada" probablemente se refería a la meseta. Por otro lado, los grandes árboles significaban agua, dijo, y mucha, justo lo que un pueblo populoso habría necesitado. Después de haber buscado más abajo con escaso éxito, decidimos ir directamente a la meseta, a pesar de que estaba a unos 300 metros sobre el río, bastante más, nos pareció, que la «corta pendiente» que mencionaba von Kaupp. Al usar el sendero hasta la casa de Álvarez, rápidamente ganamos la mayor parte de la elevación del terreno y a media mañana nos estabamos abriendo camino mientras subiamos y nos adentrabamos en la selva. Una subida sorprendentemente corta nos llevó a la extensión abruptamente nivelada de la meseta de José. Un lugar sombrío, estaba asfixiado por una espesa vegetación que crecía de un desorden de árboles podridos y caídos. Enormes enredaderas descendían desde la caida y las ciénagas pantanosas yacían atrapadas detrás de cada elevación del terreno. Hollywood dificilmente podría haber ideado un mejor escenario para una pelicula de una "ciudad perdida". Parecía como si von Kaupp hubiera sido derrotado por goleada scuando de repente me di cuenta de que estaba de pie sobre un gran montículo de rocas. Mirando a nuestro alrededor con más cuidado, vimos que había montones de rocas por todas partes, casi invisibles bajo toneladas de vegetacion enmarañada. Quitándo la vegetación lo mejor que pudimos, nos encontramos rodeados de ruinas caidas por todos lados. Las estructuras más grandes parecían agrupadas bajo los gigantescos árboles de matapalo que habíamos visto desde el campamento. Incluso se podían vislumbrar trozos de pared en las brechas entre sus raíces extendidas: grandes secciones de crecimiento de selva lo suficientemente grandes como para tragarse edificios enteros.

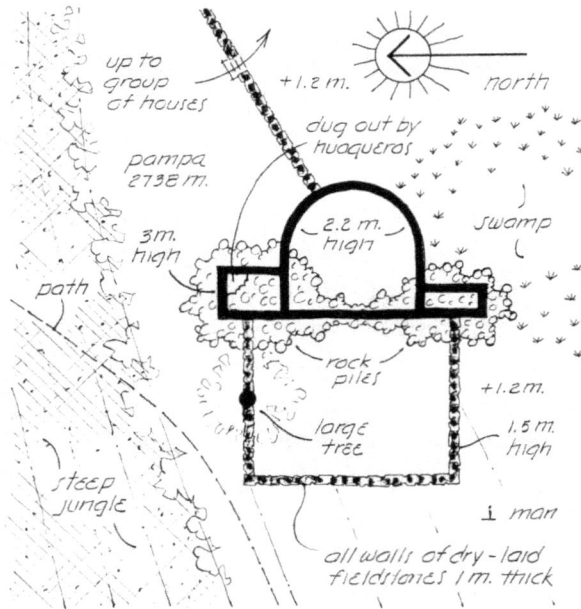

Plano del núcleo central de Ruinas La Mesada.

Parecía que nos habíamos topado con lo que el informe de Bob había llamado el «núcleo central» de la ciudad. **(7)** Nos dispersamos y comenzamos a recorrer el resto de la gran meseta en busca de las "ochenta y cuatro casas incas" que él había contado. Una hora más tarde, nos reagrupamos de nuevo en el núcleo y comparamos nuestras notas. La selva en todas direcciones era increíblemente espesa, húmeda y desagradable. Aun así, nos las habíamos arreglado para encontrar muchos cimientos circulares, todos de aproximadamente un metro de altura y toscamente construidos con piedras de campo incrustadas en el barro. Contrariamente a la afirmación de von Kaupp de que estaban organizadas a lo largo de "plataformas, como andenes", estaban dispersas por todo el lugar, dondequiera que el suelo fuera lo suficientemente plano como para construir. Ben descubrió un pequeño tramo de escalones de piedra justo al este de la ruina más grande y José encontró un par de piedras de moler en las casas cercanas. Bob, que también había notado algunas piedras de moler, dijo que había una escalera a la "izquierda del núcleo". Al no saber en qué dirección estaba la "izquierda", solo podíamos suponer que era la misma que Ben había encontrado.

Vistas considerando los detalles, estábamos seguros de que las ruinas que nos rodeaban eran las de La Mesada, el mismo lugar al que Pancho Quispicusi había llevado a von Kaupp ocho años antes. Esto, a pesar de que ni mi mapa del lugar **(Figura 35),** ni la inspección minuciosa de los edificios mismos revelaron nada remotamente "incaico" sobre el lugar. En cuanto a su afirmación de que las ruinas eran las de Marcanay, no encontramos evidencia en ninguno de eso. La conclusión parecía ser que von Kaupp no estaba del todo derrotado. Por lo que habíamos visto, por mucho que sus ideas pudieran estar respaldadas por su lectura de las crónicas, estas no estaban confirmadas ni contradichas por nada en el terreno.

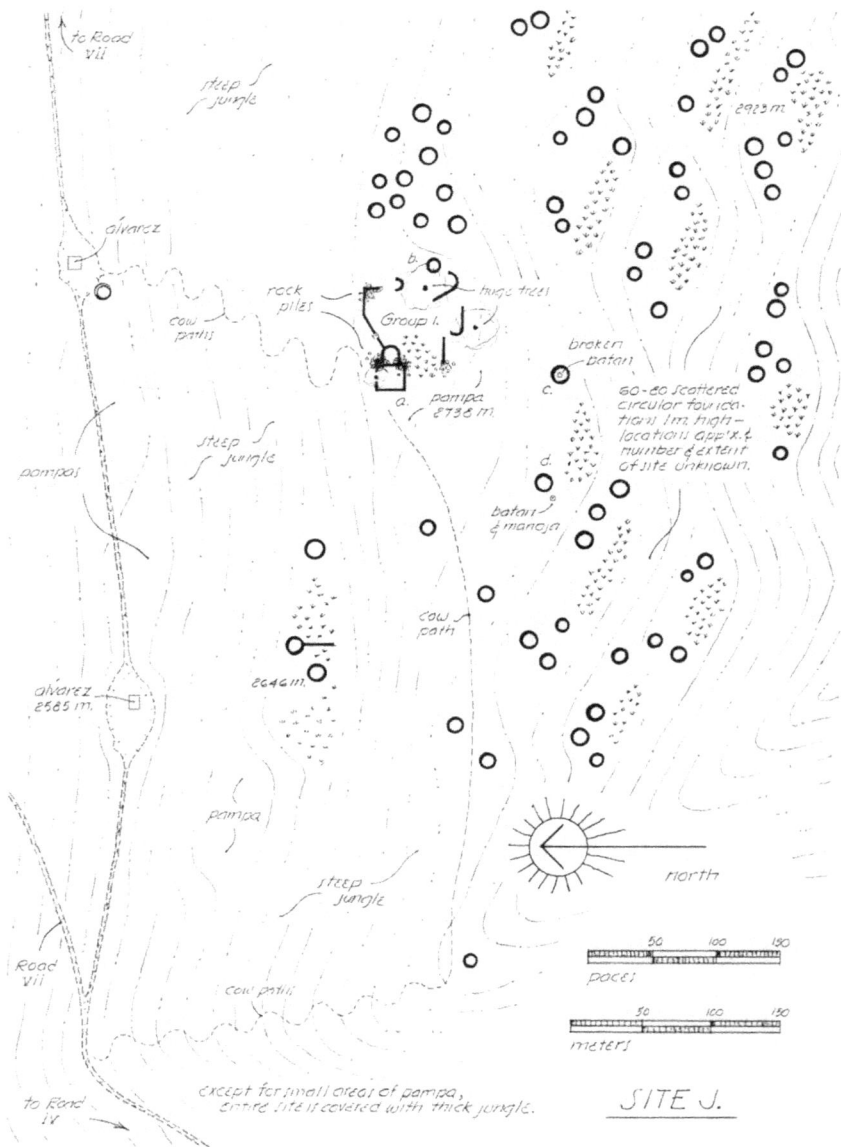

Figura 35 - Plano de emplazamiento de La Mesada

No había nada más que hacer en las ruinas, así que volvimos al campamento para almorzar tarde y decidimos seguir adelante esa misma tarde. Me debatía entre el alivio de que la evidencia a favor de la contrateoría de von Kaupp hubiera resultado ser tan débil y la decepción de que sus sitios no hubieran sido más interesantes. Teorías aparte, me había entusiasmado la perspectiva de explorar y cartografiar los lugares interesantes que sus descripciones me habían llevado a esperar, y visto de esa manera, la semana pasada había sido prácticamente un fracaso. Además, llevábamos 33 días seguidos en el campo y empezábamos a cansarnos. Mi ojo estaba mejor, pero seguía siendo inútil. Ronaldo, que había estado vigilando a El Viejo, había sido pisoteado, de alguna manera, mientras jugaba con el caballo y apenas podía caminar. José ofreció poca simpatía y vio la dolorosa lesión de su hijo como una experiencia de aprendizaje. Ben empezaba a preguntarse si las aburridas ruinas que habíamos visto hasta ahora valían la pena. Me pareció que lo que todos necesitábamos era un poco de emoción para ponernos en marcha. Ben sentía lo mismo y por odiados que fueran terroristas, pensamos que lo mejor que podiamos hacer era ir a Espíritu Pampa. Olvidado quedó mi solemne promesa a Nancy. En Espíritu Pampa seguro que se encontrarían decenas de ruinas nuevas y posiblemente importantes. La idea tuvo un efecto rejuvenecedor en todos, incluso en José. Él hizo un rápido gesto de aprobación, subió el volumen de la maldita radio y se puso a preparar a El Viejo para el camino.

Continuando un kilómetro más o menos hasta la desembocadura del Urumbay esa tarde, me llamó la atención lo cerca que estaba La Mesada del principal camino inca entre Ututo y Tambo. (**Figura 32**) Una vez que cruzamos el Pampaconas, fue solo una subida corta y empinada hasta el camino muy transitado. De hecho, las ruinas del Nuevo Fuerte estaban claramente visibles desde el sitio de von Kaupp si sabías a dónde mirar. Considerando la gran cantidad de casas circulares, ambos asentamientos deben haber sido alguna vez los hogares de los nativo no incas de Beauclerk. Pero, aparte de eso, no pude evitar preguntarme cómo encajaba La Mesada en la historia más amplia de la región. La única razón para pensar que era el sitio de Marcanay era la leyenda de Huarcuna y la tradición local sobre Mananhuañunca, y no habíamos encontrado pruebas sólidas que apoyaran ninguna de las dos. Tal vez los lugareños simplemente estaban equivocados, o tal vez Huarcuna no era Ortiz después de todo. Tal vez, pero realmente no lo creía asi. Von Kaupp había señalado algo importante. Estaba seguro de ello, aunque quedaba por ver exactamente qué.

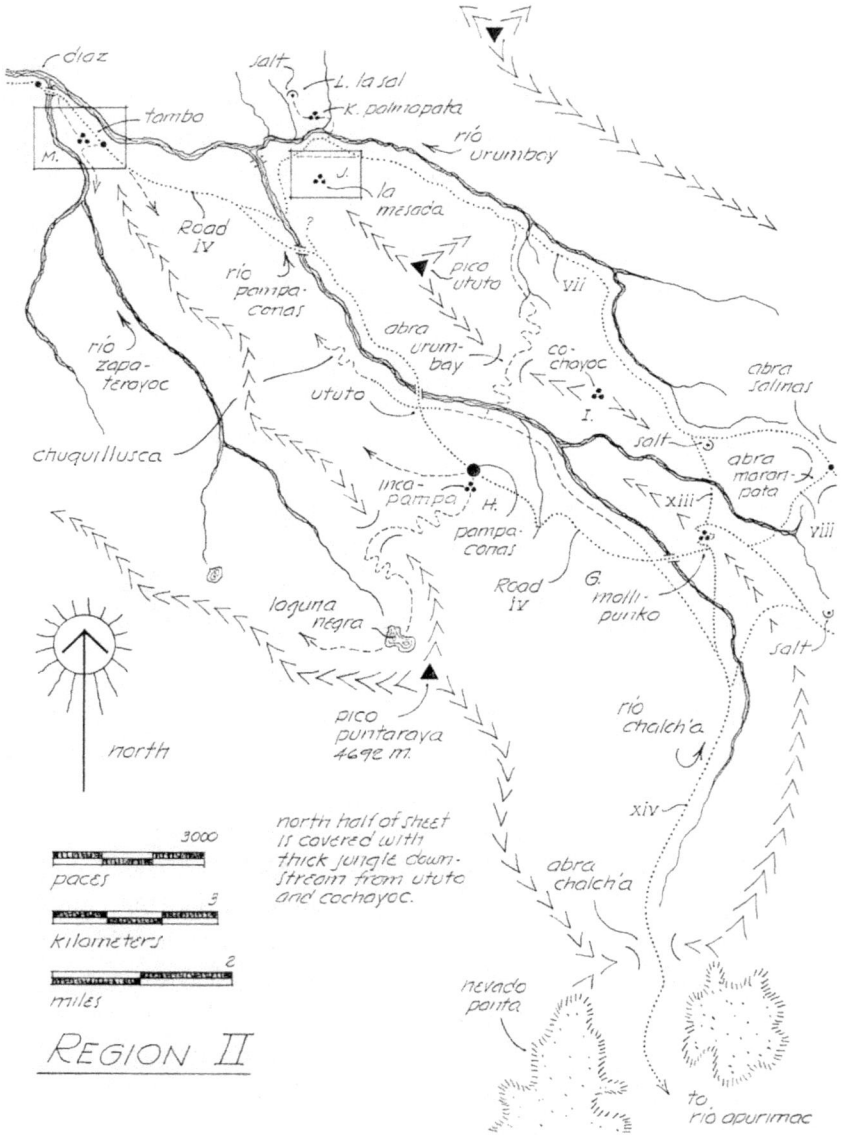

Figura 32 - Mapa del alto Río Pampaconas

Un Poco Loco

De vuelta en el camino principal, giramos río abajo hasta el punto de vista desde el que habíamos visto por primera vez el Fuerte Nuevo dos años antes. Las chacras de Tambo estaban todas desiertas, un recordatorio de que nos adentrábamos más en un territorio más hostil a cada paso. No teníamos forma de saber qué tan grave era la situación. Suponiendo que José nos avisaría si empezábamos a tomar mucho riezgo, seguimos adelante. San Fernando estaba abandonado, sus campos cubiertos de maleza. Al anochecer, llegamos a la gran barra de grava justo encima de Vista Alegre y acampamos. No había niños ni perros ladrando, ni humo de fuego, nada más que el río y los sonidos de la *selva*. Estábamos completamente solos e incluso José parecía nervioso a pesar de que era su cumpleaños número 36. No se planeó ninguna celebración. Para no llamar la atención, no encendimos fuego y cocinamos una cena silenciosa en la estufa de querosene. Después, no había mucho que hacer más que mirar a la oscuridad, atentos a cualquier signo de actividad. No pude evitar imaginar que cada luciérnaga era el cigarrillo de un terrorista. Por segunda vez en el viaje, estaba de vuelta en la infantería de marina de los Marines hasta que, finalmente, me quedé dormido.

A la mañana siguiente, pasamos por lo que alguna vez fue Vista Alegre. Los Luques y todos sus vecinos se habían ido. José dijo que los senderistas habían cruzado la cordillera de Markacocha desde Osambre en el río Apurímac y habían entrado a Vilcabamba por el mismo sendero que Curtis, Brooke y yo habíamos usado para llegar al territorio alto durante nuestra escalada a Icma Coya. Sus primeros actos había sido destruir Vista Alegre. Ahora, todo estaba en ruinas. Las casas y la escuela habían sido incendiadas junto con la cosecha de maíz que que estaba por ser cosechada. La cancha de fútbol estaba cubierta de maleza y la selva reclamaba rápidamente todo el asentamiento. José había oído que la mayoría de la gente se había enterado del ataque y había huido al valle de San Miguel, a través de las montañas de Santuario hacia el este. Pero varios de los campesinos más aislados aparentemente habían sido tomados por sorpresa y asesinados.

Caminando entre las cenizas del maíz quemado, me persigió el recuerdo del hijo menor de Luque, un niño de cinco o seis años, que nos guió al la parte final baja del sendero de Markacocha en 1982. Entonces, habíamos llegado al río Vista Alegre y tuvimos que cruzar sobre una serie de troncos largos y resbaladizos. Era temprano en la mañana y las condiciones eran poeres por las heladas. No podía imaginar cómo íbamos a evitar que nos resbaláramos. Sin dudarlo, el niño se agachó y llenó su sombrero con arena, que roció frente a él a medida que avanzaba. Al otro lado del arroyo, él se rió y se rió cuando le dije que, por simple que fuera su truco, en todos mis años en las montañas nunca antes lo había visto ni lo había pensado hacer yo mismo. Mientras recordaba esto, tenía la esperanza de que hubiera sido uno de los que escaparon con su padre.

Continuando por el cañón ominosamente desierto, nos detuvimos en Urpipata y le mostré a José las ruinas del Fuerte Viejo. Le había hablado del lugar en el 84, pero nunca había estado allí y estaba abiertamente escéptico. La sola idea de que un gringo supiera algo de sus montañas que él no sabía, era impensable. No fue hasta que llegamos al lugar que finalmente creyó que existía. Sin embargo, una vez allí, ayudó con entusiasmo a despejar la estructura más grande y mejor conservada (**Figura 45**, Edificio b) y comenzó a hurgar en la tierra en busca de artefactos. ~~Hay un poco de cazador de tesoros, en el corazón de cada campesino y cualquier nueva ruina ofrece la oportunidad, al menos, de encontrar algo valioso. Las probabilidades de hacerse rico son mínimas, pero de vez en cuando alguien gana un premio gordo, al igual que Las Vegas, pero de una forma mucho más destructiva. Y así el saqueo continúa, como lo ha hecho durante siglos. No sirve de nada tratar de evitar que los lugareños excaven, ya que simplemente regresarán, mucho después de que te hayas ido. Desafortunadamente para él, pero por suerte para el resto de nosotros, José no encontró nada en Urpipata más que algunos fragmentos comunes.~~

viewed from campesino house

SITE N.

to
site O.   thick jungle   80 cm. walls
                                1-2 m. high

wall
1 m. high

río

cleared
for
cultivation

Road iv

campesino
house
      to
      site M.

a.   1 man   b.

2000 m.

10   20   40   60
meters

10   20   40   50
paces

north

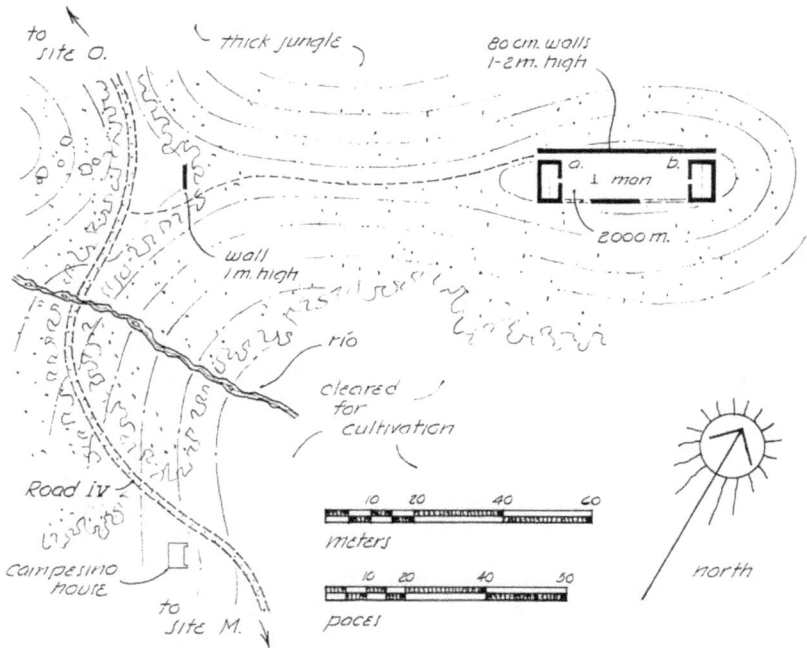

Figura 45 - Plano del sitio y vista de Urpipata (probable sitio de Machu
Pucara)

Le mostré el sitio y estuvo de acuerdo en que parecía inca. Agregó
que su ubicación significaba que el camino moderno debió haber
sido alguna vez el antiguo camino inca. Era un buen punto, ya que
no todos estaban de acuerdo. Savoy, von Kaupp e incluso algunos
de los lugareños pensaban que el camino moderno era de origen

346

reciente y que el camino inca todavía yacía perdido en la selva en algún otro lugar. Si tenían razón, entonces los fuertes y Marcanay seguían perdidos allí también, y yo habría estado equivocado en mis descubrimientos. Las ruinas de Urpipata me indicaron que el viejo camino debía de haber pasado por algún lugar cercano. Sabía que no había ningún camino abandonado en ningún lugar debajo del sitio. Dos años antes, durante nuestro primer intento fallido de encontrar el fuerte, Chris y yo habíamos cubierto toda la pendiente hasta el río y no habíamos encontrado nada en absoluto. Con el comentario de José en mente, decidí revisar la ladera de la montaña por encima de las ruinas, solo para estar seguro. De vuelta en el camino, Ben, Ronaldo y José se quedaron con El Viejo mientras yo subía varios cientos de metros por una cresta empinada en busca de alguna señal de que el antiguo camino podría haber estado más arriba. Aparte de unas pocas rocas aisladas, no había nada. Parecía que José tenía razón y que otra pieza del rompecabezas había encajado.

Avanzando rápido por el cañón para llegar a Espíritu Pampa antes del anochecer, nos animó encontrar a algunas personas que aún vivían en Consevidayoc. Traté de mostrarle a José las ruinas que habíamos encontrado allí, pero toda el área estaba tan cubierta de maleza que decidimos guardarlas para otro día. El pueblo se había salvado de la destrucción de los terroristas, pero los campos no habían sido trabajados y estaban en pésimas condiciones. La mayoría de los cultivos de Consevidayoc eran cultivados por agricultores de las tierras altas que habían huido de la zona hacía mucho tiempo. Los pocos residentes que habían resistido parecían asustados y se veian delgados. Pensé en las descripciones españolas de los campos durante su marcha dentro del Imperio Inca en 1532. La guerra civil, que se había prolongado durante varios años, había despoblado aldeas enteras y roto la espina dorsal de la vasta base agrícola sobre la que descansaba todo lo demás. Más de 450 años después, la situación parecía que no haber cambiado mucho.

Llegamos tarde a Espíritu Pampa, comimos rápido y nos fuimos directo a la cama, ansiosos de poder trabajar temprano en la mañana. La mañana llegó muy pronto. Aparentemente, la revolución había pasado por alto la chacra de Cobos y nada parecía haber cambiado mucho desde nuestra última visita. Después de un desayuno rápido bajo un cielo opresivo y nublado, el resultado de la lluvia en la noche, nos fuimos a la ciudad. Hacía calor, estaba humuedo y mojado. Enormes moscas negras daban vueltas a nuestro alrededor, tal vez atraídas por nuestros olores corporales cada vez más maduros. Su única virtud era que eran lentas y fáciles de aplastar, y su inmenso tamaño hacía que cada muerte fuera bastante satisfactoria. Comencé a trabajar verificando algunos puntos aún poco claros de mi mapeo en 1984, y descubrí que mis notas de entonces habían sido en general correctas. Había traído los mapas de Harth Terré para asegurarme de que no pasáramos por alto nada de lo que Savoy había encontrado, dos décadas antes que nosotros. Su plano de la plaza, tal como se publicó en el Explorer's Journal, (1) mostraba que su extremo noreste era cuadrado, no angulado como indicaban mis notas. Volviendo a comprobar los acimuts de la brujula confirmó que mi versión era correcta. El mismo artículo incluía dibujos de un grupo de ruinas de aspecto mexicano que Savoy había llamado "Palacio de las Plataformas" y su mapa del sitio mostraba dónde se suponía que debía estar. Después de dos horas de búsqueda, habíamos encontrado muchas ruinas nuevas, pero nada que coincidiera con sus descripciones. El "palacio" desaparecido finalmente apareció varios días después, a casi una milla de donde lo había reportado. (**Figura 60,** Grupo 26)

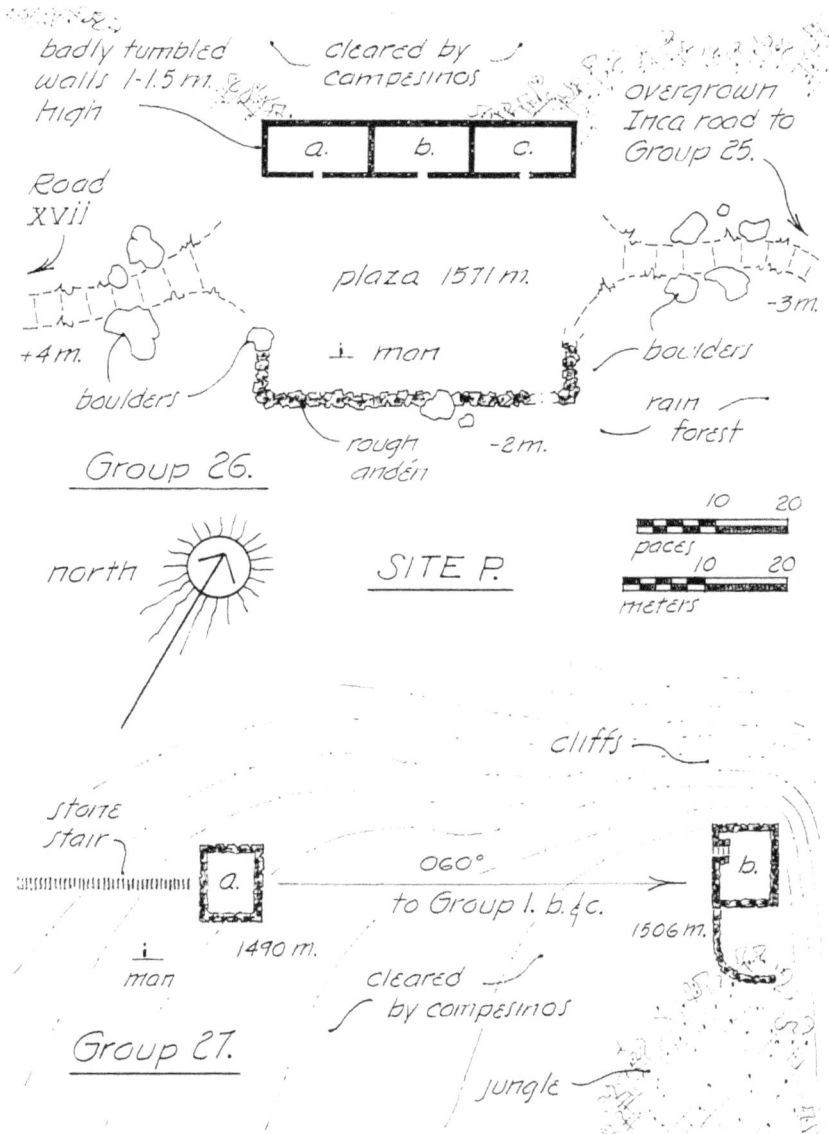

Figura 60 - Plano del grupo más meridional (Palacio de las Plataformas de Savoy) Plano de las plataformas sobre la ciudad

A continuación, nos sumergimos en la densa selva por encima y por debajo de la plaza, donde los planos de Savoy mostraban decenas de edificios que no había visto. Tenía razón. Había ruinas por todas partes, aunque lo nuevo que encontramos se parecía poco a lo que se mostraba en sus mapas. A menos de veinte pasos por encima del sendero que conduce al puente de piedra, descubrimos una terraza bien construida de 130 pasos de largo y casi 50 de ancho, con cinco edificios todavía en pie a la altura del pecho. Una sexta estructura, de 43 pasos de largo y 14 de ancho, estaba apartada a un lado e incluía seis habitaciones y diez puertas. (**Figura 51**, Grupo 5) Era un complejo impresionante, todavía en pie y más grande que un campo de fútbol. Bingham lo había pasado por alto por completo y Savoy no se había molestado en registrarlo con mucho cuidado, ya que sus mapas lo tenían todo mal. Debajo de la plaza, había trazado un grupo al que llamó el "Palacio de las Grandes Piedras" en una enorme plataforma de diez pies de altura y construida con rocas del tamaño de un auto Volkswagen. Pero, en lugar de los cuatro edificios que se muestran en su plano, encontramos siete. Una de las estructuras faltantes tenía casi 100 pies de largo, con dos habitaciones grandes y paredes aún altas. (**Figura 53**, Grupo 19) ¿Cómo era posible que se le haya escapado la estructura?

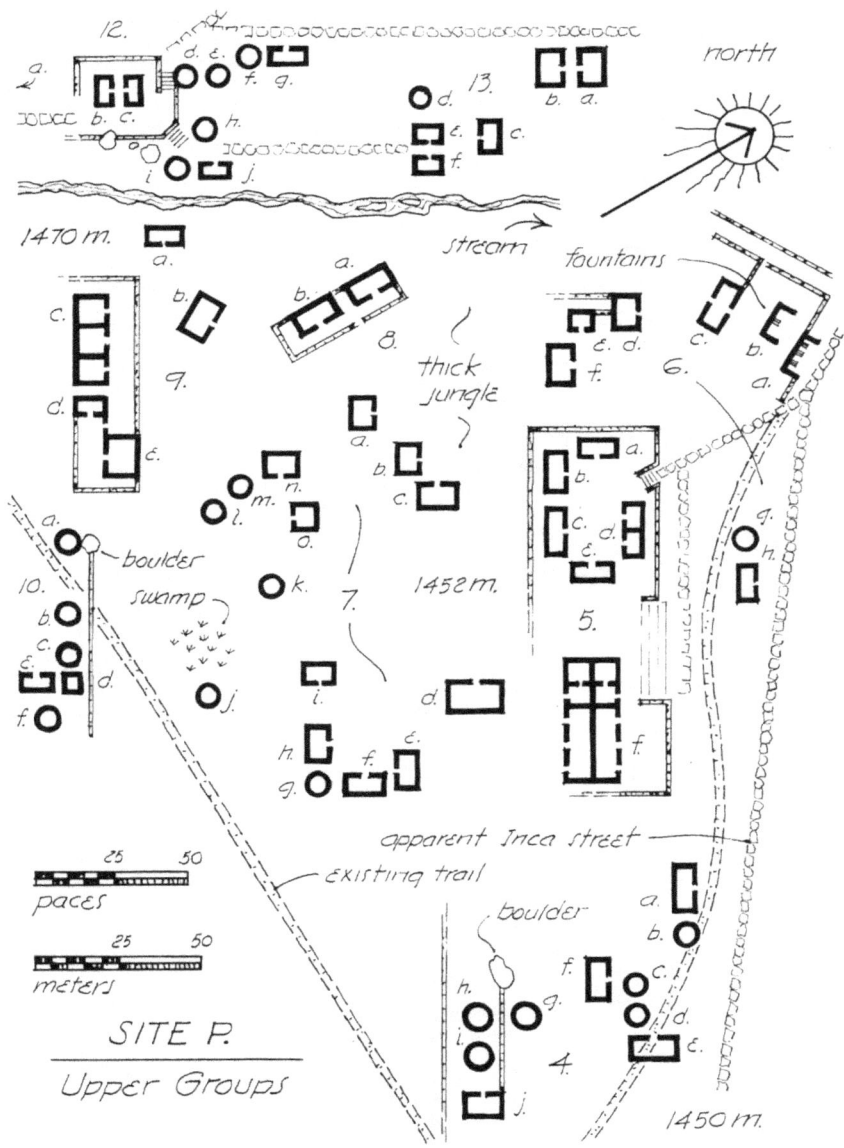

Figura 51 - Plano de Hanan Vilcabamba

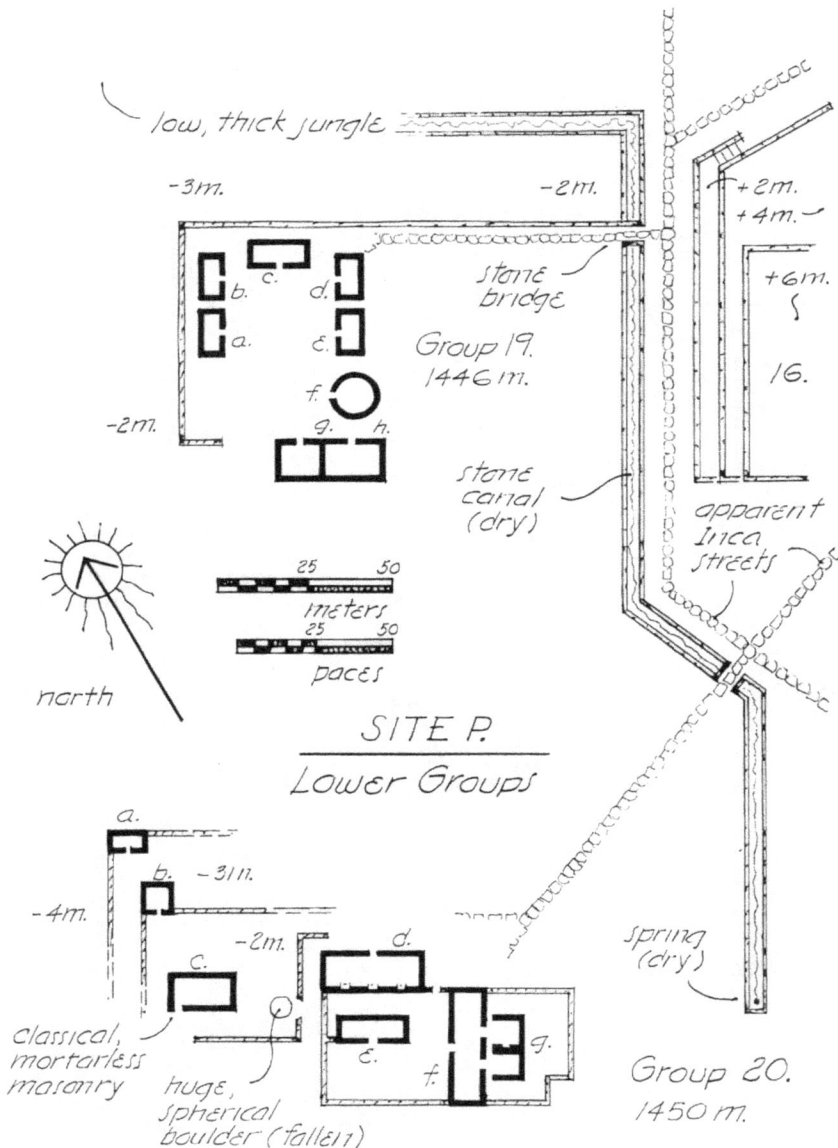

Figura 53 - Plano de Hurin Vilcabamba (palacios de Savoy de: grandes piedras y finos sillares)

Igualmente misterioso era el emplazamiento de Savoy de otro grupo al que llamó el "Palacio de los Sillares Finos", que mostró a unos 500 metros al oeste de la plaza. (2) Navegando hacia el sudoeste

352

desde el Palacio de las Grandes Piedras, estábamos listos para descender abriendonos paso cortando camino por un largo rato cuando sorprendentemente a no más de cien pasos llegamos a un gran edificio con tres nichos aún evidentes dentro de su pared trasera. A medida que comenzamos a limpiar y explorar los alrededores, aparecieron más edificios, paredes y terrazas. Pensando que habíamos encontrado algo nuevo, me decepcioné cuando mi dibujo del diseño comenzó a parecerse mucho al grupo de Savoy, todavía supuestamente a un cuarto de milla de distancia. (**Figura 53**, Grupo 20) Entonces lo encontramos. En una espesa zona de selva, en una terraza debajo del grupo principal, había una base rectangular a la altura de la cintura hecha de piedras bellamente ajustadas, técnicamente no "sillares finos", pero lo suficientemente cerca a eso. Con casi medio metro de espesor, era la única mampostería sin mortero al estilo Cusco que habíamos visto en cualquier parte de la ciudad. El diseño de la gran estructura de una sola habitación también era inusual. Su única puerta estaba en una esquina, un diseño atípico que sugería algún propósito especial. Por último, había bloques esparcidos entre la maleza por todo el perímetro, como si las paredes hubieran sido derribadas intencionadamente. En conjunto, la mampostería de alta calidad y el plano único indicaban un edificio especialmente importante, uno que alguien, ofendido o codicioso por su contenido, se había tomado la molestia de destruir.

Y así fue durante varios días más. Eventualmente, añadimos 95 nuevos edificios a nuestro conteo de 1984 (**Figuras 51**, **54**, **57** y **58),** aumentando el total a más de la mitad de los 400 reportados por Arbieto. **(3)** El tiempo se había aclarado gradualmente, pero el trabajo seguía siendo caluroso y difícil. Los insectos parecían más grander en las partes más claustrofóbicas de enredaderas y matorrales. Enjambres de enormes moscas negras zumbaban alrededor de nuestras cabezas, mientras que pequeños mosquitos chupadores de algún tipo se abrían paso debajo de nuestras ropas. Cada tarde, salíamos de la selva muy sucios y cubiertos de un monton de picaduras y ronchas, además de arañazos incalculables de la combinación diabólica de espinas, puas y ortigas que nos presionaban por todos lados. El trabajo constante con el machete era tedioso y agotador, pero ofrecía al menos un mínimo de satisfacción en la desigual contienda con la selva. Un tallo grande y frondoso podía con un solo corte fácil hacer aparecer una abertura del tamaño de una camioneta en la cortina de enredaderas. Verlas enredaderas caer se sentía tan bien que a menudo hacíamos todo lo posible para cortarlas. Lo más satisfactorio de todo, sin embargo, fue el trabajo en sí: como en un sueño de la infancia, buscábamos un tesoro escondido y lo encontrábamos a cada paso.

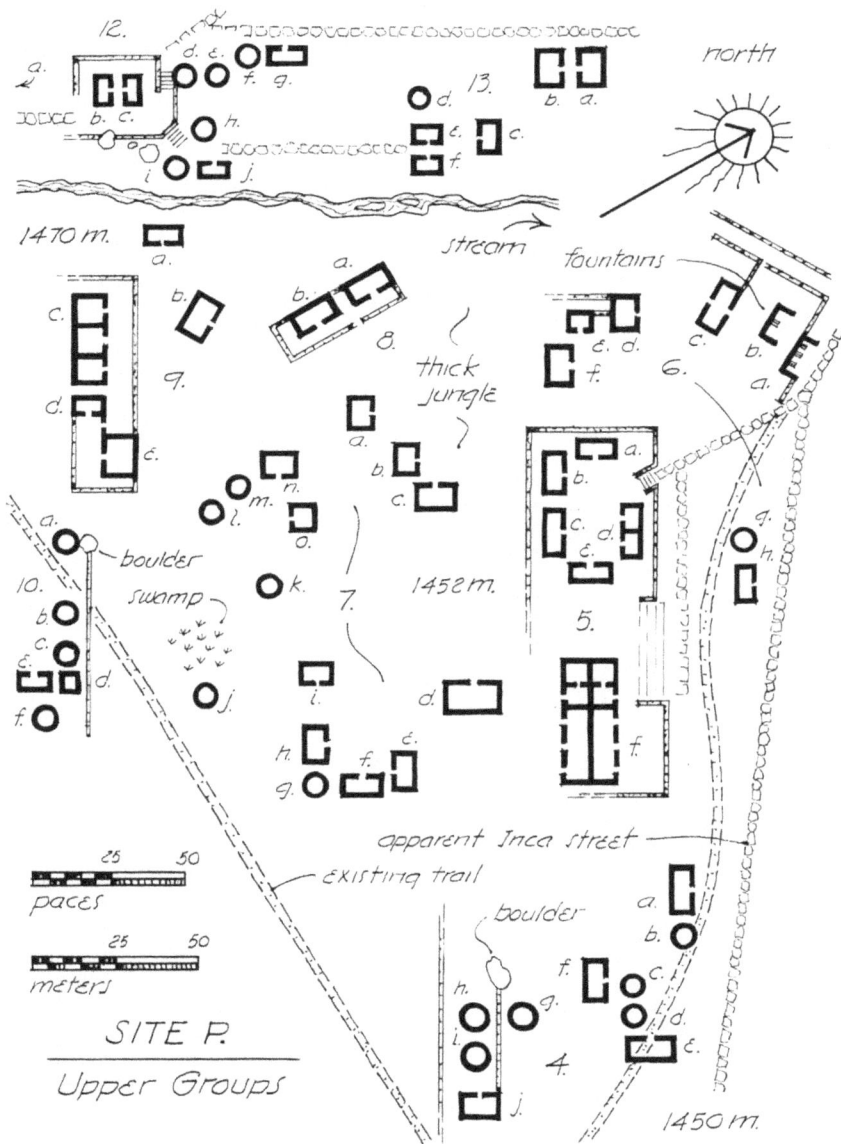

Figura 51 - Plano de Hanan Vilcabamba

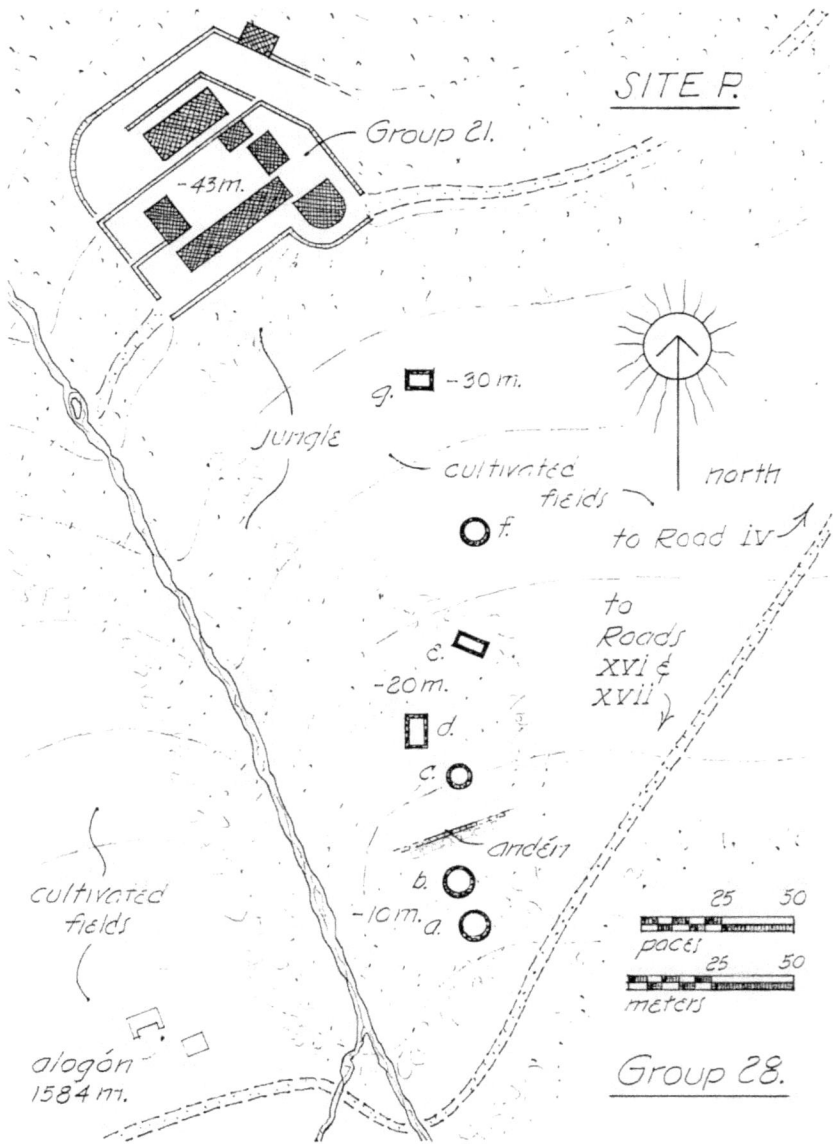

Figura 54 - Grupo sobre Tendi Pampa

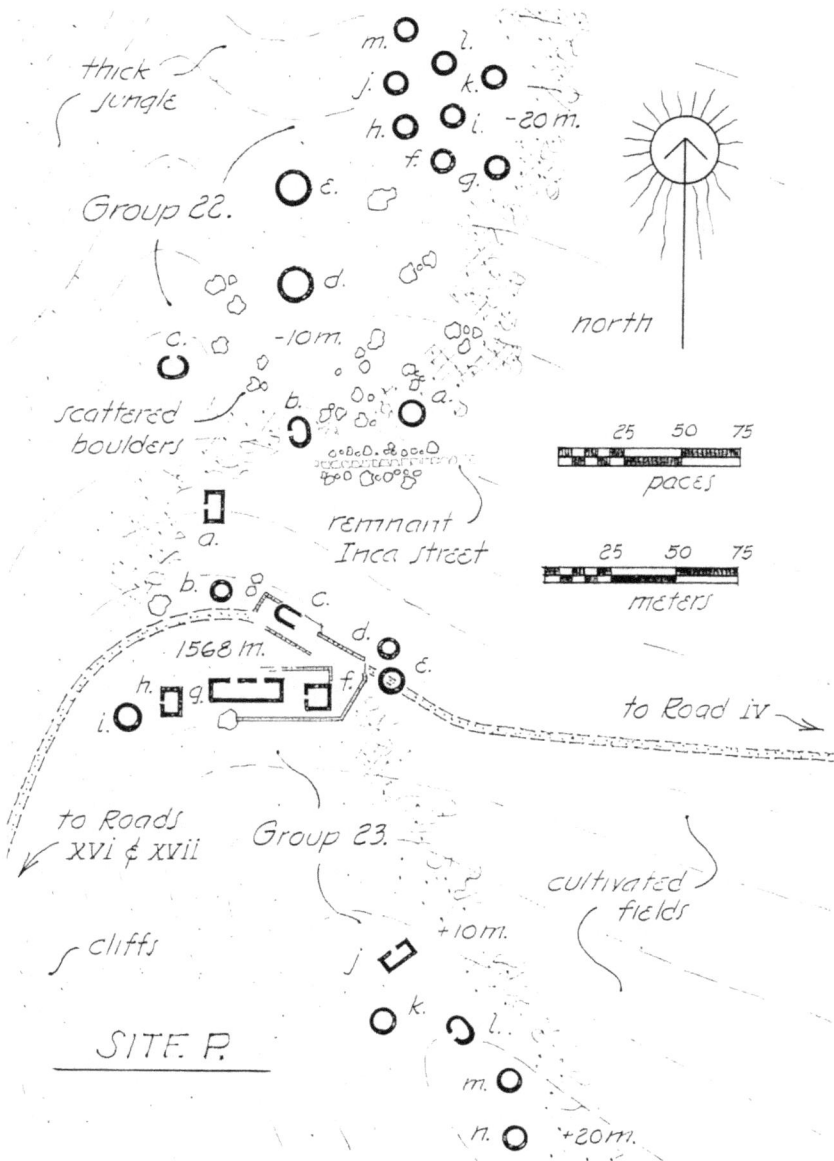

thick jungle

m. l.
j. k.
h. i. −20 m.
f. g.

Group 22.

e.

d.

c. −10 m.

scattered boulders

b. a.

remnant Inca street

north

25   50   75
paces

25   50   75
meters

a.

b. c.

1568 m. d.

e.

h. g. f.

i.

to Road iv →

to Roads XVI & XVII

Group 23.

cultivated fields

cliffs

+10 m.

j.

SITE P.

k.

l.

m.

n. +20 m.

Figura 57 - Plano del emplazamiento de los grupos periféricos

357

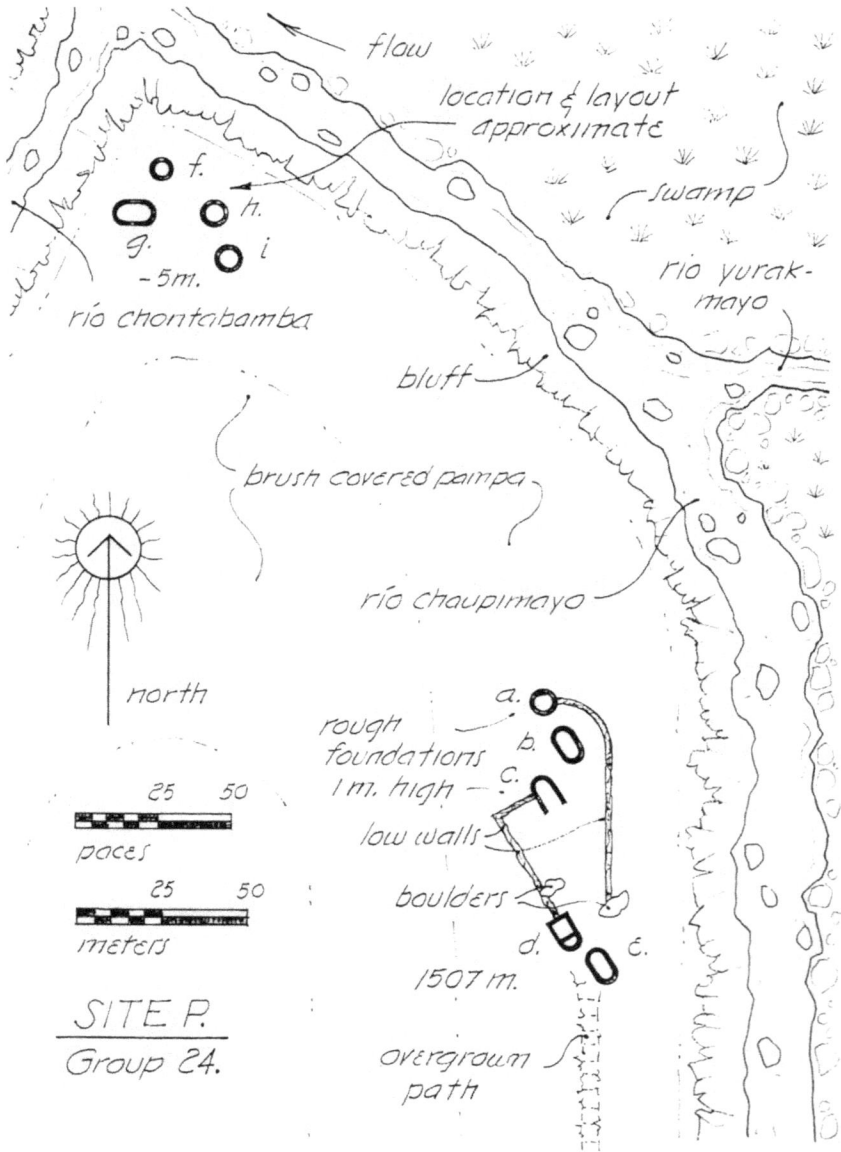

Figura 58 - Grupos no incas a través del río

Realmente no estábamos "descubriendo" la mayoría de los edificios, por supuesto. Bingham y Savoy lo habían hecho años antes. Nuestra contribución no quedaría clara hasta que lo que estábamos mapeando se trazó en el papel semanas después. Savoy había caracterizado a la ciudad como fuertemente no inca debido a lo que él veía como el predominio de estructuras circulares dispersas entre los rectángulos más típicamente incaicos. (4) von Kaupp, que nunca había estado allí, tomó esto como una prueba más de que Espíritu Pampa no era el sitio de Vilcabamba la Vieja después de todo. Francescutti, que había visto al menos algunas de las ruinas, estaba de acuerdo y, al igual que Bingham, pensó que el sitio era demasiado pequeño y toscamente construido para ser la capital perdida de Manco. Como demostraron más tarde mis mapas y planos, todos estos juicios estaban equivocados. El sitio era grande, razonablemente bien construido y clásicamente inca en cada detalle de su arquitectura y planificación. (Figuras 47-51) Como resultado, los futuros detractores de Espíritu Pampa no solo tendrían que encontrar una ciudad alternativa creíble para el reducto final de los incas, sino que también tendrían que explicar de manera convincente la extensa metrópolis inca que se muestra en mis mapas. Hasta la fecha, ni von Kaupp, ni Francescutti, ni nadie ha sido capaz de hacerlo.

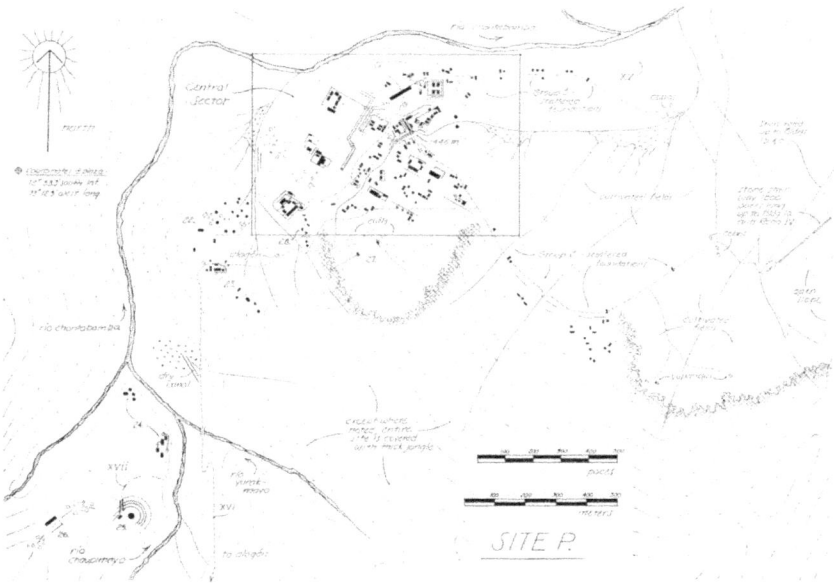

Figura 47 - Mapa de Espíritu Pampa (Vilcabamba la Vieja)

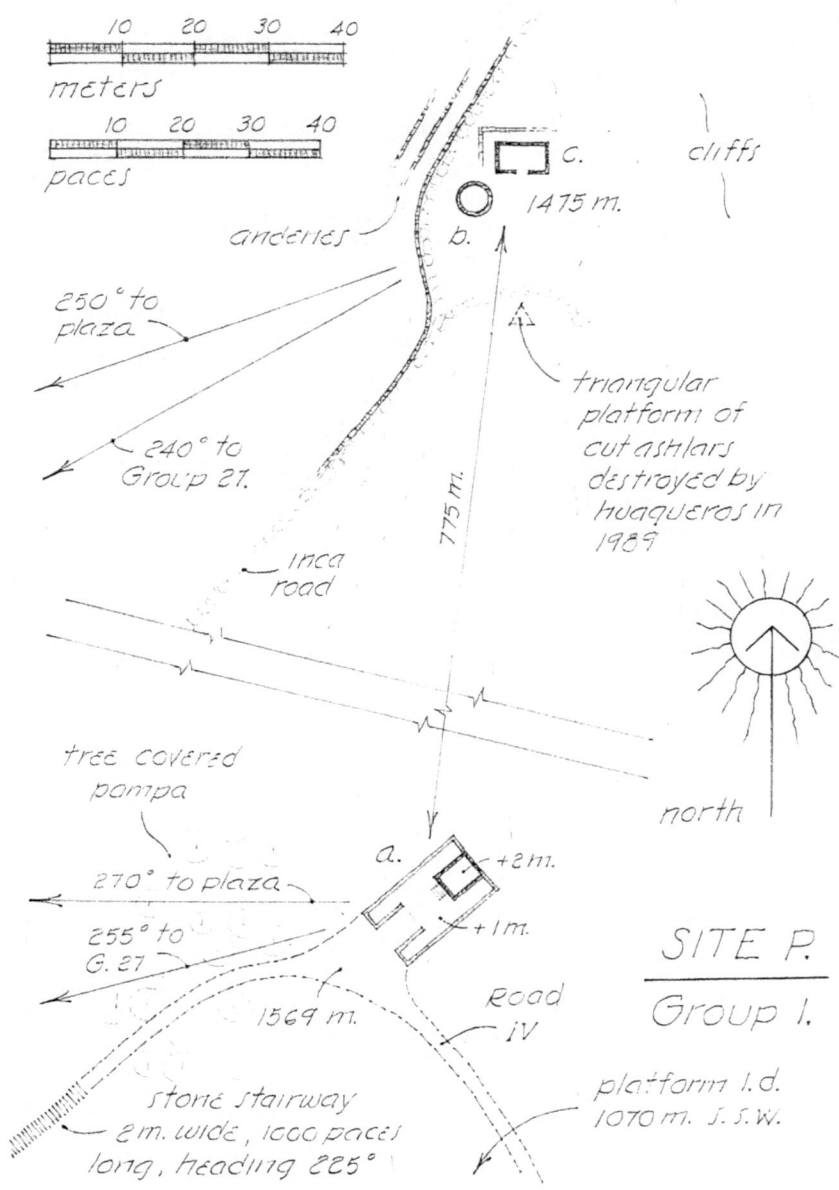

10   20   30   40

meters

10   20   30   40

paces

cliffs

c.

1475 m.

andenes

b.

250° to
plaza

240° to
Group 27.

triangular
platform of
cut ashlars
destroyed by
huaqueros in
1989

775 m.

inca
road

north

tree covered
pampa

a.   +2m.

270° to plaza

255° to
G. 27

+1m.

SITE P.

Road
iv

Group I.

1569 m.

stone stairway
2m. wide, 1000 paces
long, heading 225°

platform I.d.
1070 m. S.S.W.

Figura 48 - Grupo en la parte superior de la escalera de piedra

Figura 49 - Vista del centro de la ciudad

Figura 50 - Plano del centro de la ciudad

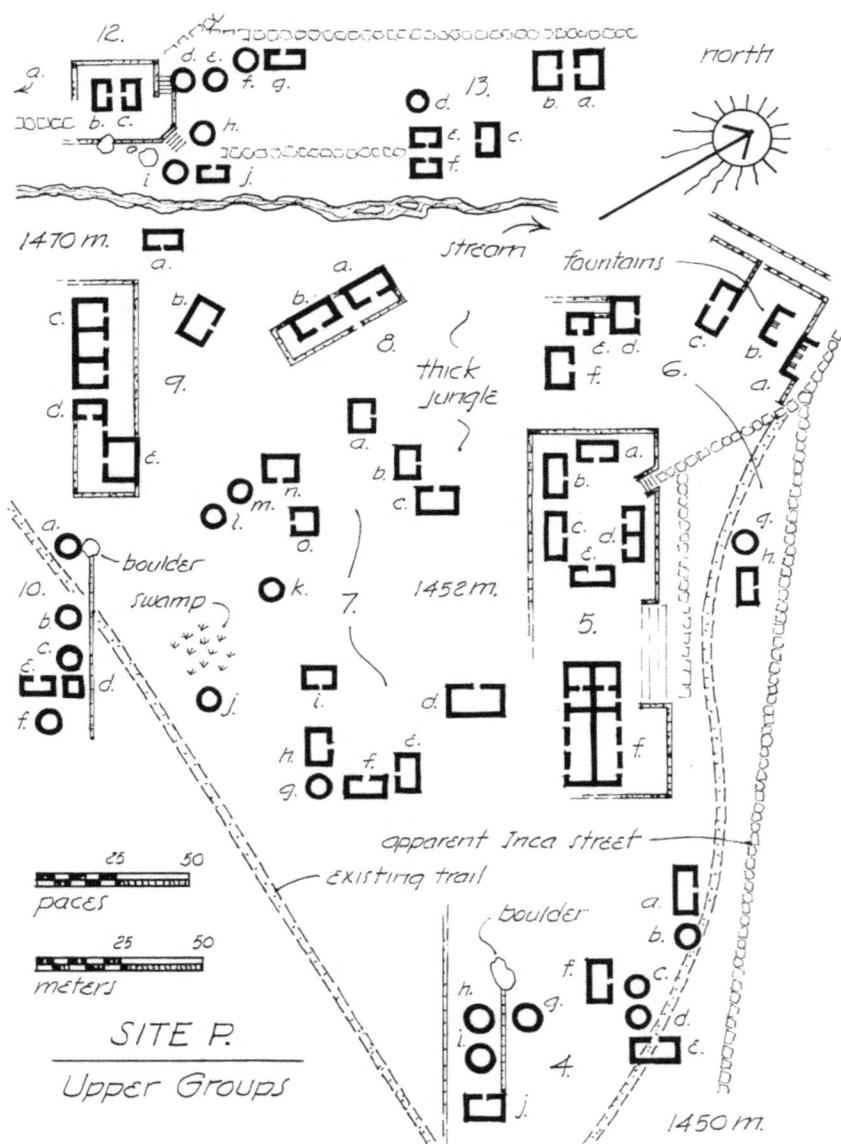

Figura 51 - Plano de Hanan Vilcabamba

El día antes de partir, decidí explorar a fondo el territorio río arriba
de la ciudad, entre los ríos Chaupimayo y Chontabamba, donde
Savoy afirmó haber encontrado las ruinas de Marcanay y Manan-

huañunca. Bareffot y yo nos habíamos aventurado allí brevemente dos años antes, pero no habíamos tenido tiempo de llegar a ninguno de los sitios reportados por Savoy. Después de vadear el río Chaupimayo, que estaba frío e crecido por las lluvias en los picos nublados de Markacocha, nos dispersamos. Ben y José comenzaron a adentrarse y abrirse paso en la pampa cubierta de vegetación en la confluencia de los dos ríos, mientras yo giraba hacia el sudoeste por la cresta que los separaba. (**Figura 47**) Poco después, llegué a los restos cubiertos de maleza de un camino de piedra (Camino xvii) que conducía a un gran edificio circular en la cima de una colina en terrazas. (**Figura 59**) Era casi con certeza el mismo lugar que Savoy había llamado Mananhuañunca y, efectivamente, el camino continuaba hacia el sitio que él había propuesto como candidato a Marcanay, varios cientos de metros más allá. (**Figura 60**, Grupo 26) El diseño de este último edificio coincidía con el mal mapeado Palacio de las Plataformas de Savoy, pero nada en ninguna de las ruinas apoyaba las identificaciones que él les había dado.

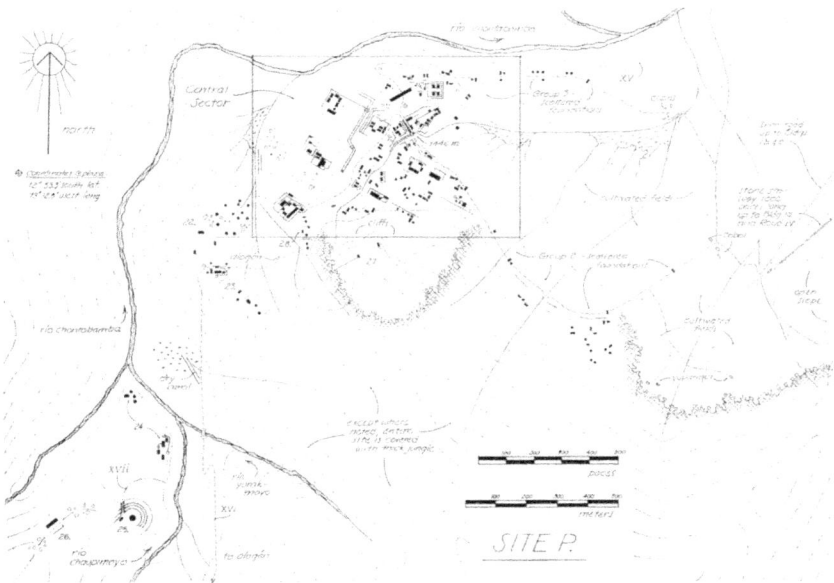

Figura 47 - Mapa de Espíritu Pampa (Vilcabamba la Vieja)

view from northwest

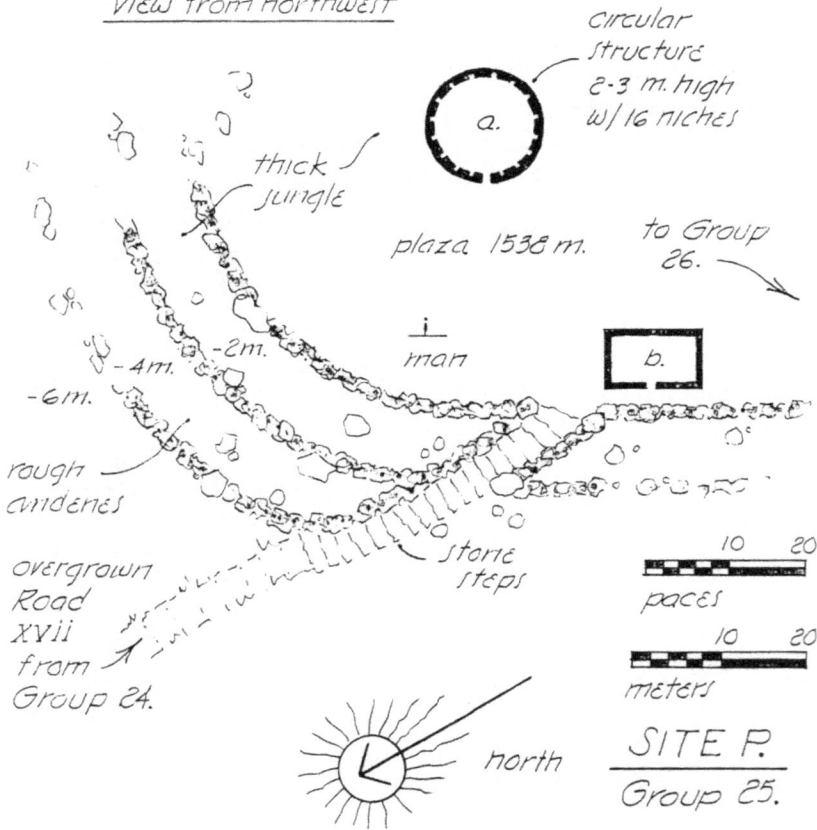

circular
structure
2-3 m. high
w/ 16 niches

a.

thick
jungle

plaza 1538 m.

to Group
26.

-2m.

-4m.

-6m.

man

b.

rough
andenes

overgrown
Road
XVII
from
Group 24.

stone
steps

10   20
paces

10   20
meters

north

SITE P.

Group 25.

Figura 59 - Planta y vista del grupo circular (Marcanay de Savoy)

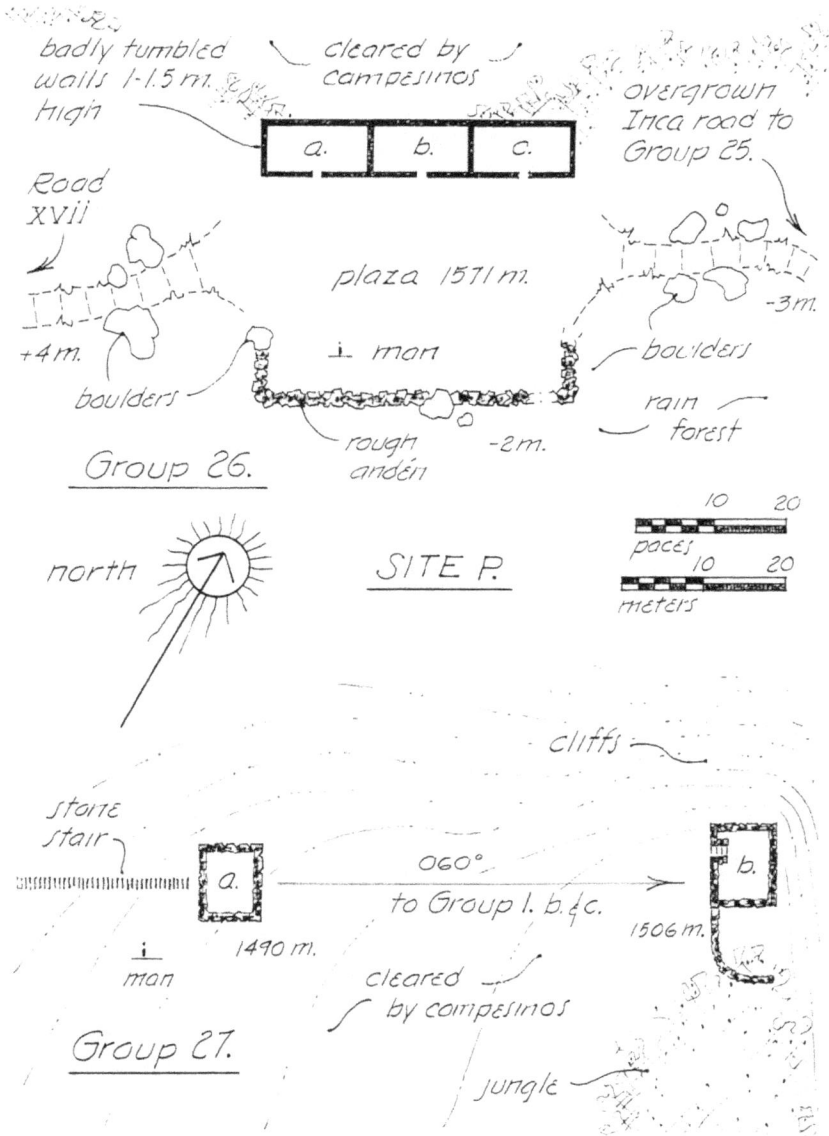

badly tumbled walls 1-1.5 m. high

cleared by campesinos

overgrown Inca road to Group 25.

Road XVII

a.   b.   c.

plaza 1571 m.

-3 m.

+4 m.

boulders

boulders

man

rough andén

-2 m.

rain forest

Group 26.

north

SITE P.

10   20
paces
10   20
meters

cliffs

stone stair

a.

060°
to Group 1. b.&c.

b.

man

1490 m.

cleared by campesinos

1506 m.

Group 27.

jungle

Figura 60 - Plano del grupo más meridional (Palacio de las Plataformas de Savoy) Plano de las plataformas sobre la ciudad

Después de cartografiar ambas estructuras, exploré metódicamente una milla más o menos por la leve cresta hacia el sur. No había más ruinas, pero mi progreso se vio favorecido por un tenue rastro de camino a través de la selva. Los cortes ocasionales de machete mostraban que había sido utilizado recientemente, pero ¿por quién? La idea de que pudiera tratarse de terroristas empezaba a ponerme nervioso cuando el grito de un gran felino rompió el silencio desde no muy lejos e hizo que dos parejas de monos araña oscuros del tamaño de un niño - maquisapas, los llamaba José- se corrieras por la vegetacion que se elevaba por encima de mi cabeza. Nunca vi el felino, o tigre, como dicen los nativos, pero José pensó más tarde que probablemente era un puma, bajado de los picos cercanos, ya que Espíritu Pampa era demasiado alto para los jaguares del bajo Amazonas. Nada de eso importaba mientras observaba a los monos aterrorizados. Momentáneamente paralizado por el miedo, me di cuenta de repente de lo tonto que había sido al vagar solo tan lejos de los demás. Me dí la vuelta y, con frecuentes miradas por encima del hombro, me retiré apresuradamente hacia el grupo de estructuras del palacio de Savoy.

Ben y José estaban allí esperando. Aparte de otro grupo aislado del mismo tipo de estructuras toscas, no incas, que Barefoot y yo habíamos visto en 1984, (**Figura 58**, Edificios f-i) no habían encontrado nada interesante. En cambio, dijeron, se habían topado con una banda de nativos machiguenga que pasaba por allí. Eso explicaba el rastro recién cortado, pensé. Eran cuatro: dos hombres con arcos y flechas, un chico con un machete y una mujer enormemente embarazada que llevaba todo el equipamiento. Ben dijo que parecían refugiados de otra epoca antigua, pero según José, los "Machis" todavía cazaban en el país más allá de Espíritu Pampa y eran una vista bastante común en las ruinas.

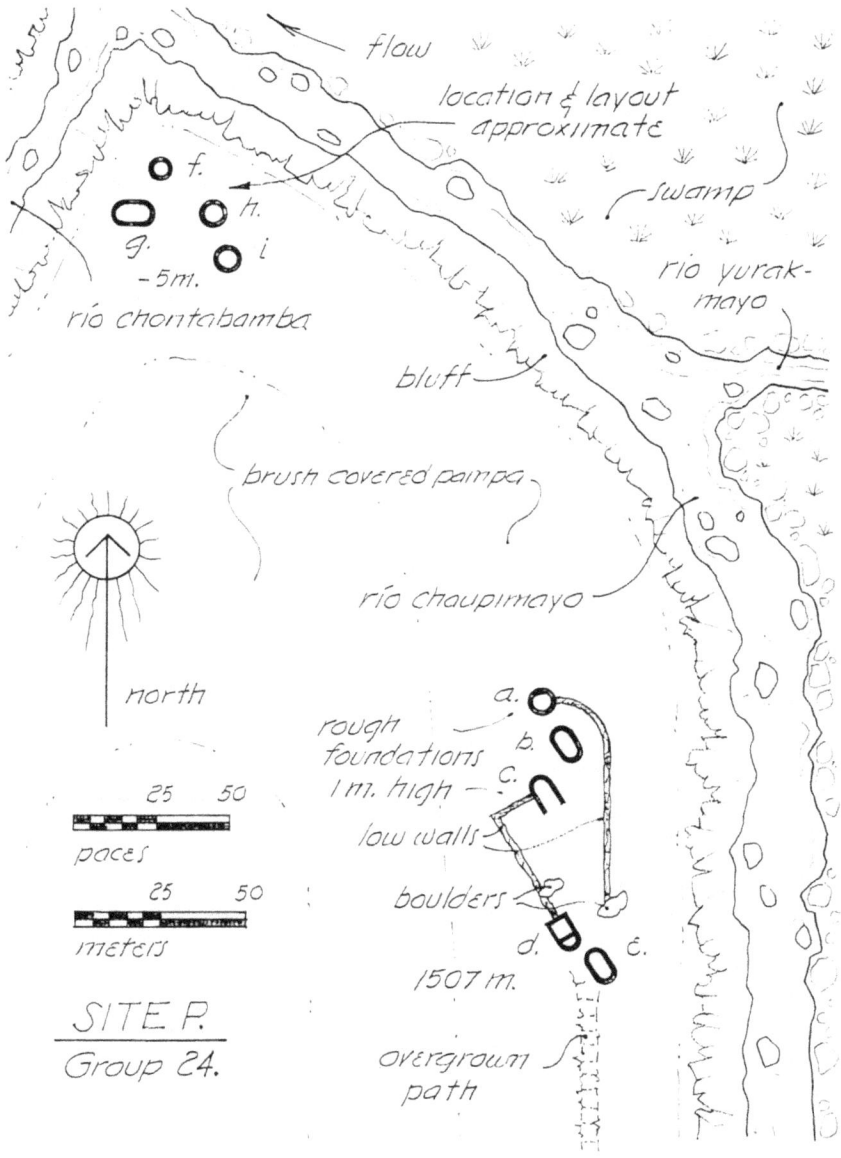

Figura 58 - Grupos no incas a través del río

"Afirman ser los verdaderos descendientes de los incas", dijo, "y se consideran a sí mismos como los guardianes de estos lugares. A veces hablan de "grandes ruinas de piedra" en la selvaa varios días al noroeste de aquí, pero nadie las ha visto nunca. Es un territorio terrible y nadie va allí, excepto los Machis".

Me pregunté si el rastro que había seguido podría haberme llevado finalmente a las grandes ruinas de piedra que nadie había visto jamás. Un vistazo a la foto satelital mostró que la cresta por la que ascendía se curvaba hacia el noroeste, no muy lejos de donde me había dado la vuelta. En compañía de los guías Machi, ¿qué tan importante podría ser "varios días" en el la selva, sin importar cuán horrible sea el terreno? ¡Eso sí que sería una expedición futura increíble! No fue hasta unos meses más tarde que me enteré de que otros antes que yo habían escuchado rumores similares y habían ido allí para echar un vistazo. A mediados de la década de 1950, un inglés llamado Julien Tennant había escrito un libro sobre una extraña expedición por el Urubamba. **(5)** Había oído historias de ruinas perdidas en la selva en la cabecera del río Mantaro, un afluente que desemboca en el Urubamba muchos kilómetros río abajo, por debajo del Pongo de Mainique. Con un compañero llamado Sebastian Snow, habían contratado a guías machiguenga para que los llevaran a río arriva por el Mantaro en busca del sitio rumoreado.

Después de dos semanas angustiosas de desesperada búsqueda de arbustos, llegaron, dijo, entre enormes muros de piedra construidos con bloques entrelazados de formas extrañas. Enfermos y casi sin comida, apenas salieron con vida, pero él trajo fotos y bocetos del lugar, ninguno de los cuales, sin embargo, era muy convincente. Las paredes parecían acantilados naturales y ninguno de sus dibujos estaba respaldado por imágenes claras. La única "evidencia" real de su ciudad perdida era una sola vasija inca que afirmó haber encontrado en las ruinas, pero que fácilmente podría haber sido comprada en Cusco. A pesar de las persistentes afirmaciones de Tennant de lo contrario, su historia fue desestimada en gran medida como un engaño. Varios años más tarde, el conocido escritor de aventuras, Peter Mathiesen, intentó volver a encontrar el sitio, pero nunca lo consiguió. **(6)**

Ambas expediciones fueron anteriores al Sputnik, y no había verdaderos mapas de esa parte del mundo. Nadie sabía exactamente dónde estaba la cabecera del Mantaro, en relación con cualquier otro lugar. Todavía no hay buenos mapas, pero con las fotos satelitales, el terreno es mucho menos misterioso. Después de leer el relato de Tennant, estudié el laberinto de afluentes al norte del Pongo. Por primera vez, realmente, tuve una idea de lo que estaba buscando, ¡y ahí estaba! El río Mantaro, efectivamente, desembocaba en el Urubamba a pocos kilómetros río abajo de los famosos rápidos, pero sus principales cabeceras fluían desde la parte trasera de los remotos picos envueltos en niebla que se alzaban en el horizonte, no muy lejos al noroeste de Espíritu Pampa.

Molesto por haber perdido lo que podría haber sido mi única oportunidad, en mi vida, de experimentar el contacto con personas de las tribus nativas aisladas, acepté a regañadientes regresar al campamento. Se estaba haciendo tarde y nos quedaba un largo camino por recorrer. Volvimos a cruzar el helado río Chaupimayo, río arriba de donde habíamos cruzado por la mañana. Una vez de vuelta en el camino, en nuestra ruta de regreso a casa pronto llegamos al río Yurakmayo, el gran afluente del Chaupimayo que Barefoot y yo habíamos vadeado cerca de su desembocadura dos años antes. **(Figura 47)** Los campesinos habían tendido un alto puente de troncos, pero parecía que nadie había usado o reparado el cruce en semanas, probablemente otro efecto secundario de la época de terrorismo. Aun así, ninguno de nosotros quería cruzar otro arroyo helado, y fuimos de uno en uno, con José a la cabeza y yo a la retaguardia. Justo cuando Ben estaba a punto de desaparecer en la selva al otro lado, mientras pisaba los troncos escuché un sonido de "¡crack!" En un instante, me encontré colgando de un trongo resbaladizo con una mano y agarrando mi diario con la otra. "¡Ben!" Grité: «¡El diario!» y lo lancé tan fuerte como pude hacia el otro lado, justo cuando mi mano perdió el agarre y caí en las aguas rápidas de abajo.

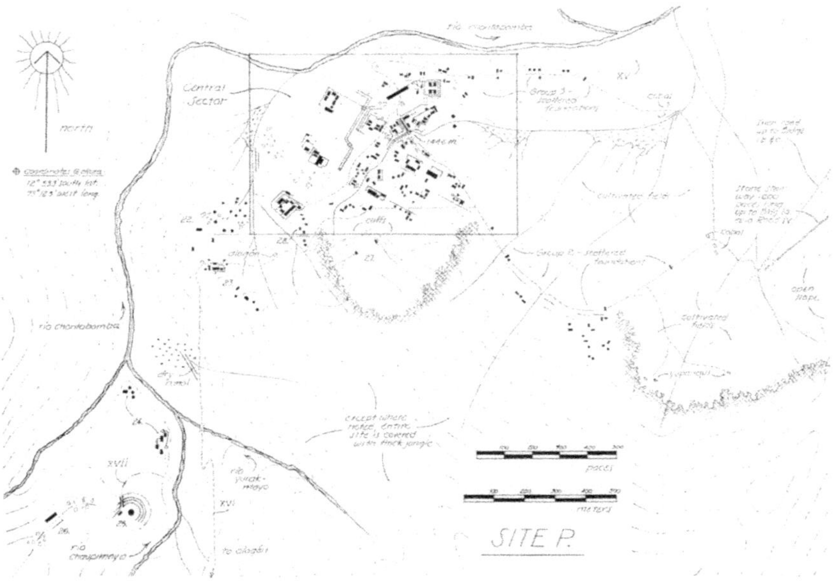

Figura 47 - Mapa de Espíritu Pampa (Vilcabamba la Vieja)

En un instante, mientras caía, recordé un curioso comentario que Savoy había hecho meses antes. Al describir cómo lo había perdido todo -esposa, familia, tierras- cuando lo habían expulsado del Perú hace años, dijo: "Al menos salí con mis diarios". En el momento que lo dijo, Nancy y yo lo habíamos considerado un comentario extraño, pero ahora lo entendí con claridad cristalina. El librito que acababa de tirar era todo lo que tenía para demostrar las cinco largas semanas de trabajo agotador. Reemplazarlo no era una opcion, al menos por un año más, y quién sabía lo que podría suceder dentro de un año. Afortunadamente, aterricé en una parte profunda y, aunque fui arrastrado inmediatamente contra algunas rocas, salí un poco rasguñado, temblando y conmocionado, pero ileso. Ben tenía el libro, mojado porque mi tiro se había quedado corto, pero lo había agarrado antes de que la corriente lo llevara. Me dejé caer en la orilla, agitado y con alivio. Más tarde esa noche, sequé el diario empapado, página por página, sobre un fuego abierto. Hasta el día de hoy, huele a humo de fuego y trae poderosos recuerdos de Espíritu Pampa. En ese momento, sin embargo, y por

370

segunda vez esa tarde, mi corazón latía fuera de control, y aún no había terminado todo.

La parte más sombría del camino de regreso al campamento estaba justo más allá del puente de piedra que una vez había sido la entrada al centro de la ciudad. Cuando llegamos, estaba casi oscuro y la visibilidad era nula. Habíamos estado hablando de que la mayoría de las serpientes eran nocturnas y que era mejor mantenerse fuera de la selva por la noche. José dijo que eso era cierto, especialmente en el valle de San Miguel, donde había muchas shushupes, como llamaba a los enormes serpientes que acechaban las elevaciones más bajas hacia el norte. Él siempre había insistido en que las serpientes no eran un problema en Espíritu Pampa, y rutinariamente se metía en la selva, con las piernas desnudas y en sandalias, como para demostrarlo. Siempre habíamos hecho lo mismo, pero con nervios, ya que para nosotros, gringos ignorantes, el terreno de allí parecía como el paraíso de las serpientes.

Estando yo a la cabeza del grupo, me volví para advertir a los demás sobre una roca en el camino justo cuando me movía algo inquieto para pasar por encima de ella. Inquieto, porque no recordaba haber estado allí más temprano ese día. Por la esquina del ojo y a mitad del paso que daba sobre la piedra me pareció ver cómo se movía la roca. A medida que mi visión se enfocaba lentamente en la luz que se desvanecía, reconocí la larga cola y las patas traseras de un animal parecido a una rata de casi medio metro de largo, desapareciendo en una boca grotescamente distendida en medio de una enorme masa de espirales retorcidas del color gris de una pizarra. "¡Yeeoow!" Grité y salté hacia atrás, mi corazón latía una vez más, aparentemente como si estubiera en mi propia boca. —¿Qué demonios es eso? Grité retóricamente, sabiendo muy bien de qué se trataba. Habíamos interrumpido a una serpiente muy grande en medio de la cena. José insistió en matar a la pobrecita, a pesar de que yo estaba en contra una vez que me calmé. Era, dijo, un *asp'a* , pero afortunadamente, no tenía relación con el de Cleopatra. Más bien, era un constrictor bastante beneficioso e inofensivo, excepto para las ratas de casi medio metro, al parecer. Esta medía casi dos metros y medio de largo y era tan gruesa como la parte superior del brazo de un hombre. Inofensiva o no, habría sufrido un paro cardíaco, lo sé, si alguna vez me hubiera enredado con un cara a cara durante nuestros innumerables episodios revolcándome en la selva.

Al día siguiente teníamos que iniciar el largo viaje de regreso río arriba. Habíamos hecho todo lo que habíamos planeado, pero quedaba medio rollo de película de fotos extrarrápida y decidí volver solo a la ciudad para tomar unas cuantas fotos más antes del desayuno. El área baja al oeste de la plaza (**Figura 53**) era la más densa de todas y recibía tan poca luz natural que, incluso usando una película especial, tuve que cortar muchas enredaderas y follaje para obtener imágenes decentes. Era una rutina tediosa porque tenía que cortar y luego revisar la luz, cortar y revisar, una y otra vez. Había aprendido que un machete en la selva se parece mucho a un pico en las montañas. Cuando se necesita, se necesita mucho, pero en todas las demás ocasiones es simplemente un estorbo. Para liberar las dos manos para el medidor de luz, me había acostumbrado a clavar la mía en el suelo, con el filo incrustado, pero no era una idea inteligente. Cualquier cosa que quede suelta en la selva se pierde rápidamente con el follaje y ya casi la había perdido de esa manera varias veces. Aun así, pensé que unas pocas tomas finales no harían ninguna diferencia. No es así. Acababa de tomar mi última foto cuando tuve la sensación de que algo andaba mal. Tardé un minuto en darme cuenta de que me faltaba el machete. No solo lo necesitaba para salir de allí, sino que -recordé tardíamente- era especial. Lo había conseguido en intercambio de un nativo pigmeo Negrito en Filipinas cuando estuve allí con la infantería de marina en la década del 60. A diferencia de los machetes que vendía Collins & CO. *El cheapos*, un machete disponible por un dólar o dos en todos los mercados de América Latina, el que yo tenia había sido forjado a partir de un viejo resorte de Jeep y tenía un mango tallado a mano hecho de un cuerno de búfalo de agua. Con el paso de los años, llegué a considerarlo como un viejo y valioso amigo. Lo busqué por todas partes, pero no pude encontrarlo. Frenético, repasé cada paso que había dado desde la última vez que recordaba tenerlo en la mano, pero ya no estaba. Empecé a imaginar que era la forma que tenía Tupac Amaru de decirme: "¡Vete a casa, gringo! No hay nada más que puedas hacer aquí".

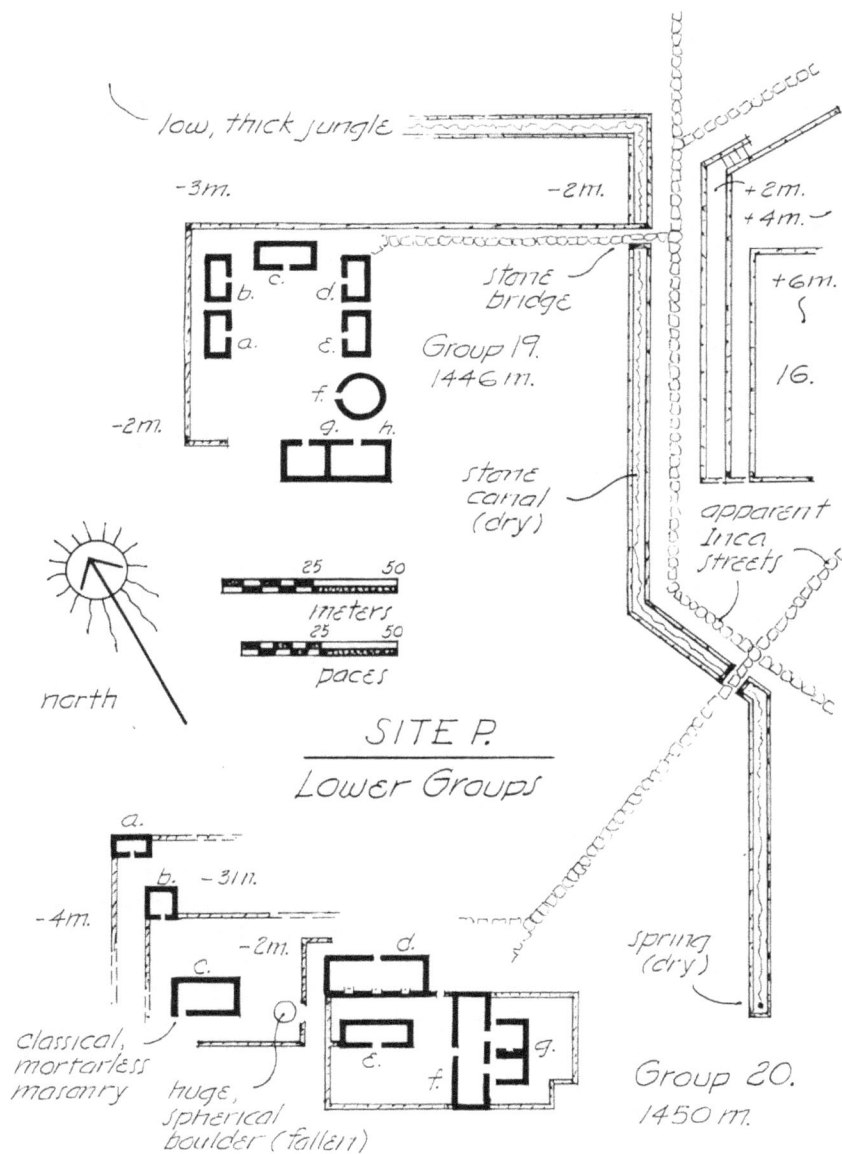

Figura 53 - Plano de Hurin Vilcabamba (palacios de Savoy de: grandes piedras y finos sillares)

Con las manos vacías, me volví hacia el campamento, desanimado y completamente deprimido. De pie, inmóviles en la selva, observándome, estaban los Machiguengas. Según la descripción de Ben, era el mismo atuendo que habían visto el día anterior, excepto que ahora eran cinco. En algún momento de la noche, la mujer había dado a luz y el pequeño bebé estaba ahora en sus grandes pechos. Lo sostenía con un brazo mientras cargaba con el otro todas las posesiones del grupo. Los dos hombres tenían arcos de palma de chonta medio más altos que ellos y una variedad de flechas de un metro de largo, algunas con púas para pescar y otras con punta roma, supuse que para cazar a las aves. Envuelta dos veces alrededor de la cintura del hombre mayor y atada a un lado, estaba la piel gris pizarra de nuestra *asp'a*, aparentemente comida para la cena. José la había arrojado a la selva. ¿Cómo la habían encontrado? ¿Y qué hay de la rata? ¿La habían desayunado?, me pregunté. Pensar en ello le dio un nuevo significado a la frase "cazador-recolector". Los cinco estaban casi desnudos, ninguno llevaba más que unos pocas ropas sucios. La única excepción fue el mugriento sombrero de lana rojo, blanco y azul que decía "US SKI TEAM" que el hombre más joven llevaba incongruentemente. Nos sonreímos y nos dimos la mano suavemente como es costumbre en los andes, pero parecían entender poco español. Además de machi, hablaban quechua como sus primos de las tierras altas, pero de cualquier manera, yo entendía poco. Aun así, por contacto visual, gestos y alguna palabra o frase ocasional, charlamos lo mejor que pudimos y ellos asintieron estar deacuerdo con la historia de José sobre las ruinas más allá de las montañas. Sin embargo, no había muchas dudas de que estábamos separados por mucho más que una barrera idiomática. De hecho, bien podríamos haber vivido en mundos distintos, por lo poco que teníamos en común. Como para subrayar el punto, el primer vuelo del día de Aero Perú que venía de Lima pasó por encima de nosotros en la aproximación final a Cusco, a solo unos minutos de distancia en avión. Todos levantamos la vista y lo observamos, perdidos en silencio en nuestros propios pensamientos. ¿Qué diablos pensarían ellos de ese avion?, me pregunté. Intenté preguntar, pero se limitaron a encogerse de hombros y señalar al cielo, sonriéndose el uno al otro.

De esta forma, el viaje efectivamente terminó. El avión me recordó lo mucho que quería salir de allí y regresar al mundo de las cervezas frías, las sábanas limpias y el café cortado dulce por las mañanas. Después de un breve adiós a los lugareños, lo que quedaba de Sixpac Manco III subió la larga escalera inca llevando pesadas cargas. El Viejo, ya sin mucho peso, cojeaba detrás, habiéndose quedado cojo en el último momento. Cuarenta y ocho horas y un paso nevado después, llegamos tambaleándonos a Huancacalle, confirmando el informe de Calancha del siglo XVII de que eran *"dos jornadas largas"* - desde Vilcabamba la Vieja hasta Vitcos. Ben y yo empacamos el equipo en un día frío y nos despedimos. Siguió un viaje demoníaco en camión de 24 horas hasta el tren en Chaullay. El sonido del tren de diésel nos despertó bruscamente de unas pocas horas de sueño en el andén de hormigón de la estación. Todas nuestras visiones de beber cervezas grandes en la comodidad de nuestros asientos de primera clase se desvanecieron cuando el tren llegó retumbando como en una escena de la evacuación de Saigón. Habíamos elegido el día después de unas vacaciones de dos semanas para salir de la selva. Aunque no teníamos forma de saberlo, Nancy y Susa habían soportado el horario de apertura de la misma fiesta dieciséis días antes. Quedó claro al instante que nosotros, al igual que ellas, habíamos metido la pata seriamente. Centenares de cuzqueños, que regresaban de las diversiones tropicales de Quillabamba, se habían amontonado dentro del tren mientras dormíamos y estaban tendidos sobre los techos de los vagones o colgados aferrados a todos los puntos de apoyo disponibles a los dedos de las manos y los pies. Pensamos en subirnos al motor, pero en lugar de eso, nos abrimos paso a bordo de un coche de pasajeros justo cuando éste resonaba y se alejaba con estrépito en la oscuridad.

Apiñado en la parte delantera del vagón de primera clase, con los pies en equilibrio precario, no había mucho que mirar. Detrás de mí, 16 estoicos peruanos se apiñaban en el vestíbulo sin ninguna esperanza de asiento durante las doce largas horas hasta Cusco. El interior del coche de atrás contenía una masa de humanidad y equipaje, impenetrable incluso para el conductor. Allí estaba yo sorprendido, pensé. ¿No sabía muy bien qué esperar? Las últimas seis semanas me habían puesto en forma y habían vuelto a agudizar mis habilidades en la selva, pero nada lo preparaba a uno para el tedio de los viajes con un transporte incomodo. Mi paciencia estaba casi agotada y mi sentido del humor era poco más que un vago recuerdo. Por muy exitosa que fuera, la expedición había sido larga y dura, y ahora, como para validar la paradoja de Zenón, ningún esfuerzo parecía suficiente para ponerle fin.

Durante todo el camino por el gran cañón del Urubamba estuvimos sudando en la parte delantera del vestíbulo abarrotado, incapaces de movernos. Sólo la lamentable miseria de los que estaban entre nosotros y la puerta nos había salvado de una peor agonía hasta el Cusco. Cuando el tren llegó a Ollantaytambo, la primera parada a la que se puede acceder en automóvil, los que estaban más cerca de las puertas se apresuraron a luchar como locos por los asientos en los dos taxis viejos que teóricamente ofrecían un transporte alternativo de regreso a la ciudad. Despiadadamente, nos metimos de nuevo al vagon, capturamos y mantuvimos unos asiento momentáneamente vacíos. Maniáticamente, nos preparamos para la ola frenética de gente que regresaba, trepando de nuevo al tren que aceleraba rápidamente, su único boleto de regreso a casa después de todo. Sonrisas entre nosotros de satisfacción parpadearon en nuestros rostros cuando nos dimos cuenta de nuestra increíble buena fortuna, el resultado de la tonta locura de muchos. Cusco, el Oz de nuestros sueños, ahora parecía estar a nuetro alcance. La puerta de Alicia en la calle Huayna Capac se alzaba como la entrada al Jardín del Edén. Los dos nos habíamos vuelto un poco locos.

Brevemente en terreno llano, el tren cobró velocidad. Las aparentemente interminables terrazas incas del Valle Sagrado se precipitaron como una especie de ruta rápida arqueológica. Un pelotón de soldados pasó rápidamente mientras cruzábamos el estratégico puente sobre el Urubamba en Pachar. En su mayoría eran adolescentes, fumaban cigarrillos y acariciaban sus armas automáticas. Parecía que el futuro de la democracia en el Perú había dependido, por el momento, de tales cosas. Incómoda con la idea, mi mente volvió a la pregunta de por qué estábamos allí y qué habían significado las últimas semanas, si es que habían significado algo. Mientras el tren horriblemente sobrecargado emergía de su laborioso ascenso por el cañón del río Huarocondo y se arrastraba lentamente hacia las amplias y planas llanuras de Anta, pensé en la gran victoria de Pachacuti Inca sobre los merodeadores chancas allí en 1438. Había sido un enfrentamiento de importancia fundamental para gran parte de América del Sur y, por lo tanto, para el mundo, ya que sin él no habría habido Imperio Inca. Sin embargo, era un evento poco conocido, incluso entre los peruanos. Al igual que la batalla de Hastings o Waterloo, había reconfigurado el curso de la historia, pero a diferencia de las otras, esta había ocurrido entre los pueblos originarios del Nuevo Mundo y, por lo tanto, no se le había dabo importancia. Miserable como yo me sentía, me di cuenta de que me alegraba de que hubiéramos regresado para terminar el trabajo iniciado dos años antes. Con toda la nueva información que nuestras exploraciones habían descubierto, tal vez la verdadera historia de Vilcabamba, el capítulo final de la saga de los incas, finalmente podría escribirse y, por lo tanto, no olvidarse.

Ahora, a menos de una hora de Cusco, esos pensamientos positivos venían más fácilmente a la mente cuando, sin razón aparente, el tren se detenía bruscamente. Por un momento, todos dudaron, esperando que volviera a avanzar. En cambio, un rumor se extendió por la multitud de que una huelga entre los ferroviarios de Cusco retrasaría nuestra llegada allí indefinidamente. Bastante acostumbrados a ese tipo de cosas, nuestros compañeros de viaje comenzaron a correr resignadamente a través del cuarto de milla de pasto abierto que nos separaba de la carretera, y comenzaron a buscar un jale a la ciudad. Ben y yo nos estiramos, exhaustos, cada uno en su propio asiento en el vagón abandonado por los otros. Lo último que recuerdo antes de irme a dormir fue una bicicleta que pasaba con seis o siete personas a bordo, no era fácil saberlo.

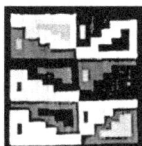

La Muerte de un Mártir

De vuelta en Jackson Hole, pasaron semanas antes de que pudiera siquiera mirar mis diarios, y mucho menos comenzar a hacer un seguimiento de la enorme cantidad de trabajo que habíamos logrado. Estaba sufriendo de la sobrecarga que Vilcabamba me había causado y, en cambio, me ocupé de la teoría del ajuste de piedras que Vito y yo habíamos ideado al principio del viaje. Recibí una "convocatoria de trabajos" de John Rowe y decidí probar nuestra idea en el Instituto en Berkeley en su próxima reunión anual para probar si podía obtener la membresía. El trabajo fue aceptado y mi presentaciónresulto ser bastante buena. No todos estaban de acuerdo en que habíamos resuelto el misterio, pero nuestra teoría despertó suficiente interés como para justificar su publicación en la revista del Instituto, Ñawpa Pacha **(1),** y en el Boletín de Lima **(2).** Fue poco después de esa reunión que recibí una carta de John informándome que había sido elegido miembro del Instituto y que también había sido nombrado Investigador Asociado. Totalmente inesperado, fue más que un poco gratificante y fue exactamente el impulso que necesitaba para salir de mi adormecimiento y volver a trabajar en Vilcabamba.

De inmediato, le escribí a von Kaupp y le expliqué nuestros intentos de comprobar su teoría. Le dije que lo que habíamos encontrado en el campo no coincidía, en general, con lo que había leído en su informe. Específicamente, dije, no había una "gran ciudad inca" en La Mesada y que claramente había sido un asentamiento de nativos de la selva, ya sea pre-incas o sujetos a su dominio. El normalmente cortés e incluso algo condescendiente von Kaupp no tardó ni se anduvo con rodeos al responder. "Obviamente yo había ido al lugar equivocado", dijo, y debería haber "contratado a su guía" para que me llevara allí. A la vista de nuestro minucioso y, en mi opinión, concluyente trabajo de campo, ingenuamente había esperado que su posición se suavizara. ¡No era asi! Estaba más inflexible que nunca. Pronto llegó un grueso paquete de material que repetía de nuevo, y con minucioso detalle, todas las razones por las que La Mesada era incuestionablemente el sitio de Marcanay y Vilcabamba la Vieja, por lo que no podía estar ubicado en Espíritu Pampa. Una vez más, me senté y lo repasé todo de principio a fin.

No había nada nuevo o sorprendente en sus argumentos, pero tuve que admitir que era teóricamente posible que de alguna manera hubiéramos pasado por alto su sitio. Pero más que eso, me interesé realmente por primera vez en la trágica historia del Padre Diego Ortiz. Desde el principio, me centré en los incas, y al igual que Beauclerk había despertado mi interés por sus vecinos nativos, von Kaupp me hizo darme cuenta de que había prestado muy poca atención a los actores españoles en el drama de Vilcabamba. Desde el punto de vista de estos últimos, los nativos tenían todos los roles pequeños y las estrellas eran sus compatriotas europeos. Y de éstos, Ortiz había sido uno de los más importantes, al menos según las crónicas de Murúa y, especialmente, el expresivo Antonio de la Calancha. Las divagaciones de este último eran formidables: centenares de páginas en castellano antiguo, todavía disponibles sólo en la edición original en letra pequeña destinada a lectores bendecidos con una vista divina. Hasta ese momento, no había tenido ni el interés ni la paciencia para adentrarme en todo esto, pero ahora sospechaba que había sido un error. Con la ayuda de Paula Dimler, una amiga de mi ciudad natal, ex voluntaria del Cuerpo de Paz y profesora de español, comencé a revisar página tras página el texto ornamentado y tedioso de Calancha para estar absolutamente seguro de que no me estaba perdiendo algo importante.

CORONICA
MORALIZADA
DEL ORDEN DE
SAN AVGVSTIN EN EL
PERV, CON SVCESOS
EGENPLARES EN ESTA
MONARQVIA.
DEDICADA A NVESTRA SEÑORA
de Gracia, singular Patrona i Abogada de la dicha Orden.

COMPVESTA POR EL MVY REVERENDO
Padre Maestro Fray Antonio de la Calancha de la misma Orden, i Difinidor actual.

DIVIDESE ESTE PRIMER TOMO EN QVATRO libros; lleva tablas de Capitulos, i lugares de la sagrada Escritura.

Año   1638.

CON LICENCIA

En Barcelona: Por Pedro Lacavalleria, en la calle de la Llibreria.

Portada de la crónica del padre Antonio de la Calancha, 1638.

La destrucción de Vilcabamba había comenzado de manera bastante inocente, con la llegada del misionero agustino Marcos García en 1568. Diego Ortiz se unió a él un año después. Al principio, Titu Cusi restringió cautelosamente sus actividades potencialmente subversivas a la aldea de Pucyura, que era fácil de observar. Una versión reconstruida de la iglesia de la misión de García todavía está allí, aunque se usaba con poca frecuencia, ya que no hay ningún sacerdote residente. Elevándose sobre la ciudad, en la cima de la colina de Rosaspata al otro lado del río hacia el sur, Vitcos todavía mantiene controles silenciosos sobre las idas y venidas de abajo, como lo hacía en la época inca.

Después de un breve período como compañero de García, Ortiz comenzó a presionar a los incas para que le permitieran construir una iglesia propia en otro lugar de la provincia. Con el tiempo, Titu Cusi accedió y eligió para la misión de Ortiz un pueblo llamado Guarancalla, en algún lugar entre Vitcos y su extensa capital selvática en Vilcabamba. Aunque el topónimo ha desaparecido del mapa y el país entre Rosaspata y Espíritu Pampa ahora permanece silencioso y vacío, Calancha informó que Guarancalla era en aquellos días un distrito populoso, lleno de almas paganas que necesitaban el ministerio de Ortiz.

Señaló que la nueva misión del padre estaba a dos o tres días de camino de la iglesia de García en Pucyura, en medio de una buena ubicación para convertir a los nativos de varios pueblos cercanos. Entre estos, se encontraba el lugar llamado Yanacachi, antiguo hogar del pueblo conquistado por Pachacuti 137 años antes y llamado así por un depósito cercano de sal negra. En poco tiempo, dice Calancha, Ortiz construyó una iglesia, una casa y un hospital, todos "edificios pobres". Una vez establecido esto, comenzó a predicar el evangelio a través de las montañas circundantes, plantando en ellas altas cruces y árboles sagrados donde una vez habían estado los ídolos nativos. (**3**)

El padre García fue un párroco adusto y crítico desde el principio. No era el favorito de Titu Cusi, quíen era aparentemente amante de la diversión, y que nunca pasaba por alto ninguna excusa para una fiesta. Ortiz, por otro lado, era a todas luces un buen hombre, preocupado por el bienestar de su rebaño y tolerante con la bebida, el libertinaje y otros excesos de Inca. En poco tiempo, incluso se convirtió en un consejero de confianza en la corte, especialmente en asuntos que involucraban a los españoles, en cuyas formas se presumía un experto. Aun así, la creciente popularidad e influencia de Ortiz entre los nativos era potencialmente problemática y muchos de los capitanes del Inca hablaron en contra del sacerdote a sus espaldas. Finalmente se acordó que ambos cristianos arrogantes necesitaban una lección de humildad y Titu Cusi ideó un plan. A principios de enero de 1570, les extendió una invitación fatídica. "*Deseo llevarlos a Vilcabamba*", les dijo.

"Ninguno de ustedes ha visto esa ciudad y quiero festejar allí con ustedes". **(4)**

Aceptaron con entusiasmo. Calancha describe a Vilcabamba como la ciudad más grande de la provincia y el epicentro de su idolatría pagana. Afirma que los sacerdotes planearon en secreto expulsar a los "maestros de las abominaciones" que se practicaban allí y predicar el cristianismo a los muchos residentes de la ciudad. No está claro por qué pensaron que los incas permitirían que eso sucediera, pero si esa era realmente su intención, era irremediablemente ingenua. La locura de tales esperanzas se desvaneció cuando, al principio, el Inca insistió en que hicieran todo el viaje de tres días desde Pucyura hasta Vilcabamba descalzos. En el camino, les ordenó que caminaran hasta la cintura por un río helado con la idea de que la ruta les parecería tan mala y el terreno tan duro que se rendirían y abandonarían la provincia. No contento con eso, según el relato de Murúa sobre el viaje, Titu Cusi dispuso que fueran tentados y despreciados día y noche por varias parejas de mujeres tribales Campa particularmente atractivas, vestidas con túnicas largas y sensualmente reveladoras, que recordaban los hábitos de sus propios monjes. Los fieles padres resistieron a estas mujeres nativas de la selva y perseveraron hacia su objetivo. A pesar de sus mejores esfuerzos, nunca llegaron al centro sagrado de Vilcabamba. A su llegada, los incas no les permitieron ir más allá de las afueras de la ciudad para que no vieran ninguna de sus huacas, o santuarios, ni presenciaran los muchos ritos y ceremonias que los nativos realizaban allí. Después de ocho días frustrantes discutiendo infructuosamente con el Inca, los sacerdotes se rindieron y regresaron penosamente a Pucyura, humillados y disgustados con el asunto. **(5)**

Un mes después de su regreso, Murúa afirma que García y Ortiz seguían dolidos por los malos tratos sufridos por los incas. Como por indicación del destino, algunos de los feligreses de los padres se acercaron a ellos diciendo que cerca de Vitcos había un lugar llamado Chuquipalta, donde había un templo dedicado al sol y una gran roca blanca sobre un manantial de agua. Los lugareños creían que un diablo vivía en la roca, apareciendo allí de vez en cuando, según Calancha. Esta aparición amenazó y atemorizó a todos aquellos que se negaban a adorarlo con ofrendas de oro y plata, y los nativos rogaron a los sacerdotes que los liberaran de este mal. (**6** y **7**) Aprovechando inmediatamente lo que parecía una oportunidad para recobrar su fracaso en hacer la obra de Dios en Vilcabamba y al mismo tiempo pagar los muchos abusos de Titu Cusi hacia ellos allí, los hombres santos consintieron imprudentemente. Acompañados por los muchos nativos vecinos que habían convertido al cristianismo, marcharon a Chuquipalta, quemaron el templo y prendieron un gran incendio alrededor de la roca. Fue un error trascendental. El diablo pudo o no haber sido purgado de la roca, pero ciertamente permaneció vivo y bien en la provincia, como lo demostrarían trágicamente los acontecimientos de los meses venideros.

Titu Cusi se enfureció, ya que la destrucción de un templo solar era una ofensa impensable. El padre Marcos García fue apedreado sumariamente y desterrado de la provincia. Se ahogó cruzando un río mientras intentaba algún tiempo después regresar desafiando la sentencia del Inca. Ortiz se salvó por el momento, pero no fue perdonado. Él y el Inca pronto se pelearon por la ejecución injusta pero políticamente conveniente de un buscador de oro errante llamado Romero. El español había salido de las montañas y anunció sin sentido su intención de informar al nuevo virrey de los ricos yacimientos minerales de la región. Titu Cusi sabía que eso no se podía permitir y mandó matar al hombre a pesar de las enérgicas objeciones de Ortiz. El padre insistió en que el cuerpo del infortunado tonto recibiera al menos una cristiana sepultura. El Inca se negó, mandándolo a arrojar a un barranco. Ortiz recuperó los restos y los enterró de todos modos. Fue la gota que colmó el vaso. La paciencia de Titu Cusi con su antiguo amigo y consejero se agotó y sus capitanes comenzaron a conspirar abiertamente para la caída del sacerdote. Sin embargo, la muerte de Ortiz se debió a una causa totalmente inesperada y, aunque irónicamente injustificada, fue infligida con una crueldad indescriptible.

Pocos días después del asesinato de Romero, Murúa dice que Titu Cusi fue a un santuario en Vitcos, cerca del lugar donde los siete españoles habían asesinado a su ilustre padre. Allí, el Inca pronto se vio envuelto en lo que equivalía a una orgía de festines, cantos y bebidas de chicha. En algún momento, aparentemente él se enfermó violentamente y pasó el resto de la noche *"vomitando y sangrando por la boca y los oídos".* (**8**) Calancha añade que el Inca se despertó a la mañana siguiente *"quejándose de dolores en el pecho"*. Varios asistentes de confianza, incluido su secretario mestizo de toda la vida, un hombre llamado Martín Pando, ofrecieron varios supuestos remedios. Al principio, Titu Cusi se negó, temiendo más a la cura que a la enfermedad. Pero al ver que Pando estaba entre los que se la dieron, bebió la medicina y casi de inmediato perdió la capacidad de hablar. A las veinticuatro horas, dice Calancha, el Inca expiró. (**9**)

Aunque no estaba entre los que habían preparado el remedio defectuoso, Ortiz estuvo presente en el lecho de muerte de Titu Cusi, presumiblemente para administrar los últimos ritos a su viejo amigo y anfitrión nominalmente cristiano. Los angustiados nativos le habían rogado que usara sus poderes sacerdotales para restaurar la vida del Inca, pero él respondió que solo Dios podía hacer tal cosa. Con su antiguo benefactor ahora muerto, la creciente desafección de los nativos hacia Ortiz estalló en venganza. Una mujer nativa, la amante del Inca, queriendo poner fin a la prédica y a la intromisión de Ortiz de una vez por todas, mintió y les dijo a los capitanes que había sido Ortiz quien había envenenado al Inca, junto con Pando. A partir de ese momento, el destino del padre quedó sellado, aunque Murúa asegura que muchos de los presentes sabían que era inocente de cualquier complicidad en el asunto. Por su parte, Martín Pando fue inmediatamente apresado por los nativos y asesinado. Ortiz no tuvo tanta suerte. (**10**)

La descripción de Calancha de lo que siguió puede ser sospechosa. Escribía 68 años después de los hechos y claramente pensaba que su compatriota agustino era un digno candidato a la canonización. Si embelleció su relato de la terrible experiencia final del santo condenado para acortar su camino a la santidad, probablemente nunca lo sabremos. Hasta la fecha, la Iglesia no ha considerado oportuno honrar así el martirio de Ortiz, pero este breve extracto del relato de Calancha da una idea de su gravedad. Más concretamente, nos dice la mayor parte de lo poco que sabemos sobre los sitios de Guarancalla, Marcanay y Mananhuañunca. Lo siguiente es un resumen de los hechos del destino del Padre Ortiz siguiendo el relato de Calancha.

Después, lo soltaron de la cruz y continuaron atormentando su cuerpo mientras lo paseaban por el país con las manos atadas a la espalda. Fue conducido por una cuerda atada a través de un agujero en su mandíbula hacia Marcanay, un pueblo a dos leguas de Vilcabamba la Vieja, donde lo esperaba el nuevo Inca, Túpac Amaru. Desde Pucyura hasta Marcanay hay una distancia de nueve leguas incas o doce españolas (de cualquier manera, unos 58 kilometros) *que incluye tierras altas, bosques y algunas mesetas heladas y llanuras rocosas. El mártir fue azotado, apedreado, perseguido, hambriento, dejado desnudo en el frío y encerrado en una cueva durante la noche, empapado por una incesante inundación de agua helada. Esperando encontrarlo muerto por la mañana, sus verdugos lo encontraron más valiente y lo sacaron de la cueva, arrastrándolo como a una bestia muerta hasta el pueblo de Guarancalla, donde había construido su iglesia y solía enseñar. Continuaron golpeándolo mientras lo arrastraban por el pueblo hasta Marcanay, después de haber viajado tres días.*

A su llegada, (en Marcanay) *fue llevado ante el Inca, Túpac Amaru, quien lo condenó a muerte de la manera que sus verdugos eligieran. Tan pronto como oyeron esto, lo arrastraron por una empinada pendiente hasta un río entre unas colinas, el lugar que solían llamar la "horca del Inca", donde se ejecutaba a los malvados. Los indios ahora llaman a este lugar Mananhuañunca, que significa 'no morirá', ya que a pesar de todas sus torturas, el sacerdote siguió viviendo. Este nombre se conserva hoy en día en un lugar entre dos ríos. Lo azotaron allí por decimoquinta vez y le clavaron las delgadas espinas de la palma de chonta bajo las uñas de las manos y los pies, escupiendo su saliva fétida sobre él todo el tiempo. Le dispararon sus flechas, haciendo que su cuerpo pareciera un cactus. Le echaban humo por las fosas nasales, quitándole el aliento para asfixiarlo, pero aun así no quería morir. Finalmente, uno de los verdugos que tenía un hacha asestó un golpe mortal en la cabeza de Ortiz, pero antes de que el santo expirara, le insertaron un palo debajo de la ingle y se lo sacaron por la nuca, clavándolo en el suelo con la cabeza del sacerdote apuntando hacia abajo. Finalmente, cubrieron su cuerpo con tierra y piedras.* **(11)**

Grabado del martirio del Padre Diego Ortiz de la muy rara,
primera edición de la Coronica Moralizada de Calancha,
publicada en 1638 (cortesía de John Howland Rowe).

Es una historia poderosa y un recordatorio de que la espada de la tragedia cortó en ambos sentidos en los últimos días mortales de la Vilcabamba Inca. Un año después de su muerte, los verdugos de Ortiz serían abatidos por vengadores involuntarios. No habría héroes ni villanos, ni vencedores ni vencidos, solo sobrervivientes y cadáveres. Al final, Vilcabamba no resultaría ser un gran premio para los europeos, ni una gran pérdida para los nativos, cuyo destino había sido sellado décadas antes por la marcha de la historia.

Por mucho que esperaba encontrar la clave de algún tipo de solución entre las divagaciones de Calancha, no sucedió. Más bien, salí con la misma sensación persistente que había tenido al salir de La Mesada. Von Kaupp estaba en lo cierto, ¿pero qué? Paula y yo gradualmente ampliamos nuestras lecturas para incluir otras fuentes, antiguas y nuevas, y finalmente reunimos traducciones de casi todo lo que se había escrito sobre Vilcabamba. Allí encontramos toda una capa de detalles nuevos e interesantes, pero no realmente impactantes. Gran parte del material era repetitivo, pero gran parte era confuso y algunos puntos eran francamente contradictorios. Al elegir selectivamente ciertos pasajes, podría presentar un caso sólido para casi cualquier cosa, incluida la contrateoría de von Kaupp. Mis sospechas sobre la fiabilidad del registro escrito regresaron y la "verdad" permaneció lejos de estar clara.

En todo caso, estaba más seguro que nunca de que Marcanay estaba en Consevidayoc, no en La Mesada, como insistía Bob. Murúa tenía claro que el pueblo por el que pasaron los españoles dos leguas antes de entrar a Vilcabamba la Vieja era una exuberante comunidad agrícola tropical, hasta el día de hoy una descripción perfecta de Consevidayoc, pero que difícilmente podría aplicarse a nada en La Mesada o cerca de ella. Ahora, Calancha había agregado que Marcanay estaba a unas 58 kilometros de Pucyura, exactamente la distancia del camino a Consevidayoc, pero casi el doble de la distancia a La Mesada por cualquiera de las varias rutas posibles.

Pero si von Kaupp estaba equivocado, ¿qué era entonces La Mesada? A excepción de la leyenda de Mananhuañunca, todo lo que había era su proximidad a La Sal, el lugar que Bob pensó que era el Yanacachi de Calancha. Este último fue nombrado por la sal negra que había allí, de acuerdo, pero Calancha continuó diciendo que Yanacachi había sido "un gran pueblo en la antigüedad". (**12**) ¿Dónde estaba la gran ciudad en La Sal o cerca de ella? Tal vez eso era lo que habíamos encontrado en La Mesada, pensé, y el "gran pueblo inca" de von Kaupp estaba en otro lugar, tal como él afirmaba. Y, si era así, ¿era Guarancalla, el "lugar poblado" no lejos de Yanacachi donde Calancha dijo que Ortiz había construido su iglesia? (**13**) También había un problema con eso. En 1978, Quispicusi le había mostrado a von Kaupp lo que él afirmaba eran las ruinas de esa misma iglesia, pero en un lugar llamado Maranpata, a casi veinte kilómetros de la parte baja de Urumbay y, por lo tanto, no cerca de La Mesada.

Con la esperanza de encontrarle sentido a todo, intenté varias explicaciones alternativas con von Kaupp, pero no estaba interesado. A Savoy no le importó mucho. Había tomado una decisión hacía años. John Hemming estaba en Brasil y todos nuestros amigos de Berkeley pensaron que yo era su experto en Vilcabamba, y no al revés. Me volví hacia Nancy, pero ella levantó las manos. "¿Cómo puedes recordar todos esos nombres, y mucho menos hacer un seguimiento de lo que eran y dónde están?" Todavía estaba seguro de que von Kaupp estaba equivocado, pero no llegaba a ninguna parte en mis intentos de demostrarlo sobre el papel. Finalmente, una larga carta de Edmundo Guillén en Lima complicó aún más las cosas al reafirmar sus reservas sobre mis fuertes. Fue un recordatorio no deseado de que nunca habíamos llegado a lidiar con eso en el último viaje. La lectura de libros y el intercambio de cartas habían planteado todo tipo de problemas nuevos, pero sabía que nunca los resolvería. Solo había una manera de hacerlo. Y así, menos de seis meses después de llegar a casa de lo que habíamos pensado que era la expedición que pondría fin a todas las expediciones, Nancy y yo decidimos regresar.

La Pieza Final

Era mediados de noviembre antes de que podimos viajar, una época húmeda en la montaña, pero planeamos una visita rápida de tres semanas y pensamos que una breve exposición a la temida temporada de lluvias podría ser interesante. Por extraño que pueda parecer a los lectores familiarizados con el clima andino, teníamos razón. Sixpac Manco IV iba a ser un buen viaje. No es que no hubiera los avisos habituales de que nos dirigíamos al peligro: una bomba terrorista apagó todas las luces de Lima justo cuando nuestro vuelo estaba en su aproximación final a la ciudad, pero de alguna manera no importaba. Nuestra llegada a la casa deAlicia en Cusco fue nada menos que un regreso a casa familiar. Incluso había una lista de mensajes telefónicos esperando de varios amigos y conocidos. Peter Frost, expatriado británico autor de la guía en inglés más popular de la ciudad, nos invitó a cenar antes de que nos fuéramos a las montañas. Nadie conoce mejor la ciudad y pasamos una noche maravillosa con él, especialmente en la temporada baja de Cusco donde no habia multitudes. Peter quedó fascinado por mi teoría del ajuste de la piedra y me preguntó si podía incluirla en la próxima reimpresión de su libro <u>Explorando el Cusco</u> **(1).** La gran noticia, dijo, fue que mi viejo amigo Renzo estaba de regreso y afirmó que tenía millones de dólares para gastar en el desarrollo turístico de

Vilcabamba. Nadie había visto aún nada del dinero, pero el italiano supuestamente lo había recaudado en Europa de donantes corporativos. Por qué alguien contribuiría con esa cantidad de dinero a un proyecto con perspectivas de retorno tan marginales, sigue siendo un misterio. Aun así, en caso de que hubiera algo que hacer, Nancy y nosotros pensamos que sería mejor que volviéramos allí lo antes posible, mientras todavía tuviéramos la oportunidad.

A finales de 1987, la actividad terrorista en el campo había comenzado a disminuir. Como todos los revolucionarios en racha, los senderistas habían cambiado su enfoque a la capital en Lima, y recibimos nuestro permiso de ir a Vilcabamba sin mucho alboroto. Nos dirigimos río abajo a Quillabamba la tarde siguiente. Al día siguiente nos encontramos una vez más en la puerta de casa de nuestro amigo Juvenal en Huancacalle, donde él también nos recibió calurosamente y se ofreció a acompañarnos en nuestra expedición. Había cultivado el territorio hasta Espíritu Pampa durante décadas y estaba más informado sobre la región que cualquier otra persona que conociéramos. Yo estaba encantado de que por fin tendríamos su compañía en el campo. Una vez que nos acomodamos para pasar la noche, subimos a su casa para cenar y tomar unas cervezas. Dijo que la situación política había mejorado desde la última vez que estuvimos allí y que las cosas estaban momentáneamente tranquilas. Como para demostrar su punto, nos mostró un zorro rojo como mascota que había capturado y mantenido atado con una correa. Bromeó diciendo que mantener al zorro fuera de problemas era su mayor preocupación.

A menudo pienso en esa noche idílica. Desde nuestra partida en septiembre del año anterior, la ominosa línea de estacas agrimensas hasta Vilcabamba la Nueva se había transformado en la carretera prometida por el gobierno. El viejo y encantador camino inca había sido efectivamente borrado en el proceso, pero, irónicamente, no había sido reemplazado. No había fondos disponibles para un puente de concreto sobre el río Vilcabamba, y la nueva carretera seguía inutilizable y abandonada. El tráfico de caballos y a pie continuaba abriéndose paso a través del paisaje lunar estéril y lleno de rocas dejado por las excavadoras. A principios de 1988, la ladera desnuda de la montaña se vino abajo, saturada por las fuertes lluvias. Miles de metros cúbicos de rocas y lodo barrieron el cañón, matando a nueve campesinos, incluidos tres niños pequeños, y enterrando toda la propiedad de Cobos bajo toneladas de roca. Su casa y su familia se salvaron, pero su sustento se arruinó. Durante décadas, entre los hombres más prósperos del valle, él y Flavio fueron arriunados en cuestión de minutos. Juvenal tuvo que vender su ganado sobreviviente -el único capital real que le quedaba- sólo para alimentar a su familia, pero todos se enfermaron de todos modos y él mismo estuvo a punto de morir de disentería tras el desastre. La arqueología enseña que nada es para siempre, una verdad que nuestro viejo amigo Juvenal pronto aprendería por las malas.

Pero todo eso estaba meses en el futuro. Ansioso por ponerme al día sobre lo que sucedía en Vilcabamba, le pregunté por Renzo y los rumores que habíamos escuchado en Cusco. Eran ciertos, dijo. Efectivamente, el italiano había vuelto, pero los locales esperaban que fuera por última vez. Al estilo clásico de Francescutti, aparentemente había hablado a lo grande, pero había logrado poco. Al igual que von Kaupp, buscaba la "verdadera" Vilcabamba la Vieja, pero su visión de la historia era muy diferente a la de Bob. Desde la época de Bingham, un nombre alternativo para la capital perdida de Manco había sido Vilcabamba "Grande" o, en quechua, "Hatun Vilcapampa". Ambos nombres habían sido utilizados durante años, junto con Vilcabamba "la Vieja", para diferenciar las ruinas de Espíritu Pampa del antiguo pueblo español de Vilcabamba la Nueva. Pero en 1986, Hatun Vilcapampa se había convertido de alguna manera en una misteriosa ciudad nueva y desconocida, distinta del sitio entonces conocido de Savoy y mucho más importante, si se creía en los rumores. No está claro si Francescutti instigó estas historias o si fueron inventadas para su beneficio. Sin embargo, proclamó que describían otra "ciudad perdida" e insinuó que tenía una foto satelital que mostraba exactamente dónde estaba, en la selva al noroeste de Rosaspata. Según Juvenal, que proporcionó caballos para la expedición, la búsqueda de estas ruinas varios meses antes había sido un fiasco total.

Un joven machiguenga, presionado por Renzo para que sirviera como guía involuntario, finalmente trató de escapar. Trágicamente, cayó de un acantilado y murió en el intento. Hacia el final del viaje, las raciones se volvieron tan escasas que los italianos terminaron requisando comida a punta de pistola de los pobres agricultores pioneros de las montañas. Un campesino desafiante se había negado y vio cómo uno de los soldados hambrientos mataba a tiros a su cerdo preciado. A pesar de todo, la expedición no encontró nada. Al final, Renzo le pagó a Juvenal solo la mitad de su contrato por los caballos porque la expedición no había logrado encontrar la legendaria ciudad, a pesar de que al italiano se le había asegurado de antemano que no se encontraría ninguno. A pesar de tales apuros, Francescutti distribuyó folletos a color anunciando su grandioso proyecto de desarrollo para Vilcabamba. Las características incluidas iban a ser la mejora de la carretera que sube desde Chaullay, mejores instalaciones médicas para los residentes y varios programas para estudiar y reconstruir algunas de las ruinas. Las esperanzas en la región eran altas, por supuesto, porque ese es precisamente el tipo de cosas que tanto el gobierno como los lugareños deseaban ver con todas sus fuerzas. Pero hasta ahora, dijo Juvenal, no había salido gran cosa de todo esto.

Una vez terminada la cena y terminados los chismes, la charla se centró en el proyecto que teníamos frente a nosotros. Le dije a Juvenal por qué habíamos vuelto y cuánto tiempo teníamos. La lluvia aumentaba a diario, dijo, y los ríos crecidos pronto podrían bloquear nuestro camino hacia la selva. Lo mejor sería ponerse en marcha sin demora. Accedimos y partimos a la mañana siguiente con dos caballos de carga cargados de comida y equipamiento sobrante. Cuatro días después de salir de casa, allí estábamos, emprendiendo el camino de regreso al siglo XVI. En la retaguardia iba un niño recientemente huérfano de 11 años llamado Policarpo. Juvenal lo había acogido recientemente después de que el padre del niño fuera asesinado por los Senderistas, y le cortaron la garganta mientras su familia era obligada a mirar. La madre de Policarpo se había salvado, pero quedó tan pobre que ya no pudo mantener a la familia. Pronto se vio obligada mandar a sus tres hijos a quien pudiera llevárselos. A pesar de lo trágica que era la situación, Policarpo, al menos, había terminado en buenas manos. Él y Juvenal se llevaban bien y el chico jugaba el papel de compinche hasta el final. A pesar de los ocasionales episodios de soledad y nostalgia por su familia, era un placer tenerlo cerca y su buen humor contagiaba constantemente a los tres adultos durante las incesantes lluvias y el barro de las siguientes dos semanas.

Nuestro plan era simple. Íbamos a contratar al guía de von Kaupp, Pancho Quispicusi, para que nos mostrara cada una de las rocas que le había mostrado a su antiguo cliente en el curso de sus exploraciones en Urumbay en 1978. Esta vez no iba a haber deslices; No habrían preguntas persistentes sobre dónde habíamos ido o qué habíamos visto. Quería cerrar el asunto de una vez por todas. Después, si el tiempo y las condiciones lo permitían, también esperaba echar un vistazo a las ubicaciones de fuertes imaginadas por Guillén debajo de Urpipata, a pesar de que le habíamos dado un buen repaso a la zona con José en 1984 y no encontramos absolutamente nada. La casa de Quispicusi estaba justo en la intersección de caminos rocosos que también funciona como la plaza de Yupanka. Era muy conocido en la ciudad como un "guía" y rápidamente vimos por qué. A diferencia de Juvenal y José -agricultores, básicamente, y hombres de pocas palabras-, Pancho había hecho una especie de carrera tratando con gringos visitantes. Hablaba constantemente y, como los guías de todas partes, pensó que su trabajo era mantenernos entretenidos y decirnos lo que fuera que pensara que queríamos escuchar. A pesar de que la charla cansaba y había mucha referencia a nombres y ea grandes aventuras pasadas, fue servicial y nos caía bien. Sus honorarios, como era de esperar para alguien cuya profesión era ordeñar turistas, eran un poco caros.

Como ya teníamos a Juvenal y sólo necesitábamos la ayuda de Pancho en el Urumbay, decidimos ir por nuestra cuenta hasta Maranpata, el sitio de von Kaupp para la iglesia de Ortiz. Pancho dijo que se uniría a nosotros allí en un par de días. Sin embargo, incluso antes de que nos fuéramos de Yupanka, se ganó su paga diciéndome la ubicación de los edificios de Bingham en el sitio cercano de Inca Huaracana. Al no poder encontrarlos durante nuestra visita con José, me había preguntado durante mucho tiempo dónde estaban. Había deducido solo dos ubicaciones posibles de la descripción del famoso explorador de 1912 y el plano del sitio **(2)** y había ido a una de las dos en 1984, pero no encontré nada. Pancho confirmó que, efectivamente, era la otra. Esa noticia, a su vez, resolvió el misterio de por qué Bingham no había encontrado la plaza y los edificios cercanos que yo había descubierto en la maleza. Al llegar al paso por encima de Lucma, había girado a la derecha, subiendo por la cresta hacia el sur, y por lo tanto se había perdido nuestra mitad del sitio por completo. **(Figura 13)**

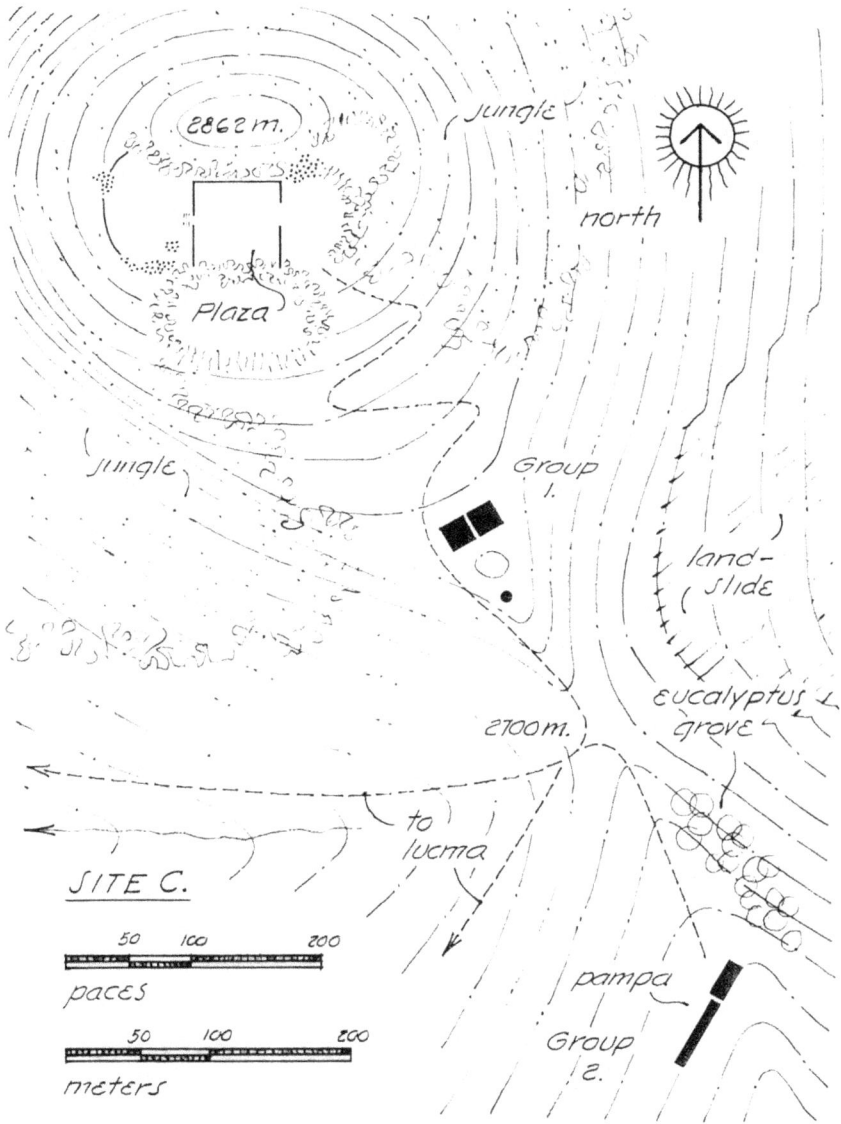

Figura 13 - Mapa de Inca Huaracana

Saliendo de Yupanka, ascendimos por la empinada quebrada del río Salinas hasta su cabecera, por debajo de un paso del mismo nombre que desemboca en la cabecera del Urumbay. Aunque había secciones de viejos adoquines en el fondo y cerca de la parte superior del cañón, la mayor parte del camino subía por curvas estrechas y fangosas. (**Figura 4**, Camino vii) Justo antes del paso, a unos 3,750 metros, el terreno se abría en un amplio valle pantanoso llamado Maranpata. Había varias chacras dispersas por los alrededores, pero el clima a esa altitud no fomentaba mucho la agricultura y no había evidencia de que el lugar hubiera mantenido alguna vez a más de unas pocas familias. Acampamos bajo un cielo amenazador, cerca de la casa más alta, propiedad de un viejo amigo de Juvenal. Una vez que nos instalamos y mientras la estufa calentaba una taza de café de la tarde que tanto necesitaba, eché un vistazo rápido a mi alrededor.

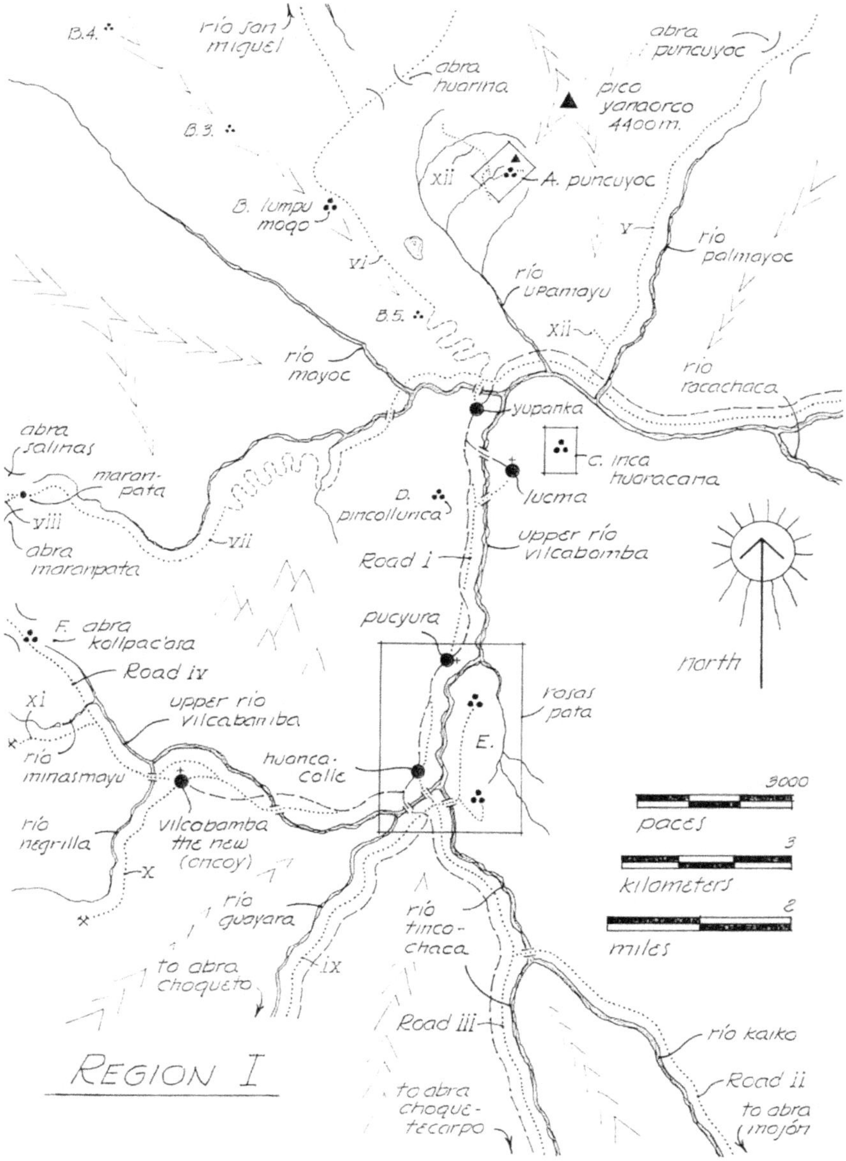

Figura 4 - Mapa del alto Río Vilcabamba

Deambulando hasta una brecha baja en la cresta justo encima de nuestra tienda, descubrí que podía mirar hacia el otro lado de Mollepunku (**Figura 33**) en el camino de Pampaconas, a no más de una milla de distancia. Juvenal dijo que la brecha se llamaba Abra Maranpata y que aún se podían ver los restos de un camino inca pavimentado que serpenteaba hacia y a través del valle intermedio. (**Figura 32**, Camino viii) Sombrío y poco impresionante como era, Maranpata se encontraba en el cruce de no menos de tres antiguos caminos en la época inca. Siempre había pensado que había un solo camino desde el alto río Vilcabamba hasta el alto río Pampaconas, el camino que siempre habíamos usado, sobre el paso de Kolpacasa. Ahora me di cuenta de que me había equivocado. La ruta que acabábamos de seguir por el cañón del río Salinas había sido una vez una alternativa, un atajo importante, desde el área alrededor de Lucma hasta Pampaconas o río abajo hasta Tambo y Vilcabamba la Vieja.

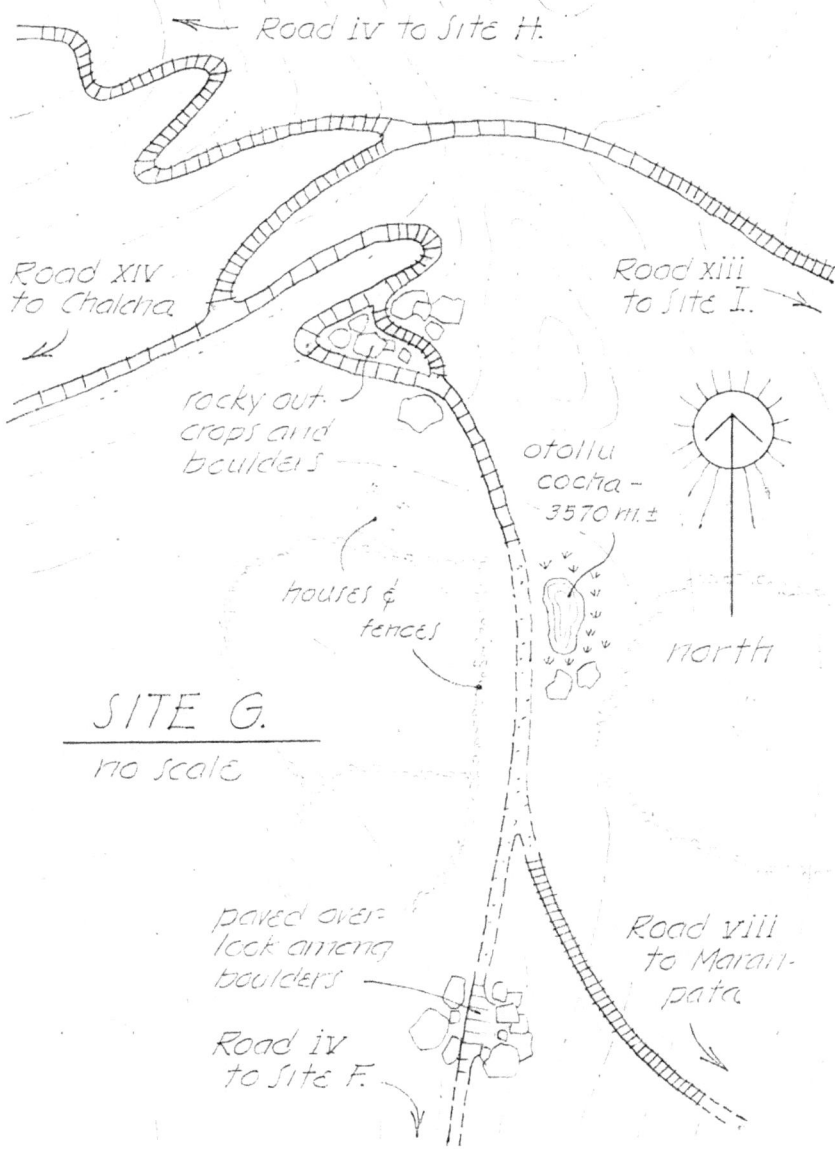

Figura 33 - Mapa de Mollipunku

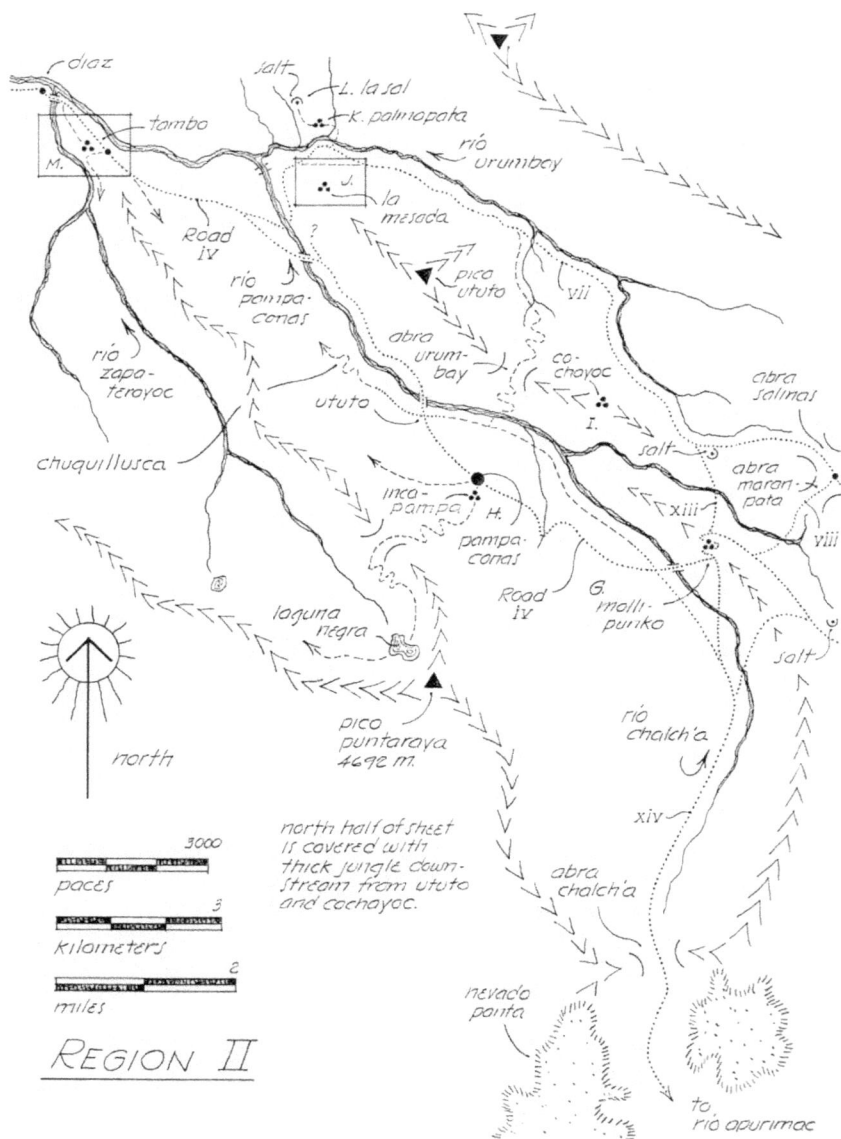

Figura 32 - Mapa del alto Río Pampaconas

Eso, a su vez, respondía a una pregunta que me había molestado durante algún tiempo. Durante la invasión de 1572, los incas habían desaparacido de la vista del ejército de Arbieto en algún lugar por debajo de Vitcos y reaparecieron con toda su fuerza en Tambo, varias semanas después. Aparentemente, habían evitado tanto a Vitcos como a Pampaconas en el proceso, ya que los españoles no encontraron resistencia en ninguno de los dos lugares. Ahora, era obvio a dónde habían ido. Al retirarse el Salinas y hacia el Urumbay, (**Figuras 4** y **32**, Camino iiv) los nativos habían fácilmente avanzado más rápido que los europeos hasta Tambo, mientras tanto los vigilaban colocando vigías a lo largo de los puntos altos que separaban las dos rutas. Poco apreciada en ese momento, mi nueva ruta alternativa también respondió a otra pregunta importante, pero era una que me tomaría aun varios días más en preguntar.

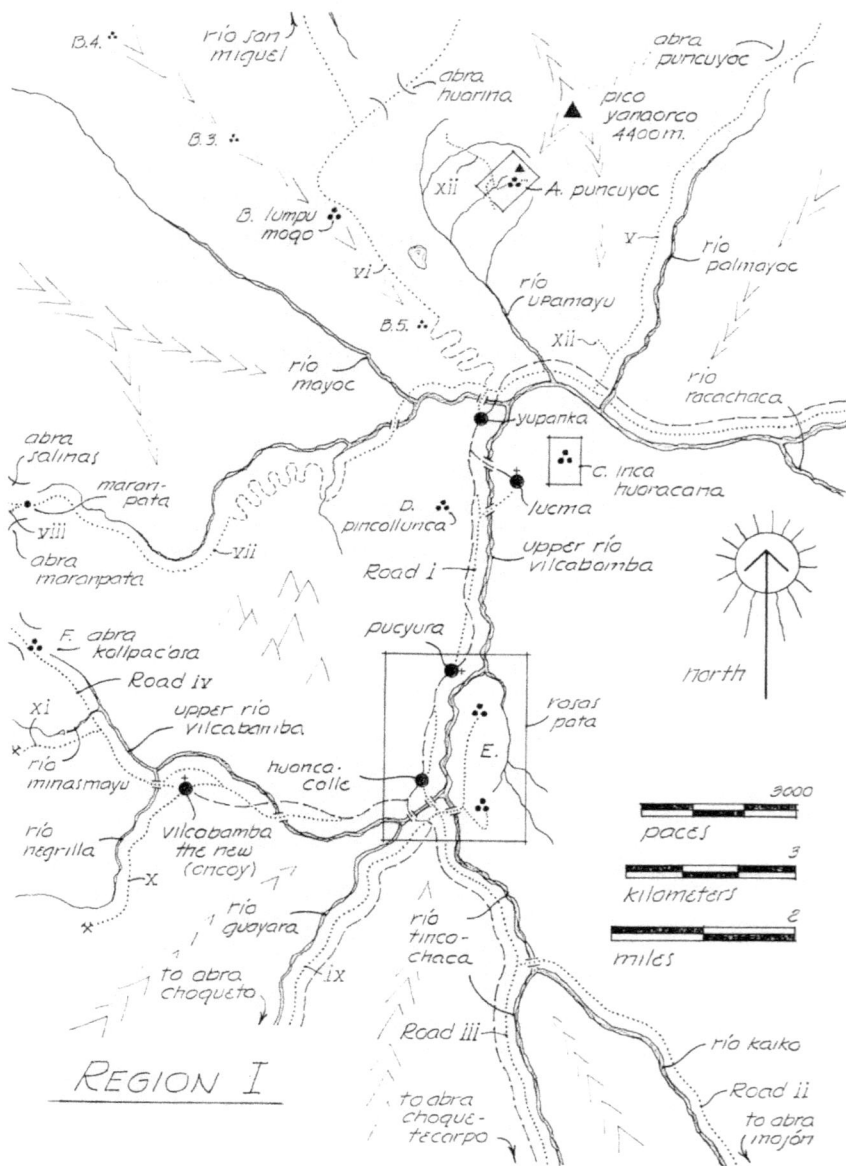

Figura 4 - Mapa del alto Río Vilcabamba

Hacia el anochecer, el clima se volvió desagradable y los horrendos vientos y la lluvia barrieron contra nuestro campamento ridículamente expuesto durante toda la noche y la mitad del día siguiente.

Juvenal y Policarpo dormían dentro de la casa de campo, pero Nancy y yo nos quedamos fuera con la teoría de que sólo el peso muerto de nuestros cuerpos evitaría que el viento se llevara la tienda. Fue una noche larga y sin dormir. Tendríamos que haber guardado la capa y entrar, pero cuando nos dimos cuenta, ya era demasiado tarde. Efectivamente, era como si estubieramos acampados sobre la plataforma den un camión que iba sobre la autopista a 80 kilometros por hora. Hacer cualquier otra cosa que no fuera simplemente aguantar el viento estaba fuera de discusión. Pensé en las ruinas de Puncuyoc y me estremecí al pensar en las condiciones que debían sentirse allí arriba. Puncuyoc no están muy lejos de Maranpata y esta 150 metros más alto. El gran viento que nos azotaba debió de haber golpeado el superexpuesto Incahuasi con fuerza de huracán. **(Figura 6)** Era obvio por los detalles de la construcción que había visto allí el año anterior que el techo había sido atado con mucho cuidado, y ahora entendía por qué.

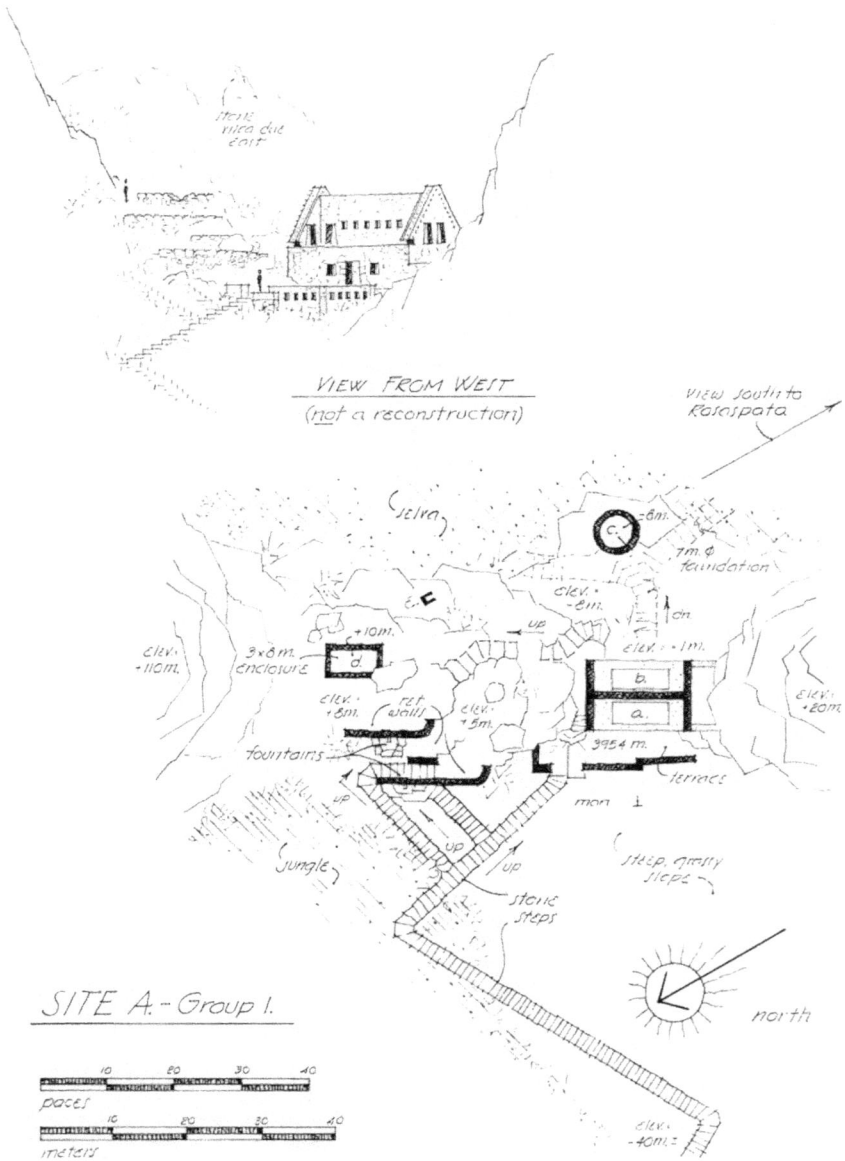

Figura 6 - Plano del sitio y vista de Incahuasi

A primera hora de la tarde, la tormenta comenzó a desaparecer y Pancho apareció. Aliviados de haber escapado por fin de nuestra pequeña prisión de nylon, decidimos aprovechar la mejora del tiempo y echar un vistazo a las ruinas que von Kaupp pensó que eran las de la misión de Ortiz. Pancho nos llevó a una colina cercana y se detuvo, finalmente, en la cima. Cuatro cercas de piedra caída se encontraron en un montículo lleno de bultos en el punto más alto. Se habían cavado un par de hoyos cerca y había algunas piedras sueltas por ahí. Lo que estábamos viendo, según Pancho, eran los restos de la iglesia donde una vez había predicado un héroe popular llamado Padre Huarcuna.

No había nada que ganar argumentando este punto, pero era ridículo. No había suficiente terreno plano en la empinada cumbre para acostarse, y mucho menos para construir una iglesia. Tampoco había piedras suficientes para construir ni siquiera una pequeña choza de pastores. Calancha había reportado no sólo una iglesia, sino también una casa y un hospital. Empecé a tener la sensación de que en el 78, Pancho se había dado cuenta rápidamente de lo que von Kaupp quería encontrar y lo había llevado a este y a todos sus otros sitios. Si es así, nos esperaban más decepciones en el Urumbay. Mientras hacía un boceto de lo poco que había para registrar, me pregunté cómo un lugar así pudo haberse confundido con el sitio de la iglesia de Ortiz. Calancha dijo que el padre a menudo predicaba desde las cimas de las montañas y ocasionalmente dejaba grandes cruces de madera para conmemorar el evento. **(3)** Supuestamente, lo había hecho en Kolpacasa, el Paso Salado, a solo una milla de distancia. Supuse que bien podría haber hecho lo mismo aquí, sobre Maranpata. Con su vista panorámica de 360 grados de la campiña circundante, sin duda sería un lugar inspirador para un sermón. En cualquier caso, el valle desolado que se extendía a nuestros pies nunca había sido "muy poblado", como Calancha describió a Guarancalla. Claramente, la iglesia de Ortiz había estado en otro lugar.

Al día siguiente, Pancho, Juvenal y yo cruzamos el Abra Salinas y nos dirigimos por el cañón del Urumbay bajo un cielo gris y opresivo. Nancy no se sentía bien y Policarpo se quedó para echarle una mano en el campamento. El plan era que nosotros tres bajáramos a la "verdadera" La Mesada y volviéramos a Maranpata lo más rápido posible. Bajando hicimos un buen tiempo a pesar de varios encuentros interesantes en el camino. **(Figura 32**, Camino vii) No muy lejos del paso, un sendero llegaba desde la izquierda que, según Juvenal, conducía a Mollepunku. **(Figura 33**, Camino xiii) Enseguida me di cuenta de que era una de los caminos secundarios que se unían a la vía principal aguas abajo en el pintoresco cruce peatonal de allí.

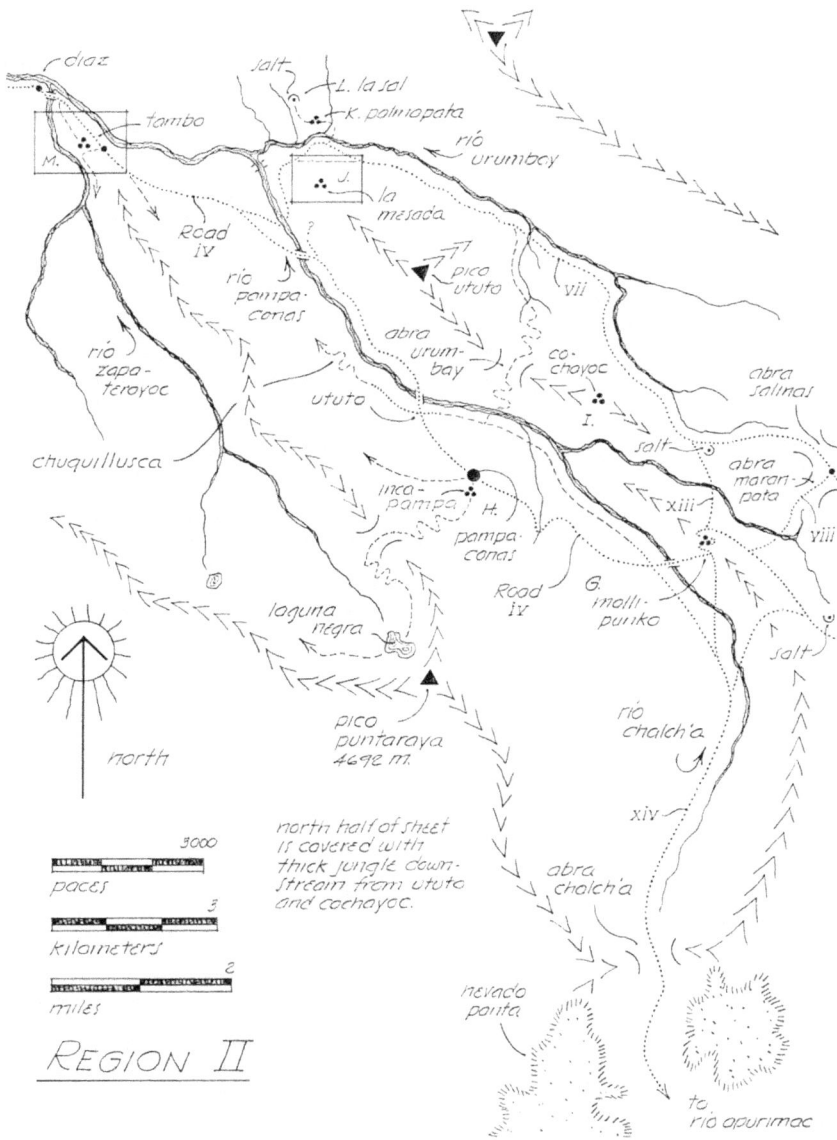

Figura 32 - Mapa del alto Río Pampaconas

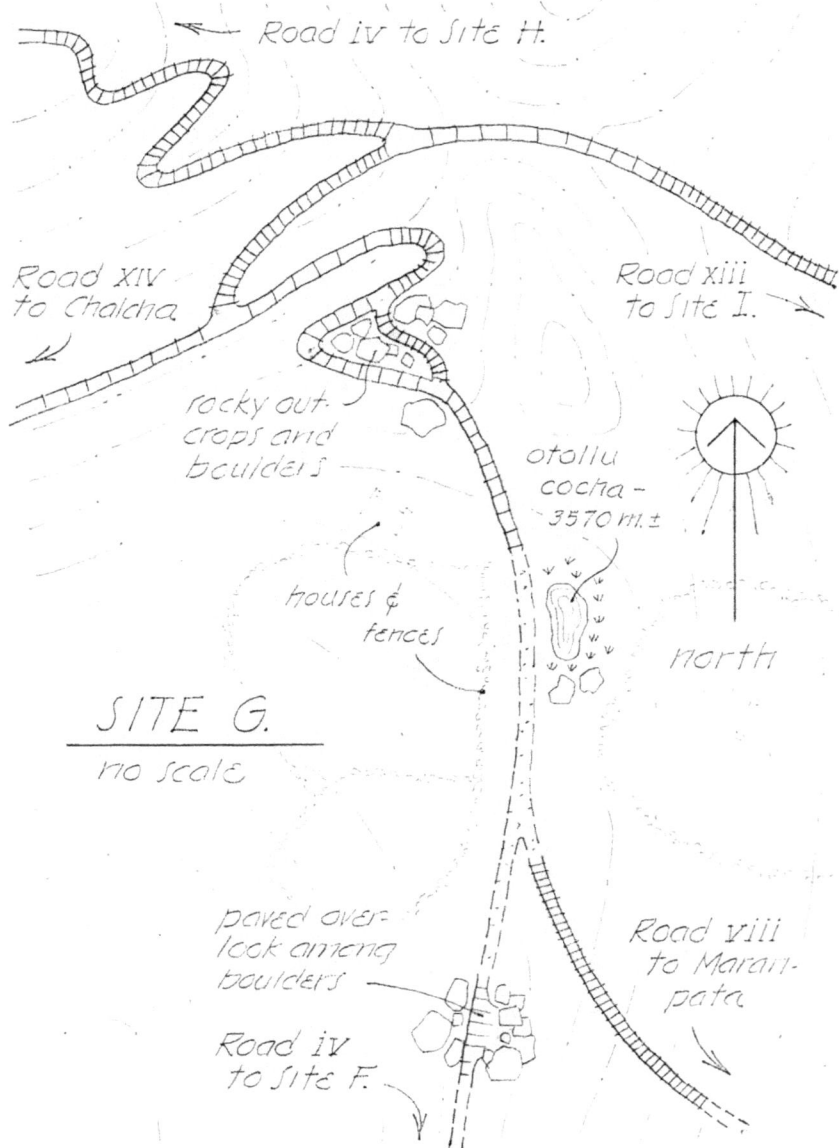

Road iv to Site H.

Road xiv
to Chalcha

Road xiii
to Site I.

rocky out-
crops and
boulders

otollu
cocha -
3570 m.±

north

houses &
fences

SITE G.

no scale

paved over-
look among
boulders

Road viii
to Maran-
pata

Road iv
to Site F.

Figura 33 - Mapa de Mollipunku

Una hora más abajo, el cañón se abrió un poco y apareció una pequeña meseta a unos cientos de metros de la ladera izquierda. Ambos, Pancho y Juvenal, coincidieron en que había ruinas en un lugar llamado Cochayoc -el lugar del que Ben y yo nos habíamos hablado en Pampaconas el año anterior-, pero no eran más que unas pocas casas circulares, muy derruidas, cubiertas de maleza y sin interés. Hice una nota mental para ir allí en nuestro camino de regreso río arriba, pero nunca lo hicimos. Debajo de Cochayoc, finalmente nos reincorporamos a la ruta que José, Ben y yo habíamos seguido en nuestro primer viaje a La Mesada y el territorio se volvió conocido por primera vez desde que salimos de Yupanka. El sendero todavía estaba en mal estado, pero al menos no había árboles caídos y llegamos a la primera de las cabañas de Álvarez justo antes del anochecer.

Los demás dormían adentro, pero el lugar estaba tan lleno de arañas que no podía hacerlo. Extendí mi bolsa en el estrecho porche junto a la puerta. La paja sobresalía un poco, por suerte para mí, porque la lluvia de esa noche cayó en cantaros. Había escuchado esa frase toda mi vida y nunca antes supe lo que significaba. Nancy dijo más tarde que la tormenta en el paso fue la más violenta que había experimentado. Por la mañana se había detenido, pero la selva estaba empapada, la visibilidad se había reducido a unos pocos metros debido a la niebla y el suelo bajo los pies era un pantano más o menos continuo. La humedad debe haber estado al 100% y toda la escena fue sacada directamente de una película de la jungla. Pancho lideró con su machete cuando salimos del camino y comenzamos a subir por la ladera de la montaña hacia La Mesada. Como nunca se había desviado del camino sobre la plaza de los Álvarez, Juvenal lo siguió, curioso por lo que íbamos a encontrar. A mí, el entorno me resultaba deprimentemente familiar. Sin embargo, como no quería influir en Pancho de ninguna manera, no dije nada. Después de una hora más o menos, el ángulo de la subida se redujo y salimos a la meseta de José, no lejos de los gigantescos árboles de matapalo. Los arbustos estaban aún más espesos de lo que recordaba, supuse que era debido a toda la lluvia. No se veían ruinas y Juvenal pensó que nos habíamos detenido a descansar. Yo sabía que no era así y, efectivamente, Pancho apartó algunas enredaderas de una de las paredes de la gran estructura central y anunció que habíamos llegado. "¡Aquí estamos!" No había duda, dijo. Era la misma "gran ruina inca" que le había mostrado a von Kaupp casi una década antes. En retrospectiva, supongo que supe desde el principio que no íbamos a encontrar nada nuevo, pero en ese momento, las visiones de todo el tiempo, el dinero y el sudor que había invertido en volver a ese mismo lugar desagradable y tan poco interesante me molestó y perdí la calma.

—Pancho —le dije, tratando de controlarme a medias—, ¡este lugar es tan inca como mi trasero! He estado aquí antes. Conozco este lugar. ¡Conozco la arquitectura inca cuando la veo y no hay 84 casas incas cerca de aquí!" Visiblemente herido, tanto que inmediatamente me avergoncé de mí mismo, insistió en que estaban "a nuestro alrededor". En realidad, pensándolo bien, estaban "más arriba" en la pendiente, dijo. No queriendo darle a von Kaupp más municiones, subimos. Durante una hora o más, buscamos, cada vez más alto en la mojada y nublada selva . Los cimientos circulares que habíamos encontrado con José estaban por todas partes. Un tibio beneficio de esa segunda visita con Pancho fue una mayor comprensión de la escala del lugar. Tenía que estar de acuerdo con Bob en eso, al menos. Había, en efecto, «84 casas, y probablemente muchas más», como había informado. Simplemente no parecían ser incas. Había, en teoría, la posibilidad de que fueran almacenes, una de las pocas circunstancias en las que los incas favorecían las plantas circulares. Pero tales sitios estaban típicamente organizados en filas ordenadas e incluían algunas de las estructuras rectangulares clásicas de los incas para viviendas, administración y cosas similares. Pero no encontramos ratros de ninguna de estas características. Además, la calidad de la construcción inca era generalmente mejor de lo que encontrámos. La idea de tener un almacén era proteger del clima y los animales, y las paredes de La Mesada habrían proporcionado escasa protección contra cualquiera de ellas. En respuesta a la continua promesa de Pancho de que los edificios incas estaban "más arriba", finalmente, en mi desesperación, ofrecí una recompensa nominal en efectivo por el descubrimiento de cualquier edificio con esquinas cuadradas y les dije a ambos que volvería a las grandes estructuras centrales y podrian encontrarme allí si encontraban algo. Cuando me di la vuelta para regresar por donde ya habíamos buscado, ambos desaparecieron rapidamente en la espesa selva de arriba.

En 1984, yo había considerado las ruinas que formaban lo que von Kaupp llamó el núcleo del sitio como estructuras anómalas, ya que no parecían ni incas ni se parecían en nada a las toscas casas circulares de los alrededores. Bob tenía razón, pensé entonc3w. Había algo especial en el lugar, ¿pero qué? Supuse que había sido el modesto distrito central del antiguo asentamiento, probablemente formado por sus templos, salas de reuniones u otras estructuras públicas. Como no tenía mucho más que hacer, decidí pasar la tarde tratando de averiguarlo. Después de una hora más o menos de limpieza con mi machete, el diseño de las ruinas era más fácil de ver. Lo que había pensado que era un grupo de edificios conectados por altos muros, en cambio, resultó ser dos grandes habitaciones o recintos separados por un par de montículos altos, llenos de rocas sueltas. Uno de estos últimos había sido excavado, probablemente por huaqueros, y parecía ser la base de una torre aproximadamente cuadrada de unos 6 pasos de lado. El otro montículo también mostraba signos de que alguna vez había sido rectangular, aunque un poco más pequeño que el primero. De los dos recintos, el más grande, de 20 por 25 pasos, nunca había tenido más de cinco pies de altura, mientras que su vecino más pequeño todavía estaba muy por encima de mi cabeza y tenía la forma de un semicírculo alargado con un diámetro de unos 16 pasos. No se veían puertas, ventanas o nichos en ninguna parte, aunque el muro que separaba los dos recintos estaba enterrado bajo al menos tres metros de escombros y el punto medio del único lado del recinto más grande que no estaba excavado de la ladera estaba oscurecido por las raíces enmarañadas de uno de los gigantescos arboles matapalos. Por primera vez, comencé a esbozar lo que había encontrado (**Figura 36**) y de repente me di cuenta de lo que era. En un instante, todo encajó. ¡Había encontrado la última pieza del rompecabezas de la Vilcabamba Inca!

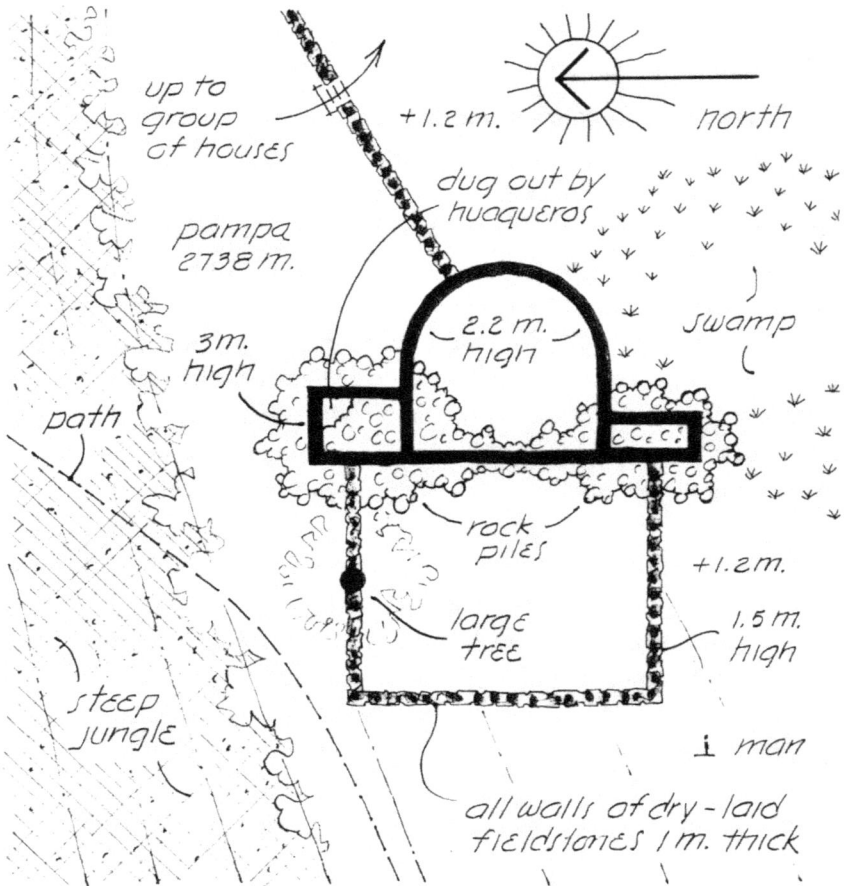

up to
group
of houses

+1.2 m.

north

dug out by
huaqueros

pampa
2738 m.

swamp

2.2 m.
high

3m.
high

path

rock
piles

+1.2 m.

large
tree

1.5 m.
high

steep
jungle

1 man

all walls of dry-laid
fieldstones 1 m. thick

SITE J.

Structure 1.a.

| 5 | 10 | 15 | 20 | 25 |

paces

| 5 | 10 | 15 | 20 | 25 |

meters

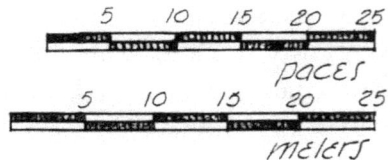

Figura 36 - Plano de la estructura anómala

Justo en ese momento, Juvenal y Pancho emergieron de la selva, este
último con un aspecto claramente tímido. A pesar de sus mejores
esfuerzos, no pudieron reclamar ni una sola recompensa. Habían
encontrado algunas construcciones circulares más arriba de donde

414

las había dejado, "...¡Muchas redondos!" —exageró Pancho, "... pero, ningunos cuadrados", agregó Juvenal, sabiendo que no había recompensa. No me sorprendió. El propio Von Kaupp había ubicado su sitio "inca" en una "ladera corta" hacia arriba desde el río **(4),** difícilmente una descripción que se aplicaría a ruinas a 600 metros en la ladera de la montaña. Además, ¿a quién le importaba? Ahora me di cuenta de que era un punto discutible. Incluso si había restos incas escondidos en algún lugar de la selva circundante, no había diferencia. La ruina que acababa de limpiar contaba toda la historia.

El núcleo de La Mesada era una pequeña iglesia española, un ejemplo clásico de la llamada capilla abierta. Era un tipo de edificio especialmente favorecido por los misioneros del siglo XVI en parroquias mayoritariamente nativas. Había aprendido de ellas en mis lecturas con Paula, sin pensar mucho en ello en ese momento. Ahora todo volvió a mi memoria. Según los expertos, el interior de la iglesia en sí estaba reservado para las oficinas del sacerdote, mientras que la congregación, a menudo resistente, recibía la misa desde un balcón entre los campanarios mientras estaba de pie en un gran atrio abierto, o patio, frente al edificio. **(5)** El santuario generalmente semicircular de tal capilla estaba invariablemente en el extremo este de la nave, frente a los campanarios, y el atrio era generalmente un recinto amurallado más allá de estos hacia el oeste. Un vistazo a mi boceto mostró exactamente ese diseño en La Mesada. Probablemente, alguna vez había habido una puerta entre las torres del oeste, ahora enterrada en la pila de rocas, y una puerta que daba al patio donde el gran árbol ahora envolvía la pared. Proyecté esas características en el plano y allí estaba mi iglesia. **(Figura 37)**

SITE J. - Structure I.a.

Figura 37 - Vista de la estructura anómala (misión de Ortiz en Guarancalla)

La Mesada, entonces, era Guarancalla, la misión perdida del Padre Ortiz. Tenía que serlo. Titu Cusi sólo había permitido que se construyeran dos iglesias cristianas en toda la provincia. Una versión reconstruida de la otra, la misión del compañero de Ortiz, Marcos

García, sigue en pie frente a la comisaría de Pucyura. Según Calancha, Guarancalla estaba a varios días de camino de la iglesia de García, en un "lugar poblado" entre Vitcos y Vilcabamba la Vieja. (6) En todos los sentidos, era una descripción acertada de La Mesada. Significativamente, Calancha no identificó a Guarancalla como una ciudad "inca", solo dedujo que estaba habitada por súbditos de los incas. Por las toscas casas redondas que rodeaban la iglesia, supuse que eran los nativos de la selva identificados por Beauclerk, las mismas personas que habían compuesto el grueso del séquito de Titu Cusi durante sus reuniones con Figueroa en las cercanías de Pampaconas en 1565. (7)

Si La Mesada era Guarancalla, entonces no podía ser Marcanay, como creía von Kaupp. Por lo tanto, mi ubicación de este último en Consevidayoc era correcta y la contra-teoría revolucionaria de Bob se evaporó, sin importar lo que los lugareños pensaran sobre el Padre Huarcuna y su supuesta ejecución en Palmapata. Eso, a su vez, significaba que Tambo, el único otro pueblo cerca de La Sal, tenía que ser el Yanacachi de Calancha, el antiguo pueblo llamado así por un depósito cercano de sal negra. Ambas identificaciones se fortalecieron aún más por las inferencias de Calancha (8) de que Guarancalla y Yanacachi eran lugares cercanos, ya que La Mesada y Tambo no estaban a más de media hora de caminata. Finalmente, la ruta del martirio de Ortiz tuvo sentido por primera vez. Calancha relató que, desde Pucyura, los nativos arrastraron al sacerdote a través de "Guarancalla, el pueblo donde enseñó e hizo su iglesia" en su camino a Tupac Amaru en Marcanay. (9) No se conocía tal lugar en la ruta principal sobre el Kolpacasa a Pampaconas y más allá, y siempre me había preguntado a dónde habían ido. La respuesta ya estaba clara. Habían seguido la misma ruta que nosotros, subiendo hasta Maranpata y bajando hasta La Mesada, (Camino vii) antes de volver a unirse a la camino principal río abajo en Tambo.

Caminando de regreso por el cañón del Urumbay más tarde esa tarde, me sorprendió el giro irónico de los acontecimientos. La iglesia de Ortiz era el único edificio en Vilcabamba que nadie, incluyéndome a mí, se había molestado en buscar. En retrospectiva, habría sido uno de los más fáciles de encontrar, o al menos de identificar, ya que no había otro igual en la provincia. Y una vez encontrado, era tan poco impresionante que ni von Kaupp ni yo le habíamos prestado mucha atención ni le habíamos asignado ningún significado; sin embargo, todo el tiempo, había sido la clave de un enigma que los exploradores habían tratado de resolver durante la mayor parte de un siglo.

Después de regresar a Maranpata, cambiamos nuestra atención a las ubicaciones de fuertes propuestas por Guillén. Pancho se fue a su casa en Yupanka, sin estar convencido de mi iglesia. Nancy se sentía mejor y ella, Juvenal, Policarpo y yo cruzamos el Abra Maranpata hasta el camino principal y nos dirigimos río abajo. Después de un largo día en el camino, establecimos el campamento cerca del Río Tunquimayo, el afluente del Pampaconas abajo de Urpipata, donde Guillén teorizó la ubicación de Huayna Pucara, el Fuerte Nuevo. **(Figura 44)** Era un terreno empinado y esposo, y Nancy y Policarpo volvieron a acampar mientras Juvenal y yo nos aventuramos en la selva. José, Jim Little y yo habíamos revisado el terreno más probable en 1984 y no encontramos nada. Ahora, Juvenal y yo registramos sistemáticamente todos los cañones y crestas circundantes en busca de cualquier señal de antiguos caminos o fortificaciones. Todos los campesinos eran buenos cortadores, pero Juvenal era un mago con un machete. En dos días cubrimos lo que me habría llevado toda una vida explorar. No encontramos nada. Nuestro siguiente y último objetivo fue la versión de Guillén de Machu Pucara, el Fuerte Viejo. Tenía la esperanza de buscarlo en algún lugar alrededor de La Roca, pero la crecida del río Lucumayu, un kilómetro más adelante en el sendero, nos impidió ir allí. Juvenal dijo que no me preocupara. Había pasado sus 50 años trabajando en ese territorio y me aseguró que allí no había nada.

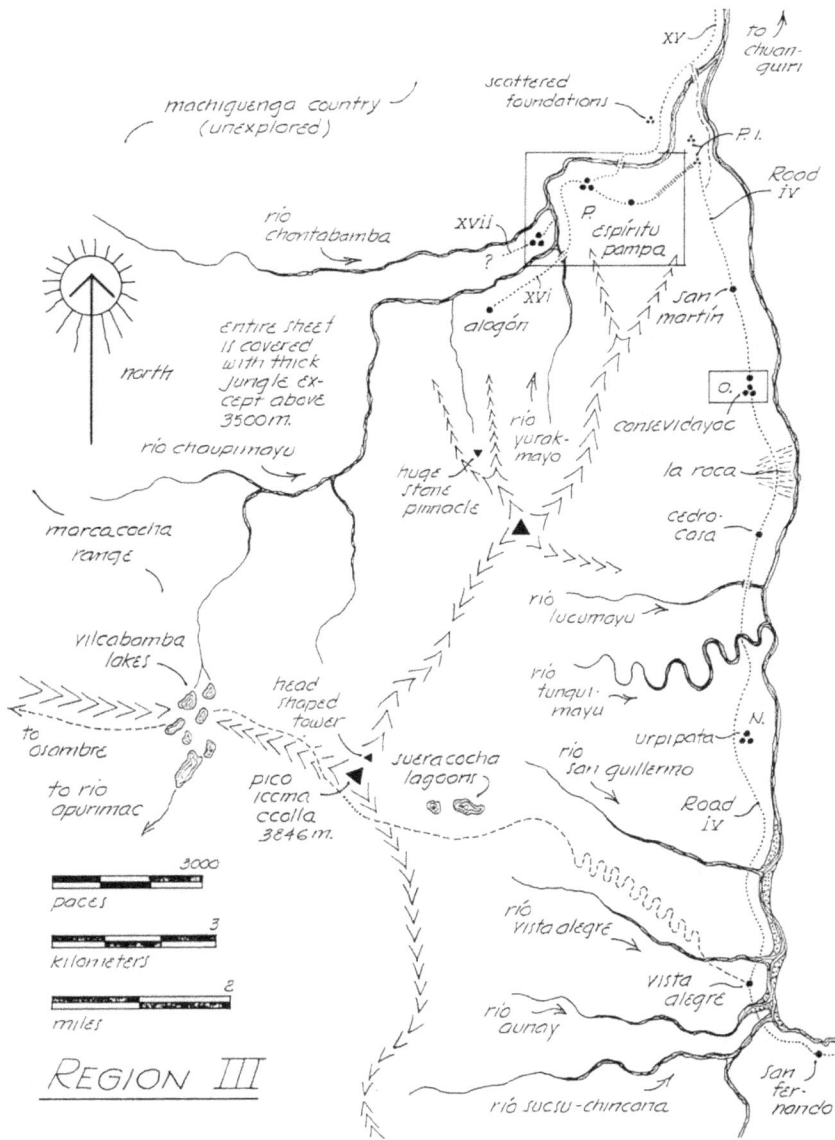

Figura 44 - Mapa del bajo Río Pampaconas

Según él, las únicas ruinas río abajo, aparte de las de Espíritu Pampa, habían sido en Consevidayoc. Hace años, era un pueblo de casas circulares, dijo, muy parecido a las que acabábamos de ver en La Mesada. Cuando era niño, había ayudado a su padre, Julio, a limpiar el área para los cultivos y habían encontrado decenas de cimientos redondos y muy caídos debajo de la maleza enmarañada. **(Figura 46)** Las viejas piedras habían sido necesarias, dijo, para construir la escuela, las casas y las cercas del asentamiento moderno. Las habían usado todas. Eso era todo lo que necesitaba saber, pensé. Habíamos acertado todo el tiempo con respecto a Consevidayoc. Las ruinas recicladas de Juvenal habían sido una vez Marcanay, el pueblo nativo que todos coincidieron en que era la última parada en el camino hacia la capital perdida de Manco.

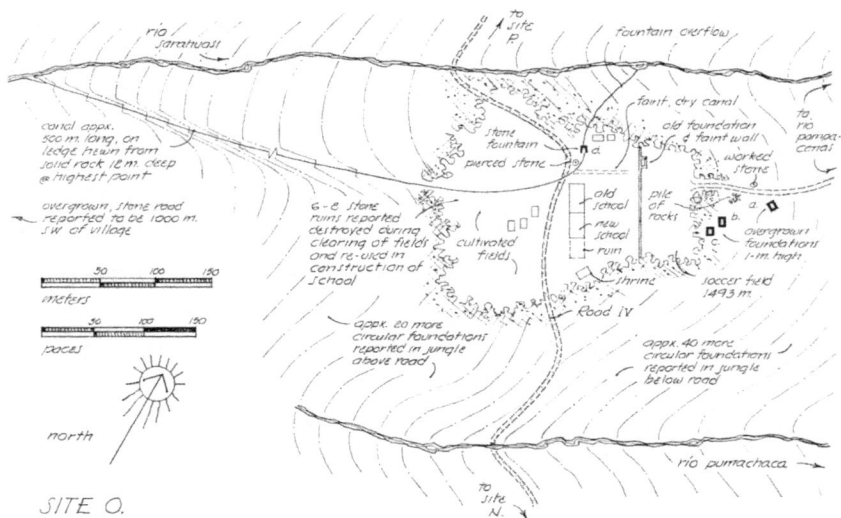

Figura 46 - Mapa de Consevidayoc (sitio probable de Marcanay)

Así que se acabó. Curiosamente, todas las piezas del rompecabezas habían encajado finalmente en su lugar, excepto Mananhuañunca, la que había atraído a von Kaupp a la búsqueda en 1978 y, por lo tanto, me llevó a reconstruir todo lo demás una década después. Hasta el día de hoy, la tradición local ubica a Mananhuañunca en Palmapata, el claro en la selva al otro lado del cañón de La Mesada, sin embargo, todas las crónicas implican que estaba cerca de la ciudad de Marcanay, venticuatro kilómetros más río abajo. La descripción física del lugar del martirio de Ortiz dada por Calancha **(10)** coincide estrechamente con el terreno de Palmapata y se pueden leer varias otras fuentes menos conocidas que desmienten su proximidad a Marcanay. Sin embargo, no hay duda de que el desafortunado padre fue arrastrado ante el Inca Tupac Amaru para ser sentenciado en Marcanay antes de su ejecución. ¿Podría ser que lo arrastraron todo el camino de regreso a Palmapata antes de que se llevara a cabo el hecho? Nadie lo sabe. Probablemente nadie lo sabrá, a menos que Bob von Kaupp y su amigo Pancho Quispicusi algún día cumplan su promesa de encontrar la "verdadera" Vilca-bamba la Vieja en algún lugar de las selvas humeantes de Urumbay. Les deseo suerte.

Epílogo

Cuando el vuelo 66 de Aero Perú salió de Cusco y comenzó su largo giro hacia el noroeste, rumbo a Lima, las terrazas de Tipón se deslizaron bajo la punta del ala izquierda. Un estruendo de vítores y aplausos nerviosos testimoniaron el alivio de los pasajeros, entre los que nos incluimos, de la suerte del vuelo del día anterior. A mitad de la pista de despege, ese avión, que se estrelló dos días después en la aproximación final a Puerto Maldonado, se había estremecido con un fuerte crujido metálico, lo que obligó al piloto a abortar nuestro despegue segundos antes de que esa opción hubiera desaparecido para siempre, probablemente llevándonos a nosotros y a todos a bordo con él. Había estado muy cerca, e irónicamente después de años de andar entre los picos y las selvas de esta tierra azotada por el terrorismo. Nos alegramos de estar en el aire, por fin.

Momentos después, los picos de Pachatusan pasaron a la deriva y el estupendo cañón del río Vilcanota bostezó más allá. Pisac, Ollantaytambo y Machu Picchu aparecieron, uno tras otro, resonando en cuestión de segundos la larga retirada de Manco Inca después de su fracaso en retomar el Cusco de los españoles en 1536. Al igual que su ejército, el camino del vuelo 66 comenzó a desviarse hacia el laberinto de picos, glaciares y cañones verdes de selva al oeste del río. Casi de repente, la increíblemente empinada cresta de la cumbre del Pumasillo se acercó a las ventanas de estribor, sus flancos helados brillaban de color azul plateado a la luz de la mañana. Tres kilometros más abajo se extendía Vilcabamba, que acababa de emerger de la larga noche de agosto.

Fascinado, observé cómo, uno por uno, los lugares oscuros que habían consumido cinco años de mi vida iban apareciendo. Pequeños parches de luz solar pálida señalaron a Puncuyoc, Rosaspata, Pincollunca e Inca Huaracana, prueba positiva de que Manco y sus seguidores veneraban el sol naciente no menos que sus antepasados. Más al oeste, al otro lado del paso de Kolpacasa, la oscuridad aún dominaba y parecía más opaca, magnificada por la profundización de la selva. Serpentinas de niebla se aferraban a las afilados picos. Como por designio incaico, La Mesada, Tambo, Urpipata y Consevidayoc permanecieron ocultos, ocultos aún por el camuflaje natural de la selva. Hacia el norte, el valle de Espíritu Pampa yacía envuelto bajo densas nubes, la verdadera "ciudad perdida de los incas" evitando aún las miradas indiscretas de los forasteros no deseados. Recortado contra las nubes, el pico de Icma Coya se alzaba como una enorme lápida, como para marcar el final de uno de los momentos de grandeza de la humanidad. Al darme la vuelta, me di cuenta de que nuestro breve sobrevuelo había simbolizado de alguna manera, en cuestión de segundos, los 36 años de historia de la Vilcabamba Inca. Cuando regresé a la ventana para echar un último vistazo, como los propios incas, ya no estaba.

En las semanas y años anteriores, habíamos viajado hacia el este, hacia las húmedas selvas tropicales del Amazonas, hacia el sur, más allá del altísimo lago Titicaca, hacia el oeste a lo largo de los desiertos costeros resecos del Pacífico y hacia el norte, entre los glaciares helados de la imponente Cordillera Blanca. Siempre estuvimos dentro del Tawantinsuyo, el imperio de esas personas extraordinarias. A menudo, la imagen de su último bastión pasando silenciosamente por la ventanilla de mi avión vuelve a mis pensamientos. ¿Por qué, me pregunto, ese recuerdo me persigue tanto?

¿Qué relevancia podrían tener todos esos montones de piedras sin vida en nuestro mundo?

Es esto. A su manera, los incas eran muy parecidos a nosotros. Los romanos de su tiempo, como nosotros lo somos del nuestro, fueron constructores, civilizadores y creyentes en el orden y la prosperidad. Ellos también doblegaron la tierra a su voluntad sin vacilación ni vergüenza. Sin embargo, a diferencia de nosotros, los incas nunca perdieron el contacto con sus orígenes: con la Pacha Mama. Ninguno de los Césares nativos de las Americas tenía mayor derecho para dar por hechas las maravillas de la Madre Tierra. Maravillas que el poderoso Sapa Inca, sin embargo, abrazao como pocos con más vigor. Amo, literalmente, de todo lo que examinaba y poseedor de un poder absoluto para hacer su voluntad, el Hijo del Sol eligió celebrar, no simplemente manipular, a la Naturaleza. Sus monumentos pueden ser ahora piedras sin vida, pero cuentan más sobre su visión del mundo que las bibliotecas llenas de historias de intrigas palaciegas.

Los incas han sido caracterizados popularmente como un pueblo inteligente pero sin arte. Otros antes que ellos fueron mejores tejedores, alfareros, herreros y, tal vez, músicos. Los incas eran constructores, pero aun en esto siempre se les ha alabado como ingenieros y artesanos; rara vez como diseñadores y arquitectos. Nuestra actitud en esto es una condescendencia absurda, una declaración elocuente de nuestra propia herencia arquitectónica caótica más que una crítica a cualquier cosa inca. En los Andes, una vez quedó claro que, por grande que pudiera ser un hombre o una nación, la Tierra era aún más grande, y que abrir la Tierra era un acto de importancia. Ya sea plantando maíz o construyendo una ciudad, los incas sabían que en todo tenían que dar lo mejor de ellos.

Para nosotros, el resultado es la huella persistente de un mundo alternativo, una arquitectura tan diferente a la nuestra que a algunos les parece la obra de una raza alienígena. Pero somos nosotros los que nos hemos alienado de mucho de lo que es real y hemos construido, en cambio, un mundo en el que la Tierra se trivializa como un bien inmueble, y la luz del sol, el espacio, el agua pura y las cosas en crecimiento se ven como comodidades que afectan en gran medida a su precio. Construimos como si la integridad no fuera más que una estrategia de diseño costosa y, por lo tanto, prescindible. Sin duda, como pasó con los incas, el tiempo un día reducirá nuestras obras a ruinas sin vida de acero y hormigón, y aunque gran parte de nuestra esencia se pierda entonces, estará claro que pocos de nosotros comenzamos nuestros días lanzando besos al sol.

Posdata

En las casi dos décadas transcurridas desde que se inició el trabajo aquí presentado, se han producido cambios dramáticos en todo el Perú, y en ningún lugar más que en la Zona de Vilcabamba. Las crisis políticas y económicas que mantuvieron a todo el país como rehén a finales de la década de 1980 y principios de la de 1990 han terminado, por el momento. Como resultado, el turismo en general y los viajes de aventura en particular se han disparado, y cada vez más personas buscan alternativas a los lugares cada vez más concurridos alrededor de Cusco, Machu Picchu y el Camino Inca.

Para bien o para mal, Vilcabamba está absorbiendo parte del desbordamiento. Tradicionalmente ha sido un lugar difícil, o al menos tedioso, de llegar. Una vez allí, los viajeros no han encontrado sitios o alojamientos desarrollados y, a falta de mapas o guías, han dependido por completo de sus propios recursos para explorar una región con fama de ser "desconocida" y tal vez, incluso peligrosa. Precisamente estos rigores me trajeron por primera vez a Vilcabamba en 1982. Es posible que tu también los encuentres atractivos, pero como todas las cosas aventureras, a menudo son más divertidos de anticipar y recordar de lo que realmente son. Con esto en mente, anímate. Si bien los esplendores del campo y su rico patrimonio arqueológico permanecen más o menos intactos y sin trabas, parte de la miseria que antes se asociaba con disfrutarlos ahora se ha ido.

Como especulé después de Sixpac Manco II en 1984, la carretera por el río Vilcabamba ha sido mejorada de tal manera que uno o más minibuses baratos ahora van y vienen diariamente hacia y desde la cabecera de la carretera en Huancacalle. Para aquellos dispuestos a pagar más, se pueden alquilar vehículos privados, o expresos, desde Quillabamba (medio día por trayecto) o incluso Cusco (un día muy largo por trayecto). En la actualidad se dispone de mapas topográficos y basados en satélites (véase el Apéndice B) que muestran la zona con bastante precisión, aunque muchos topónimos son incorrectos, están mal situados o ambas cosas. Varios restaurantes y hoteles han surgido en Huancacalle, incluido uno dirigido por la familia Cobos que cuenta con habitaciones limpias, camas grandes, agua potable embotellada, duchas con agua caliente y luz eléctrica, todas comodidades desconocidas hace solo unos años. Incluso se dice que hay un teléfono en camino. Guías, caballos y mulas para excursionistas de un día, excursionistas de varios días o grandes expediciones también están disponibles.

En cooperación con los campesinos locales, el gobierno está limpiando partes de Vitcos y tiene planes para reconstruir las ruinas cercanas de Ñusta Ispanan. Un guardián residente oficial supervisa el proyecto. Los muchos otros sitios arqueológicos de la región permanecen en gran parte abandonados y cubiertos de maleza. Una excepción es el valle de Espíritu Pampa, donde un centenar de nuevas familias que ya no temen al terrorismo, se han asentado y han limpiado partes de las ruinas. Un guardián del gobierno vigila sus actividades, pero aún no se han realizado trabajos de restauración. Quedan muchas oportunidades para la exploración arqueológica, y cada estación produce afirmaciones de "nuevos" hallazgos en este o aquel lugar, pero hasta ahora no se ha añadido nada de importancia al inventario presentado aquí. Las empresas comerciales de trekking de Cusco, Estados Unidos y Europa ofrecen viajes guiados a la región, con los viajes más populares a Espíritu Pampa (4 días) y Choquequirau (5-6 días), donde se ha estado llevando a cabo una limpieza y reconstrucción sustancial durante varios años. Un día o dos más allá de ambos sitios, el transporte de regreso a Cusco está disponible, eliminando la necesidad de un viaje de ida y vuelta a Huancacalle.

Durante la temporada excepcionalmente lluviosa de El Niño de 1997-8, un gigantesco deslizamiento de tierra rugió por el río Aobamba justo debajo de Machu Picchu represando el Urubamba y respaldando un lago que luego se vació, recorriendo el cañón inferior del Urubamba hasta Quillabamba. La vía férrea fue destruida y cinco puentes río abajo fueron arrastrados, incluyendo el muy transitado de Chuquichaca en Chaullay junto con sus viejos estribos incas y la enorme roca de tres pisos en medio de la corriente que una vez dividió el tramo. Hay planes en marcha para restaurar el cruce, pero en ausencia del antiguo ferrocarril, solo el tortuoso viaje de doce horas sobre los 4,300 metros del Abra Málaga (Paso Panticalla) conectará la región con Cusco en el futuro. Tal vez sea igual de bueno. Durante siglos, la esencia de Vilcabamba ha sido el atractivo de su lejanía. Algo de esta magia se perderá para siempre si algún día se vuelve fácil ir allí.

Sobre el autor

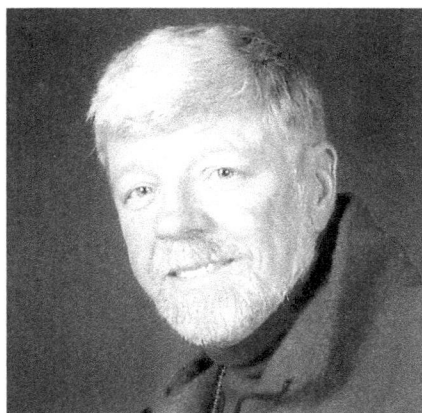

Vincent Lee era un arquitecto, arqueólogo, explorador y escritor. Su insaciable curiosidad por resolver misterios arquitectónicos antiguos lo llevaron a numerosas aventuras a las selvas montañosas de los Andes, las costas de la Isla de Pascua y los climas áridos del Medio Oriente. Vincent vivío en el suroeste de Colorado con su esposa, Nancy, y fue miembro del Instituto de Estudios Andinos de Berkeley, miembro del Club de Exploradores de Nueva York e investigador asociado del Museo del Hombre de San Diego.

Sin título

NOTAS DE LA SECCIÓN

Principales Caminoss y Sitios Arqueológicos Periféricos

1	von Kaupp, 1988
2	Bingham, 1979, pp 111
3	Rodriguez de Figueroa, 1913, pp 175
4	Bües, 1989
5	White, Correspondencia personal
6	Bingham, 1979, pp 112 & 141
7	Drew, 1984, pp 357
8	Lee, 1986, pp 2
9	Bingham, 1910
10	Samanez, 1986
11	Lee, 1997

Caminos de la Región I

1	Calancha, 1639, pp 794
2	Hemming, 1970b, pp 638
3	White, 1985, pp 143
4	Ibid., pp 142-3
5	Calancha, 1639, pp 801
6	Ibid.
7	Hemming, 1970, pp 504
8	White, 1985, pp 142-3

Región I Sitios en ruinas

1	White, 1985
2	von Hagen, 1975, pp 103-4
3	White, 1985, pp 134-5
4	Ibid., pp 136
5	Cobo, 1979, pp 134-5
6	Hemming, 1970, Ch. 22
7	Bingham, 1979, pp 115
8	Lee, 1985, pp 59
9	White, 1985, pp 134-5
10	Rodriguez de Figueroa, 1913, pp 177
11	Bingham, 1979, Parte II, Ch. 2
12	Titu Cusi Yupanqui, 1916, pp 92-3
13	Pizarro, 1978, pp 169 & 194
14	Ocampo, 1907, pp 216

15	Guillén Guillén, 1980, pp 26
16	Drew, 1984, pp 349-50
17	Titu Cusi Yupanqui, 1916, pp 82
18	Bingham, 1979, pp 116
19	Ibid.
20	Gasparini, 1980, pp 213-4
21	Angles Vargas, 1988, Bk. II, pp 419
22	Bingham, 1979, pp 118-9
23	Calancha, 1639, pp 807
24	Angles Vargas, 1988, Bk. III, Ch. 35
25	Hemming, 1982, pp 176-7
26	Bingham, 1911+
27	Bell, Correspondencia personal
28	Ocampo, 1907, pp 216

Region II Upper Río Pampaconas

1	Rodriguez de Figueroa, 1913, pp 180
2	Murúa, 1962, pp 256
3	Calancha, 1639, pp 794
4	Hyslop, 1984, Ch. 19

Caminos de la Región II

1	Lee, 1985, pp 41-2 & 55-6
2	Guillén Guillén, 1980, pp 29
3	Pizarro, 1978, pp 195-7

4	Arbieto, 1935, pp 146-8
5	Murúa, 1962, pp 252-5
6	Ibid., pp 253
7	Guillén Guillén, pp 130
8	Calancha, 1639, pp 787
9	Arbieto, 1935, pp 146
10	Ibid.
11	Murúa, 1962, pp 253-6
12	von Kaupp, Correspondencia personal
13	Bingham, 1979, pp 132

Región II Sitios de Ruinas

1	Bingham, 1979, pp 131
2	Cobo, 1979, pp 131
3	Rodriguez de Figueroa, 1913, pp 190
4	Ibid., pp 178
5	von Kaupp, Correspondencia personal
6	Ibid., 1983
7	Ibid.
8	Calancha, 1639, pp 820
9	Kendall, 1984, pp 262-3
10	Lee, 1989b, pp 4-5
11	Gisbert, 1985, pp 145-9
12	Calancha, 1639, pp 801
13	Ibid., pp 818

14   Murúa, 1962, pp 237

15   Ibid., pp 238

16   von Kaupp, 1983

17   Murúa, 1962, pp 267

18   Ibid.

19   Calancha, 1639, pp 824

20   von Kaupp, 1983

21   Calancha, 1639, pp 787 & 822

22   Lee, 1985, pp 40

23   Murúa, 1962, pp 255-6

24   Arbieto, 1935, pp 148

25   Hemming, 1970, Ch. 2

26   Calancha, 1639, pp 787

27   Hyslop, 1984, Ch. 19

Región III Bajo Río Pampaconas (o Consevidayoc)

1   Lee, 1985, pp 18-9

2   Savoy, 1970, pp 125

3   Francescutti, Comunicación personal

Caminos de la Región III

1   Bingham, 1979, pp 132-3

2   Savoy, 1970, pp 91

3   Matthiessen, 1961, pp 263

4   Tennant, 1958, Ch. 12

5	Guillén Guillén, 1978
6	Murúa, 1962, pp 254
7	Arbieto, 1935, pp 146

Región III Sitios en ruinas

1	Hyslop, 1984, Ch. 19
2	Titu Cusi Yupanqui, 1916, pp 88
3	Arbieto, 1935, pp 148-50
4	Murúa, 1962, pp 257-8
5	Pizarro, 1978, pp 198
6	Bingham, 1979, pp 135
7	Lee, 1985, pp 45 & 53
8	Calancha, 1639, pp 820
9	Ibid., pp 823
10	Murúa, 1962, pp 241
11	von Kaupp, Correspondencia personal
12	Francescutti, Comunicación personal
13	Savoy, 1989
14	Arbieto, 1935, pp 148-50
15	Calancha, 1639, pp 803
16	Hemming, 1970, Ch. 25
17	Ibid., 1970b, pp 639
18	Gasparini, 1980, pp 60
19	Murúa, 1962, pp 260
20	Savoy, 1970, pp 102

21   Bingham, 1979, pp 127-8

22   Murúa, 1962, pp 260

23   Ibid.

24   Bingham, 1914, pp 194

25   Cieza de Leon, 1959, pp 143-4

Apéndice - Notas explicativas

EVENTOS Y FECHAS IMPORTANTES

•ca. 1440 : Invasión de Vilcabamba por el Inca Pachacuti

•1532-3 : Llegada de Pizarro al Perú y ocupación del Cusco

•1533 : Manco Inca recibe un trono títere en Cusco por Pizarro

•1536 : Manco se rebela e incendia el Cusco, pero fracasa la rebelión inca

•1536-7 : Manco se retira a Ollantaytambo y luego a Vitcos

•1537 : Diego de Almagro derroca a Pizarro en Cusco

•1537 : El almagrista Rodrigo Orgóñez ataca Vitcos, Manco escapa

•1538 : Pizarro recupera el control del Cusco

•1539 : Gonzalo Pizarro invade Vilcabamba, Manco vuelve a escapar

• 1544 : Manco asesinado en Vitcos por siete refugiados almagristas

•1544 : Sayri Tupac Inca sucede a Manco Inca en Vilcabamba

- 1557 : Sayri Tupac deja Vilcabamba para emprender nuevas haciendas en Yucay

- 1560 : Sayri Tupac muere en Yucay en circunstancias sospechosas

- 1560 : Titu Cusi Yupanqui Inca toma el control en Vilcabamba

- 1565 : Rodríguez de Figueroa se encuentra con Titu Cusi en Pampaconas

- 1566 : Titu Cusi firma el Tratado de Acobamba (paz)

- 1568 : Titu Cusi bautizado, Marcos García construye iglesia en Pucyura

- 1569 : Diego Ortiz llega y construye iglesia en Guarancalla

- 1569 : El virrey Francisco de Toledo toma el control en Cusco

- 1570 : García y Ortiz humillados en Vilcabamba la Vieja

- 1570 : García y Ortiz queman el Templo del Sol en Chuquipalta, García es desterrado 1571 : Muere Titu Cusi, Ortiz es martirizado en Mananhuañunca

- 1571 : Túpac Amaru Inca asume el trono en Vilcabamba

- 1572 : Atilano de Anaya es asesinado por los nativos en Chuquichaca

- 1572 : Invasión final de Vilcabamba por parte de Toledo, derrota de los incas

1572 : Tupac Amaru capturado y ejecutado en Cusco ca.

1865 : Antonio Ramondi visita Vilcabamba pero no encuentra ruinas

- 1911 : Hiram Bingam encuentra Machu Picchu, Vitcos y Espíritu Pampa

- 1921 : Christian Bües hace el primer mapa de Vilcabamba

- 1948 : Se publica La ciudad perdida de los incas de Bingham

•1953 : El equipo de Victor Wolfgang von Hagen encuentra Puncuyoc

•1964 : Gene Savoy afirma que Espíritu Pampa es Vilcabamba la Vieja

•1965 - presente : Varias exploraciones modernas

•1970 : Se *publican* el Antisuyo de Savoy y *La Conquista de los Incas* de Hemming

•1982 - actualidad : Expediciones Sixpac Manco lideradas por Vince Lee.

Sin título

PALABRAS, ORTOGRAFÍAS Y TRADUCCIONES DESCONOCIDAS

La historia que se cuenta aquí implica necesariamente el uso ocasional de términos españoles y algunas palabras en quechua, el idioma no escrito de los incas. Se ha intentado definir todo esto dentro del texto para que no sea necesario un glosario. De todos modos, gran parte del español está encontrando rápidamente su camino en la lengua vernácula, pero no se puede decir lo mismo del quechua, un idioma hablado por millones de personas en los Andes, pero casi nadie más. Sus sonidos inusuales y su ortografía inevitablemente fonética han dado lugar a una amplia variedad de formas escritas, dependiendo del uso del escritor. En los últimos años, los estudiosos andinos han intentado rectificar esto mediante la aceptación de convenciones de toda la disciplina, independientemente de los idiomas propios de los autores. El conocido "Inca", por ejemplo, es visto cada vez más como "Inka". Sin embargo, dado que prácticamente todo lo que se ha escrito sobre Vilcabamba ha usado la ortografía tradicional, también la he usado aquí en aras de la continuidad. Además, he simplificado la ortografía de varios topónimos quechuas con la esperanza de que sus pronunciaciones sean más fáciles para el lector general. Se han producido algunas inconsistencias menores entre el texto y las leyendas de las figuras, pero solo los puristas notarán la diferencia.

El texto contiene una serie de extractos, citados de las crónicas españolas de los siglos XVI y XVII. En sus formas originales, algunas fueron escritas en el ornamentado castellano de la época y otras en el antiguo castellano de soldados rasos o frailes humildes. Todos incluyen oraciones largas y complicadas, puntuación errática o inexistente y las variaciones ortográficas imaginativas mencionadas anteriormente. Con el fin de hacer estas divagaciones más comprensibles para los lectores de lengua moderna del siglo XX, he traducido, puntuado y simplificado el contenido de todos los pasajes citados para transmitir sus esencias aparentes lo más claramente posible. Sin embargo, como todos los eruditos saben, este es un negocio arriesgado. Algún matiz del significado del cronista puede ser fácilmente malinterpretado o pasado por alto en el giro de una frase oscura o incluso de una sola palabra. Por esta razón, mis fuentes para todas estas citas se dan en las Notas del Capítulo para aquellos interesados en leerlas en sus formas originales.

Notas del capítulo

Capítulo 1 - El mundo al revés

1   Bauer, 1992, Ch. 9

2   Cobo, 1979, pp 135-6

3   Calancha, 1639, pp 787

4   Cobo, 1979, pp 137

Capítulo 2 - No confíes en nadie

1   ver Apéndice B, Fotos satelitales

2   Savoy, 1970, pp 82-3

3   Savoy, Correspondencia personal

Capítulo 3 - Volver a Vitcos

1   Pedo Pizarro, 1978, pp 195-6

2   Titu Cusi Yupanqui, 1916, pp 88-9

3   Ibid., pp 92-3

4   Raimondi, 1876, pp 161

5   Bingham, 1910, pp 525

6   Ibid., 1912, pp 182

7   Ocampo, 1907, pp 216

8   Bingham, 1912, pp 186-7

Capítulo 4 - Cuidado con el explorador

1   Rodriguez de Figueroa, 1913, pp 178-80

2   Ibid., pp 189-90

Capítulo 5 - Suerte de principiante

1   Guillén Guillén, 1980, pp 36

2   Murúa, 1962, pp 251

3   Calancha, 1639, pp 787

4   Murúa, 1962, pp 146

5   Ibid., pp 148

6   Ibid., pp 254-5

7   Ibid., pp 255-6

8   Arbieto, 1935, pp 146-8

Capítulo 6 - La llanura de los fantasmas

1   Murúa, 1962, pp 257

2   Titu Cusi Yupanqui, 1916, pp 88-9

3   Murúa, 1962, pp 257

4   Arbieto, 1935, pp 148

5   Murúa, 1962, pp 258

6   Bingham, 1979, pp 136

7   Murúa, 1962, pp 258-60

8   Ibid., pp 259-64

9   Oviedo, 1908, pp 406

10   Ibid., pp 407

11   Ibid., pp 408

12   Bingham, 1914, pp 185-8

13   Ibid., pp 196-7

14   Ibid., 1911 Diario, pp 100

15   Ibid., 1979

16   von Hagen, 1975, pp 101-2

17   Savoy, 1970, pp 105

18   Ibid., 1978b, pp 161

19   Ibid., 1970, pp 122

20   Howel, 1967, pp 45

21   Murúa, 1962, pp 259

Capítulo 7 - Una promesa al Inca

1   Savoy, 1970, pp 127

2   Spiess, 1966, pp 119-37

3   Pardo, 1972, pp 107

4   Calamcha. 1639, pp 796

Capítulo 8 - Una estrella en la Selva

1   Hyslop, 1984, Ch. 19

2   Ibid., Ch. 20

Capítulo 9 - La guinda del pastel

1   Clark, 1959

2   Bingham, 1979, pp 116

PARTE II

Capítulo 10 - Segundas reflexiones

1   Hemming, 1982

2   Rowe, 1944

3   Ibid., 1946

4   White, 1985

5   Savoy, Correspondencia personal

6   Lee, 1985

7   Savoy, 1985

Capítulo 11 - De vuelta al punto de partida

1   von Hagen, 1975, pp 103-4

2   Buck, 1993

3   Bingham, 1911 diario, pp 83

4   von Hagen, 1953

450

5   von Kaupp, 1983

6   Guillén Guillén, 1977, pp 127

7   Murúa, 1962, pp 253

8   Calancha, 1639, pp 787

9   Guillén Guillén, 1994, pp 187

10   Ocampo, 1907, pp 216

11   Rodriguez de Figueroa, 1913, pp 177

12   Guillén Guillén, 1980, pp 26

13   Ibid., 1994

14   Beauclerk, 1979

15   Ibid.

16   Kendall, 1984

Capítulo 12 - Colocando las piedras

1   Lee, 1985, pp 77

2   Rodriguez de Figueroa, 1913, pp 175

3   Lee, 1986b

4   Ibid., 1990

Capítulo 13 - En la zona de emergencia

1   Lee, 1985, pp 77

Capítulo 14 - Plan B

1   White, 1985, pp 136

2   Lee, 1988, pp 10-18

3   White, 1985, pp 133

4   Ibid., pp 134-5

5   Lee, 1988b, pp 14

Capítulo 15 - De pie en la respuesta

1   Bingham, 1979, pp 132

2   Ibid., 1914b, pp 211

3   Guillén Guillén, 1980, pp 36

4   Murüa, 1962, pp 267

5   von Kaupp, 1983

6   Calancha, 1639, pp 787

7   von Kaupp, 1983

Chapter 16 - Un Poco Loco

1   Savoy, 1978b, pp 161

2   Ibid., pp 160

3   Arbieto, 1935, pp 148-50

4   Savoy, 1989

5   Tennant, 1958

6   Matthiessen, 1961

Capítulo 17 - Muerte de un mártir

1   Lee, 1986b

2   Ibid., 1990

3   Calancha, 1639, pp 787

4	Ibid., pp 803-4
5	Murúa, 1962, pp 232
6	Ibid.
7	Calancha, 1639, pp 807
8	Murúa, 1962, pp 234
9	Calancha, 1639, pp 812
10	Murúa, 1962, pp 235
11	Calancha, 1639, pp 824-5
12	Ibid., pp 787
13	Ibid., pp 801

Capítulo 18 - La pieza final

1	Frost, 1989
2	Bingham, 1912, pp 177-9
3	Calancha, 1639, pp 801
4	von Kaupp, 1983
5	Gisbert, 1985, pp 145-9
6	Calancha, 1639, pp 794-801
7	Rodriguez de Figueroa, 1913, pp 178-90
8	Calancha, 1639, pp 787 & 822
9	Ibid., pp 823
10	Ibid., pp 824

Sobre los logotipos gráficos

Los patrones geométricos que acompañan a los títulos de los capítulos son auténticos "tucapus" incas copiados de una túnica de tablero de ajedrez en la colección textil precolombina de Dumbarton Oaks. Las formas geométricas dispuestas en cuadrículas de tablero de ajedrez son comunes en el arte decorativo inca. Se desconoce la importancia, si la hay, de los diversos patrones.

Los intentos de asignar significados a logotipos recurrentes y organizarlos en un "alfabeto" gráfico no han producido resultados. La tentación de ver algo más que una ornamentación abstracta sigue siendo fuerte, pero a falta de alguna clave aún no encontrada, al igual que la Piedra Rosetta, los patrones siguen siendo enigmáticos.

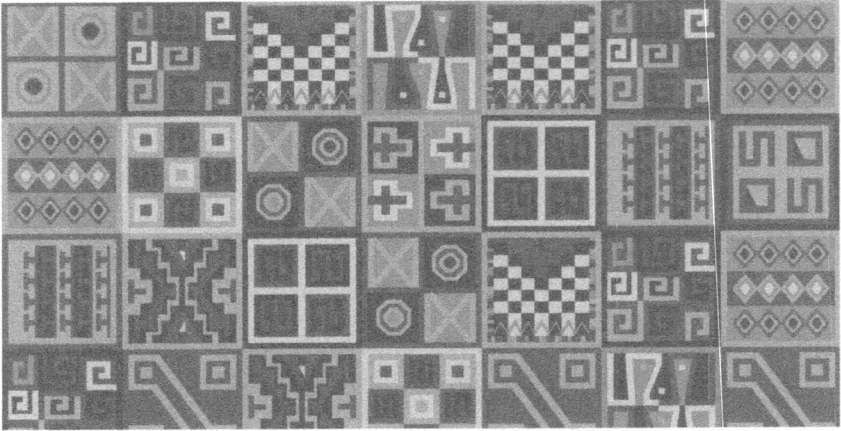

Imagen: https://www.isned.org/inca-tocapu-for-fun

Bibliografía

A continuación se enumeran las publicaciones y otras fuentes a las que se hace referencia en el texto y los apéndices.

Para una bibliografía completa de la Vilcabamba Inca, véase Hemming, 1970.

Anglos Vargas, Víctor - *Historia del Cusco Incaico*, 1988; publicado por el autor, Cusco.

Arbieto, Hurtado de - *Informe al virrey Francisco de Toledo...*, (1572); de R.Levillier- Don Francisco de Toledo..., 1935; Madrid.

Bauer, Brian - *El desarrollo del Estado Inca*; 1992; Editorial de la Universidad de Texas; Austin.

Beauclerk, John - *La Cordillera Vilcabamba, Ultimo Refugio de los Incas*, 1979; *Boletín de Lima*, Nos. 4 & 5, Lima.

Bingham, Alfred M. - *Retrato de un explorador*, 1989; Prensa de la Universidad Estatal de Iowa; Ames, Iowa.

Bingham, Hiram - *Las ruinas de Choquequirau*; 1910; *Antropólogo estadounidense*; N. S., 12.

Diario inédito de la Expedición Peruana de Yale de 1911; en los archivos de Yale Biblioteca universitaria; Nuevo Haven.

Templo del Sol en Ñusta Ispana; 1911+; mapa sin fecha e inédito en los archivos del Museo Peabody, Universidad de Yale, New Haven.

Vitcos, la última capital incaica; 1912; Sociedad Americana de Anticuarios; Abril.

Las Ruinas de Espíritu Pampa; 1914; *Antropólogo estadounidense*; N.S., 16.

El río Pampaconas; 1914b; mapa en *Revista Geográfica*, 44, n° 2; Agosto.

La ciudad perdida de los incas, (1948); rústica citada; 1979; Ateneo, Nueva York.

Bowman, Isaías - *Los Andes del sur del Perú*; 1916; Sociedad Geográfica Americana; Henry Holt y Compañía; Nueva York.

Buck, Daniel - *Peleas de Machu Picchu*; 1993; *Explorador Sudamericano*, N° 32; Ithaca, Nueva York.

Bües, Christian - *El Señorío de Vilcabamba*, mapa de (1921); revisado y reimpreso en 1989, Instituto Nacional de Cultura, Cusco.

Calancha, Antonio de la - *Crónica Moralizada del Orden de San Agustín en el Perú*, 1639; Barcelona.

Cieza de León, Pedro de - *Los Incas*, (1553); traducido por Harriet de Onis: editado por Victor W. von Hagen, 1959; U. de Oklahoma, Norman.

Clark, Simon - *La garra del puma*; 1959; Little, Brown y compañía; Boston y Toronto.

Cobo, Bernabé - *Historia del Imperio Inca*, (1653); traducido por Rowland Hamilton, 1979; Editorial de la Universidad de Texas, Austin.

Deyermenjian, Gregory - *Vilcabamba revisitado*; 1985; *Explorador Sudamericano*, No. 12; Ithaca, Nueva York.

Drew, David - *El Proyecto Cusichaca: los valles de Lucumayo y Santa Teresa*, 1984; Serie BAR 210, N° 44, Oxford.

Fejos, Paul - *Exploraciones arqueológicas en la Cordillera Vilcabamba del sudeste peruano*; 1944; Publicaciones del Fondo Vikingo en Antropología; N° 3; Nueva York.

Francescutti, Renzo - *Vilcabamba y Urubamba*; 1982; borrador del mapa de la región; 1: 120,000; del autor; Trieste, Italia.

Frost, Peter - *Exploring Cusco*; 1989; Nuevos Imagenes; Lima.

Garcilaso de la Vega, El Inca - *Comentarios Reales de los Incas e Historia General del Perú*, (1609); 1966; Universidad de Texas; Austin.

Gasparini, Graziano y Luise Margolies - *Inca Architecture*, 1980; traducido por Patricia J. Lyon; Prensa de la Universidad de Indiana, Bloomington.

Gisbert, Teresa and José de Mesa - *Arquitectura Andina 1530 - 1830*, 1985; Coleccíon Arsanz y Vela, Embajada de España en Bolivia, La Paz.

Guillén Guillén, Edmundo - *Vilcabamba, La Ultima Capital del Estado Imperial Inca*, Año 1977; *Scientia et Praxis*, N° 12, Lima.

Restauracíon Geografica del Itinerario Belico Sequido por los Españoles....; 1978; *Primera Journada del Museo Nacional de Historia*; Noviembre 1976; Lima.

El Testimonio del Capitán Pedro Sarmiento de Gamboa, (1572); 1980; *Boletín de Lima*, No. 9; Lima.

Vilcabamba: El Último Fortín Inca; 1994; *Peru Tour*, Año 1, Vol.3; Lima.

La Guerra de Reconquista Inka; 1994b; publicado por el autor; Lima.

Hemming, John - *La conquista de los incas*; 1970; Harcourt Brace Jovanovich, San Diego - Nueva York - Londres.

Apéndice del autor a *La conquista de los incas*; 1970b; disponible solo con segunda edición en rústica y posteriores.

Hemming, John y Edward Ranney - *Monumentos de los Incas*; 1982; Sociedad Gráfica de Nueva York; Little, Brown y Compañía, Boston.

Hornberger, Esteban y Nancy - *Diccionario Tri-lingue: Quechua de Cusco*; 1983; Qoya Raymi; La Paz, Bolivia.

Howell, Mark y Tony Morrison - *Pasos hacia una fortuna*; 1967; Geoffrey Bles, Ltd.; Londres.

Hyslop, John - *El sistema de caminos incaicos*; 1984; Academic Press, Nueva York.

Kendall, Ann - *Investigaciones Arqueológicas... en Cusichaca, Perú*; 1984; *B.A.R.* Serie 210, No. 44, Oxford.

Lee, Vincent R. - *Sixpac Manco: Viajes entre los incas*; 1985; Publicado por el autor, P. O. Box 107, Wilson, Wyoming 83014.

Informe preliminar de campo: Expedición Sixpac Manco III; 1986; publicado por el autor, P. O. Box 107, Wilson, Wyoming 83014.

El edificio de Sacsayhuaman; 1986b; *Ñawpa Pacha*, No. 24; Berkeley.

La mitad perdida de la arquitectura incaica; 1988; publicado por el autor; Caja 107, Wilson, WY 83014.

Función, Forma y Método en la Arquitectura Inca; 1988b; publicado por el autor, P. O. Box 107, Wilson, Wyoming 83014.

Chanasuyu - Las Ruinas del Inca Vilcabamba; 1989; publicado por el autor; Casilla 107, Wilson, Wyoming 83014.

Guarancalla: la misión perdida del Padre Ortiz; 1989b; publicado por el autor, P. O. Casilla 107, Wilson, Wyoming 83014.

La Construccíon de Sacsayhuaman, Cusco; 1990; *Boletín de Lima*, No. 69; Lima.

Inca Choqek'iraw; 1997; publicado por el autor, P. O. Box 107, Wilson, Wyoming 83014.

Matthiessen, Peter - *El bosque nuboso*; 1961; Vikingo, Nueva York.

Murúa, Martín de - *Historia General del Perú*, (1590); editado por Manuel Ballesteros-Gailbrois; 1962; Madrid.

Ocampo, Baltasar de - *Descripción de la Provincia de San Francisco de la Vitoria de Vilcapampa*, (1610); translated by Clements R. Markham; 1907; Hakluyt Society, Series II, No. 22, Cambridge.

Oviedo, Gabriel de - *Relacíon de...*, (1573); traducido por C. R. Markham; 1908; suplemento de la Sociedad Hakluyt, Serie II, Nº 22; Cambridge.

Pardo, Luis A. - *El Imperio de Vilcabamba; 1972; Revista del Patronato Departamental de Arqueología del Cusco*; Cusco.

Pizarro, Pedro - *Relacíon of...; (1571); Fondo Editorial; 1978; Pontifica Universidad Catolica del Peru, Lima*.

Prescott, William H. - *Historia de la Conquista del Perú*; 1847; E.P. Dutton & Company, Nueva York.

Raimondi, Antonio - *El Peru*; 1876; Tomo II; Lima.

Reader's Digest - *Los últimos misterios del mundo*; 1978; Pleasantville, Nueva York.

Robinson, Richard - *Vilcabamba Perú*; 1988; artículo inédito disponible del autor; 67 Christchurch Rd., Tring, Herts., HP23 4EL, Reino Unido.

Rodríguez de Figueroa, Diego - *Relación de...*, (1565); traducido por C. R. Markham; 1913; Sociedad Hakluyt, Serie II, Nº 31, Cambridge.

Rowe, John Howland - *Una introducción a la arqueología del Cusco*; 1944; Documentos de el Museo Peabody, Vol. XXVII, No. 2; Universidad de Harvard; Cambridge.

la cultura inca en la época de la conquista española; 1946; *Manual del Sur Indios americanos*, Vol. 2; Institución Smithsonian; Washington D.C.

Samanez Argumedo, Roberto - *Choquequirau*; 1986; planos arquitectónicos y alzados disponibles a través de COPESCO, Cusco.

Savoy, Gen - *Antisuyo*; 1970; Simon and Schuster, Nueva York.

El descubrimiento de Vilcabamba; 1978; *El Diario de los Exploradores*, marzo; Nueva York.

Regreso a Vilcabamba; 1978b; *El Diario de los Exploradores*, diciembre; Nueva York.

Gran Vilaya; 1985; *Explorador Sudamericano*, Nº 12; Ithaca, Nueva York.

La Ultima Aventura, 1989; revista *Somos*, No.146, Lima.

Spiess, Ernst - *Un topógrafo en la Cordillera de Vilcabamba*; *El Mundo de la Montaña* 1964/65; Zúrich; 1966; págs. 119-135.

Squier, George Ephraim - Perú: *Incidentes de viaje y exploración en la tierra de los incas*, (1877); 1973; AMS Press, Inc.: Nueva York.

Tennant, Julian - *En busca de Paititi*, 1958; Max Parrish, Londres.

Titu Cusi Yupanqui - *Relación of...*, (1570); edited by C. A. Romero and H. H. Urteaga, 1916; Colección de libros y documentos referentes a la historia del Perú, Series I, Vol. 2; Lima.

von Hagen, Victor W. - revistas inéditas de...; 1953; de Adriana von Hagen; Lima.

Autopista del Sol; 1975; Plata, Ltd., Suiza.

von Kaupp, Robert - *Informe preliminar: Hallazgos de Urumbay*; 1983; disponible en el autor, 152 N. Carolina Ave. S.E., Washington, D.C. 20003.

Sapamarca: Informe Preliminar; 1988; disponible del autor, 152 N. Carolina Ave. S.E., Washington, D.C. 20003.

White, Stuart - *Estudio preliminar de la cordillera de Punkuyoq, sur del Perú;* 1985; *Ñawpa Pacha*, No.22-23, Berkeley.

www.ingramcontent.com/pod-product-compliance
Lightning Source LLC
Chambersburg PA
CBHW032047020426
42335CB00011B/220